为持续推进我国博物馆事业高质量发展，国家文物局等9部门于2021年5月24日发布《关于推进博物馆改革发展的指导意见》。这份文件被视作新时代博物馆行业全面深化改革的纲领性文件，内容涉及博物馆事业发展的各个方面。《意见》提出，到2025年，形成布局合理、结构优化、特色鲜明、体制完善、功能完备的博物馆事业发展格局，博物馆发展质量显著提升，在弘扬中华优秀传统文化、革命文化和社会主义先进文化，构建公共文化服务体系、服务人民美好生活，推动经济社会发展、促进人类文明交流互鉴中的作用更加彰显。到2035年，中国特色博物馆制度更加成熟定型，博物馆社会功能更加完善，基本建成世界博物馆强国，为全球博物馆发展贡献中国智慧、中国方案。

滴水集

鄂尔多斯文博论丛 第一辑

窦志斌 / 主编

科学出版社
北京

内 容 简 介

本书为"鄂尔多斯文博论丛"系列丛书中的第一本。主要包括文博新论、文物研究、博物馆探索、鄂尔多斯青铜器研究、革命文物研究、民俗研究六个部分，汇总了鄂尔多斯文博界相关研究人员就以上方面问题的最新思考。本书内容所涉主题皆是当下中国文物及博物馆学界研究的热点问题，文章的作者也多是奋战在文博行业第一线的工作人员，这些思考对高校文博专业的研究人员、相关文博机构的从业人员势必有所启发。

本书可供高校博物馆专业师生、文博机构从业者，以及对文博专业感兴趣的人员阅读、参考。

图书在版编目（CIP）数据

滴水集/窦志斌主编. —北京：科学出版社，2023.4

（鄂尔多斯文博论丛·第一辑）

ISBN 978-7-03-075346-5

Ⅰ.①滴… Ⅱ.①窦… Ⅲ.①文物工作－概况－鄂尔多斯　②博物馆事业－概况－鄂尔多斯　Ⅳ.①K872.263　②G269.272.63

中国国家版本馆CIP数据核字（2023）第069909号

责任编辑：闫广宇 / 责任校对：王晓茜

责任印制：肖　兴 / 封面设计：金舵手世纪

科 学 出 版 社　出版

北京东黄城根北街16号

邮政编码：100717

http://www.sciencep.com

北京汇瑞嘉合文化发展有限公司　印刷

科学出版社发行　各地新华书店经销

*

2023年4月第 一 版　开本：787×1092　1/16

2023年4月第一次印刷　印张：25

字数：576 000

定价：**228.00元**

（如有印装质量问题，我社负责调换）

编委会

主　编

窦志斌

副 主 编

李　锐　郭俊成　甄自明
王　龙　乔琳君　李　勇

学术顾问

付　宁　张文平　王志浩　杨泽蒙　杨　勇

编　辑

高兴超　乌兰花

文博新论

传承中华优秀传统文化 弘扬历史文物时代价值
　　——鄂尔多斯市博物院"让文物活起来"……………………………窦志斌 \ 3
农牧交融、多元一体
　　——内蒙古黄河流域铸牢中华民族共同体的历史基础………………甄自明 \ 17
论内蒙古黄河历史文化………………………………………………………李　锐 \ 26
构建鄂尔多斯文博科研新目标
　　——鄂尔多斯市博物院"两个文化"研究方向试析……………………窦志斌 \ 31
北疆长城西河郡的经济收入研究……………………………………………王大方 \ 41
论新时代巴彦淖尔民族文化遗产的保护与利用……………………………赵占魁 \ 46
石子湾古城背后的北魏往事…………………………………………………黄　鹏 \ 56
再论鄂尔多斯地区在西夏时期的历史贡献…………………………………王　龙 \ 61
"草原敦煌"阿尔寨石窟的壁画艺术…………………………………………王大方 \ 75
鄂尔多斯高原历代古城址分布与类型分析…………………………………杨俊刚 \ 79
保护历史文化资源，建设河套文化生态……………………………………郭馨文 \ 84
内蒙古黄河几字弯文化、文物的展示意义…………………………………张二军 \ 89
关于考古的理解………………………………………………………………李　双 \ 93

文物研究

以岩画为媒架起同海内外文化艺术交流的新桥梁
　　——记巴彦淖尔阴山岩画艺术国内国际巡展…………………………赵占魁 \ 103
鄂尔多斯乌兰木伦遗址呈现的旧石器文化…………………………………杨俊刚 \ 112
阴山岩画中的"牛"意味深长…………………………………………………郭雅君 \ 117
伊金霍洛旗出土的"上郡守寿"铜戈铭刻解析………………………………武　岳 \ 121
万枚古币见证千年古城………………………………………………………武　岳 \ 126
鄂尔多斯地区出土西夏钱币研究……………………………………………郝雪琴 \ 131

西夏褐釉剔花瓶 .... 白林云 \ 140
伊克昭盟盟长印探析 .... 乔丽娜 \ 145

博物馆探索

以调研群众文化需求为基础试析鄂尔多斯博物馆
　　发展新途径 .... 王 龙　王萍萍　孙 瑞 \ 153
科研型博物馆构建的实践与思考
　　——基于鄂尔多斯市博物院科研工作的个案实践 ...... 高兴超　杨 婕　张 伟 \ 169
博物馆如何提升社会教育功能分析 .... 陶向阳 \ 175
加速数字文化进程，提升数字文化服务质量
　　——以鄂尔多斯市博物院为例 .... 白林云　乔丽娜 \ 180
关于博物馆设备管理现状及实践探讨 .... 王璐璐 \ 191
浅析对文物保护和修复的认识与思考 .... 田金兰 \ 196
博物馆陈列展览中展品摆放实践与思考 .... 王雪芬　萨日娜 \ 202
博物馆文物管理中如何实施文物保护 .... 王雅萱 \ 209
网络时代下馆藏文物保护的新发展 .... 杨小兰 \ 213
基层博物馆社会教育工作发展方向思考
　　——以鄂尔多斯博物馆为例 .... 孙 瑞 \ 218
博物馆社教工作新探索
　　——以鄂尔多斯青铜器博物馆社教工作为例 .... 王京琴 \ 226
新时代下提升博物馆公共文化服务质量的对策研究 .... 汪 琴 \ 233
试论新时代下公众"去博物馆"意识的培养 .... 王雪芬 \ 238
浅议新时代博物馆旅游资源开发的意义
　　——以鄂尔多斯地区为例 .... 马海燕 \ 242
文创产品"跨圈开发"正当潮，博物馆"跨界联名"玩不停
　　——鄂尔多斯市博物院文创产品开发思路探析 .... 庄 园　平小娟 \ 247
馆校共建，推动教育与文化的有机融合
　　——鄂尔多斯博物馆"馆校共建"工作纪实 .... 王萍萍 \ 258
论河套地区博物馆文创产品的研发策略 .... 马 岳 \ 266
发挥博物馆社会教育职能对策探究 .... 田金兰 \ 271

鄂尔多斯青铜器研究

从鄂尔多斯青铜器的造型分析其文化因素 ………………………… 格日乐其木格　乌兰花 \ 279
鄂尔多斯动物纹青铜牌饰探究 ……………………………………………………… 武　岳 \ 291
装饰牛纹的鄂尔多斯青铜器 ………………………………………………………… 王京琴 \ 297
鄂尔多斯青铜器中的羊首青铜刀 …………………………………………………… 杨彩艳 \ 301
鄂尔多斯地区出土的虎猪咬斗纹金饰牌和四虎咬牛纹金饰牌 ……………………… 奥东慧 \ 304
鄂尔多斯青铜器中的铜鍑研究 ……………………………………………………… 王雅萱 \ 311
简述鄂尔多斯青铜器中青铜鍑的审美特征 ………………………………………… 刘　瑶 \ 314
战国双环首兽纹柄青铜短剑 ………………………………………………………… 赵　婷 \ 318

革命文物研究

桃力民地区的红色财政简述 ………………………………………………………… 郭俊成 \ 325
传承红色基因，讲好革命故事
　——记革命历史人物浩帆 ………………………………………………………… 李　勇 \ 333
浅谈鄂尔多斯先贤们为伊克昭盟革命事业作出的贡献 …………………………… 娜仁高娃 \ 338
试析席尼喇嘛从自发的牧民领袖成长为无产阶级革命家的原因 ………………… 林金瑞 \ 344

民 俗 研 究

壶说 …………………………………………………………………………………… 白银宝 \ 351
鄂尔多斯东部地区敖包浅谈 ………………………………………………………… 古日扎布 \ 357
达尔扈特人的年俗调查
　——以鄂尔多斯市伊金霍洛镇为例 ……………………………………………… 乌兰花 \ 365
浅析新时代民俗文化存在的意义 ………………………………… 乌兰花　格日乐其木格 \ 377
漫谈内蒙古民俗文化的传承与发展 ………………………………………………… 红　晶 \ 382

文博新论

传承中华优秀传统文化 弘扬历史文物时代价值
——鄂尔多斯市博物院"让文物活起来"

鄂尔多斯市博物院 窦志斌[*]

内容提要：本文描述了鄂尔多斯市博物院的历史沿革、基本情况、职能、历年荣誉，梳理了历年展览情况、社会教育情况、学术成果、新媒体宣传情况，重点介绍了多件馆藏精品文物。指出打造"两个文化"（"黄河文化""长城文化"）和"三个品牌"（"鄂尔多斯青铜文化""古代壁画文化""红色革命文化"）为博物院未来的发展方向。鄂尔多斯市博物院是鄂尔多斯不可替代的城市名片和窗口，是鄂尔多斯故事的讲述者，是鄂尔多斯的文化会客厅。新时代下，在"立足鄂尔多斯，面向世界，争取世界一流博物馆"办馆宗旨的指导下，鄂尔多斯市博物院将立足本地特色历史、文化、文物优势，继往开来，砥砺奋进，更好地满足人民群众的文化需要，为鄂尔多斯文博事业的快速、健康、高质量发展不懈奋斗！

关键词：鄂尔多斯市博物院 概况 业绩 展望

鄂尔多斯地区人类历史悠久，文化底蕴深厚，文化遗产资源丰富，保留下丰富多彩而又独具特色的文物古迹和文物精品。改革开放以来，尤其是党的十八大以来，遵循习近平总书记对文物工作的重要指示，党中央、国务院、国家文物局和各级人民政府对文物、博物馆工作的重要批示精神，鄂尔多斯市博物院加强了业务工作力度，各项文博工作呈现出百花齐放、突飞猛进的态势。

---

[*] 窦志斌（1966— ），内蒙古自治区鄂尔多斯市乌审旗人，大学本科学历，鄂尔多斯市博物院院长、文博研究馆员，研究方向：历史、文物、考古、博物馆。

一、承上启下、兼容并蓄——鄂尔多斯市博物院概况

1963年，鄂尔多斯地区第一个文物事业管理机构——伊克昭盟文物工作站建立。1981年，第一个古代史通史陈列——"鄂尔多斯文物陈列"完成。1983年1月，鄂尔多斯博物馆正式挂牌成立，标志着鄂尔多斯地区博物馆事业正式起步。1989年10月，鄂尔多斯历史上首座博物馆——鄂尔多斯博物馆竣工，并正式向社会开放，后改名为鄂尔多斯青铜器博物馆。2012年，鄂尔多斯博物馆、青铜器博物馆、革命历史博物馆、考古研究院的成立，开启了鄂尔多斯文博事业的新纪元。这些文博机构都是鄂尔多斯市博物院的前身和基础。2021年5月，在鄂尔多斯市委、市政府的部署和领导下，鄂尔多斯市文博机构优化重组，鄂尔多斯市博物院应运而生，至此开启鄂尔多斯文博事业"三馆一院"的新格局。

鄂尔多斯市博物院由位于康巴什区的鄂尔多斯博物馆（图一）、位于东胜区的鄂尔多斯青铜器博物馆（图二）和位于东胜区的鄂尔多斯革命历史博物馆共同组成。其中鄂尔多斯博物馆为国家一级博物馆，鄂尔多斯青铜器博物馆为国家二级博物馆。鄂尔多斯市博物院以保护、传承鄂尔多斯地区历史文化为目标，集文物征集、收藏、研究、展示、教育、服务于一身。总占地面积逾6万平方米，建筑面积8万余平方米，是内蒙古地区乃至全国范围内综合面积最大的地市级博物馆，在文物收藏保护、陈列展览、

图一 鄂尔多斯博物馆

图二 鄂尔多斯青铜器博物馆

社会教育、科学研究、对外文化交流等方面发挥着重要的平台作用。

近年来，广泛开展与大专院校、各级科研单位的合作办展、联合调查、共同研究、人才培养和文创开发等工作。先后与中国社会科学院研究生院、浙江大学、内蒙古社会科学院、内蒙古博物院、内蒙古自治区文物考古研究院、包头轻工职业技术学院、鄂尔多斯应用技术学院、鄂尔多斯市委党校、鄂尔多斯学研究会、鄂尔多斯市第一中学伊金霍洛校区等签订战略合作协议，并联合开展了相关研究、共建工作。

近年来获得的荣誉有："全国文化志愿服务工作优秀单位""全国文物系统先进集体"，"全国文化系统先进个人""全国文物系统先进个人""内蒙古自治区文物工作先进集体""内蒙古自治区第一次全国可移动文物普查先进集体""内蒙古自治区社会科学普及基地""内蒙古自治区科普基地"；连续5年被市文化局评定为"年度实绩考核突出单位"（图三）。

图三 所获的国家级荣誉

近年来在新媒体、社会教育方面获得的荣誉有：快手短视频《6500年前的豪宅》获得2020年度自治区优秀科普短视频作品，为自治区文旅系统唯一获奖作品。2021年5月，《远古有豪宅——阳湾遗址》《"指尖艺术"变身鄂尔多斯青铜器》获得内蒙古自治区"全区博物馆青少年教育优秀案例"荣誉称号。2021年11月，文博社教案例《走进蒙古包，学做草原客》荣获全国"2021年度优秀文博社教案例"荣誉称号。

党的十八大以来，在鄂尔多斯市委市政府的领导和支持下，鄂尔多斯市博物院积极推动打造"两个文化""三个品牌"，使之成为博物院未来的研究发展方向和品牌标志。"两个文化"即"黄河文化""长城文化"，"三个品牌"即"鄂尔多斯青铜文化""古代壁画文化""红色革命文化"。

二、引进来、走出去，展览"让文物活起来"

鄂尔多斯市博物院近年来主办了"农耕、游牧·碰撞、交融——鄂尔多斯古代史展""鄂尔多斯古生物展""百年光影·见证鄂尔多斯——城市记忆珍藏展""游牧与守望——鄂尔多斯古代石上艺术特展""不忘初心　精忠理财——鄂尔多斯财政历史陈列展"等基本陈列（图四）。在深耕基本陈列的同时，鄂尔多斯市博物院深挖地区文化内涵，充分发挥博物馆在公共文化服务体系建设中的积极作用，引进了多个优秀展览，

图四　"农耕、游牧·碰撞、交融——鄂尔多斯古代史展"主题墙

成为汇聚展示中华优秀文化的平台和对外宣传鄂尔多斯地方历史文化的蓬勃力量。党的十八大以来，共引进近百个全国各地精品临展，包括"礼乐之邦——河南夏商周文物展""金色中国——中国古代金器大展""匈奴与中原——文明的碰撞与交融""瀚海珍衣——西域服饰的记忆""文化瑰宝　影叙千秋——唐山皮影艺术展""绚彩中华——中国苗族服饰展""瓷国明珠——福建德化瓷展""文房玉　闺阁金——明清江南地区时尚生活展""技夺天工　艺韵流芳——海南黎族传统工艺展""大唐雅宋——唐宋圆雕玉器专题展""永远跟党走——百年党史剪纸展""古蜀探秘——三星堆和金沙遗址出土文物菁华展"等一系列社会影响力大、观众喜爱度高的高质量展览。同时在引进展览时注重策划系列互动活动，使观众们能够更加深入地接触到展览的文化内核，如举办"文化瑰宝　影叙千秋——唐山皮影艺术展"时，邀请皮影艺人上演正宗的唐山皮影戏；举办"永远跟党走——百年党史剪纸展"时，邀请非遗传承人与观众一起进行剪纸活动……通过引进题材丰富、灵活多样的展览，不断丰富博物馆的文化传播和服务内容，提高了观众的观赏兴趣，拉近了博物馆与社会之间的距离，使博物馆已然成为群众喜闻乐见的公共文化服务场所和展示多元文化的集中平台。

鄂尔多斯市博物院还成功推出"丹青遗韵　妙手生花——北方草原古代壁画艺术精品展""黄河几字弯里的鄂尔多斯民俗文化展""黄河几字弯孕育的青铜文明——鄂尔多斯青铜器的文化风采"3个对外交流展览，从不同侧面展示鄂尔多斯地区的历史、文化和民俗。展览推出以来，共巡展45站，加强了地区文化之间的交流，成为了弘扬传统文化精神、提高地方文化影响力的重要流动窗口。2020年，鄂尔多斯市博物院深入挖掘内蒙古黄河文化蕴含的时代价值，讲好黄河故事，推出"黄河从草原上流过——内蒙古黄河流域古代文明展"（图五）。展览引起极大反响，并入选国家文物局

图五　"黄河从草原上流过——内蒙古黄河流域古代文明展"

2021年度"弘扬中华优秀传统文化、培育社会主义核心价值观"主题展览推介项目。"黄河几字弯里孕育的青铜文明——鄂尔多斯式青铜器的文化风采"成功入选由国家文物局主办的2022年度"弘扬中华优秀传统文化、培育社会主义核心价值观"主题展览推介项目名单,成为内蒙古自治区唯一入选展览项目。

三、打造百姓课堂,传播优秀文化

鄂尔多斯市博物院积极发挥博物馆在公共文化服务体系中的重要作用,依托鄂尔多斯敦厚悠久的历史文化和灿烂多彩的民族文化,以形式多样、层次丰富、内容多元的社会教育和服务活动为载体(图六),努力打造百姓终身学习与学生益智探索的文化场所,成为传播优秀文化的大课堂。"博知学堂"向青少年们传递历史、人文和地理等知识,使他们深入了解和体验中国历史文化精髓;"我们的节日"增加公众对中华优秀文化和传统美德的传承和热爱;"小讲解员培训"让青少年在潜移默化中增加对家乡文化的了解与热爱;"专家专题讲坛"邀请专家学者,给社会大众带来多角度的文化享受;"馆校共建"与各大中小学校"牵手",推动历史文化与素质教育的有机融合;志愿者工作吸收社会力量,不断创新志愿服务方式方法……

2012年11月,"流动博物馆"项目启动,鄂尔多斯悠久的历史发展脉络,多彩

图六　民俗体验教育

的民俗文化和精品文物先后走出"深闺"，以展板、复制文物和现场体验的形式走进了群众中间。多年来我们致力于将展览送到苏木乡镇，送到百姓家门口，"流动博物馆"的身影不仅遍布鄂尔多斯市的每一个旗区，还深入到学校、社区、养老院、军营等。我们积极加深与学校的合作，强化博物馆"第二课堂"作用，开展"宣教大课堂"活动。通过"流动博物馆""宣教大课堂"等项目，成功地将中华优秀传统文化带出博物馆，为群众搭建一个流动的公共文化服务平台，让更多的人在家门口就能享受到公共文化服务，扩大了地方文化的辐射力，让博物馆真正融入百姓，走进社会。

四、学术引领，成果丰硕

坚持学术引领，推动开展黄河文化、地方历史文化、民俗文化、红色文化等的学术研究，讲好鄂尔多斯故事，将学术成果有效转化，更好地服务于群众，是鄂尔多斯市博物院建院以来坚持的宗旨之一。

多年来，鄂尔多斯市博物院致力于学术研究工作，陆续出版了《农耕 游牧·碰撞 交融——鄂尔多斯通史陈列》《竞技·游戏——历史上的北方少数民族体育》《北方草原古代壁画珍品》《北方草原古代壁画艺术保护与研究国际研讨会论文集》《鄂尔多斯史海凭栏》《鄂尔多斯长城》《鄂尔多斯文博人——鄂尔多斯文博事业发展历程回顾》《鄂尔多斯文博事业出版五十五周年》《鄂尔多斯财政历史文物史话》《回望元朝——内蒙古元代丝绸之路文物图珍》《郡王府历史沿革与建筑形态》《草原丝路史话——鄂尔多斯汉代墓室臻品图像》《黄河从草原上流过——内蒙古黄河流域古代文明》《内蒙古黄河历史文化丛书》等专著（图七），在国家级、自治区级、市级期刊、杂志、媒体上发表各级各类业务研究文章近千篇。

秉承"科研型博物馆"的学术理念，先后承担国家级、自治区级、地市级等各级涉及社会科学、历史、文物、考古、博物馆等众多领域的学术研究课题和项目。近年来，先后完成"鄂尔多斯红色百年""鄂尔多斯历史文化""黄河几字弯民族交往交流交融的历史典故""农耕交错 胡汉交融 多元一体——铸牢中华民族共同体意识视阈下的内蒙古黄河流域古代历史与文化遗产研究""鄂尔多斯黄河几字弯历史、文化、民俗调查""鄂尔多斯古代壁画及木构彩绘调查"等课题项目，召开"北方草原古代壁画艺术保护与研究国际研讨会"。学术研究成果的不断涌现，让博物馆成为真正的"思想库"，发挥出理论研究、传播知识、弘扬主旋律、铸牢中华民族共同体意识的重要作用。

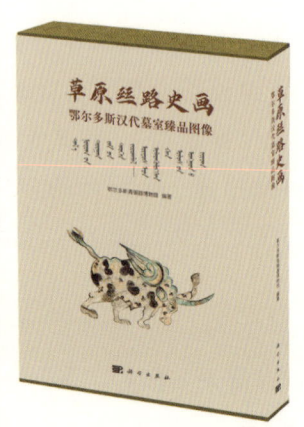

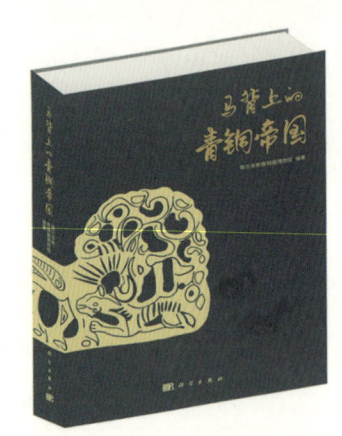

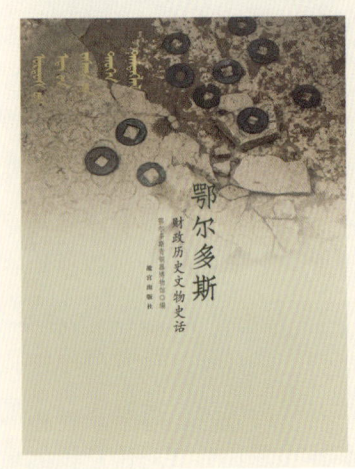

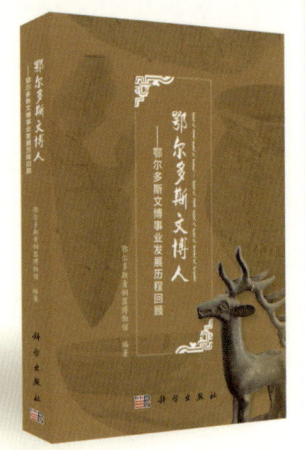

图七　鄂尔多斯市博物院近年编写出版的部分专著

五、借力全新媒体，讲好中国故事

借助新媒体表达方式，鄂尔多斯市博物院让陈列展览、文物从博物馆走出来，跃然成为手机、电脑屏幕上的"鲜活形象"。在官方网站和微信公众号上链接有"农耕·游牧　碰撞·交融——鄂尔多斯古代史陈列""丹青遗韵　妙手生花——北方草原古代壁画精品展""黄河从草原上流过——内蒙古黄河流域古代文明""不忘初心　牢记使命主题教育展""内蒙古社会主义建设二十年特展""丝路万里　金鉴千秋——东西方古代铜镜艺术展""茗冠古今　茶香万里——闽北茶文化展"等7个数字展馆。同时，采用新媒体、融媒体、自媒体等全方位、多层次的数字展示手段，在快手、抖音、今日头条等新媒体平台开辟了官方服务号，并针对不同人群陆续上线"线上虚拟展览""微信听展览""宅家看风景""云游博物馆""文物故事""红色革命故事""小讲解员·科普""指尖上的三维文物"等内容，用当前科技手段进行的博物馆数字化建设，极大地补充了实体博物馆公共文化文化服务功能。设计实施的"互联网＋中华文明——智慧博物馆进社区（学校）"项目，是智慧博物馆建设创新性项目，有效地将文物保护利用、博物馆的展示研究交流、宣传教育体验等与外界进行链接，并通过社区、学校等开展特色的宣传教育实践，实现在一般教育层面上的再深入。鄂尔多斯市博物院通过新媒体，构建线上线下相融合的博物馆传播体系，将丰厚的文物与历史信息浓缩于方寸屏幕之间，让展览、文物焕发光彩，更好地满足人民的精神文化需求。

六、打造明星文物，树立文化品牌

文物是博物馆运行的核心，用历史文化的实物载体讲述沧桑过往是实现博物馆价值的重要途径。在厚重历史的积淀下，鄂尔多斯市博物院收藏有大量的实体文物，其中不乏独具价值的国宝级精品文物。以文物构筑起博物馆与社会沟通的桥梁，实现博物馆的社会价值，履行社会职责，鄂尔多斯市博物院不断在创新中寻求突破，脚踏实地实现跨越式发展。

鄂尔多斯市博物院藏品丰富、类型多样，现有藏品34435件（套），涵盖古生物化石、古代文物、近现代文物、艺术珍品等多种门类。珍贵文物共1376件（套），其中国家一级文物119件（套），二级文物346件（套），三级文物911件（套），具有较高的历史价值、时代价值、科学价值和文化价值。这些价值非凡的文物实体是历史的凝结，是历史的诉者，更是各民族在长期的交往交流交融中不断从多元走向一体的有力见证。

1. "河套人"头盖骨是鄂尔多斯地区发现的最早人类遗存（图八）。国家一级文

图八 "河套人"头盖骨

图九 喇叭口尖底瓶

物。属于距今14万—7万年的旧石器时代中期智人遗存。长10.4厘米，宽10.2厘米，重64克。这件头盖骨化石于1956年在乌审旗萨拉乌苏河流域发现，同时还发现了一段人类股骨。"河套人"的体质特征接近于现代人，在人类的进化史上属于晚期智人阶段，地质年代应该属于更新世晚期。到目前为止，"河套人"文化遗址共发现人类化石、石器300多件。"河套人"是目前亚洲发现最早的晚期智人化石之一。"河套人"的发现成为破解中国现代人起源之谜的关键，为中国现代人何时起源这一问题提供了更加充分详实的证据，对考古学和体质人类学及旧石器晚期文化类型特征等研究有着十分重要的价值。

2."喇叭口尖底瓶"是距今5000年鄂尔多斯史前文明的见证（图九）。国家一级文物。鄂尔多斯市达拉特旗青达门乡出土。高72厘米，口径20厘米，腹径26.2厘米，重4150克。陶瓶是新石器时代海生不浪文化古人类使用的汲水生活器具。陶瓶口为喇叭口形态，束颈，弧肩，亚腰，尖底，瓶身上装饰有细密而规整的纹饰。

由于这种器物的整体形态与商代甲骨文中的"酉"字十分接近，考古学界也把它称为"酉瓶"。中国最早出现的文字，绝大多数都是象形文字，因此，这件器物的形态与甲骨文"酉"字的关系可以证明我国成熟象形文字形成的时间至少在仰韶文化晚期阶段，即距今5500年以前。由此可见，鄂尔多斯地区的古代先民以其聪明和智慧在中国文字的产生及中华文明的起源和发展中发挥了巨大的作用。

3. 金冠饰。国家一级文物。内蒙古准格尔旗布尔陶亥乡西沟畔村墓葬出土。是由头饰、耳坠、项饰组成的一整套饰件（图十）。冠饰采用镶嵌、抽丝、锤揲、焊接、包金等多种工艺，将松石、白玉、海贝、黄金等装扮得富丽堂皇，雍容华贵。根据冠饰多为形态较小的金片特征来看，其可能是缝缀在冠状衬物上。结合金冠饰的造型工艺以及伴出的器物，考古学界判断它应为西汉初期活动在鄂尔多斯高原上的匈奴贵族所有。考虑到它极可能是女性饰物的特点，其也可视为我国发现的唯一一件早期北方民族的"凤冠"。这套装饰的主流风格应来自中原文化的影响，但其中的鹿形等动物纹饰则是典型的北方游牧文化的特征，而琉璃珠、琥珀珠等是盛产于中亚地区的物品，嵌蚌、镶嵌绿松石、包金边以及周边的联珠纹工艺等却是波斯以及地中海古希腊、罗马等西方

图十　金冠饰

古文明特有的作风。因此，金冠饰既有中原文化特色，又具中亚艺术风格，是多种文化融于一身的艺术结晶，更是研究西汉初期中原与北方游牧民族乃至整个欧亚草原地区东西文化交流的极好物证。

4. 虎豕咬斗纹金饰牌。一组两块，国家一级文物。1979年出土于准格尔旗西沟畔墓地。饰牌平面呈长方形，长13厘米，宽10厘米，厚0.3厘米，重300克左右（图十一）。饰牌正面采用浅浮雕工艺制成老虎与野猪互相咬斗的图案：猛虎在下，野猪在上，两兽缠斗正酣。从搏斗的动物纹观察，它们具有浓厚的草原文化特征，是欧亚草原游牧部族颇为流行的做法。更加珍贵的是在饰牌背面錾刻有规整的文字，又彰显出强烈的中原文化特征。从錾刻的"一斤五两四朱少半""故寺豕虎三""一斤二两廿朱少半"铭文来看，它们又具有浓厚的秦文化风格，应是秦人錾刻而成。"豕""虎"应为动物名，即野猪、猛虎；"故寺"应为制作器物的官府；"三"字为编号。因此可以判断，这两件金饰牌的制造与秦国有关，或者就是在秦代制造的，之后随过不同民族的人群交往、交流，通过贸易、战争、通婚等诸多手段，输入到中国北方游牧人群

图十一　虎豕咬斗纹金饰牌

图十二　黑釉剔花牡丹鹿纹瓶

中来。根据饰牌的造型、规格及墓葬中与之伴出的其他随葬品，特别是金银等贵重品推测，这两件金饰牌的使用者应该是战国晚期至西汉早期活动在鄂尔多斯东部地区的游牧部落首领，极有可能就是匈奴部族某一位白羊王所有。金饰牌质地为黄金，用料珍贵，做工精良，采用浅浮雕的艺术形式设计图案，具有强烈的草原文化风格，也带有浓郁的中原农耕文化因素，是战国晚期中国多民族融合，农业与牧业文化交流互鉴精品之作，为展现2000多年前不同民族的交流交往交融提供了不可多得的物证。

5. 黑釉剔花牡丹鹿纹瓶。国家一级文物。1986年在伊金霍洛旗白圪针村一处窖藏内出土。这件黑釉瓷器是西夏时期的精品瓷器（图十二），口径8.4厘米，底径9.7厘米，高40.2厘米。小口，斜肩，腹微鼓，底部内凹，器身大部施黑釉，在腹部剔有牡丹花纹和几何图案，近底部刻划一只奔跑的梅花鹿，作回头吐云雾状。这件瓷瓶的主题纹饰花卉纹和鹿纹代表了瓷器主人祈求富贵、福禄连绵不断的美好愿望。瓷器主体纹饰与辅助纹饰层次分明、疏密有序，艺术感强烈，更显西夏瓷的硬朗、古朴、自然、神秘之美。根据这件瓷瓶的造型、纹饰以及制作工艺特点判断，它应是西夏时期灵武窑的作品，是西夏时期北方党项部族在鄂尔多斯活动、以鄂尔多斯为腹地蓄力发展的重要物证，也是彰显西夏强盛文化的艺术精品。

6. 荷叶形玉杯，国家一级文物，长9.05厘米，宽7.2厘米，高3.8厘米，口径7.15厘米，重0.085千克（图十三）。鄂尔多斯市乌审旗出土。莲花瓣形敞口，浅腹，圈底，饰有莲花脉络纹饰，一侧有一兽形耳连接口沿和底部并延伸至玉杯的另一侧。采用浅浮雕和镂空的雕刻技法，器身圆润有光泽，整个器物看起来浑然一体，装饰华丽，雕琢极为精致，具有明显的时代特征。玉杯当属宫廷珍贵的玉雕艺术品，是元代玉器中不可多得的艺术精

图十三　荷叶形玉杯

品。它白玉质地，器身圆润有光泽，装饰华丽，构思精巧。整体由圆雕荷叶组成，大片弧状边缘卷拢荷叶为杯体，叶蒂卷曲成环形杯把，花果相接，好似淡雅幽香扑面而来，有如诗云："洒盏旋将荷叶当，莲舟荡。时时盏里生红浪。花气洒香清斯酿。"

今后，鄂尔多斯市博物院将继续努力干事创业，在历史、文化、考古、博物馆等方面积极开展学术研究和进行业务提升，开创鄂尔多斯文博事业新局面。

历史是最好的教科书。我们要认真、细致、准确地研究鄂尔多斯的古代史、近代史、现代史，树立、弘扬和宣传正确的历史观、民族观、国家观、文化观。以"多元一体"理论、各民族交流交往交融理论武装头脑，来编写、出版、传播历史知识，从而铸牢中华民族共同体意识，为各民族像石榴籽一样团结在一起贡献力量。

中华文明源远流长、博大精深，是中华民族独特的精神标识，是当代中国文化的根基。我们要认真搞好考古调查、考古发掘和考古研究工作，尤其加强对"两个文化"（"黄河文化""长城文化"）和"三个品牌"（"鄂尔多斯青铜文化""古代壁画文化""红色革命文化"）的研究和阐释，为建设中国特色、中国风格、中国气派的考古学而不断努力。

鄂尔多斯市博物院是鄂尔多斯不可替代的城市名片和窗口，是鄂尔多斯故事的讲

述者，是鄂尔多斯的文化会客厅。近年来党和国家对文物事业、博物馆发展高度重视，习近平总书记多次发表关于文物、考古工作的重要讲话，时代赋予了博物馆更加神圣的职责和使命。新时代下，在"立足鄂尔多斯，面向世界，争取世界一流博物馆"办馆宗旨的指导下，鄂尔多斯市博物院将深入学习贯彻党的二十大精神，立足本地特色历史、文化、文物优势，继往开来，砥砺奋进，更好地满足人民群众的文化需要，为鄂尔多斯文博事业的快速、健康、高质量发展不懈奋斗！

农牧交融、多元一体
——内蒙古黄河流域铸牢中华民族共同体的历史基础

鄂尔多斯市博物院 甄自明[*]

内容提要：黄河由西向东流经内蒙古自治区的乌海市、阿拉善盟、鄂尔多斯市、巴彦淖尔市、包头市、呼和浩特市、乌兰察布市等七个盟市。内蒙古黄河沿岸分布有阿拉善的荒漠草原、鄂尔多斯的半荒漠草原、宽广的乌兰察布草原、呼和浩特平原、河套平原等。地处农耕经济与游牧经济的交错地带，促使这里成为中原农耕王朝与北方游牧部族碰撞和交融的典型地区；中原农耕王朝大多以修筑长城的方式防御北方游牧部族。这里同时也是经济贸易交流、多民族交往融合的重要区域，分布有历朝历代的草原丝绸之路。内蒙古黄河流域因此成为黄河文化、草原文化、农耕文化、游牧文化、长城文化、丝路文化等多元文化交汇、融合的代表性地区，以及历代以来多民族交往交流交融的典型地区。内蒙古黄河流域遗留下来的历史文化遗产，充分证实这里是农牧交融、多元一体的代表性地区。内蒙古黄河流域的历史发展脉络和内在规律充分印证了铸牢中华民族共同体意识在内蒙古地区具有深厚的历史、理论和实践基础。

关键词：内蒙古黄河流域　农牧交错　民族交融　多元一体

在祖国正北方，内蒙古草原南端，黄河流过形成一个几字弯的区域。历代以来，黄河文化与草原文化在这里融合交汇，400毫米等降水量线和胡焕庸线从这里穿过，农耕经济和游牧经济成为这里的主要经济元素，中原农耕王朝与北方游牧部族在这里生产、生

---

[*] 甄自明（1980— ），山西省晋中市和顺县人，在职研究生学历，鄂尔多斯市博物院副院长、文博研究馆员，研究方向：历史、文物、考古、博物馆展览。

［基金项目］2021年度"内蒙古社会科学基金项目"研究类项目"农牧交错、胡汉交融、多元一体——铸牢中华民族共同体意识视阈下的内蒙古黄河流域古代历史与文化遗产研究"（202183）。

活，多个时代的草原丝绸之路从这里经过。因此，内蒙古黄河流域成为黄河文化、草原文化、农耕文化、游牧文化、长城文化、丝路文化等多元文化融合、交流、交往的代表性地区。内蒙古黄河流域丰富的古代历史遗迹和文化遗产，都充分证实这里是农牧交错、民族交融、多元一体的典型地区。内蒙古黄河流域的历史发展脉络和内在规律充分印证了铸牢中华民族共同体意识在内蒙古地区具有深厚的历史、理论和实践基础。

一、黄河与草原在内蒙古黄河流域的分布

黄河是中华民族的母亲河，全长5687千米，流经青海、四川、甘肃、宁夏、内蒙古、陕西、山西、河南、山东等9个省和自治区，最后汇入渤海[①]。黄河从青藏高原发源，穿越内蒙古高原、黄土高原，在这里形成一个大的几字弯，由西向东分别流经内蒙古自治区的乌海市、阿拉善盟、鄂尔多斯市、巴彦淖尔市、包头市、呼和浩特市、

图一　黄河内蒙古鄂尔多斯市准格尔旗段

---

① 葛剑雄.黄河与中华文明［M］.北京：中华书局，2020：28-29.

乌兰察布市等7个盟市（图一）。在鄂尔多斯市准格尔旗段十二连城乡与呼和浩特市托克托县河口镇毗邻的黄河段是黄河上游与中游的分界点。黄河对内蒙古有着悠久的、潜移默化的作用和意义。

内蒙古草原，以其苍茫辽阔、美丽多彩而著称于世，总面积达8666.7万公顷，是我国最大的草场和天然牧场。黄河几字弯与阿拉善草原、鄂尔多斯草原、乌兰察布草原的共存是内蒙古黄河流域生态环境的基本特点。黄河的经过，使得内蒙古黄河流域适合农耕、灌溉农业；草原的分布决定了内蒙古黄河流域适合游牧，发展畜牧业。

400毫米等降水量线，把我国大致分为东南与西北两大部分。它大致经过大兴安岭—张家口—兰州—拉萨—喜马拉雅山脉东部。400毫米等降水量线，也是种植业与畜牧业分界，西北地区与北方地区分界线。

胡焕庸线，即中国地理学家胡焕庸（1901—1998）在1935年提出的划分我国人口密度的对比线，最初称"瑷珲—腾冲一线"[①]，后因地名变迁，先后改称"爱辉—腾冲一线""黑河—腾冲一线"。

胡焕庸线从黑龙江省瑷珲（1956年改称爱辉，1983年改称黑河市）到云南省腾冲，大致为倾斜45度基本直线。这条线东南方的36%的国土居住着96%的人口（根据2000年第五次全国人口普查资料，利用ArcGIS进行的精确计算表明，按胡焕庸线计算而得的东南半壁占全国国土面积43.8%，总人口94.1%），主要地理结构为平原、水网、丘陵、喀斯特和丹霞地貌，以农耕为经济基础；线的西北方人口密度极低，是游牧民族的活动区域。由此划出两个迥然不同的自然和人文地域，"胡焕庸线"也因而成为城镇化水平的分割线。

以这条线为核心的狭长地带，慢慢演变成为农耕经济与游牧经济的交错地带。这些自然地理和经济因素使得内蒙古黄河流域成为中原农耕文明与北方游牧文明碰撞和交融的典型地区，中原农耕王朝大多以修筑长城的方式防御北方游牧部族，使得内蒙古黄河流域成为经济贸易交流、多民族交往融合的重要区域。

内蒙古黄河流域包括农业经济发展带和畜牧业经济发展带的北方大部分地区，构成一个独立完整的经济单元体系。内蒙古黄河流域形成以农业经济为基础，畜牧业为补充的经济形态；以农耕文化为主导，农业、牧业两种文化相互渗透和吸收的文化形态。在历史演变进程中，农业在黄河流域首先发展起来，使其成为我国农业经济、文化的中心地带。在大兴安岭以西、阴山南北的内蒙古大草原，以其得天独厚的条件发展成为典型的畜牧业经济、文化带（图二）。

---

① 胡焕庸. 中国人口之分布：附统计表与密度图[J]. 地理学报，1935（2）：33-74.

图二　内蒙古的黄河、草原与长城

二、内蒙古黄河流域的历代长城和草原丝绸之路

内蒙古黄河流域正好分布在400毫米等降水量分界线附近，也是我国牧业经济与农业经济分界线附近，2000多年以来，年降水量400毫米线在这条分界线上南北摆动，牧业经济与农业经济的分界线也随之在南北摆动。自古以来，内蒙古黄河流域就是北方游牧民族生活的地方，而以南地区是农耕文明的粮食产区，两种不同的生产生活方式使得北方少数民族和中原汉族文化和习俗在这里碰撞、交融，甚至因为政治、军事等因素在这里发生碰撞、冲突。因此，内蒙古黄河流域分布着战国赵、战国秦、秦代、汉代、北魏、隋代、北宋、西夏、明代等多个时代的长城。归根究底，就是因为气候原因所造就的经济、政治和文化差异。内蒙古黄河流域长城带[①]从商周以来，就成为北方游牧部族与中原农耕王朝军事冲突的中心地带，多个王朝在这里修筑长城，内蒙古黄河流域成为军事防御的前沿阵地。并且，由于游牧经济和农耕经济相互之间的多样性经济、贸易需求，北方游牧民族和中原农耕民族在政治、文化上相互吸引和交融，使内蒙古黄河流域成为多民族融合和经济交流的重要区域[②]。

古代丝绸之路共有4条主要通道：第一条"沙漠（绿洲）丝路"，由西安出发，经过我国河西走廊、南疆地区各绿洲城国的经济文化走廊；第二条"草原丝路"，主要通过蒙古草原，是一条横贯欧亚大陆的商贸通道、草原之路；第三条为西南丝绸之路，主要通过今云贵川藏地区至印度及东南亚，又称"茶马古道"。第四条为"海上丝路"，是通过海路从中国南方沿海地区经东南亚、印度洋，抵达波斯湾的海上贸易通道。丝绸之路是起始于古代中国，连接亚洲、非洲和欧洲的古代商业贸易路线，它影响了中国以及沿线各国的经济、政治、文化、艺术、哲学、宗教等诸多方面，为这些地区文化的繁荣发展留下了不可磨灭的印记。纵观中国历史发展，青铜之路、汉代丝绸之路、北魏南迁建都之路、唐代受降城道和参天可汗道、元代亚欧大陆草原丝绸之路、万里

---

① 李凤山. 长城与民族 [M]. 北京：中央民族大学出版社，2006：25-27.
② 鄂尔多斯青铜器博物馆. 鄂尔多斯长城 [M]. 北京：科学出版社，2020：24.

茶道、走西口等草原丝绸之路均通过了内蒙古黄河流域[1]。草原丝绸之路是蒙古高原沟通欧亚大陆的商贸大通道，是丝绸之路的重要组成部分，它由内蒙古黄河流域阴山长城沿线，向西北穿越蒙古高原、南俄草原、中亚西亚北部，直达地中海以北的欧洲地区。草原丝绸之路东端的中心地在内蒙古黄河流域。在"一带一路"倡议下，内蒙古具有更加重要的地位。

三、古代内蒙古黄河流域的多元民族交融状况

内蒙古黄河流域，正处于黄河几字弯南北地带。自古以来，这里就是多民族活动的历史舞台。商周时期，生活在内蒙古黄河流域的游牧部落有土方、鬼方、猃狁、楼烦、林胡等。到了春秋时期，中原地区的大小王朝与内蒙古黄河流域各游牧民族的交往更为密切。战国时代，匈奴的主要活动区域就是河套及阴山一带，其政治中心头曼城位于今巴彦淖尔市五原县境内。秦始皇统一六国后，在内蒙古黄河流域设置郡县，并由内地移民，开始了最早的垦殖。到了汉代，河套、阴山地区成为匈奴族活动和栖息的重要地区之一。东汉后期，北匈奴及乌桓、鲜卑、羌等民族先后进入鄂尔多斯高原、土默特川平原游牧。魏晋南北朝时期，鲜卑拓跋部等少数民族都先后在内蒙古黄河流域生活过。

公元5世纪，匈奴族的铁弗部在鄂尔多斯高原建立大夏国。之后，在北魏统辖下，鲜卑族、敕勒族牧民在鄂尔多斯高原生产生活。隋唐时期，一部分突厥部众被安置在鄂尔多斯高原和土默特川平原。唐朝后期，党项族在鄂尔多斯高原南部的夏州生活下来。到了宋朝，党项族以夏州地区为根据地，建立了西夏王朝，与大青山、土默特地区的辽国和北宋形成对峙。15世纪中叶，蒙古各部进入鄂尔多斯高原、土默特川平原驻牧。随后，达延汗重新统一了蒙古各部，占据了河套地区和土默川进行游牧，并在土默川发展农业。从此以后的四五百年时间里，蒙古族牧民一直没有离开过内蒙古黄河流域，他们是历代少数民族中在这里活动时间最长的。清代以来，大量汉族农民、旅蒙商进入内蒙古黄河流域，共同开发了这里的农业和商业，形成了归化、包头、集宁等商业集镇。

在内蒙古黄河流域历史上，发生和上演了赵武灵王胡服骑射、宣太后与义渠王的故事、昭君出塞、文姬归汉、南匈奴归汉、北魏南迁建国、隋炀帝会盟突厥启民可汗、唐朝设置六胡州安置突厥、明蒙通贡互市、走西口等脍炙人口的有关民族融合、民族

---

[1] 鄂尔多斯博物馆. 黄河从草原上流过：内蒙古黄河流域古代文明 [M]. 北京：国家图书馆出版社，2021：122，170.

团结的历史往事。

在长期的历史发展中,先后在内蒙古黄河流域活动的各族人民都对开发内蒙古作出了自己的贡献。这种贡献首先表现在政治上,由于各游牧民族首先对内蒙古黄河流域进行了开发并实现了局部的统一,内蒙古黄河流域从秦开始就成为多民族国家中不可分割的一部分。

内蒙古黄河流域自古就是游牧民族、农耕民族共同的家园,各民族分别经营游牧、狩猎和农耕等生业。经济上的互补、交流,政治上的变化动荡,促使各民族杂居在一起。在这种情况下,民族间的融合、交流几乎无时无刻不在进行。现今内蒙古各族人民,既含有历史上曾经存在过的所有民族的血统,相互之间也渗透融合。几千年历史发展所铸就的这种亲缘关系,是我们极其珍贵的历史财富和宝贵遗产[1]。

四、内蒙古黄河流域古代历史上的多元一体

1989年,费孝通应邀到香港中文大学做题为"中华民族多元一体"的演讲。这篇演讲的全文及其他几篇相关的论文结集成册,于1989年由中央民族学院出版社以"中华民族多元一体"为名出版。这一重要的研究成果,将民族理论与民族工作的实践结合起来,把各民族的研究结合起来,对中华民族构成全局和中国的民族问题做了深度的概括,从而提出了民族研究中一个重大的新课题,具有对现实和实践的指导意义[2]。

我国是各族人民共同缔造的统一的多民族国家,各族人民的大团结具有深厚的历史渊源和广泛的现实基础。在漫长的历史进程中,各族人民密切交往、相互依存、休戚与共,形成了中华民族多元一体的格局,共同推动了国家发展和社会进步。这一科学的结论,是对我国统一多民族国家历史发展规律的重要总结。

秦汉时期是中华民族多元一体格局的出现时期,不同类型的民族文化及农耕文化的出现,体现了早期中国多民族文化的多元性质。华夏族的祖先很早就已在黄河流域定居,显示出巨大的文化优势,并在不断整合内部的同时,融入周边若干氏族部落,进行经济文化交流,致使春秋战国时期形成了我国历史上第一次民族大融合。秦统一六国后,建立了中国历史上第一个真正意义上的统一多民族国家。汉朝政府采取羁縻政策,既保留少数民族原有的政治结构、经济形态和风俗习惯,又通过少数民族领袖人物对汉朝的臣服、纳贡和应征,加强了多民族国家的统一,从而出现了中华民

---

[1] 曹永年. 内蒙古通史:第一卷[M]. 呼和浩特:内蒙古大学出版社,2007:13-15.
[2] 陈育宁. 民族史学概论[M]. 银川:宁夏人民出版社,2006:48-51.

族多元一体的初步格局。魏晋南北朝、隋唐时期是中华民族多元一体格局的发展时期，形成了我国历史上第二次民族大融合。北方少数民族的大量内迁造就了各族之间错居杂处的局面。随着汉族与各少数民族间了解的加深和少数民族的封建化，汉族共同体进一步发展壮大。同时，北方战乱不断引起大量汉人南迁，大多移居淮河流域和长江三角洲，更远的到汉水流域，甚至迁至岭南、云南。北人南迁带来了先进的生产技术和文化，促进了接近汉地各族的封建化进程及其与汉族的融合。这一趋势为隋唐时期更大范围的统一和各民族共同发展奠定了基础。唐朝的疆域远远超过汉朝，更多的民族群体被纳入唐帝国范围之内，形成更大的多元一体格局。

宋辽夏金时期，虽未出现全国统一的王朝，但却是中国历史上第三次民族大融合时期，中华民族多元一体格局得到进一步发展。各民族政权之间除了统治阶级相互角逐和战事不断外，也存在和平的经济文化交流。各民族仍然自发向汉族农业文明倾斜。无论是战争还是经济交流，都会造成频繁、大量的人口流动，从而加强地区间的经济交流和文化认同，为民族融合创造条件。这一时期，各民族政权多以中国自居，认同感大为增强。元朝建立后，呈现出各民族的杂居共处和相互融合，统一政令推行于民族地区，边疆民族地区得到开发，少数民族在国家经济发展、科学进步、文化繁荣方面作出了巨大贡献，农业区和游牧区实现了大一统。明清时期是中华民族多元一体格局的稳固时期。明朝在全国实行卫所制，在边疆民族地区设有羁縻卫所。在西南、中南少数民族地区，承袭元朝土司制度并使之更趋完备。清朝建立后，采取许多重大措施稳定边疆，巩固我国版图和领土，使我国统一的多民族国家得到进一步巩固和发展，同时清朝疆域奠定了近现代中国各族人民共有的疆土。中华民族多元一体格局是中国在特定历史条件下多民族发展的必然结果，其既是对中国统一多民族国家历史渊源和现实结构的客观反映，也是中国统一多民族国家未来构造的必然取向[①]。

几千年来，先后在内蒙古黄河流域土地上活动过的各民族，有大有小，活动的时间有长有短，而且多数民族今天已不存在，他们在完成了自己的历史任务后，融合在今天还存在的民族之中。但是无论哪个民族，都作出了别的民族不可替代的贡献。他们用自己的辛勤劳动和聪明才智，共同创造了内蒙古黄河流域的古代文化，推动了中国北方的历史进程。历史证明，内蒙古黄河流域的发展史，就是一部多民族人民共同开发和奋斗的历史，这是内蒙古黄河流域的一个显著特点。从这个意义上说，内蒙古黄河流域的历史，是内蒙古地区、整个北方地区乃至全中国"中华民族多元一体"的一个缩影（图三）。

---

① 陈育宁. 民族史学概论［M］. 银川：宁夏人民出版社，2006：293-298.

图三　像石榴籽一样紧紧抱在一起——56个民族代表在鄂尔多斯合影

五、内蒙古黄河流域的历史发展脉络和内在规律，充分印证了铸牢中华民族共同体意识具有深厚的历史、理论和实践基础

习近平总书记强调"加强中华民族大团结，长远和根本的是增强文化认同，建设各民族共有精神家园"。黄河文化是中华民族的根和魂。内蒙古黄河流域有旧石器时代的大窑遗址、"河套人"萨拉乌苏遗址、乌兰木伦遗址。历史上各民族在这里繁衍生息，至今还保留着众多文物古迹，有秦直道，有多个历史时代的长城，还有反映古代游牧民族生活的阴山岩画、贺兰山岩画和桌子山岩画。阿尔寨石窟是欧亚草原规模最大的石窟建筑群，被誉为"草原敦煌"。"胡服骑射""昭君出塞""文姬归汉""木兰从军"和拓跋鲜卑兴建盛乐都城等脍炙人口的历史故事都在这里发生。

内蒙古黄河流域是一个特殊的地理单元。黄河岸边，长城脚下，农耕文化和游牧文化作为两种经济形态背景下产生的历史文化，丰富而多彩，曲折而灿烂，绵延而弥新，在内蒙古黄河流域这片广袤的土地上，生根绽放，成为中华文化得以发展壮大的重要源泉。追寻内蒙古黄河流域的黄河文化、草原文化、长城文化、农耕文化、游牧文化、丝路文化，深深感受到在中华民族长达数千年的历史发展过程中，农耕文化和游牧文化，中原农耕民族与北方游牧民族在这里互相碰撞补充、相互融合发展，承载着商贸流通、文化交流和民族融合的历史使命，最终共同铸就了中华民族和中华文明[①]。这

---

① 鄂尔多斯博物馆. 黄河从草原上流过：内蒙古黄河流域古代文明［M］. 北京：国家图书馆出版社，2021：15，37.

也证实了内蒙古黄河流域自古以来就是多民族交往交流交融的典型地区。

中华文化源远流长，积淀着中华民族最深层的精神追求，代表着中华民族独特的精神标识，为中华民族生生不息、发展壮大提供了丰富滋养。文化是民族的重要特征，是民族凝聚力和创造力的重要源泉。文化的认同，是最深层次的认同，是民族团结之根、民族和睦之魂，也是民族的情感纽带和心灵归属。铸牢中华民族共同体意识，必须要以社会主义核心价值观为引领，做到"五个认同"，构建各民族人民共有的精神家园。在铸牢中华民族共同体意识视域下，包括内蒙古黄河流域在内的中国北方地区的历史发展脉络和历史文化遗产现状充分证实，我国是由各民族人民共同缔造的统一的多民族国家，各民族人民的大团结具有深厚的历史渊源和广泛的现实基础。长城内外是故乡。在漫长的历史进程中，各民族人民长期密切交往、相互依存、休戚与共、你中有我、我中有你，形成了中华民族多元一体的格局，共同创造了灿烂的中华文化，共同推动了历史的发展和社会的进步，共同培育了伟大的中华民族精神。

正如习近平总书记2019年9月27日在全国民族团结进步表彰大会上的重要讲话中所指出的："一部中国史，就是一部各民族交融汇聚成多元一体中华民族的历史，就是各民族共同缔造、发展、巩固统一的伟大祖国的历史。各民族之所以团结融合，多元之所以聚为一体，源自各民族文化上的兼收并蓄、经济上的相互依存、情感上的相互亲近，源自中华民族追求团结统一的内生动力。正因为如此，中华文明才具有无与伦比的包容性和吸纳力，才可久可大、根深叶茂。"内蒙古黄河流域的历史发展脉络和内在规律充分印证了铸牢中华民族共同体意识具有深厚的历史、理论和实践基础。

论内蒙古黄河历史文化

■ 鄂尔多斯市博物院 李 锐[*]

内容提要：《内蒙古黄河历史文化》从内蒙古黄河流域全线的古代（时间跨度为旧石器时代人类文明出现至清代灭亡）文明遗存与文物出发，以历史时期人们对黄河流域的农牧经济开发为视角，通过对各个历史时段的物质遗存研究、珍稀文物和历史文献佐证，梳理出一条清晰的黄河文化铸就的农牧经济发展线，理顺了内蒙古地区黄河文化的发展轨迹，展现了黄河文化发展成就。这一研究成果是目前有关内蒙古地区黄河文化研究的较早的专著，也是全国范围内罕见的以图文相结合的方式展示内蒙古黄河历史文化的研究专著。

关键词： 内蒙古 鄂尔多斯 黄河 历史文化

中国的江河众多且流域（或分布区域）广泛，人们借以通行舟楫、发展水利、灌溉农田，并孕育了辉煌灿烂的中华文明。在中国众多的江河之中，无论是对于中国历史还是自然环境而言，影响最大者莫过于长江与黄河。尤其是黄河，是环境史和历史地理学研究对象中一个永恒的话题。在中国人的视野中，黄河不仅仅是一条大河，还是国家与文化精神的象征，是中华文化的发源地，古老的中华文明离不开黄河的滋养，黄河也被誉为是中华民族的"母亲河"和中华民族的"摇篮"。

一、内蒙古黄河流域概况

黄河全长约为5464公里，是我国的第二大河（同时也是世界上的第五长河），流

---

* 李锐（1978— ），内蒙古自治区鄂尔多斯市东胜区人，在职研究生学历，鄂尔多斯市博物院副院长、文博研究馆员，研究方向：文物、鉴定、博物馆、内蒙古黄河流域历史文化研究。

域面积约75.3万平方公里，以多泥沙、善淤、善决、善徙而著称于世。黄河发源于青海省巴颜喀拉山脉北麓，流经青海、四川、甘肃、宁夏、内蒙古、陕西、山西、河南及山东9个省区，沿途汇集了40多条主要支流和千万条溪涧沟川，逐渐形成了波涛澎湃的大河，最后流入渤海。根据黄河全程流域的水文特点，以内蒙古托克托县河口镇、河南省洛阳市旧孟津为分界点分为上、中、下游，三个区域的地貌形态与环境特征也呈现出明显的地区性差异性，且受到黄河各地段不同地理环境特殊性的影响，各自形成了独具特色的区域性人类社会文明形态。

从河源到内蒙古托克托县的河口镇是黄河的上游地段，河长3472公里（中段长度1206公里、下段长度786公里），落差3846米（中段落差890米、下段落差95米），上部是高山草原区，下部是峡谷区和宁蒙平原，流域面积共计38.6万平方公里（中段流域面积34.4万平方公里、下段流域面积2.3万平方公里），汇入的主要河流有白河、黑河、大夏河、洮河、湟水、祖厉河、清水河、大黑河等。这段河道的基本特点是水多沙少，河水较为清澈，流量较为均匀，比降多，峡谷多，蕴藏着丰富的水力资源。

黄河流域孕育了中国的原始农业，最初的农业主要是沿河两岸的冲积沃土分布。由于这里地势平坦、气候温和，加之黄土冲积层疏松易耕，从仰韶文化、龙山文化等史前社会开始，这里就出现了发达的原始农业；内蒙古地区的原始农业也广泛出现在黄河流域。从地理方位上看，黄河出青铜峡以后，地势豁然开朗，进入坦荡的宁夏平原和内蒙古河套平原，河道平缓，流速较小，流量稳定。它西面的贺兰山，阻挡着沙漠的侵袭；北面的阴山，屏障着西伯利亚的寒风。就流经鄂尔多斯地区的黄河流域而言，从鄂托克旗巴音陶亥乡都斯图河口起，沿着杭锦、达拉特、准格尔三旗边缘，到准格尔旗马栅乡小站止，呈弓形，可谓"九曲黄河"之大曲。约在清朝中叶，因主道（史称北河，今称乌加河）淤塞，黄河改道南移（今主流）形成现状。发源于鄂尔多斯高原的13条孔兑（蒙古语，意为"川"）分别由东、西、北三个方向注入黄河。黄河每年夏季水量明显下降，至秋初时陡增，8—9月为汛期，10月全线封冻，次年3月解冻。由于流线长，跨越纬差大，故河面结冰为先下游而后上游，而解冻却相反，使上游河水暴涨，有时形成"冰坝"，两季凌汛期持续约一个月左右。

鄂尔多斯地区是黄河在今内蒙古自治区的重要流经区，鄂尔多斯境内流域总长约840公里，流经鄂尔多斯市的鄂托克旗、杭锦旗、达拉特旗、准格尔旗等地。从地理方位来看，鄂尔多斯位于黄河最大的几字弯之内，被黄河三面环绕，因而鄂尔多斯地区也处于泛河套地区，在萨拉乌苏遗址中发现的当地目前已知的最早人类"河套人"便是以此命名。考古学资料也揭示出，在人类文明初期原始农业衰落之后，西汉时代这里又开始修筑了大量的灌溉渠道，成为黄河上游开发最早的重要农业区域之一。自此而后，经历了农耕与游牧民族之间长期的碰撞与交融，当地农业与畜牧业几经衰落变迁，形成了独具特色的农牧过渡地带文化。

二、鄂尔多斯黄河文化

鄂尔多斯系蒙古语，意为"众多的宫殿"，由此可知鄂尔多斯之名称的提出出现在蒙古族崛起并建立起对这一区域的长期控制之后，具体说来则是出现在明代，由明朝的蒙古鄂尔多斯万户而得名。在黄河的滋养下，鄂尔多斯地区自古以来就是人类繁衍生息、积极探索生存发展的热土。自距今14万年前的萨拉乌苏遗址出现当地最早的人类以来，人们就在这片黄河环抱的土地上生息发展，通过十万余年的辛勤劳作和勇敢探索，创造出了灿烂多元、悠久绵长的的历史文化。近代以来考古发掘出土的海生不浪文化、永兴店文化、朱开沟文化以及鄂尔多斯青铜游牧文化等，都代表着鄂尔多斯在历史上演绎着灿烂辉煌的人类文明。这些文明无一离开过黄河水的滋养与眷顾，无一不是在黄河水系的哺育下发展出的。

鄂尔多斯地区无论是在史前时代人类文明肇始期，还是在历史时期人类文明发展期，皆因黄河干流及其支流催生和哺育的满天星斗般的灿烂人类文化而熠熠生辉。进入封建时代以来，尤其是到了有文字记载的历史时期，有关黄河与鄂尔多斯的历史文化记述更为精彩，相关的文物与遗迹也更加丰富：自战国秦汉以来持续不断的长城文化。秦皇汉武在这里置县设郡、屯兵长城、移民塞外，在这里开渠种地，创造出了轰轰烈烈的农业文明。王昭君北离长安，从达拉特旗的古渡口渡过黄河来到蒙古草原与匈奴和亲，实现了汉与匈奴之间长达数十年的和平稳定局面。北魏时期，孝文帝西渡黄河，在这里留下了狩猎宫游的古代城池文化和宫廷故事。隋朝时，炀帝北走黄河，在黄河岸边的胜州城大摆宴席，留下了皇帝巡幸州府的千古佳话。从13世纪开始，蒙古族崛起并成为蒙古草原上的实际控制者，他们逐渐控制了鄂尔多斯并在这里打上了蒙古族文明的深深烙印。成吉思汗在西鄂尔多斯草原凿百眼井、开百眼窟，休养生息，屯兵备战，鄂尔多斯也成为成吉思汗魂牵梦绕、生死眷顾的地方。在《蒙古源流》中，成吉思汗曾这样赞誉鄂尔多斯："梅花鹿儿栖身之所，戴胜鸟儿育雏之乡，白发老翁享乐之邦，衰落王朝振兴之地。"到了明清时期，这里是走西口移民的必经之地和迁徙到口外的重要落脚点之一，人们从黄河岸边的昭君古渡、碛口古渡、大树湾古渡迈向了更加广阔的草原腹地，开始了新的生产与生活，持续不断的走西口移民也为鄂尔多斯地区留下了"西口古渡""西口文化"等新的多元文化与历史遗存。如今鄂尔多斯地区流传下来的漫瀚调、骡驮轿、窑洞居等移民文化，无一不是明清时期内蒙古地区黄河历史文化出现的新内容。

三、鄂尔多斯博物馆践行黄河文化实践与探源

鄂尔多斯一直在践行对于黄河历史文化的发掘、保护与开发利用，也一直注重对黄河文化的继承和发扬，孜孜不倦地寻求创新，不断丰富和打造鄂尔多斯黄河文化品牌。远古时期，人们依河耕作，修筑聚落，过着简单的原始农业生活。历史时期，在国家政权主导下，向这里派兵戍边、移民屯垦，发展农牧业生产，开发出农牧兼顾的经济形态。近现代以来，人们围绕着黄河继续开发其能够为人类生存发展提供条件的潜能，利用黄河水发展大规模的灌溉农、牧业，并从事商业、渔业、盐业、渡口经济等，使这里商贾云集、村镇繁盛、农牧并兴。新时代以来，特别是近年来，在党和国家的高度重视下，鄂尔多斯地区的黄河治理成果显著，生态环境日益良好，有力保障了黄河两岸人民的生命财产安全并确保了下游的黄河开发利用。在黄河水利用方面，开展了一系列针对黄河水利开发与黄河水患治理的工程建设，如三盛公、万家寨、黄河大桥等大型黄河水利枢纽的建设，有效改善了鄂尔多斯境内黄河天然水利资源利用的劣势，转劣势为优势，促进了当地经济社会的发展。如今，黄河成为鄂尔多斯地区"百益而无害"的致富水流。包子塔、老牛湾、喇嘛湾、河口古渡等众多现代文化旅游设施的开发与建设，使黄河水的利用进入到了全新的发展阶段，守河、用河、爱河，真正实现了黄河造福两岸人民的愿望。

然而，我们也应清楚地认识到，随着鄂尔多斯经济的高速发展，煤炭、稀土等矿业资源开采的加剧，天然气资源的开发，也极大地影响了本地区黄河水系的天然形态。人们普遍面临着严峻的生态环境压力，这些困境和难题的解决，需要国家和社会共同努力。我们是黄河水环抱眷顾的鄂尔多斯人，有责任把母亲河保护好、治理好，不断在历史文化中汲取营养和经验，汲取黄河水治理与利用的宝贵经验，把黄河文化、黄河遗产保护好、讲述好、发扬好，使黄河文明一代一代地传承下去。

鄂尔多斯博物馆作为内蒙古黄河流域的众多博物馆之一，也要勇于承担，做黄河文化的发掘者、开发与保护者和黄河文化的传播者，向世界讲述内蒙古黄河历史文化。为了做好这项工作，首先要立足高远，以全新的视角看待黄河文化，对黄河文化做出系统的考量和梳理，准确把握黄河文化的典型特征，辨识准确的黄河文化标准和内涵，不能泛泛化、简单化。

2019年9月18日，习近平总书记在黄河流域生态保护和高质量发展座谈会上的讲话中明确提出了黄河生态环境保护治理与高质量发展的重要要求，黄河沿线应声而动，纷纷从各自领域、各自视角为黄河生态、文化保护建言献策，努力笃行。地处黄河八分之一水域的鄂尔多斯，作为鄂尔多斯地区最大的文博机构，鄂尔多斯博物馆有责任

把鄂尔多斯乃至内蒙古黄河流域的黄河文化保护好、讲述好、打造好,并要很好地传承下去。

在此背景下,鄂尔多斯博物馆积极筹备,多方论证,积极参加学术研讨与交流,通过与中国社会科学院、清华大学、北京大学等国内顶级科研院所与高校的专业团队间进行广泛且深入的交流与互动,制定出符合鄂尔多斯本地实际状况,发挥鄂尔多斯博物馆特长优势,同时又能够突出鄂尔多斯地域特征的黄河文化主题。

根据最初的设计,为做好对黄河文化的发掘、保护与传承发扬,鄂尔多斯博物馆计划通过实地考察与文物征集,将与鄂尔多斯地区黄河文明相关的实物考古进行整理与学理上的分析,并结合史料记载,在本市博物馆设计"黄河文明"的专题展览,并制作相关宣传文化手册或专辑类图录著作,向大家展示鄂尔多斯地区独特的黄河文明。经过鄂尔多斯博物馆同仁们一年多的努力与实践,以及合作单位各方的群策群力,我们在黄河文化发掘、保护与传承发扬上,取得了一些实质性和突破性研究成果。

截至目前,我们已经成功开展了"鄂尔多斯黄河几字弯历史、民俗与文化调查"项目的调查工作,实现了对鄂尔多斯地区黄河文化遗存的实地调研;同时进行的还有"鄂尔多斯博物馆黄河文化调查队"针对内蒙古黄河流域各博物馆及相关单位的调研活动等;完成了《黄河从草原上流过——内蒙古黄河流域历史文明》重大宣讲展,实现了同名成果《黄河从草原上流过——内蒙古黄河流域历史文明》的编撰与出版等。无论是在学术研究,还是在向社会大众宣传等方面,都取得了积极影响。

此次《内蒙古黄河历史文化》三卷本专业成果的编著出版,也是鄂尔多斯博物馆针对黄河文化发掘、保护与传承发扬方面取得的重要成果。此成果从内蒙古黄河流域全线的古代(时间跨度为旧石器时代人类文明出现至清代灭亡)文明遗存与文物出发,以历史时期人们对黄河流域的农牧经济开发为视角,通过对各个历史时段的物质遗存研究、珍稀文物和历史文献佐证,梳理出一条清晰的黄河文化铸就的农牧经济发展线,理顺了内蒙古地区黄河文化的发展轨迹,展现了黄河文化发展成就。对于增强人们的文化自信,筑牢中华人民的共同体意识必将发挥积极作用。这套研究成果是目前有关内蒙古地区黄河文化研究的较早的专著,也是全国范围内罕见的以图文相结合的方式展示内蒙古黄河历史文化的研究专著,其学术价值与现实意义可见一斑。相信随着时间的推移,这套成果的价值会更加凸显。

构建鄂尔多斯文博科研新目标
——鄂尔多斯市博物院"两个文化"研究方向试析

■ 鄂尔多斯市博物院 窦志斌[*]

内容提要：鄂尔多斯市博物院未来的研究发展方向和目标，就是积极推动和打造"两个文化""三个品牌"。"两个文化"即"黄河文化"和"长城文化"，"三个品牌"即"鄂尔多斯青铜器文化品牌""古代壁画文化品牌""红色革命文化品牌"。鄂尔多斯西、北、东三面被黄河环绕，全长728公里，是全国范围内黄河流经区域最狭长的地级市，黄河文化是鄂尔多斯区域文化的基础和代表。鄂尔多斯地区长城资源异常丰富，传承有序，保存完好，是全国范围内长城资源分布最为广泛的地区之一，鄂尔多斯长城文化具有多元性、包容性、融合性等特征。"历史无断代，文物无缺环"是鄂尔多斯历史文化的生动凝练，黄河文化、长城文化又是其浩若烟海的众多文化中最为闪亮的代表性文化。党的十八大以来，对黄河文化、长城文化的保护和传承已然成为了时代命题。站在新起点的鄂尔多斯市博物院积极主动，开拓创新，勇担文博责任，推出"两个文化，三个品牌"的科研发展规划，深挖黄河文化内涵，广散长城文化价值，笃定前行，开拓进取，用积极的行动讲好黄河故事、讲好鄂尔多斯故事。

关键词：鄂尔多斯　黄河文化　长城文化

2021年5月18日，鄂尔多斯市博物院挂牌成立（图一）。鄂尔多斯市博物院（以下简称"博物院"）的成立是鄂尔多斯市顺应机构改革大势，积极履行文博责任的重要行动，标志着鄂尔多斯市文物与博物馆事业不断发展壮大，不断走向成熟。新起点、新征程、新目标，赋予了博物院新的使命、新的职责、新的担当。"一院三馆"即鄂

---

[*] 窦志斌（1966— ），内蒙古自治区鄂尔多斯市乌审旗人，大学本科学历，鄂尔多斯市博物院院长、文博研究馆员，研究方向：历史、文物、考古、博物馆。

图一 鄂尔多斯市博物院远景照

尔多斯市博物院及下设的鄂尔多斯博物馆、鄂尔多斯青铜器博物馆、鄂尔多斯革命历史博物馆三处阵地，突破了博物馆的地域限制，从服务实际出发，认真履行博物馆职责，能够最大化实现博物馆的社会公共文化服务功能。近年来，在党和国家领导人的直接关怀下，我国文博事业呈现出跨越式发展的势头，博物馆在人们的社会生活中扮演着越来越重要的角色，这就对博物馆的发展和服务提出了新要求、新挑战、新任务。在此背景下，博物院积极调整工作思路，明确工作任务，结合自身区域特点，提出了"两个文化，三个品牌"的博物馆科研发展规划，为构建地区科研型、学术型博物馆平台建设发挥了基础作用。

"三面黄河一面墙"是对鄂尔多斯地理区位的形象表达。鄂尔多斯由于自身独特的地理位置，自古以来就是民族交往、文化融汇的重要地区，自然也就成为了历代不同民族争夺碰撞的战略要地。特殊的地理区位，加之适宜的自然环境，促使这片广阔的热土很早就成为人类繁衍生息的重要舞台，留下了大量的历史文化遗产，为人们重塑历史，赓续文化血脉带来了无穷无尽的宝贵财富。纵观鄂尔多斯的历史，其自古以来形成的文化形态始终没有离开黄河水的滋养，始终没有离开长城墙的呵护，由此鄂尔多斯文化形态依形成的时间早晚，可分别凝练为黄河文化、长城文化、草原文化等。这也为博物院"两个文化"的构成提供了坚实的物质基础和现实保障。博物院未来的研究发展方向和目标，就是积极推动和打造"两个文化""三个品牌"。"两个文化"即

"黄河文化"和"长城文化","三个品牌"即"鄂尔多斯青铜器文化品牌""古代壁画文化品牌""红色革命文化品牌"。博物院的"两个文化"科研战略,即是对黄河文化和长城文化的开发和利用。

一、黄河文化概述

黄河被誉为中华民族的母亲河,在漫长岁月中养育了无数中华儿女,孕育了华夏文明的精神特质,见证了中华民族多元一体格局的演变历史。黄河文化指人们以黄河流域水系为基础进行开发、利用或依黄河冲击土壤从事人类生产、生活而产生的文化形态,包括物质文化和非物质文化。宏观的黄河文化泛指与黄河有关的所有文化形式,狭义的黄河文化则与从事农业生产而形成的农耕文化基本吻合,从某种程度上讲,黄河文化就是农业文化。

探寻黄河文化的历史起源,正确认识黄河文化在世界文明和华夏文明中的地位和作用,对于推进黄河流域生态保护和高质量发展的重大国家战略实施,推动全党全社会增强历史自觉、坚定文化自信具有重要意义。

(一)黄河与鄂尔多斯

黄河自宁夏石嘴山附近流入内蒙古地区,流经乌海市、鄂尔多斯市、阿拉善盟、巴彦淖尔市、包头市、呼和浩特市、乌兰察布市七个盟市,此段黄河长840多公里。其中鄂尔多斯区段占据了绝大多数,为728公里,是全国黄河流经区域最长的地级市(图二)。黄河鄂尔多斯段自鄂托克旗巴音陶亥乡(现属乌海市)都思图河河口进入鄂尔多斯,自西向东流经鄂托克旗、杭锦旗、达拉特旗、准格尔旗,由准格尔旗龙口镇流出[1]。鄂尔多斯北、东、西三面为黄河环绕,形成一个"几"字形大回旋。鄂尔多斯地区的黄河河道按流经区域的地形特征可分为三段:一是巴拉贡镇以上段,为低山丘陵区;二是巴拉贡镇至头道拐段,为平原区;三段是头道拐以下至出境段,为峡谷河道。黄河在鄂尔多斯境内流经面积约6万平方公里,多年平均过境水量为300亿立方米[2]。

除干流外,黄河支流亦广布于鄂尔多斯地区,根据汇入黄河的流向,鄂尔多斯境内黄河支流大致可分成北向支流、东向支流、南向支流、西向支流等,这些支流有的

---

[1] 伊克昭盟地方志编纂委员会. 伊克昭盟志:第一册[M]. 北京:现代出版社,1994:551.
[2] 伊克昭盟地方志编纂委员会. 伊克昭盟志:第一册[M]. 北京:现代出版社,1994:551-552.

图二　黄河风景照

在鄂尔多斯境内直接注入黄河，有的则是出境后汇入黄河。其中南北向支流较多，基本沿准格尔旗布尔陶亥地区—东胜区—杭锦旗四十里梁这条脊线分布，形成了如黑赖沟、哈什拉川、纳林川、十里长川、牸牛川、乌兰木伦河等较大的水流。

综上可以看出，黄河干流及其支流几乎遍布鄂尔多斯全境，丰富的水流和独特的水文对鄂尔多斯历史文化的形成发展产生了巨大影响，同时也赋予了鄂尔多斯深入骨髓的黄河文化因素。

（二）鄂尔多斯黄河文化形态

黄河文化是鄂尔多斯区域文化的基础和代表，境内黄河文化的形成和发展以黄河干、支流水域为基础，始终没有离开黄河水的灌溉和滋养。

鄂尔多斯黄河文化出现时间较早，以距今14万年前黄河南流支流之一的萨拉乌苏河流域"河套人"的生息为滥觞，创造出了古人类起源之一的"萨拉乌苏文化"。随后乌兰木伦古人群在黄河支流乌兰木伦河上游开创出颇具影响的古人类活动文化。再之后，面对日益干冷的气候变化，倔强的"水洞沟"古人类在鄂尔多斯高原西南边缘一片名不见经传的黄河水域水洞沟流域开创出属于自己的文化形式"水洞沟文化"。这种明显带有中西方文化交流色彩的文化形式对后世影响颇深，以至于被人们称为"人类的直系祖先"。从以上文化的形成和发展来看，旧石器时代，鄂尔多斯古人类社会生产力水平低下，稳定的水源和丰富的食物来源是人们赖以生存的基础，同时又是一种客观制约，黄河流域水量不大的支流水系是古人类离不开的物质基础。这一时期的黄河文化遗址比较零星，尚未形成较大的文化区域。

进入新石器时代，原始农业、定居、制陶、磨制石器成为这个全新时代的重要标志。原始农业是新石器时代人类社会的基础，虽然关于农业的起源目前学界尚无定论，但原始农业的作物种植离不开水的供养是基本的逻辑。研究表明，鄂尔多斯地区的新石器时代原始农业水平较为低下，境内并未形成影响深远的原始农业文化，但却独具特征且延续有序。公元前5000至公元前4300年，来自关中地区的仰韶文化半坡类型人群与来自东部太行山地区的后岗一期文化人群在鄂尔多斯地区和岱海地区相遇，形成了鲁家坡类型和后岗类型。公元前4000年，同样属于中原地区的庙底沟文化沿汾河北上，在鄂尔多斯以北的岱海盆地北部形成了王墓山坡下类型。公元前3000年左右，居住在太行山以东地区的大司空文化与来自遥远的辽河地区的红山文化交汇，在南流黄河两岸形成了海生不浪文化。公元前2000年，红山文化的后裔再次与此前来到内蒙古南流黄河流域的仰韶文化人群相遇，发展出老虎山文化①，同时在南流黄河西岸形成了独居地方特征的永兴店文化或称老虎山文化永兴店类型。之后，随着老虎山文化的衰落与南迁，在相当于夏商时期准格尔旗兴起了特征鲜明的大口二期文化，老虎山文化的后裔则在伊金霍洛旗东部地区兴起一支颇具影响的朱开沟文化。从以上这些史前考古学文化的兴起和发展历程来看，可得出两点：一是它们始终分布在黄河水流地区，对水系存在着极强的依赖性。二是这些文化内涵中显现出共同的农业文明特征。

随着的干、冷气候环境的加剧，包括鄂尔多斯在内的广大北方地区的经济形式逐渐呈现出与原始农业相悖的特点。目前较为普遍的看法认为，原始农业与畜牧业的转化发生在朱开沟文化后期，大致在公元前3500年左右。尽管原始农业逐渐衰落，畜牧业不断增强，但始终没有完全摆脱农业的经济补充，农业在社会经济中仍占有一定的比重。在这一社会经济背景下，以农业为基础的黄河文化逐渐式微，取而代之的是颇具游牧文化特征的文化形态。考古资料表明，在春秋战国时期，鄂尔多斯及其周边地区兴起并发展有西岔文化、西园文化、毛庆沟文化、桃红巴拉文化等多种文化。这些文化形态是草原游牧民族兴起的直接反映，在很大程度上表现为一种农牧交错文化。

秦汉以后，鄂尔多斯地区在很大程度上成为中原农耕文明与北方游牧文化碰撞融合的重要地区。一方面，中原王朝不断在"河南地""新秦中"即鄂尔多斯地区开垦耕

---

① 韩茂莉. 序言［M］//李锐, 崔思朋. 内蒙古黄河历史文化：上册：序一. 北京：国家图书馆, 2021：2.

种，大力发展农业，加强黄河水系的开发利用，形成了许多与黄河有关的历史文化，如秦直道文化、古城文化、开垦文化等。另一方面，随着北方游牧民族的势强，越过黄河而南下，与中原农耕文化交流碰撞，又形成了黄河文化中农牧交错一体的融合文化。

明清时期，晋陕农业民族大量涌入内蒙古黄河流域，鄂尔多斯地区又一次迎来了民族大融合发展的高潮。明代中期朝廷与北元政权开通的互市贸易是黄河文化发展的一个十分重要的节点，极大地促进了黄河文化的发展，出现了更加典型的融合文化。在民族友好的融合背景下，衍生出了许多的蒙汉融合故事，如俺答封贡、榷场互市、板升村落、蒙汉一家亲等。另一个重要节点就是"走西口"浪潮。黄河两岸广袤的冲积平原地势平坦，土地肥沃，非常适宜进行农业生产。大量来自中原内地的农耕人群迁徙流转到此，在这里开发黄河，发展农业，进行养殖，丰富了黄河文化的内涵并影响至今。以农牧并举为经济基础，开放性、包容性、多元性、融合性成为这一时期黄河文化的最大特征，如货运流转的黄河渡口文化、独居风味的旱作饮食文化、蒙汉交融的漫瀚调音乐文化、方寸流转的剪纸文化、多元风格互鉴的建筑文化、包容开放的信仰文化等，都是黄河文化的外化表现，林林总总，包罗万象，与人们社会生产、生活息息相关，密不可分（图三）。

图三　典型黄河文化

二、长城文化概述

长城文化是在人们修筑、使用、维护长城的过程中产生的，指长城沿线附近形成的一系列相关文化，包括长城本体文化和与长城有关的外延文化。从某种程度上讲，狭义的长城文化等同于长城两边的农耕文化和游牧文化存在较大关联的文化形态。概以言之，长城文化具有多民族性、多元性、包容性、融合性等特征。

（一）长城与鄂尔多斯

长城是伴随着社会生产力发展、社会生产关系的变化而出现的，它的出现不是一蹴而就，而是经历了漫长的发展过程。研究表明，早期的长城与新石器时代晚期大型聚落四周环绕的围墙有着直接联系。

全国长城资源调查资料显示，鄂尔多斯境内分布长城近228公里，包括战国秦、秦、隋、北宋、明等不同时段，共计458点段。其中，战国秦长城含239点段，秦汉长城含37点段，隋长城含8点段，北宋烽燧线含18点段，明长城含156点段[1]。目前全市长城资源已全部公布为自治区级以上重点文物保护单位。其中，隋长城、秦汉长城和明长城的所有点段均属自治区级重点文物保护单位，战国秦长城和北宋烽燧线的所有点段均为国家级重点文物保护单位。

考古调查显示，鄂尔多斯境内分布长城较多，以鄂尔多斯东南部为主，西南部、西部亦有零星分布。在旗区分布上，鄂尔多斯市长城主要分布在准格尔旗、伊金霍洛旗、达拉特旗、鄂托克旗、鄂托克前旗、东胜区6个旗区，在乌审旗、杭锦旗、康巴什区3个旗区暂未发现长城痕迹。

从不同时段长城分布来看，战国秦长城分布于伊金霍洛旗、准格尔旗、达拉特旗和东胜区，墙体总长94公里，其中伊金霍洛旗境内长城段为鄂尔多斯地区保存最为完整的战国秦长城资源。

秦长城主要分布在鄂托克旗、达拉特旗境内，总长39公里。

隋长城分布于鄂托克前旗，墙体总长12公里，是内蒙古地区乃至中国北方地区十分罕见的长城遗迹。

宋长城是由城砦、烽燧、州城组合而成的一整套完备军事防御设施，仅分布在准格尔旗南部。鄂尔多斯宋长城是内蒙古地区唯一一段北宋时期长城遗迹，学术价值、文化价值均十分巨大。

明长城分布在准格尔旗、鄂托克旗、鄂托克前旗境内，墙体总长83公里。其中鄂托克前旗境内的明长城不仅保存完好，而且绵延较长，是鄂尔多斯地区最为典型的明长城遗存（图四）。

---

[1] 鄂尔多斯青铜器博物馆. 鄂尔多斯长城［M］. 北京：科学出版社，2020.

图四　鄂尔多斯明长城远景

（二）鄂尔多斯长城文化

鄂尔多斯地区长城资源异常丰富，传承有序，保存完好，是全国范围内长城资源分布最为广泛的地区之一。围绕长城的修建、使用，这里也催生出厚重的长城文化，为鄂尔多斯历史演进抹上了一层靓丽的底色。

狭义的长城文化与农牧交错文化密不可分，这是由长城的修建初衷和建设用途所决定的。无论是哪个朝代的长城，其最初修建目的都是为了建立农耕人群与游牧人群的隔阂，隔断农牧两种经济、不同文化之间的联系，从而更好地保护农耕文明。但客观来看，长城却充当了不同文化交流的媒介，更加促进了长城内外不同民族的交流交往，促成了中华民族多元一体格局的形成。因此，在长城沿线不断交往的人群中逐渐形成了内涵丰富的长城文化。长城文化的文化形态也是包罗万象，意趣丛生，有的是书于典籍的文史资料，有的则是口口流传的民间故事。虽然文化载体不尽相同，但通过历史的不断传承，长城文化逐渐成为鄂尔多斯人们心中的一种根深印记。以历史脉络为序，鄂尔多斯地区的长城文化可以归纳为城镇变迁演变文化、生活习俗文化、宗教信仰文化等几大类，典型且形象生动的长城文化内容有赵武灵王胡服骑射、义渠与宣太后、秦始皇跑马修边墙、孟姜女哭长城、昭君出塞、文姬归汉、南匈奴内迁、隋炀帝巡行十二连城、粟特人内附、茶马互市、封贡互市等。这些经久流传的长城文化故事，无不是在长城的媒介作用催生共汇而成，在文化内涵上始终没有摆脱农耕文明与游牧文化交汇互鉴的文化基因，而也正是在不同经济的驱动下，文化传承才能走得更远，为世人不断传承、弘扬。

长城熔铸着中华民族勤劳勇敢、自强不息的民族精神，积淀着中华民族灿烂辉煌的文化内涵。历史上，长城内外农耕文明和游牧文明不断碰撞与融合交流，在长城沿线形成了独具魅力的长城文化。长城文化推动了多民族共同奋斗、共同发展的历史进程，凝聚着中华儿女同仇敌忾、共御外辱的爱国情怀。在人民大会堂的大型壁画中，在国家大型活动的背景图中，都不乏万里长城的经典画面。长城形象和长城精神已经深入到中国人民的骨髓之中。"不到长城非好汉"，长城已经成为中华民族勤劳、智慧和精神的象征。

三、"三个品牌"战略概述

"三个品牌"发展战略是博物院提出的另一科研目标，与"两个文化"相互关联，密不可分。"两个文化"是发展基础，"三个品牌"是具体目标与落脚点。从目前规划来看，"三个品牌"战略包含"鄂尔多斯青铜器文化品牌"、"古代壁画文化品牌"、"红色革命文化品牌"。

鄂尔多斯青铜器文化品牌是鄂尔多斯地区的优势品牌，也是延续时间较长、较为成熟的文化品牌战略。然而，伴随着鄂尔多斯地区青铜器遗存出土数量的减少，鄂尔多斯青铜文化品牌日渐凋零，文化品牌效应正在快速减弱。在此背景下，博物院积极调整工作思路，从课题研究、文化创意、数字保护等多个方面逐渐加大对鄂尔多斯青铜器的研究和利用力度，编制出一系列课题方案，加大文化创意力度，让青铜器创意产品深入百姓生活中。其中部分文化创意产品已经获得了行业的一致好评，获奖不断。

古代壁画文化品牌也是鄂尔多斯地区的优势品牌资源。境内古代壁画资源十分丰富，不仅传承有序，类型多样，更为重要的是保存完好、内涵广泛，堪称鄂尔多斯历史的缩影。近年来，博物院以壁画专题为业务突破点，积极开展学术讨论、展览展示、传播利用等工作，已取得丰硕成果，实现了鄂尔多斯地区在壁画学术研究和展示利用方面的零的突破，走在了内蒙古自治区壁画工作的前列（图五）。

红色文化资源是鄂尔多斯地区又一强势文化品牌。这里的革命历史可以追溯到清代晚期的"独贵龙"运动，之后又在中国共产党的领导下取得了一系列革命成果。鄂尔多斯地区的革命历史历经旧民主主义革命和新民主主义革命两个时期，革命遗址多，革命故事多，为树立红色文化品牌打下了坚实基础。近年来，鄂尔多斯市对城川民族

图五　凤凰山汉代墓葬壁画

干部学院、三段地革命根据地、桃力民革命根据地、新街镇伊盟工委旧址等革命遗址进行了广泛的开发利用,将其打造成独具特色、资源富集的红色文化基地。在此基础上,博物院不断加大红色文化资源的调查研究和人才培养力度,为打造更靓丽的红色文化品牌积蓄力量。

"历史无断代,文物无缺环"是鄂尔多斯历史文化的生动凝练,黄河文化、长城文化又是其浩若烟海的众多文化中最为闪亮的代表性文化。党的十八大以来,对黄河文化、长城文化的保护和传承已然成为了时代命题。站在新起点的鄂尔多斯市博物院积极主动,开拓创新,勇担文博责任,推出"两个文化,三个品牌"的科研发展规划,深挖黄河文化内涵,广散长城文化价值,笃定前行,开拓进取,用积极的行动讲好黄河故事、讲好鄂尔多斯故事,为发展鄂尔多斯文博事业作出重大贡献,为中华民族伟大复兴而努力奋斗。

北疆长城西河郡的经济收入研究

■ 内蒙古文物学会　王大方*

内容提要： 西河郡是西汉武帝时期设立的北疆重郡。鄂尔多斯是西河郡管辖的重要区域，因其发达的农业基础，又被称为"新秦中"。通过对西河郡主要经济收入来源：粮食生产收入、赋税收入、食盐管理收入等方面的梳理发现，西河郡良好的农业基础和产业，为稳定西汉时期北方边疆发挥了重要作用，有力促进了西汉北疆的和平与发展。

关键词： 西河郡　经济收入　北疆稳定

西河郡是西汉武帝元朔四年（前125年）从今山西东北部、陕西北部、内蒙古中部地区新合并开辟的一个屯垦戍边的移民大郡①。

西河郡辖区的重点在"河南地"（今鄂尔多斯地区）。这里土壤肥沃，灌溉便利，是西汉时期的重要农业基地，被称为"新秦中"。由此可知，西河郡的富庶程度不亚于秦汉核心区的关中平原。

西汉时期，沿阴山、黄河南麓的秦汉长城战略纵深，分布着西河郡、云中郡、五原郡、朔方郡、定襄郡等五大边郡，屯垦戍边的百万农民每年向戍守长城的几十万驻军输送大量的粮草物资，节省了巨大的运输消耗，他们同秦汉长城一道，共同维护了西汉北疆的和平与发展。

据《汉书·地理志》统计，西河郡共有"户13.639万，口69.8836万，36县"，比起云中、五原、朔方、定襄四郡，无论是户籍数、人口数，还是管辖县的数量等，都

---

* 王大方（1957— ），内蒙古自治区包头市人，大学本科学历，内蒙古文物学会副会长、国家文物保护规划专家组成员，研究方向：中国古代史、文物考古、内蒙古文物保护。

① 班固. 汉书：卷28下：地理志［M］. 北京：中华书局，1975：1618.

要多数倍①。

西汉时期，在西河郡屯垦戍边的农民不但生产出巨量的粮食，还提供了大量的税收。西河郡如同一道北疆长城，为汉朝北疆的稳定发展作出了重要贡献。

西河郡的主要经济收入大致如下：

1. 粮食生产收入

粮食是国家重要的战略物资，也是西汉时期北疆驻军、移民、匈奴属国所需要的物质保障。西河郡生产的粮食，不但可以满足本地需要，还能供应各地急需，省去了很大的运输成本消耗，对于开发建设和稳定北疆地区起到了重要作用。

关于农民垦田的数量，《汉书·食货志》记述："今农夫五口之家，其服役者不下二人，其能耕者不过百亩，百亩之收不过百石。"据此计算推测：西河郡69万移民中，应当有30万男丁，大约可以耕种1500万亩土地。如果一亩地产1石粟子，则每年可产1500万石粟子。

《汉书·食货志》记载，武帝时谷价低廉，一石谷仅售5钱。如此计算，1500万石粟约值7500万钱②。

此外，与种粮食有关的刍蒿，也是一项有用的收入。刍指草料，蒿指秸秆，在西汉北疆地区，刍蒿是供应军马的好饲料，与战马和军队的战斗力密切相关。西河郡位于北疆地区，郡移民开辟农田后，产生的刍蒿也会很多。这些刍蒿既可以供应军马，也可以供应西河郡移民作为取暖和做饭的燃料，估值约百万钱。

2. 赋税收入

西河郡移民所承担的赋税项目主要包括田租和人头税。

（1）田租

田租是西汉朝廷的税源之一。汉朝实行"与民修养"的移民屯垦政策，在北疆地区实行"三十税一"的政策。西河郡移民开辟农田之初田赋收入予以减免，随着北疆局面的安定，田赋最低约"三十税一"。

如前所述，当时一个劳动力可耕种50亩。西河郡约有30万劳动力，可耕种1500万亩地。每亩产1石粮，全郡可产1500万石粟，约值7500万钱。按田赋最低"三十税一"计算，西河郡的田租税约为250万钱。这个数字表明，西汉时期在西河郡移民屯田的主要目的是积谷存粮，收田亩税是其次，故而缴纳费用较少。

---

① 班固. 汉书：卷28下：地理志 [M]. 北京：中华书局，1975：1618，1619.

② 班固. 汉书：卷24上：食货志第四 [M]. 北京：中华书局，1975：1141.

（2）人头税（算赋与口赋）

西汉时期的人头税包括算赋与口赋，它们在西汉朝廷的财政收入中占有非常重要的地位，是国家财政收入的重要来源。西汉时期对于人头税的征收，不但重于对田租的征收。而且，在全国范围内普遍按照统一标准进行征收。

第一项 算赋：算赋是对成年人征收的人头税。汉初规定凡年龄在15岁到56岁的成年男女，每人每年要向国家缴纳120钱，称为一算，并且明确规定算赋的用途为国家军费开支，专门用于购置武器、战马、车辆等军用物资。

《汉书·高帝纪上》记载："〔四年〕八月，初为算赋。"颜师古注引如淳曰："《汉仪注》民年十五以上至五十六出赋钱，人百二十为一算，为治库兵车马。"由此可知，算赋始于高祖四年（前203年）。具体征收办法据《汉旧仪》载："民男女年十五以上至五十六岁赋钱，人百二十为一算，以给车马。"汉朝时期，凡成年男女每人每年都要交纳120钱的算赋[1]。

如前所述，当时西河郡约69万人。如果按照年龄在15岁到56岁的成年男女为30万人计算，每人每年需要缴纳国家的算赋为120钱，则30万人约需缴纳3600万钱。这个数字说明，算赋是西河郡移民重要的税源，缴纳的数量较大。

第二项 口赋：也称为"口钱"，是西汉朝廷对儿童征收的人头税。当时未成年人是7岁到14岁年龄段。口赋的税额为20—23钱。

《汉书·昭帝纪》记载："元凤四年（前77年）春正月丁亥……（令）勿收四年五年口赋"。如淳注引《汉仪注》："民年七岁至十四出口赋钱，人二十三。二十钱以食天子，其三钱者，武帝加口钱以补车骑马。"[2]

又《汉书·贡禹传》记载："自禹在位，数言得失，书数十上。禹以为古民亡赋算口钱，起武帝征伐四夷，重赋于民，民产子三岁则出口钱，故民重困，至于生子辄杀，甚可悲痛。宜令儿七岁去齿乃出口钱，年二十乃算。……天子下其议，令民产子七岁乃出口钱，自此始。"[3]

如前所述，当时西河郡为13万户，如果其中年龄在7岁到14岁的未成年人按2万人计算，每人每年需缴口赋20钱，则2万人需要缴纳40万钱。由此可见，口赋也是西河郡农民重要的税源之一。

以上两项，合计约为3640万钱，再加上田赋（近260万钱），西河郡农民缴纳给国家的各项税收约为3900万钱，市值为780万石粟，约相当于西河郡粮食全年产量

---

[1] 班固. 汉书：卷1上：高帝纪：第一［M］. 北京：中华书局，1975：46.
[2] 班固. 汉书：卷7：昭帝纪第七［M］. 北京：中华书局，1975：229-230.
[3] 班固. 汉书：卷72：贡禹传第四十二［M］. 北京：中华书局，1975：3075，3079.

（1500万石）的一半。

3. 食盐管理与收入

食盐是国家重要的战略物资，边疆地区的驻军和移民需要国家提供食盐保障。西汉武帝总结经验，严厉实行盐铁专卖制度。在西汉中央政府的统一管理下的食盐专卖，为西汉朝廷输送了大量的经费，也为西河郡驻军和移民提供了食盐和一定量的经费保障。据《汉书·地理志》记载，汉朝朝廷在西河郡富昌县与博领县设立2处盐官：西河郡"富昌，有盐官。莽曰富成……博陵，莽曰助桓。（有）盐官"[①]。

根据《汉书·地理志》内容统计，西汉朝廷先后在全国27个郡设置35处盐官，而在西河一个郡内就设2处盐官（在今鄂尔多斯共设6处盐官），可见西河郡及河套地区食盐资源之丰富。

据实地考察，在鄂尔多斯杭锦旗敖伦布拉格古城附近有一处盐海子，至今仍为杭锦旗的重要盐场。在《中国历史地图集 秦汉分册》中，西河郡盐官县就标注在了敖伦布拉格古城[②]。如此，西河郡盐官县域与西河郡增山县的关系需要分析确定。或许，盐官县是国家专门设在盐湖的行政管理机构，仅限于管理盐湖地区。

通过杭锦旗官网公布的数据了解到，杭锦旗的食盐储量达505万吨，既是国计民生的重要保障，也为精细化工、医药化工提供主要原料。地区盐业部门的品牌盐，为杭锦旗无机盐、杭锦旗盐[③]。

据丁邦友、魏晓明《关于汉代盐价的历史考察》考证，汉武帝实行盐铁专营政策后，盐的价格有了较大的增长，达到每石（釜）300—1100钱[④]。

关于西河郡盐官生产与专卖食盐的数量，史书无载。通过西汉时期人口数量与盐官数量的对照，大致推算如下：汉武帝晚年至汉宣帝末年（前49年），西汉总人口约达到5000万人。以西河郡盐价为汉武帝时期均价计算，为每石食盐售价800钱。西汉设在全国的盐官共35处，每处盐官平均供应43万人，则西河郡2处盐官供应86万人；以平均每人每年需食盐2斤计算，共需164万斤，即2800石食盐；如每石售卖800钱，西河郡盐官专卖每年收入约450万钱。

从武帝元封六年（前105年）建立西河郡，到王莽初始元年（8年）北疆地区动乱

[①] 班固．汉书：卷28下：地理志［M］．北京：中华书局，1975：1618．

[②] 谭其骧．中国历史地图集：第2册［M］．北京：中国地图出版社，1987：图幅17-18：并州、朔方刺史部图版．

[③] 引自鄂尔多斯杭锦旗人民政府官网．

[④] 丁邦友，魏晓明．关于汉代盐价的历史考察［J］．商丘师范学院学报，2007，23（2）：49-53．

前的约一百多年时间，是西汉王朝北疆地区经济社会发展的稳定时期。西河郡移民长期在这里屯垦生产，为汉朝北疆的稳定发展作出了重要的贡献。

西汉王朝是中国封建时代统一多民族王朝，突出的标志是多民族的融合与边疆地区的逐步开发和建设。内蒙古汉代考古研究表明，汉朝对于在北疆戍边的吏卒实行月俸制，且俸禄有级别之分。内蒙古额济纳旗出土汉简表明，西汉时期烽燧长的月俸约900钱，一般戍卒的月俸约600钱或近600钱[①]。

汉武帝至西汉中后期，汉朝需要支付的北疆戍边的吏卒费用很高，国家需要在北疆就地解决部分货钱以应急需。考古人员在西河郡郡治霍洛柴登古城发现的大型铸钱遗址中，出土大量的铸币，该铸币工场的开设，应是为了解决当时军事开支的费用[②]。

西汉时期，西河郡在阴山与黄河南麓构成北疆地区的战略防御纵深，屯垦戍边的百万农民每年向戍守长城的几十万驻军输送大量的粮草物资，节省了巨大的运输消耗，他们同秦汉长城一道，共同维护了西汉北疆的和平与发展，屯垦戍边的农民为汉朝的和平稳定作出了重要贡献。当时，北疆地区"数世不见烟火之警，人民炽盛，牛马布野"的和平景象，是在西河郡等边疆郡县的有力屏护下，才得以实现和巩固的[③]。

---

① 魏坚. 额济纳汉简所见居延边塞交易与币值初探［C］//魏坚. 大漠朔风 魏坚北方考古文选 历史卷. 北京：科学出版社，2020：99-101.
② 连吉林. 内蒙古杭锦旗霍洛柴登古城发现秦汉铸钱作坊遗址［N］. 中国文物报，2014-05-23.
③ 班固. 汉书. 卷94下：匈奴传：第64下［M］. 北京：中华书局，1975：3826.

论新时代巴彦淖尔民族文化遗产的保护与利用

◨ 内蒙古河套文化博物院 赵占魁[*]

内容提要：巴彦淖尔历史悠久，文化积淀丰厚，民族文化遗产多姿多彩。但在全面建设社会主义现代化的新时代，民族文化遗产保护、利用与经济建设方面仍存在很多矛盾和问题。我们必须按照党的十八大以来以习近平同志为核心的党中央对民族文化遗产的保护利用所做出的一系列重要指示和全面部署以及相关法律，采取得力措施。要保护好民族文化遗产，并在坚持保护的前提下推动中华优秀传统文化创造性转化和创新性发展，为满足新时代巴彦淖尔人民群众的美好生活需要、实现"两个一百年"奋斗目标提供精神力量和文化自信支撑，为实现"塞上江南"的绿色崛起服务。

关键词：新时代 巴彦淖尔民族文化遗产 保护 利用

  所谓的民族文化遗产，系各民族在其历史发展过程中创造和发展起来的具有本民族特点的文化遗产，包括历史文化遗产、民族民间文化遗产、自然文化遗产和宗教文化遗产，又可以分为物质文化遗产和非物质文化遗产。服饰、饮食、住宅、生产生活工具等属于物质文化遗产的内容；语言、文字、文学、艺术、风俗、节日等属于非物质文化遗产的内容。民族文化遗产真实地反映了所属民族历史发展的水平，是研究民族历史，特别是研究少数民族历史的珍贵资料。

  习近平总书记曾指出："文物承载灿烂文明，传承历史文化，维系民族精神，是老祖宗留给我们的宝贵遗产，是加强社会主义精神文明建设的深厚滋养。保护文物功在当代、利在千秋。""让收藏在博物馆里的文物、陈列在广阔大地上的遗产、书写在古

---

[*] 赵占魁（1961— ），内蒙古自治区乌海市人，大学本科学历，内蒙古河套文化博物院副院长、文博研究馆员，研究方向：岩画、文物、考古、博物馆学。

籍里的文字都活起来。"党的十八大以来，以习近平同志为核心的党中央立足新的历史方位，做出一系列重要指示和全面部署，为新时代巴彦淖尔民族文化遗产的保护与利用提供了重要遵循。我们要贯彻习近平总书记的指示精神，严格按照《文物保护法》《非物质文化遗产法》等有关法规，针对新时代巴彦淖尔民族文化遗产保护和利用方面存在的问题，采取得力措施，切实保护好本地区丰富多彩的民族文化遗产。并在坚持保护的前提下推动中华优秀传统文化创造性转化和创新性发展，为满足新时代巴彦淖尔人民群众的美好生活需要、实现"两个一百年"奋斗目标提供精神力量和文化自信支撑，为实现"塞上江南"的绿色崛起服务。

一、巴彦淖尔民族文化遗产资源概述

美丽富饶的巴彦淖尔系河套文化的核心区域，是举世闻名的人类发祥地之一和重要文化起源。全市总人口150余万，以蒙古族为主体，聚居着蒙、汉、回、满、达斡尔等40多个民族。地区总面积6.5万平方公里，地域辽阔，阴山山脉横亘于区域中部，北为辽阔的乌拉特草原，向南则是平畴万顷的河套平原，地形地貌多样，为天然的地质公园。

早在20世纪20年代，科学家就于巴彦淖尔乌拉特前旗境内的碴尔泰山发现了距今20亿年的群体古生物化石——叠层石，这是内蒙古及河套地区最早的生命记录[1]。自20世纪70年代开始，中外古生物学家又在乌拉特后旗的巴音满都呼先后发掘出上百具中生代白垩纪时期的原角龙、甲龙类、窃蛋龙、完美巴彦淖龙等古生物化石，并确认巴音满都呼是亚洲唯一一处原角龙化石产地，初步揭开了河套恐龙王国的面纱。到了新生代第四纪，原始人类也在巴彦淖尔出现了，中瑞西北考察团于20世纪30年代初在此发现了少量的旧石器和大量新石器，还发现了著名的阴山岩画。随后考古学家还发现了旧石器晚期的石器制造场和大量与"河套人"共生的"萨拉乌苏动物群"种属的哺乳动物化石[2]。

距今7000年至4000年前的新石器时代，这里人口逐渐兴旺繁盛，原始聚落众多，文化遗址星罗棋布。进入阶级社会，先后有鬼方、土方、荤粥、林胡、楼烦、匈奴、鲜卑、突厥、回鹘、党项、契丹、蒙古等十几个少数民族在这里繁衍生息、游猎驻牧。这里自古以来就成为众多原始部落和少数民族的集聚地，同时又是北方游牧文化与中

---

[1] 赵占魁. 河套古生物与猿人智人化石[M]. 呼和浩特：内蒙古人民出版社，2017.
[2] 赵占魁. 河套古生物与猿人智人化石[M]. 呼和浩特：内蒙古人民出版社，2017.

原农耕文化的碰撞交融地带[①]，也是农耕文化的最北端、游牧文化的最南端。在漫长的历史发展过程中，汉民族与这些少数民族共同创造了灿烂文化，并留下了大量文物古迹。主要有以下内容。

（一）阴山岩画。系古代北方猎牧民族凿磨或彩绘在岩石上的图画符号（图一），以形象和艺术夸张的手法真实地记录了古代先民的生产生活、风俗习惯、宗教信仰、所处自然环境和社会风貌，具有其他古文化遗存和文献所无可比拟的特殊价值，系我国七大岩画宝库之首，也是世界最大的岩画宝库之一。在巴彦淖尔市境内东西340公里、纵深60公里的阴山山脉中，已发现156个岩画分布区，现存5万余幅岩画单体图像，被誉为"千里画廊"。阴山岩画内容极为丰富，主要有天体、人物、动物、植物、猎牧、征战、体育等。根据题材内容、制作方法、剥蚀风化程度等推断，这些岩画作品的制作年代最早可追溯到旧石器时代晚期，直到明清或近现代仍有制作。而岩画制作者当属生活在北方草原地带的原始部落、鬼方、土方、匈奴、突厥、回鹘、党项和

图一　阴山岩画《双神图》

[①] 赵占魁. 从近年考古发现看河套农耕文化与游牧文化的交融［C］//王建平. 河套文化论文集（三）. 呼和浩特：内蒙古人民出版社，2008.

蒙古民族。

（二）古长城遗址。巴彦淖尔市境内古长城总长度为1007公里。主要长城有4段，分别是战国的赵长城，秦汉长城（图二）及汉代两段汉外长城。此外，还有著名的高阙塞、鸡鹿塞等要塞城堡及无数的烽燧等长城的附属建筑。巴彦淖尔地区是全国长城资源最丰富的地区之一，被专家誉为"长城博物馆"。

（三）古城遗址和古墓葬。在巴彦淖尔境内，分布着数十座古城遗址（图三）和成千上万座汉代、唐代汉民族及匈奴、突厥的墓葬等，均是重要的历史文化遗产。

（四）霍各乞古铜矿及炼炉遗址。霍各乞古铜矿及炼炉遗址位于乌拉特后旗，1994年考古工作者对其进行了考古调查和发掘，搞清了古矿井和炼炉的结构及工艺流程，其时代约为春秋战国至汉代。它是鄂尔多斯式青铜器等北方游牧民族

图二　乌拉特前旗小佘太秦长城

青铜器原料的主要来源，因此被专家誉为"北方古铜都"。

（五）民族文物与非物质文化遗产。作为少数民族聚居地区，巴彦淖尔的民族文化遗产资源丰富多彩，特别是清代以来，蒙古族乌拉特部自呼伦贝尔草原移居巴彦淖尔，他们大多信仰佛教，创作了多姿多彩的乌拉特蒙古民族文化，反映本民族政治、经济、文化、艺术、宗教、习俗和科技等方面的文化遗产极为丰富（图四、图五）。

（六）近现代的革命文物和水利、农耕、移民等文化遗产。清晚期，大量中原汉民族、宁夏回族等移居河套地区，在这里蓄民养兵，创造了移民文化（走西口文化），因

图三 新忽热古城遗址（局部城墙）

图四 乌拉特婚礼

图五　乌拉特铜银手工艺

此,巴彦淖尔市的农耕、移民、黄河等文化遗产资源也十分丰富。特别是民国时期,先后在这里发生了影响中国乃至世界近现代革命进程的冯玉祥五原誓师、傅作义河套抗战等重大事件,留下了大量革命遗迹和遗物。

因此,当人们漫步在巴彦淖尔大地上,相互交融的古老草原游牧文化、农耕文化、黄河文化、边塞文化、移民文化和宗教文化的浓郁气息,如徐徐春风扑面而来,别有一番感受和情趣。

截止到2020年底,巴彦淖尔市现有不可移动文物分布点528处,其中全国重点文物保护单位6处;自治区级重点文物保护单位66处;市级重点文物保护单位55处;县级重点文物保护单位80处。有各级政府公布的非物质文化遗产保护项目582项,其中国家级4项(爬山调、乌拉特民歌、驼球、乌拉特铜银手工艺),自治区级36项,市级258项,旗县区级284项,涵盖了市内各民族世代相承的传统文化表现形式及相关文化空间。全市各级各类注册博物馆达13家,展厅总面积32000平方米,国有收藏单位馆藏文物总数10254件(套)。这些文物、文化遗产都是巴彦淖尔市弥足珍贵、不可再生、不可替代的文化财富。

二、新时代民族文化遗产保护利用方面存在的主要问题

(一)文化遗产保存环境骤变,文化遗产资源加速消失。近年来,随着经济社会发

展和城市化进程加快，除原有的古建筑保存状态受到冲击外，大量的民族文化传统也在加速消失，少数民族原有的生产生活习俗受市场经济和外来文化影响而逐渐消失，很多传统技艺后继无人。以乌拉特蒙古族为例，在衣、食、住、行等方面已发生了巨变：民族服饰已很少穿戴；蒙古牧民变成了牧业老板或是进城打工、经商、成为公职人员，雇佣外来民族放牧；蒙古包变成了砖瓦房，逐水草而居变成了定居，狼山石刻清同治时期大同总兵金运昌诗中所言"只见蒙古包，不见村与树"①的景象再也看不到了；出门骑马、赶勒勒车的出行方式已变成了骑摩托、开越野车；原来单纯的蒙餐也在逐渐吸收汉餐、西餐的元素，向多元化转变。生活方式的变化使得他们的生产生活用品也发生了巨变，传统的生产工艺与技术、风俗习惯与文化正在逐渐消失，甚至有的蒙古族人蒙文也不用了，蒙语也不会说了……这些都对民族文化遗产的保护、传承造成很大冲击和破坏。

（二）现代化建设的飞速发展也对文化遗产造成冲击。近年来，随着矿藏的大力开发，工厂的大量兴建和牧民牲畜的饲养超载，阴山及乌拉特草原草场不断退化，而环境、气候的不断恶化，也给这里的民族历史文物、文化遗产带来了巨大威胁：著名的大坝沟岩画被炸光殆尽，而阴山中多家矿业公司依然在岩画区域内开采；霍各乞古铜矿井及冶炼遗址被毁；古城遗址及长城部分地段被推平以便耕种；阴山及山后草原被迫禁牧，牧民大量南迁河套务工、务农，生产生活方式发生巨大改变，民族文化艺术、工艺及风俗习惯逐渐失传。这些对民族物质文化遗产和非物质文化遗产均造成了巨大的冲击和破坏。尤其是非物质民族文化遗产，它依托于人本身而存在，以声音、形象和技艺为表现手段，以人类身口相传作为文化链条而得以长期延续，是"活"的文化，也是民族文化传统中最脆弱的部分，故对其进行保护的需求更为迫切。

（三）文化遗产重视申报而轻视保护。无论是申报物质文化遗产项目，还是申报非物质文化遗产项目，目的都是为了进一步加强对其的保护，更好地弘扬、传承文化，并以此助推地方经济社会发展。目前全社会文化遗产保护意识还相对较弱，许多人还没有认识到文化遗产在当前环境条件下加速消亡的现实，也未能深刻认识到文化遗产属于"不可再生资源""不可替代资源"，民族文化遗产保护的紧迫感、责任感和使命担当感不足。

（四）保护经费紧缺，专业人才匮乏。以非物质文化遗产为例，目前非遗项目国家级传承人现中央财政每年补助2万元，省级传承人省级财政每年补助5000元，市、县级传承人则没有专项补助资金。国家每年扶持2、3个国家名录项目，并给予相应的保

---

① 金运昌. 狼山石刻 [M] //《巴彦淖尔在前进》编委会. 巴彦淖尔在前进 [M]. 呼和浩特：内蒙古人民出版社, 1987.

护资金。而对于市、县级项目，由于地方财力紧张，非遗保护经费短缺，投入严重不足。同时，非遗内容丰富，涵盖面广，开发和保护工作量大，需要专门的工作机构和专业工作人员。但目前大部分盟市旗县没有专门的非遗保护机构，专业人员缺乏，专业基础薄弱，普查设备简陋，技术落后，这严重影响和制约非遗保护工作的开展。物质文化遗产的保护经费和机构设置、人才储备等情况，相对要好一些，但距新时代的保护和利用要求仍相差甚远。

（五）在宣传展示方面有待进一步加强，文化遗产目前还没有真正地"活起来""转起来"。以内蒙古河套文化博物院为例，自2012年其基本陈列"河套文化陈列"开展接待观众至今，因缺少临时展厅，始终未能引进一个成功的外地文物展览，基本上只有这一个固定陈列给观众看，同时，受经费短缺和各种条件所限，只能通过别的渠道与其他部门合作去外地举办极少量的临时展览如"阴山岩刻图片展"，而无法自主设计制作一个成型的、规范的、有特色的临时展览赴国内外巡展。特别是作为地级市，巴彦淖尔还没有一座非遗博物馆来展示丰富多彩的民族非物质文化遗产。由此可知，巴彦淖尔市尚未跟上时代步伐，让丰富多彩的民族文化遗产真正地"活起来""转起来"。

（六）民族文化遗产尚未和旅游形成深度融合，至今未打造出一个典型的将文化遗产与旅游深度融合的景点。如著名的文化遗产阴山岩画，因所在地交通不便，至今还没能很好地与旅游深度融合，打造出一处成体系的供人们旅游、参观、研学的岩画景点。因此，一般的游客很难到岩画所在地实地观看、研学旅游，使得其在旅游方面的社会效益和经济效益都无从发挥。

（七）利用民族文化遗产开发文创产品的工作严重滞后。文物、文化遗产承载着一个国家和民族的历史文化精髓，文创产品是以馆藏文物和当地民族文化遗产为依托，设计开发出具有深厚民族历史文化和艺术价值的产品。博物馆文创产品的开发、制作、展销，是让文物"活"起来的又一重要途径。但巴彦淖尔在这方面的工作相当滞后，以内蒙古河套文化博物院为例，因经费、人才极度短缺等因素，这方面的工作目前还处于刚刚起步阶段。

三、几点建议与对策

（一）加强各级领导对文物、文化遗产的保护意识和执法力度，进而提升全民的保护意识。

全市各级领导和广大人民群众，要以以习近平同志为核心的党中央作出的一系列指示批示为遵循，以《文物保护法》《非物质文化遗产法》为依据，全面贯彻"保护为主、抢救第一、合理利用、加强管理"的工作总方针，切实加大文化遗产保护力度，严厉打击违法犯罪行为，保护好本地区丰富多彩的民族文化遗产。

（二）加大民族文化遗产保护经费投入，将保护经费纳入每年的各级财政预算，并随着财政收入的增加而逐年调整。

（三）利用民族文化遗产资源进行文化旅游开发。

文化是旅游的灵魂，旅游是文化的载体，没有文化的旅游是浅显的、空洞的旅游，没有旅游的文化是难以创造完整价值链的文化。一方面，以文化为内容、以旅游为平台的文化旅游产业呈现出前所未有的生机与活力，促进文化与旅游融合发展，是世界旅游发展的大趋势和成功经验。随着人们的审美和休闲娱乐品味的提升，旅游与文化遗产的结合越来越紧密，需要深厚的文化底蕴作为支撑。另一方面，旅游业的发展可进一步提高人们对历史文化遗产保护利用的认识，增强保护意识，促进文化遗产有效管理、合理利用，特别是旅游业的收益可转化为对保护维修文物景点的资金投入。因此，要借鉴旅游业发展先进地区的成功经验，充分利用巴彦淖尔丰富的民族文化遗产资源，推进文化遗产景点和民族民俗村建设，大力开发旅游产业。

（四）充分利用民族文化遗产资源，加大文创产品开发力度。

充分发挥巴彦淖尔地区民族文化遗产的特色优势，一是可利用阴山岩画这一著名文化遗产大力开发文创产品。阴山岩画以历史悠久、题材内容丰富、艺术价值极高而享誉世界，深受人们的喜爱，是本地区开发文创产品的首选文化遗产资源。二是利用乌拉特蒙古族文化遗产开发文创产品。乌拉特蒙古族的传统民族工艺品是技艺十分精湛、具有鲜明特色的，其将传统的民族工艺与时尚的形式设计相结合，做工精致，令人爱不释手，今后应充分配合旅游业的发展进行大力开发。需要指出的是，开发工艺品并不仅仅是普通的商业行为，还是保护文化遗产的一种实践，能够让民族文化在流通中传承。

关于文创产品的开发，要以政策引导，以博物馆和重点文化遗产景点景区作为主力军，动员社会力量参与。以博物馆为例，进行文创产品开发，不仅可以产生更多的经济效益，还能拉近公众与博物馆的距离，建立起双方沟通的新纽带，激发博物馆事业的内在活力，有助于推动博物馆高品质发展。博物馆的文创产品不仅是诠释博物馆馆藏文物价值的媒介，更是观众对博物馆经历的一种纪念，即使是没有来过博物馆的人，也能通过博物馆文创产品来感受博物馆所蕴藏的文化，通过文化消费来接受历史文化的熏陶，真正实现"把博物馆带回家"。

（五）充分发挥民族文化遗产在巴彦淖尔城市规划建设中的作用，正确处理城市现代化建设和历史文化遗产保护之间的关系。

城市是人类社会进步的结晶，是物化的民族历史文化。一方面，我们要充分利用民族文化遗产的元素符号，规划我们的城市建设，装饰我们的城市建筑，最大限度地体现地方特色和民族特色，避免千城一面。另一方面，在历史文化名城的建设和发展中，必须正确处理城市现代化建设和历史文化遗产保护之间的关系，既要使城市经济社会得以发展，尽快提高城市现代化水平，又要尊重城市发展的历史，使城市的历史文脉得以延续。要严格遵循不改变文物原貌的原则进行文物古迹修缮，保持其历史的真实性。另外，还要尽可能保持文物古迹的历史环境，以完整体现其历史风貌。对反映城市历史传统的典型街区、古城布局和古树名木，要特别注意保护，将其纳入城市发展规划，制定相应的保护措施。

（六）加快非遗博物馆和民族类专题博物馆建设。

如前所述，目前巴彦淖尔市各类博物馆已经建设了不少，但还没有一座非遗博物馆，民族类的专题博物馆也很少。有鉴于此，建议在市政府所在地建一座地市级非遗博物馆和一座民族专题博物馆；在以牧业为主的旗县建设民族文物与非遗相结合的民族博物馆；在以农业为主的旗县建设有非遗内容的特色博物馆。同时，各博物馆要紧跟时代步伐，多制作精美展览去外地举办巡回展、交流展，同时多引进外地展览，并使之保持常态化，让文物"活起来""转起来"。各地要因地制宜，根据当地的实际情况，充分发挥博物馆的各项功能，在新时代为巴彦淖尔地区民族文化遗产的收藏、保护、研究、展示、传承作出新的、更大的贡献。

石子湾古城背后的北魏往事

◉ 康巴什区文物保护所　黄　鹏[*]

内容提要：石子湾古城位于鄂尔多斯市准格尔旗沙圪堵镇，是鄂尔多斯境内唯一一座北魏时期的古城。在古城内发现有砖、瓦当、陶器、铁器等。古城的发现，对于研究北魏发展史有着重要的意义。

关键词：北魏　鲜卑　石子湾古城

一、石子湾古城建城背景

中国是四大文明古国之一，文明延续近五千年不曾间断。中国大地上的每一寸土地，在整个历史的大背景下又有着地区独特的历史文化。鄂尔多斯作为农耕游牧交错地带，有着双重文化的烙印。

魏晋南北朝是中国历史上的乱世之一。265年，司马炎篡魏称帝，建立晋朝，统一全国。然而在短暂的统一之后，晋朝就被东汉以来入居内地的各民族推翻。317年，琅琊王司马睿于建康称帝，因建康在洛阳之东，史称东晋。东晋领土缩居南方，后又被刘宋所替代，南方政权更迭依次为宋、齐、梁、陈。北方则更为混乱，共有前后二赵、前后西三秦、前后南北四燕、前后南北西五凉以及成、夏十六国，在北方大地上先后建立政权。

最终鲜卑族建立的北魏政权结束了北方的混乱局面。鲜卑族拓跋部最初居住在今黑龙江、嫩江流域大兴安岭附近，过着游牧生活。东汉时，北匈奴被打败西迁后，拓跋部

---

* 黄鹏（1980—　），内蒙古自治区鄂尔多斯市东胜区人，大学本科学历，鄂尔多斯市康巴什区文物保护所所长、文博馆员，研究方向：历史、文物、旧石器文化。

在部落首领拓跋诘汾的率领下，逐步向西迁移，进入原来北匈奴驻地，即漠北地区。

在淝水之战后，前秦瓦解，以前附庸于苻坚的各族纷纷独立，建立自己的王国。368年，拓跋珪集合部众，在牛川（今内蒙古兴和县）召开部落大会，建立代国。即位后不久，因牛川偏远，便迁都盛乐（今内蒙古和林格尔）。同年四月，改国号为魏，自称魏王。之后北魏又进一步将首都南迁至平城（今山西大同）[①]。北魏自建立后先后征服后燕、攻打南朝、大败夏国、大破柔然、攻克北燕、降服北凉，建立起统一北方的政权，也是北朝第一个统一政权，北魏也是第一个北方游牧民族入主中原建立的北方统一政权。

北魏建立之初，鄂尔多斯大地属于赫连勃勃建立的大夏国。赫连勃勃是铁弗匈奴的首领。铁弗匈奴是活跃于北方地区众多民族中的一支新族体，为南匈奴与鲜卑族混居杂处融合而形成的一个新的部落集团。407年，铁弗匈奴赫连勃勃自称大夏天王，建大夏国，在今陕西省靖边县筑都统万城，取"统一天下，君临万邦"之意。其强盛时期所领有的地区大致相当于今陕西北部、宁夏回族自治区及内蒙古中部、甘肃一带。

425年，北魏发动攻取大夏国的战争，最终于431年灭掉大夏国，鄂尔多斯地区归属北魏统治，设置了州、镇、郡、县。随着北魏政权中心的不断南迁，草原地带出现权力真空，此时柔然应时而起。为了防止北方柔然族的侵扰，北魏在北部边境设置了沃野、怀朔、武川、抚冥、柔玄、怀荒6个军事重镇，史称六镇防御系统，其中怀朔、沃野二镇的防区涉及鄂尔多斯沿黄河的东北、北部和西北地区。

二、石子湾古城概况

石子湾古城位于准格尔旗沙圪堵镇南5公里的石子湾村东，纳林河之东岸。北依庙圪旦、吕家坡等起伏的丘陵，东西有注入纳林河的小沟环绕，东面纳林沟较大。古城依山面水，地势险要。平面呈长方形，正南北向，南墙正中设门，并加筑有瓮城（图一）。城内中心有一大型建筑台基，地表暴露成排分布的石柱础。城内其余地带还发现有多处建筑基址。城外东北处的山坡上还分布有同时期的烧造陶器的窑址[②]（图二）。

古城遗址内发现有长方形砖（素面黑灰色、细绳纹灰色）、正方形砖、人面纹瓦当、隶体铭文"富贵万岁"瓦当（图三）。城内发现有卷云纹瓦当、筒瓦、板瓦、滴水、镂空菱形格瓦饰以及陶器、铁器等（图四）。

---

① 崔璿. 石子湾北魏古城的方位、文化遗存及其它[J]. 文物, 1980（8）.
② 盖山林. 内蒙古伊盟准格尔旗石子湾古城调查[J]. 考古, 1965（8）.

图一　石子湾古城遗址

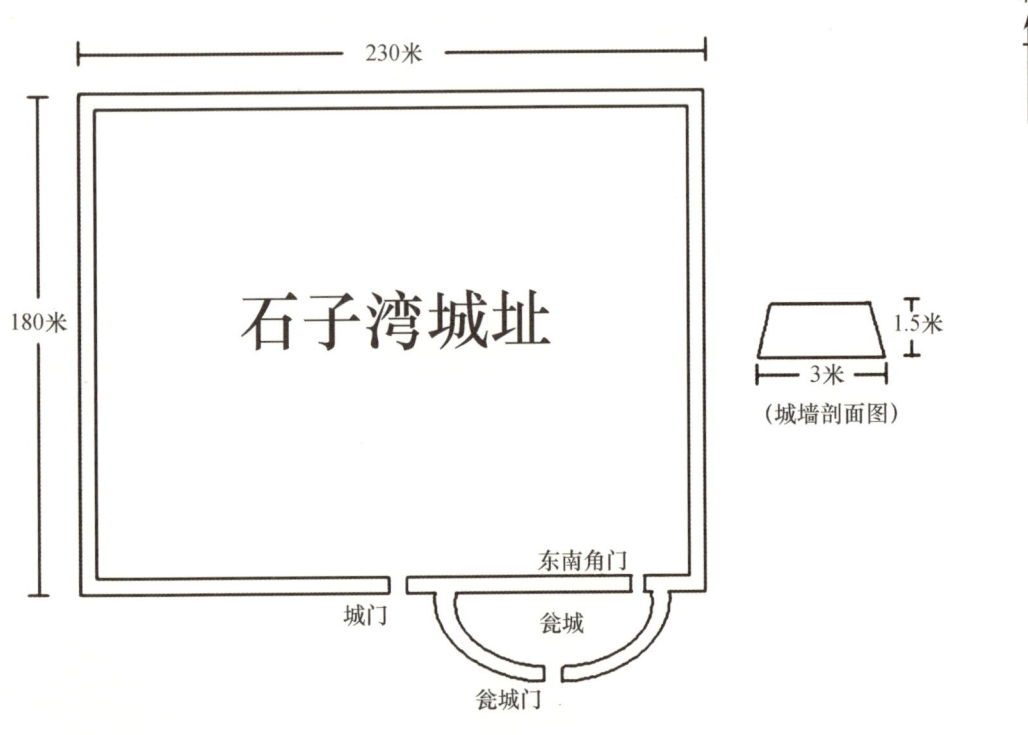

图二　石子湾古城平剖面图

图三　石子湾古城出土"富贵万岁"瓦当

图四　石子湾古城出土陶器

根据城址范围较小以及生活用品稀少等情况推测，此城可能与军事有关，可能是驻兵之所。

三、石子湾古城与"六镇起义"

523年，草原地带的柔然出现饥荒，柔然部众大举南侵。

时北魏孝明帝年幼，年轻的胡太后听政，对六镇问题只是简单地发放了一些赈恤粮款，却是杯水车薪，导致六镇军民纷纷起义，北魏不得不雇佣柔然人镇压，激烈的阶级斗争使北魏政权摇摇欲坠。边镇豪强集团利用当时的混乱局面，各自发展势力，在河阴之变后，北魏分裂为西魏、东魏，走向衰落[1]。

如今的石子湾古城只剩下断壁残垣，静静地承受着风雨的侵蚀。拓跋鲜卑建立北魏统一北方，攻灭铁弗匈奴的大夏国，又于边境设立六镇防御系统防御柔然，最终却

---

[1] 魏坚，郝园林. 北魏六镇的军事地位[J]. 历史教学（上半月刊），2020（12）.

亡于六镇起义。南北朝时期，局势动荡，各个民族依次登场，政权更迭不断。

石子湾古城在鄂尔多斯大地上沉寂千年，或许那里曾是北魏吞并大夏国的前哨，又或许是六镇防御系统中的一环，也可能那里的驻军参与了推翻北魏的起义。无论拥有怎样的历史，古城起于垒土，又归于尘土。

再论鄂尔多斯地区在西夏时期的历史贡献

■ 鄂尔多斯市博物院 王 龙[*]

内容提要：公元11世纪至13世纪之间，生活在我国西北边陲的党项、羌等多民族建立了史称"西夏国"的区域性割据政权，创造了不朽、独特的灿烂文化。鄂尔多斯地区是西夏政权的重要组成部分，为进一步探究其在西夏国发展壮大过程中的历史地位和贡献，本文以陈育宁先生《鄂尔多斯地区在西夏历史中的地位》一文的观点为基本论断，以当前西夏学研究的最新成果为基础，以鄂尔多斯地区已经发现和发掘的文物实物为佐证，以当前鄂尔多斯行政区划为地理范畴[①]，以李继迁叛宋到西夏国湮灭为时间界限，力求从政治、经济、军事、文化等不同层面和领域较为全面地展示鄂尔多斯在西夏时期的历史地位和历史贡献。

关键词：鄂尔多斯地区　西夏国　历史贡献

前　　言

史上的西夏，从982年李继迁公开脱离宋朝政权管辖，到1038年李元昊称帝建立西夏国，再到1227年西夏末代君主李睍向蒙古大军献城投降为止，前后历经了246年，享国190年。根据《宋史·夏国传》所载，拓跋思恭受赐的夏州政权建立后"虽未称国

---

[*] 王龙（1978—2023），内蒙古自治区鄂尔多斯市准格尔旗人，在职研究生学历，大学本科学历，鄂尔多斯博物馆馆长、文博副研究馆员，研究方向：鄂尔多斯历史、革命史。

[①] 需要说明的是，目前鄂尔多斯市是在原内蒙古伊克昭盟基础上建立的行政区划，辖2区7旗，南北宽约340千米，东西长约400千米，面积8.7万平方千米，较之自明代确立起来的大鄂尔多斯范畴有较大的缩减。笔者作为当地的历史文物部门工作者，只就当前地域概念进行研究，同陈育宁先生的概念尚有区别。陈育宁：鄂尔多斯史论集［M］. 银川：宁夏人民出版社，2002.

而王其土"①，故西夏实际控制地方政权要比同一时期的辽国（享国209年）、金国（享国119年）、北宋（存续167年）、南宋（存续152年）时间都长，而鄂尔多斯市所辖区域的绝大部分都在其控制范围内，可见西夏在当时的鄂尔多斯地区的统治能力还是很强的，也只有这样长时间的统治和管辖才能不断促使这里的政治、经济、文化等各领域繁荣发展，并创造出了这里独有的神秘的西夏文明印记。

一、鄂尔多斯地区对西夏政治的影响

（一）重要政治事件

公元982年，李继捧承袭了其族兄李继筠的世袭封职，却很快遭到了其族弟李继迁等人的强烈反对和排挤，间接地促使他率部众投靠宋朝。此时宋太宗则认为这是彻底铲除平夏部边患的天赐良机，并诱使其主动放弃所辖的绥、宥、静、银、夏五州之地献给北宋，并将其置留在了京城。对于此事李继迁认为："我们党项一族在这片土地上生活了已经有300多年，我的父辈兄弟都曾经是雄霸一方的豪强，现在宋朝下诏将党项李氏宗族全部留置在京城，他们生死未卜，李氏拼尽全力所经营的土地和人民也必然朝不保夕！"其族弟李继冲更认为，不能放弃祖先夏州的故土，就像"老虎离不开山林，鱼儿离不开深海"一样，积极主张乘夏州宋朝兵马不备之时，杀了宋朝驻军官兵，然后占据绥州、银州，并以此为据点，抵抗宋朝的扩张。李继迁的幕僚张浦则分析了敌我双方的态势和实力后认为，用兵之道要能屈能伸，不能逞一时之快而因小失大，主张暂时逃到地斤泽等地，建立自己的据点，然后联系一些对宋朝心存怨恨的党项部落首领，招募兵源、购买武器甲胄，等待时机卷土重来。李继迁认为张浦的建议符合实际，遂率领部落亲属数十人伪装出逃到了夏州东北约300里的地斤泽（今内蒙古鄂托克旗东北）驻扎，并出示了祖先拓跋思忠遗像，召集党项部族，宣誓抗宋自立②。这一政治事件是"平夏部"政权脱离中原王朝控制的开端，亦为西夏建国奠定了政治基础。此后李继迁以地斤泽、安庆泽为反宋根据地，奋力与宋朝抗争，这在史料中有明确的记载，如：公元983年，尹宪与曹光实计曰："地斤泽西面沙碛，兵难骤进。潜使人侦知所在，于是月发精骑数千。夜袭之，再宿而至，大破继迁众，斩首五百级，焚千四百帐，获牛羊，器械万千。"又，史书记载：公元984年，"继迁攻宥州不胜，乃驻地地斤泽，地斤善水草，便畜牧，生聚众"③。再如宋史卷四九一记载：淳化元年（990），继迁奔铁斤

---

① 脱脱. 宋史：卷486：夏国传下 [M]. 北京：中华书局，1977：14012.
② 吴广成，龚世俊. 西夏书事校证：卷4 [M]. 兰州：甘肃文化出版社，1995：38.
③ 吴广成，龚世俊. 西夏书事校证：卷4 [M]. 兰州：甘肃文化出版社，1995：42.

泽，貌奴、猥才二族夺其牛畜二万余①。地斤泽、安庆泽这些地区都位于今鄂尔多斯毛乌素沙漠的腹地，在西夏时期是历史性转折的发生地，为西夏王朝的建立作出了极其特殊的历史贡献。

（二）鄂尔多斯境内管辖范围

由于在鄂尔多斯境内西夏政权与同时期的北宋、辽政权相互接壤，疆界犬牙交错，且不同时期处于不同状态，很难准确地说明当时行政管辖的基本情况，故而这里只对有史可据的几个重要州治进行概述。

西夏国的行政建制受到唐代的影响，同时效仿了北宋管理结构，实行州、郡、县三级制，在京师和特别重要的区域设府，级别略高于州。州级建制大多沿用唐制，变更者较少。见于史籍的西夏州名据统计约有26个之多②，其中在大鄂尔多斯高原地理范畴的有夏、银、绥、宥、洪、龙、石、丰、胜、兴、灵等约15个之多，目前能明确在今鄂尔多斯市行政区划内或最为属临的只有丰州、胜州、宥州、夏州4个。

宥州，在鄂尔多斯境内又分为新宥州和旧宥州。据史书记载，开元九年（713）居住在今鄂尔多斯地区的胡人开始反唐，唐王朝出兵将其镇压。随后，朝廷为了分散管理将参加起义的胡人分别迁居到了当时的江淮、渚州等地。由于这些胡人世代游牧，很难适应江南的农耕生活，迫切要求返回故乡。为了安置这些胡人，738年，当时的宰相牛仙客在今内蒙古鄂托克前旗东设置了宥州，管辖范围约在今天的鄂托克前旗、鄂托克旗境内，州名有"宽宥"之意，以示朝廷恩威，此即为旧宥州。新宥州城于814年复置在经略军城，仍以延恩县为行政中心，元和十五年（820）移到今鄂托克前旗东南城川古城，在拓跋思恭受封定难军节度使后成为夏州李氏政权的管辖地区。淳化五年（994）宋朝下令废弃宥州城，移民于绥、银等州，李继迁则利用这一历史性机遇占据新宥州城。该城此后一直控制在西夏管辖下，到蒙元时期废弃。

夏州，治所为统万城（今乌审旗南，陕西靖边境内），《武经总要》描述其具体位置为"东距离银州300里，西距离盐州300里，南距离盐州380里，北番界，东南距离绥州400里，西南距离庆州590里，西北距离丰州900里，东北距离胜州900里"③。早在北宋初期，统万城就为党项贵族所占据，成为夏州行政中心，此后在这里宋朝与西夏几经攻伐，互有胜负，如：994年宋军攻占夏州，宋太宗下令毁城迁民，李继迁迫于形势于998年上表归顺，被宋真宗任命为夏州刺史，党项政权又恢复对夏州的实际控制。夏州

---

① 脱脱. 宋史：卷491[M]. 北京：中华书局，1977：13987.
② 脱脱. 宋史：卷491[M]. 北京：中华书局，1977：53.
③ 保宏彪. 西夏在鄂尔多斯高原的疆界变迁[J]. 西夏研究，2013（4）.

治所虽不在鄂尔多斯境内，但在乌审旗境内党项李氏家族墓地（排子湾墓地）发现的4块墓志铭，详细记述了西夏李继迁一族的历史变迁。结合《武经总要》的描述和李氏家族墓地的地理位置，基本可以确定夏州管辖范围为方圆400—500里，且主要管辖区域应以现今乌审旗和靖边县为中心向外辐射。

丰州，西夏时期的丰州有别于唐代设立的丰州城，唐代的丰州治为五原县（今内蒙古巴彦淖尔五原县南），五代十国时期曾废弃，宋朝初期将其恢复为州城[1]。这里所说的丰州是北宋嘉佑六年（1061）在今准格尔旗纳日松镇二长渠村萝泊川重建的丰州城，是藏才族首领王承美归降宋朝后，于宋太祖开宝二年（969）兴建的。由于当时土地较为贫瘠、物资十分匮乏，丰州城的建立是依靠宋朝政府30多年的不断扶持和供给才最终完成。王承美归宋后在对辽作战中屡有战功，故被宋朝升任为丰州刺史，对丰州实施管理。1041年，李元昊称帝后不久，西夏攻陷丰州，将其纳入管辖。1061年，宋仁宗趁西夏政局不稳，出兵收复丰州，并以郭恩为内殿承制知丰州，进一步加强了军事防御，重新修复了丰州城垣，同时还新筑了永安砦和保宁砦以及多处烽火台。1129年，西夏联合金国再次攻下丰州。1146年，金国将丰州赐予西夏。蒙古灭亡西夏后，宋、西夏丰州再未建制。丰州曾二度被西夏国占据，其作为西夏军事要地及贸易重镇在西夏一朝起到了不可替代的历史作用。

胜州，目前学界对胜州的具体位置尚有争论，一说为准格尔旗，一说为东胜区。隋文帝开皇三年（583），在汉代沙南县城的故址上兴建了榆林关，开皇七年（587）又改为县治（今准格尔旗十二连城天顺圪梁古城），开皇二十年（600），在榆林县城另置胜州，割榆林、富昌、金河三县。隋炀帝大业三年（607），改胜州为榆林郡，同年隋炀帝北巡至此，在榆林城大宴少数民族各部酋长，胜州因此名扬天下。唐朝初年，胜州治理榆林、河滨二县。唐末，胜州城被党项所占。辽神册元年（916），辽兵攻入胜州，胁迫城内百姓迁往黄河东北岸的东胜州，胜州城遂废止。据《嘉庆一统志》记载，胜州一度是西夏重要的商贸中心。

纵观以上，西夏一朝在鄂尔多斯境内曾经占领并管辖的州级行政机构中只有宥州最为稳定，其余各州有的不在鄂尔多斯市境内，或是所属国更替十分频繁，由此可以断定西夏时期鄂尔多斯境内的行政职能并不健全，所以这一地区在西夏国所承担的政治角色并不是主要的，倒是战争才是其境内频繁上演的"主角"。

---

[1] 根据保宏彪先生《西夏在鄂尔多斯高原的疆界变迁》的研究成果，西夏整个历史阶段共有两个丰州城：一是唐代在今巴彦淖尔五原县南设置的丰州城，五代时废弃，后宋予以复置，管辖范围大部分在巴彦淖尔和包头境内，鄂尔多斯只有一小部分，属于大鄂尔多斯范畴，所以不是本文研究范围。另一丰州城位于今准格尔旗纳日松镇二长渠村，是宋代在府州萝泊川重建的丰州城，目前归鄂尔多斯市管辖，因此作为本文研究重点予以表述，为不使同仁及读者产生歧义及误解，特作出说明。

二、鄂尔多斯地区对西夏经济发展的贡献

由于西夏是以党项人为主体建立的割据政权，带有游牧民族的族源属性，早期完全是以畜牧业为经济基础的。1032年后，党项政权控制了宁夏平原、河套平原、河湟地区等适农区域后，逐渐吸收中原的农耕技术和开渠灌溉技术，大力发展农业生产，并取得了较大的成就，但终西夏国一朝农业经济产出始终没有丰腴到实现自给自足的程度，往往需要通过战争性掠夺来实现供给平衡。同时，通过与周边国家互设榷场及和市，以贸易手段来弥补农业、手工业产品的不足，是西夏提高统治阶层物质生活水平的唯一手段，也是其国家经济发展的重要经济来源。单就鄂尔多斯地区来说，笔者大量翻阅史料并结合当地的历史地理情况，基本可以明确三点：①鄂尔多斯地区是西夏国除河西走廊区域外最重要的畜牧场所，承担着西夏畜牧经济的重要角色。②由于鄂尔多斯地区是辽、宋、西夏三国国界汇聚之地，贸易经济相较于牧业处于从属地位。③由于这一地区属半荒漠化草原及局部丘陵区域，农业经济只在小区域有适度发展[①]。

1. 畜牧业

鄂尔多斯行政区划内，汉代曾设置上郡的高望县，西河郡的大成县、虎猛县、增山县、美稷县等行政管理机构。此后由于屯垦戍边政策的消亡，人口基数的下滑，自汉至唐代均不再在这里大量设置行政建制了。西夏承袭前代的基础，同时没有能力实现行政完全管辖，加之其游牧民族属性，当时的夏州地区仍是游牧经济为主："西夏的国土广袤有千里之余，多是沙漠荒芜之地，国内民族众多，其中党项族居多。其所业无农事桑，畜马、牛、羊、橐驼。"[②] 根据1963年中国科学院进行的实地考察，鄂尔多斯境内湖水面积近540平方千米，有大小湖泊约610多个。80年代再勘时，水域面积为334平方千米，湖泊约820个[③]。根据元昊所称"吾本以羊马为国"[④] 判断，当时鄂尔多斯地区小区域遍布绿洲，非常适宜畜牧业养殖，同时也印证了畜牧业在西夏国民经济中的重要地位。此外，西夏与周边国家存在不以贸易为主的朝贡马匹活动，有史可查的包括：与辽朝贡8次，其中《契丹国志》卷二十一《西夏国贡进物件》记载："细马

---

① 曾公亮，丁度. 武经总要：前集卷18下［M］. 泉州文库整理出版委员会，四库全书本. 北京：商务印书馆，2017.
② 沈亚之. 夏平［M］//文渊阁四库全书：集部：第18册. 台北：台湾商务印刷馆，1983：12.
③ 伊克昭盟志编纂委员会. 伊克昭盟志：第一册［M］. 北京：现代出版社，1994：564-565.
④ 苏轼. 东坡志林：卷1：夷狄［M］. 北京：中华书局，2007.

二十匹，粗马二百匹。"①《西夏书事》卷九称："真宗赐德明廩俸，悉与内地节度同，德明感恩，遣使奉表自称草土臣，献马五百匹、橐驼三百头以谢。故事：赐物谢恩，止给来使缯帛，真宗以德明进奉频数，加赐袭衣、金带、器币。"②与宋朝贡有15次之多，贡马总数量粗略统计约3000余匹，可见数量之巨，朝贡之频繁。由此可以推测，在西夏早期势力范围没有到达宁夏平原及河陇地区时，鄂尔多斯广大地区应该为平夏部最重要的畜牧区域和主要经济支柱，其后也一直扮演着主要畜牧经济的特殊角色。

2. 榷场和市贸易

西夏地处我国西北地区，最为强盛的时期控制范围达到了近66万平方公里，且荒漠化草原及半荒漠化草场占到其国土面积的4/5，人口约为200万，物产匮乏是十分明显的③。受地理环境的制约和游牧民族属性的影响，半牧半农经济是西夏立国之本，尤以畜牧业产品居多。同一时期与其具有贸易往来的割据政权以辽、金、吐蕃、回鹘等周边国家为主，但这些国家的经济类型都与西夏类同，互动需求不高，唯独宋与西夏的经济类型的互补性特别强。正如司马光向朝廷描述的："西夏国所占据的地方，就是氐羌族裔的故土，所能生产的不过是羊毯、马毡之类的东西……，故其人如婴儿，而中国乳哺之矣。"④而鄂尔多斯地区作为西夏与宋河东路、辽西京道接壤的重要区域，在西夏承担的贸易渠道角色就显得较为突出。鄂尔多斯境内仅有胜州（今准格尔旗或东胜区境内）设立过官方性质的榷场，大多以规模更小的和市贸易为主。依照目前鄂尔多斯境内发现的钱币及窖藏情况来推断，整个西夏时期宋、辽、金为了控制铜、铁等经济及战争资源外流，专门在宋夏、金夏交界设置铁钱区，严格控制贵金属的交易与买卖。如《辽史》卷十八《兴宗纪一》记载："（重熙二年十二月）己酉，禁止西夏在国境沿线买卖贵重金属……"《金史》卷四十八《食货志三·钱币》有"（正隆二月）冬十月，禁止铜流出境外，举报者奖励，隐匿者重罚……（大定）八年，民众禁止买卖铜和金等器皿"之载。《宋史》卷一百八十《食货志下八·互市舶法》载"麟州复奏夏人之请，乃令鬻铜、锡以市马"，说明宋夏金属交易需要得到宋朝的认可才能进行。这些禁令也促使西夏为寻求经济和战争等资源，鼓励民间以非常规的走私贸易来实现部分经济利益。在内蒙古范围内发现的西夏钱币或窖藏有据可查的约为34项，而鄂尔多斯地区就有15项之多，约占44%左右⑤（表一），尤其是准格尔旗、东胜区、达拉特

---

① 叶隆礼. 契丹国志：卷21：西夏国贡进物件 [M]. 上海：上海古籍出版社，1985：775.
② 吴广成. 西夏书事：卷9 [M]. 扬州：广陵古籍刻印社，1991.
③ 赵天英，杨富学. 从朝贡和榷场贸易看西夏物产 [J]. 西北民族大学学报，2009（4）：44.
④ 司马光. 司马文正公文集：卷50：论西夏札子 [M]. 上海：商务印书馆，1937.
⑤ 杨富学，陈爱峰. 西夏钱币的流布区域及相关问题 [J]. 西夏研究，2012（4）：3-28.

旗、伊金霍洛旗境内，多以窖藏形式出现。这从一个侧面证明：窖藏是人们躲避战乱时安置财物的最佳方式；大量的钱币是实现贸易交换的重要基础；内蒙古地区官办榷市很少，且依靠农牧业家庭小型经济很难实现大量钱币的积累；走私贸易除避免税赋外，还能不受到战争的影响，可以在短期内实现财富的大量积累。这种现象最终导致鄂尔多斯地区经济贸易只能是走私贸易占主导，和市次之，榷市再次之。造成这种贸易形势的主要原因是，鄂尔多斯处于三国交界之地，具有政治目的的战争在这里频繁进行，边贸活动常处于时断时续的状态，加之官办榷场较少，宋辽金的边贸禁令非常严格，专门贸易行政机构不健全、不完善，很难形成规模性的贸易体系。但战争所带来的社会不安定，却为走私贸易的形成提供了良好条件。

表一　鄂尔多斯境内发现的西夏时期钱币窖藏

发现时间	出土地点	发现总量
1949年	准格尔旗原纳林镇境内	约有6000千克
1953年	准格尔旗原纳林镇境内	窖藏，约35千克
1959年	达拉特旗原盐店乡新民渠村境内	窖藏，打井时发现，约十几千克
1979年5月	鄂托克前旗原二道川乡境内	5000余枚，约33.75千克
1980年8月	达拉特旗原盐店乡新民渠村境内	窖藏，272154枚钱币，共重1048千克
1986年	伊金霍洛旗东方红村西夏遗址	约20千克
1986年	鄂尔多斯市伊金霍洛旗	约15千克
1987年2月5日	乌审旗原陶利乡西沙沟境内	605千克
1989年	准格尔旗原纳林镇境内	窖藏，6000千克
1990年	鄂尔多斯市	真书元德通宝平钱1枚，铁钱若干
1991年	准格尔旗原西召乡道来色太境内	窖藏，约20千克
1991年	准格尔旗暖水乡榆树壕境内	据当地居民反映，牛车拉了十几车类似铁钱
1992年	准格尔旗原纳林镇境内	约354枚
1992年	东胜区漫赖乡境内	6396枚
1994年12月	东胜区原罕台庙乡元圪旦村境内	窖藏，2659枚，约15千克

3. 农业的区域开发

鄂尔多斯高原的气候环境及地理位置等因素，致使其不具备大规模农业开发的客观条件。但人类改造自然和适应自然的能力又或多或少地主导了这里农业经济的适度发展。从赫连勃勃的大夏国开始，人们就充分利用无定河、窟野河（今乌兰木伦河）谷地季节性水源的优势进行了农业开发。到了西夏一朝，鄂尔多斯一度成为重要的粮食产区和军事掠夺区。如《西夏书事》卷二十八记载："国家赖以生存者，膏腴在河南之地，东面在横山一线，西面则在天都、马街一带，其余多是不堪种植的土地"[1]。李乾顺统治时，西夏边民在战乱时期不顾生命危险深入宋界腹地耕种抢收，"常于晚上到大理河东佳芦境上侵耕旷地，白天则回到西夏国境内"[2]。这里所提及的大理河应为今陕西绥德的大里河。而地处鄂尔多斯境内的无定河流域的侵耕现象就更严重了，对这里的争夺也日趋频繁和难以控制，一般而言，宋夏边境地区都留有禁地，而窟野河和无定河正处这一地理位置，正如欧阳修所言："沿边土地因为是禁地，常年没有人去耕种，因此西夏人才能那么轻松地侵占……，是自空其地，惹引北人年年争界。"[3]自李元昊建国后，西夏历年侵蚀窟野河河谷耕地，这里还一度成为西夏皇族外戚没藏讹庞的私家耕地，可见其产出还是相当惊人的。综上所述，鄂尔多斯地区境内无定河、窟野河流域的农业经济虽在西夏王朝的整个历史阶段并不是占主导地位，但在西夏的建立以及繁荣发展中作出了阶段性和局部性的贡献。

三、鄂尔多斯地区军事管理及发生的军事斗争

宋辽是一个多方并立、分而治之的格局，政治斗争和武装冲突贯穿了整个时期，而鄂尔多斯地区承担着各方的战略要地和军事缓冲的重要历史任务，因此其所遭受的战争破坏尤为严重。

1. 军事机构

西夏建国初，设置了十二个监军司，其中宥州嘉宁监军司在鄂尔多斯境内，《宋史·夏国传上》载：左面的宥州路备军五万人，已备鄜、延、麟、府……[4]；在鄂尔多斯地区临近区域有左厢神勇监军司，其早期应在今陕西榆林市东，是西夏一朝各军司之首，所承担的军事任务极其重要。从宥州嘉宁监军司到神勇监军司，直线距离不过三百里，却驻守两个监军司，驻军初略统计不下10万人，共同的防务就是对北宋河东

---

[1] 前文所引"国人赖以生者，河南膏腴之地，东则横山，西则天都、马街一带，其余多不堪种"中，"河南"为鄂尔多斯地区古称。古黄河走今乌加河故道，所以地理范畴包括今巴彦淖尔及包头和鄂尔多斯全部，因此丰腴之说应该是强调巴彦淖尔及包头沿河流域的农业经济较为发达。而横山、天都、马街等地正好处于窟野河、无定河周边，且三地目前都位于陕西、甘肃境内，并不在今鄂尔多斯管辖内，所以以本文的研究目的来说，概括为鄂尔多斯地区在西夏时期的农业经济只在小范围适度发展，处于从属地位，与阐述主题并不有悖。吴广成. 西夏书事：卷28[M]. 扬州：广陵古籍刻印社，1991.

[2] 吴广成. 西夏书事：卷30[M]. 扬州：广陵古籍刻印社，1991.

[3] 吕卓民. 宋代陕北城寨考[J]. 文博，2004（5）：178-184.

[4] 脱脱. 宋史：卷485：夏国传上[M]. 北京：中华书局，1977：13994-13995.

路丰、麟、府州的争夺。

2. 境内发生的主要战争

从五代时起，党项平夏部对丰、麟、府州的争夺就已经开始，有据可查的战争就有：北宋咸平二年（999）八月，李继迁受到府州人啜讹和河西人蒙异保的唆使，进攻麟州，同宋军战于松花寨，九月复战，无功而返[①]。咸平五年（1002）六月，李继迁率领军队围攻麟州，被麟州知州卫居宝击败；同年九月李继迁再次兵围麟、府二州，攻破浊轮寨，被张佶击退[②]。到元昊建国以后，随着西夏国力的提升，政治诉求的加强，宋、夏双方针对三州展开的战争就更加频繁了，从庆历二年（1042）到绍兴九年（1139）共有12次的大规模军事冲突（表二）[③]。

表二 西夏时期在宋夏之间发生的主要战争统计

交战时间	交战情况	资料来源
庆历二年（1042）八月	西夏国出兵2万围攻青寨堡，统领并州、代州的王凯在染枝谷、双烽桥打败夏军，斩首夏军300余人，缴获牛马、橐驼、武器数千	《宋史》卷225《王凯传》第8925页
嘉祐二年（1057）	西夏国相讹庞打算侵吞河西禁耕的土地，宋朝守将郭恩前往制止，双方在忽里堆大战，宋军败退	《宋史》卷326《郭恩传》第10522—10523页
熙宁六年（1073）	西夏派遣3000骑兵犯边，掠夺大量人畜返回	《续资治通鉴长编》卷245"熙宁六年六月甲申"条
熙宁七年（1074）九月	西夏国相梁乙埋派兵攻麟州，与宋将王文郁在长城坂大战，被宋军击败	《宋史》卷350《王文郁传》第11074页
元丰五年（1082）	西夏派兵围攻麟州的神木堡，杀死了巡检高素，贾然被西夏军兵击败溃散	《续资治通鉴长编》卷329"元丰五年八月辛亥"条
元丰六年（1083）五月	西夏派兵围攻麟州，被麟州知州訾虎击败	《宋史》卷16《神宗纪三》第310页
元祐三年（1088）	西夏派军攻击府州边境，被府州守将钳宗翊击败	《续资治通鉴长编》卷408"元祐三年二月乙酉"条
元祐六年（1091）九月	西夏派军围攻麟州和府州3日，抢掠州民百姓，焚毁屋舍，践踏无数庄稼	《宋史》卷17《哲宗纪一》第333页，《宋史》卷486《夏国传下》第14016页都有记载

[①] 脱脱. 宋史：卷253 [M]. 北京：中华书局，1977：8863.
[②] 脱脱. 宋史：卷6 [M]. 北京：中华书局，1977：117.
[③] 孙昌盛. 论宋、夏在河东路麟、府、丰州的争夺 [J]. 宁夏大学学报（人文社会科学版），2005（3）：29.

续表

交战时间	交战情况	资料来源
元祐八年（1093）	西夏纵兵侵犯麟州，践踏千里之地，死伤者约数万人众	《续资治通鉴长编》卷484"元祐八年六月乙未"条
绍圣四年（1097）	西夏军攻击麟州神堂堡，麟州都监贾岩率兵支援，击退了夏军	《宋史》卷18《哲宗纪二》第347页，《宋史》卷350《贾岩传》第11086页都有记载
元符二年（1099）	西夏哩旺扎布率兵侵犯府州，被知府州事折克行擒获	《续资治通鉴长编》卷507"元符二年三月庚申条"
绍兴九年（1139）	西夏集中优势兵力进攻府州，府州被攻破，死伤众多	《宋史》卷486《夏国传下》第14023页

西夏之所以频繁发动战争，原因有三：一是觊觎三州之地的物产丰腴，想要通过战争手段掠夺其人口和财产；二是受到政治扩张因素的影响，希望通过突破北宋在三州之地的据点封锁，实现剑指中原的宏图伟业；三是希望通过战争手段实现贸易往来，增加政治谈判筹码。虽然三州中两州并不在鄂尔多斯行政区划内，但边境之争是一个在区域上、时间上运动的总过程，从战争的准备到实施，再到据点的防守易变等，都要有着当时鄂尔多斯广大人民的参与，这也正是临近地区的窖藏较为集中的原因之一。当然夏辽时期、夏金时期也因各种原因在鄂尔多斯地区发生过战争，受发表篇幅的限制，这里就不再展开探究了。总之鄂尔多斯地区是西夏时期争夺最多、最激烈的战争发生地，是受战争破坏最严重的区域之一。

四、鄂尔多斯在西夏文化交流中的积极作用

西夏时期的鄂尔多斯地区战争频发、自然资源匮乏，加之人口相对稀少，文化发展相对来说就显得薄弱一些，但作为各个历史时期中原文化与游牧文化碰撞与交融的重要区域之一，这里在西夏王朝也必然承担了一定的历史责任，作出了应有的文化贡献。文化的传播与发展首先是以教育为基础的，而统治阶层的大力弘扬和制度推广则是产生文化信仰的主要助推剂，因此，要想更加深入地探讨鄂尔多斯地区的西夏文化印记，就必须以西夏文化的多样性为切入口，以地域性文化遗存和地理位置的特殊性为佐证，予以逐一论述。

（一）从西夏思想信仰的多元化看文化的开放性

西夏境内民族众多，除党项族外，还有回鹘、契丹、汉族、吐蕃族、吐谷浑等，造就了民族文化的多元性、多样性和开放性。而作为主体民族的党项族，尤其是统治

阶层，在拓跋思恭统领五州之地后，深受中原儒家文化的熏陶，自然而然地学习中原文化，进而推崇儒教的治国之道。再则，作为党项建国前后中坚力量的汉族士大夫的极力推广及西夏后期开科取士制度的实施进一步强化了儒家文化的核心地位。儒家思想在西夏时期的发展途径及进程可归纳如下：早在李继迁统治时期就"曲延儒士，渐行中国之风"[1]。李德明统治时期，"其礼仪节律声音无不遵依宋制"[2]。元昊建国后，先废除汉人礼仪施行蕃礼，后又在天授礼法延祚二年（1039）施行汉人礼仪，还按照唐、宋时期的典式制度规定了西夏朝仪。毅宗谅祚统治时期，还曾向宋太宗求《册府元龟》《九经》《唐书》等经典书籍。惠宗秉常统治时期，"每得汉人，辄访以中国制度，心窃好之"[3]。崇宗乾顺统治时期，在蕃学外设立了汉学，专门聘请老师，招收学生达300名之多，还专门设置了养贤务，负责学生的生活起居。仁宗仁孝执政时期，除设立学校，生员达到3000外，还开始提倡科举，设立孔庙，修撰西夏典籍夏国《实录》，翻译《论语注》等。凡此种种，皆表明西夏一朝重视儒家文化，并将其与自身民族文化结合，兼容并蓄、发扬光大，发展脉络清晰有序。

佛教作为西夏一朝最重要的宗教信仰，在西夏时期的地位甚至超过了儒家思想。如毗邻地区"黑水城发现的各类西夏文献中有405种，其中汉文文献约为375种"[4]，其中最多就是佛教经典，主要译自汉、藏两种文字。西夏时期的佛教按期发展阶段可分为早期的汉传佛教阶段和中晚期的藏传佛教阶段，需要注意的是，两阶段的分割期正好与宋辽夏时期及宋金夏时期的政治更迭时间节点相吻合，据此推断西夏佛教的两个明显分野与国家间交流渠道是否畅通有密切联系。而鄂尔多斯地区作为西夏与中原地区之间重要文化通道的地位在这两个时期就要予以区别看待。

道教是中原文化的原生宗教，其在西夏地区的传播与发展更能体现西夏文化的多样性和包容性。根据《天盛律令》卷十《司序行文门》记载，西夏为了发展道教，专门设置道士功德司这一机构，同书卷十一《为僧、道修寺庙》中还以西夏文罗列了13种道教经典名称[5]。由此可见，道教亦是得到西夏政府支持的合法宗教机构。由于道教只是本文证明西夏多元文化特征的佐证，此处就不再重点论述了。

综上所述，西夏由于统治阶层先后受命于中原唐宋王朝，经过漫长的学习与发展，本身具备了尊崇儒术、重视佛教的基础。加之境内民族众多，民间思想、风俗的交融与统一亟需儒家和佛教来调合，所以西夏文化的多元是必然的，而统一又是必须的，最后

---

[1] 李焘. 续资治通鉴长编[M]. 北京：中华书局，1995.
[2] 吴广成. 西夏书事：卷12[M]. 扬州：广陵古籍刻印社，1991.
[3] 吴广成. 西夏书事：卷21[M]. 扬州：广陵古籍刻印社，1991.
[4] 牛达生. 从考古发现看唐宋文化对西夏的影响[J]. 考古与文物，2001（3）：89.
[5] 韩小忙. 西夏的道教经籍[J]. 固原师专学报，1998（1）：18.

就形成了以儒家来解决国家治理问题，以佛教来解决民众的精神统一问题的文化格局。

（二）从地区遗存看文化交流的融合与发展

鄂尔多斯境内发现的西夏遗存非常丰富，截至目前，共发现壁画墓2座，集中在准格尔旗东部，包括黄河西岸的羊山圪旦墓葬、大沙塔墓葬；西夏窖藏15处，"其中东胜区有板洞圪旦窖藏。达拉特旗有新民渠窖藏。杭锦旗有广丰窖藏。乌审旗有陶利苏木窖藏。准格尔旗有敖包渠窖藏。伊金霍洛旗6处，分别为阿日雅布鲁窖藏、牛其圪台窖藏、白格针窖藏、陶家格楞窖藏、根皮庙窖藏、瓦尔吐沟窖藏"[1]，较为集中地分布在伊金霍洛旗和准格尔旗，多处于宋辽夏的边境区域；具有西夏文化因素的石窟寺庙1处，位于鄂托克旗。

1. 窖藏情况

铁器：生活器皿类主要有斧、铛、火盘、熨斗、臼、羊首灯等；农具类主要有镰刀、犁铧、镢、锄等；工具类主要有剪刀、铲刀、炼勺、锯、凿；马具类主要是马衔、马绊、铁环等；还有锭、钱等商品流通货币，镞、刀、弓形器等武器。铁器的发现情况间接证明无论是生活起居、农业生产，还是战争刑法，西夏的农耕文化已与中原地区非常接近，尤其是在鄂尔多斯境内与宋辽毗邻的区域，与中原地区没有任何区别。

瓷器：包括黑釉、酱釉、白釉、褐釉等不同釉色瓷器，器类有碗、瓮、盆、罐、壶、瓶、碟等。其中采用剔花技法的瓷器是西夏当时流行的典型瓷器，多装饰牡丹纹，间有动物或其他图案，釉色与瓷胎相间，色调明快，疏密得当，宾主分明，器物造型优美，装饰手法独特，瓷胎与釉色虽不及宋瓷精美，但有其自身的独特风格，应属于灵武窑系产品。考虑到西夏早期并无制瓷的能力，长期以来都是通过贸易获得，故灵武窑系可能与河北磁州窑、陕西耀州窑有技术上的交流和借鉴[2]。

2. 墓葬情况

1978年内蒙古文物工作队在鄂尔多斯准格尔旗哈岱高勒乡城坡西夏城址附近发现大沙塔墓地。1997年内蒙古考古研究所在准格尔旗洪水沟村发现羊山圪旦墓葬。两座墓葬完全是仿中原地区汉族墓葬而建，均为砖筑穹窿顶式仿木结构，带斜坡墓道，墓室建造较为精巧。其中大沙塔墓内在棺床立壁筑有须弥座，出土文物中还有受佛教文化影响的塔形陶器顶，可见佛教文化对西夏社会风俗的影响。最为重要的是两座墓葬

---

[1] 甄自明. 鄂尔多斯地区的西夏窖藏[J]. 西夏学，2016（2）：331.

[2] 马文宽. 宁夏灵武窑[M]. 北京：紫禁城出版社，1988：2.

均有壁画,壁画内容主要有反映家庭生活的"夫妇对饮图",男性为身穿红袍的小官吏形象,女性为贵妇人形象,体现了典型的中原文化特征[①]。大沙塔墓葬中还有满腮胡须、高鼻深目的党项外族人侍从形象,以及人物与骆驼为内容的画面,则与西夏党项人的特征类似。据考证,两座壁画墓年代均为唐代晚期至西夏时期,壁画内容结合了中原元素和西夏党项元素。另外,从丧葬习俗上看,此时西夏的贵族或官吏阶层已由早期的火葬习俗转变为土葬习俗,无论在墓葬形制还是在壁画的内容上都体现出了"事死如事生"的儒家精神内涵。

3. 石窟寺情况

现存于鄂尔多斯市鄂托克旗阿尔寨石窟寺的各项学术成果表明,佛教是西夏时期较为活跃的民族信仰之一。阿尔寨石窟寺大致开凿于北魏时期,西夏时期得到了进一步发展,在蒙元时期达到了鼎盛繁荣阶段。内蒙古文物局专家王大方、巴图吉日嘎拉、张文芳等同志经过实地考察,认为此窟壁画中有西夏时期壁画特点,且汉传和藏传佛教的分化也较为明显。但也有部分专家认为,壁画中没有明显题记,在表现的内容和形式上没有与同一时期最具代表的敦煌窟、榆林窟相吻合的图像,是否有确凿的西夏壁画存在疑问。笔者认为这些专家的论断都有可取之处。一方面,题记和壁画形式是判断壁画年代的重要依据,出于学术的严谨性,存疑是必然的。另一方面,考虑到阿尔寨石窟开凿于北魏时期,且其与西夏政治中心兴庆府直线距离不足200公里,若认定其在蒙元时期才重新大规模开发利用,就与西夏时期佛教盛行的国家宗教体制相悖。所以从历史的地域空间和时间空间上讲,阿尔寨石窟在西夏时期必然留有独特的印记,但具体发展到什么程度仍需更多的考古发掘予以佐证。另外,蒙元时期壁画在阿尔寨石窟较为普遍的现象,有力地证明了西夏一朝对藏传佛教的尊崇也影响到了蒙元统治阶层及普通民众,甚至到了明、清时期蒙古族聚集地区都还在盛行藏传佛教,可以说,西夏时期藏传佛教为蒙古民族信仰藏传佛教提供了必要的前置条件,产生了一定的引领作用,而鄂尔多斯地区则是这一引领作用的践行之地。

(三)从地域空间试析文化交流的途径

西夏政权一度将今鄂尔多斯地区大部纳入其版图之内,按照谭其骧《中国古代历史地图集·宋·辽·金时期》割据政权区划,鄂尔多斯目前所拥有的8.7万平方公里的面积约能占到西夏最鼎盛时期国土面积的1/10,且东北与辽国的西京道接壤,西南与宋朝的永兴军路、河东路接壤。具体来看,辽国有云内州、东胜州、武州,宋朝有丰

---

① 李军平. 略论鄂尔多斯西夏文化遗存 [J]. 前沿, 2015 (8): 109.

州、府州、麟州、石州、延州，西夏国有胜州、银州、绥州、宥州等重要州府，按照文化的传播通道来说，这些州府就是西夏获取中原文化滋养的重要渠道，从当时鄂尔多斯的所属区域来看，其肯定承担了文化引进这一重要功能，这与其境内的文化遗存也形成了相互印证，越是靠近宋朝边缘的区域受中原文化影响越深，反之则越少。而文化交流过程中又包括了国家间的朝贡和民间的榷场、和市贸易等形式。这些接壤区域的府州长期进行着频繁的国家交往活动，如"德明、元昊、谅祚、秉常四朝近50年间，就曾6次与宋朝进行以马换取《大藏经》的文化活动"①；在西夏朝堂礼仪改革方面，毅宗曾多次上奏宋朝"本国窃慕汉衣冠，今国人皆不用番礼。明年欲以汉仪迎待朝廷使人"②。在民间贸易方面，《续资治通鉴长编》卷六十四明确记载北宋景德三年（1006）规定"民以书籍赴缘边榷场博易者，自非九经书疏，悉禁之，违者案罪，其书没官"。同书卷二百八十九记载元丰四年（1078）宋朝再次规定"诸榷场除九经疏外，若卖余书与北客，及诸人私卖与化外人书者，并徒三年，引致者减一等，皆配邻州本城，情重者配千里。许人告捕给赏。著为令"。以上史料充分说明宋夏文化交流十分频繁，延续时间也很长，且都是在疆界州府的榷场完成交换，因此，鄂尔多斯作为西夏国与宋接壤的重要区域，在文化交流过程中起到了不容忽视的历史作用，作出了不可磨灭的贡献。

结　　语

就目前鄂尔多斯所辖的2区7旗行政区划来说，由于受到地理气候、行政管辖范围的影响，其在西夏历史中所作出的贡献，较之陈育宁先生的大鄂尔多斯概念明显逊色不少。但通过研究，我们初步理清了鄂尔多斯地区西夏国的具体影响和政治、经济、文化间的相互关系。首先，战争主导了这里的大部分时间，可以说鄂尔多斯地区为西夏的政治、军事斗争作出的贡献最为卓著，而伴随频繁战争而来的却是土地的荒漠化趋势更加严重，人口流失加剧，同时以和平稳定为基础的经济、文化发展受到了较为严重的影响。其次，鄂尔多斯地区在西夏早期的联辽抗宋以及逐步建国过程中提供了最大经济权重，继而为征服宁夏平原和河陇地区提供了必要的人力、物力支撑，帮助其由偏安一隅的"平夏部"发展成了"大白高国"，成就了西夏国与辽、宋鼎立的辉煌业绩。此外该地区也为西夏国的贸易往来、文化交流作出了应有的历史贡献。

---

① 卜然然. 民族文化交流对西夏教育的影响［J］. 西北民族研究，2002（3）：116.
② 李焘. 续资治通鉴长编［M］. 北京：中华书局，1995.

"草原敦煌"阿尔寨石窟的壁画艺术

内蒙古文物学会 王大方[*]

内容提要：阿尔寨石窟素有"草原敦煌"之称，是目前世界范围内发现的唯一一处位于草原的石窟建筑。石窟为上、中、下三层结构，窟外雕刻着精美的佛塔石刻，窟内的壁画也是集艺术、科学、人文价值于一身的艺术珍品。壁画内容主要取材于藏传佛教故事，但也不乏对世俗纪实生活的展现，具有珍贵的史料价值。阿尔寨石窟规模巨大、内容丰富，对于记录、展现多民族交往交流交融的历史进程具有十分重要的作用。

关键词：石窟壁画 藏传佛教 艺术 修复

阿尔寨石窟位于内蒙古鄂尔多斯市鄂托克旗阿尔巴斯苏木，海拔高度为1400米，石窟壁画面积1000余平方米，时代为西夏、元代、明时期。阿尔寨石窟壁画内容丰富，色彩艳丽、独具特色，被誉为"草原敦煌"。

我国著名石窟寺考古学家、敦煌研究院原院长段文杰先生指出：阿尔寨石窟壁画的用色与敦煌莫高窟西夏壁画具有同样的风格，都采用大量的石绿色打底，这与大西北地区石窟寺的"壁画绿"很相似，体现了我国各地区石窟寺艺术的广泛交流。在阿尔寨石窟壁画中，还采用了藏族传统的绘画手法，运用绿、黑、白、红等诸色矿物质颜料绘制壁画，具有色调浓烈、线条奔放的特色。

在阿尔寨石窟第33号窟中，绘有一幅明代山水人物壁画《渡河图》（图一）。壁画把汉式的水墨山水画与蒙古人物画共绘一图，体现了多人共同渡河的浩大场景。该画运用了水墨薄彩的表现艺术，周围绘有树木、兰、竹等植物和鸟、兔、鹿等动物。

---

[*] 王大方（1957—　），内蒙古自治区包头市人，大学本科学历，内蒙古文物学会副会长、国家文物保护规划专家组成员，研究方向：中国古代史、文物考古、内蒙古文物保护。

图一 《渡河图》（明代）

有关文物专家认为，这幅壁画是蒙汉民族艺术长期交往、交流和交融的艺术瑰宝。

阿尔寨石窟壁画中还绘有许多写实性的艺术画面。如第31号窟的元代壁画《蒙古包与汉式殿堂图》（图二），图中绘有两顶白色的蒙古包和一座砖瓦构造的汉式殿堂，反映了元代草原地区多种建筑的存在情况，是中华各民族多元建筑文化互相交往交流的艺术体现。

图二 《蒙古包与汉式殿堂图》（元代）

又如阿尔寨石窟元代《双人舞蹈图》壁画（图三），舞者双臂舒展，右腿弯曲，左腿用力旋转，富有节奏感。该画是鄂尔多斯地区舞蹈的历史记录。鄂尔多斯市鄂托克旗乌兰牧骑根据阿尔寨石窟壁画的舞蹈图，编创了大型舞蹈《梦幻阿尔寨》，多次获得全区表演艺术奖。

图三　《双人舞蹈图》（元代）

在阿尔寨石窟壁画中，还有多幅草原自然风情的壁画。如第31号窟壁画，采用横隔式分格法，将宽广的草原自然风光以类似宽银幕的方式从上至下一幅幅展现，每幅表现的题材内容各异，有草原、祥云、寺庙、宫苑、远山近水、瑞禽灵兽，堪称是草原风情画集锦。

阿尔寨石窟是铸牢中华民族共同体意识的宝贵文物佐证，在中华民族共同体交往交流交融历史中具有重要地位。阿尔寨石窟壁画艺术，是内蒙古地区古典壁画最大的艺术成就。为了保护阿尔寨石窟，1996年5月28日，内蒙古自治区人民政府批准公布阿尔寨石窟为第三批内蒙古自治区重点文物保护单位。2003年3月2日，国务院发文批准公布阿尔寨石窟为第五批（增补）全国重点文物保护单位。

2021年12月，在敦煌文物保护中心的大力支持下，阿尔寨石窟圆满完成危岩体三期加固工程，其中包括对于33、61号窟危岩体的抢险加固工程。

2022年1月10日，自治区人民政府举行新闻媒体发布会，由自治区文物局向全区新闻媒体发布新闻：全国著名的阿尔寨石窟保护工作进展顺利，已完成13个洞窟、298平方米壁画的保护修复工程任务（图四）。

内蒙古自治区的石窟寺是中华文明的艺术宝库，保护好石窟寺，对于弘扬中华优秀文化具有重要的意义。内蒙古自治区文物局为了认真贯彻习近平总书记关于加强石

图四　敦煌壁画专家在阿尔寨石窟开展壁画保护

窟寺保护研究利用的重要指示精神,制定了全区《石窟寺保护规划》,要以阿尔寨石窟保护研究为重点,开展石窟寺壁画数字化,做到边保护、边研究、边数字化、边出成果。同时,内蒙古文物学会要设立石窟寺保护专家咨询机制,为全区石窟寺保护的重大项目等提供专业咨询。

鄂尔多斯高原历代古城址分布与类型分析

■ 鄂尔多斯市文物考古研究院 杨俊刚[*]

内容提要：本文对鄂尔多斯高原及毗邻地区城市进行了较初步的地理研究，论述了该地区内城市发展的空间分布情况和地理分布情况，并尝试着分析了影响该地区内城市地理分布的因素。

关键词：鄂尔多斯高原 历史城市 城市地理

一、前　　言

以史为镜，可以知兴替，可以知得失。研究鄂尔多斯高原及其毗邻地区历史时期各城市的地理分布情况，对比鄂尔多斯地区不同历史时期城市发展的空间分布和地理分布，可以避免城市规划过程中出现的一些失误，对于城市发展有着积极的现实意义。

二、研究范围内历史城市发展的空间分布情况

1. 各城市的经向分布

在研究鄂尔多斯高原及其毗邻地区历史城市的经向分布情况时，笔者查阅了由汉代到明代各城市的历史文献，总结出如下规律：在宏观的角度上看，不同历史阶段的城市具有经度递减的特点，城市分布由东向西逐渐减少，故而研究范围内城市经向分布状况呈东多西少的状态。在微观的角度上看，位于东经106°—108°（不包括

---

[*] 杨俊刚（1981— ），内蒙古自治区鄂尔多斯市伊金霍洛旗人，大学本科学历，鄂尔多斯市文物考古研究院文博馆员，研究方向：文物、考古。

108°）纬度上的城市约有44个，东经108°—110°（不包括110°）的城市约有67个，东经110°—112°的城市约有98个。东经110°—112°分布的城市总量约为东经106°—108°上分布城市数量的两倍之多。究其原因，在于东经110°—112°平原地区较多，比如土默川平原、黄河支流沿岸地区等，为当地人民灌溉农田、种植农作物打下了良好的生产基础。而农业生产活动的发达，促进了城市的形成和发展，继而形成了大型的城市。对不同历史阶段城市内的城址数量进行分析发现，南北朝时期高经度地区的城市数量明显多于低经度地区，在唐、宋、辽、西夏、元代、明代等时期皆是如此[1]。由此可得出结论，在不同历史阶段，鄂尔多斯高原及其毗临地区城市的经向分布特征是城市数量由东向西呈递减状态。

2. 各城市的纬向分布

通过分析历史文献可知，由汉代到明朝各历史时期城址的纬向分布状况较不均匀。数据显示，位于北纬37°—38°（不含38°）的城址总数约为32个，北纬38°—40°（不含40°）的城址总数约为88个，北纬40°—42°的城市总数约为81个。从中可以看出，各个历史阶段鄂尔多斯高原及其毗邻地区的城市分布状态大体呈中部多、南北数量较少的状态。不过，受政治制度等方面的影响，不同历史时期的城市分布状况还是略有差异。比如，汉代位于北纬38°—42°的城址数量远远大于北纬37°—38°，呈现出中部、北部数量多，南部数量少的特征[2]。南北朝时期则更不相同，位于北纬37°—38°地区的城址数量约为19个，而在北纬38°—42°地区内的城址数量则约有190个，表明南北朝时期的城址纬向分布具有城市数量由北向南递减，且北部城市数量远多于南部的特征。到了明代，该地区的城址分布则呈现出城市数量由南向北递减的状态，且城市集中于中部和南部。数据显示，明代在北纬37°—38°（不包括38°）地区的城址约有61个，北纬38°—40°（不包括40°）的城址约有127个，北纬40°—42°地区的城址约有29个，与宋代和辽夏时期的城址分布状态类似。

3. 不同时期的城市密度

要研究不同历史时期城市空间分布的具体情况，还需要深入探究不同历史阶段的城市密度。数据表明，汉朝时期研究范围内城市密度为6.0个/万km^2，北朝时期为0.7个/万km^2，唐朝时期1.2个/万km^2，宋辽西夏为2.3个/万km^2，元朝为0.6

---

[1] 史瑞庭，魏雨思，段广德. 鄂尔多斯市（市区）城市历史标志性建筑物调分析［J］. 住宅产业，2019（4）.

[2] 孟洋洋. 战国秦汉时期鄂尔多斯高原军事地理研究［D］. 西安：陕西师范大学，2018：121-124，224-225.

个/万 km², 明朝为2.5个/万 km²[1]。汉朝时期该地区城市密度与元朝时期的比例为10∶1。由此可以得出结论，鄂尔多斯高原及其毗邻地区在汉朝城市发展迅捷，不仅高于西汉在汉朝时期研究范围内城市密度为3.82个/万 km²的城市密度，也远高于朔方郡在汉朝时期研究范围内城市密度为4.898个/万 km²的城市密度。究其原因，在于朔方郡更靠近北方匈奴边境。据《汉书·地理志》记载，汉代"都尉治所"南方少、北方多，郡级县城也具有同一特点。现代学者施坚雅曾说过："边远地区经常被考虑为军事防卫和安全事务所在的场所，缩小管辖范围有利于避免由于军事侵略而造成的损失。"[2]

三、研究范围内历史城市发展的地理分布情况

1. 古城集中于河流谷地地带

通读各时期的历史文献可知，大部分城址主要分布在河流谷地地带，而小部分城址分布在湖泊附近，二者的分布指向性非常明确。在我国的历史发展过程中，城市主要聚集在水源丰富地区。在河流沿岸发展城市，可以解决城市内人民对于水资源的需求，也能够利用水路解决交通问题。《汉书·地理志》《水经注》内容显示，汉朝许多郡县的名称都含有"水"或"湖"字，且境内有河流或湖泊等水资源。比如"鸿门"，有野鸡河直接穿过城池内部；又如"谷罗"，在城池的南方旧有牸牛川的支流等。此外，通过实地考察也能够发现古代城池的建设大都"逐水而居"[3]。究其原因，在于逐水而居既能够解决用水问题，又可以解决陆路运输困难的问题。

2. 城市功能与城市分布区位互相影响

在不同历史时期，鄂尔多斯高原及其毗邻地区的空间分布形态有着明显的差异。在汉代，北部地区的城市密度大，中西部地区城市密度小；到了唐代，南北两地区城市密度大，东西部地区密度小。通过不同的空间分布，能够看出不同城市的功能。鄂尔多斯高原地区处于农牧交错地带，也是不同政治势力交错的地区，由古至今在这一地区爆发的军事冲突屡见不鲜。汉武帝时期，在军事力量的保障下，鄂尔多斯高原及其毗邻地区设立了许多屯田、郡县，一些具有有利军事区位的地方被占据，如汉代西

---

[1] 肖爱玲. 西汉末年城市空间分布特征研究[J]. 陕西师范大学继续教育学报, 2006（3）.
[2] 任放. 施坚雅模式与中国近代史研究[J]. 近代史研究, 2004（4）.
[3] 吴东旭, 周进高, 吴兴宁, 等. 鄂尔多斯盆地西缘早中奥陶世岩相古地理研究[J]. 高校地质学报, 2018（5）.

河郡增山、虎猛，五原郡武都三县，地处鄂尔多斯高原中部，是东西部交通要道，具有非常重要的军事地位。由此可以看出，城市的区位也受到了城市功能的影响。

3. 不同地区、不同朝代城市分布的数量存在差异

纵观历史文献，平原地区的城址数量较多，分布较为集中，而丘陵和山地区域的城址较少，分布较为稀疏。就鄂尔多斯及其毗邻地区来看，前套平原、后套平原由于地势平坦、土地肥沃，具有成为城市的优渥条件，因此区域内的城市数量较多，分布也较为集中；鄂尔多斯高原东部、南部具有较多的黄土丘陵和山地，缺乏成为城市的有利条件，因此城市分布较为稀疏，不利于城市的发展。此外，在不同朝代，该地区城市的分布、数量也具有一定的差异。比如，该地区在汉代城市数量较多，分布也比较均匀；而在南北朝时期，城市分布则较为稀疏，且多集中于河套东部地区。

四、影响研究范围内历史城市地理分布的因素

1. 生态环境

梳理历史文献可知，由汉代至明代，鄂尔多斯高原及其毗邻地区的城市格局受制于生态环境，自然环境的优劣以及地形地貌直接影响着该地区城市的建设和发展。以鄂尔多斯高原西部的桌子山为例，这一地区的城市分布比较稀疏，在中部分水岭地区仅有十多个城址，与明代后期矿业、铁路兴起后的城市分布状态形成了鲜明的对比。根据现代历史学者艾冲的研究成果，我们很容易发现，河流水系和地形地貌影响了灵、盐、夏等州的边界，府州县等城池并不在辖区的中央位置。比如，灵、夏之间的距离有300里，盐、夏之间的距离也有300里，旧宥州到夏的距离有140里，等等。

2. 不同朝代政治制度

受不同朝代政治制度、军事行为等的影响，鄂尔多斯高原地区不同时期的城址数量并不相同。由于该地区地理位置的独特性，很多时候该地区的城市都具有一定的政治功能或军事功能，有的甚至两者兼备。因此，城市分布很大程度上受到不同历史时期区域行政制度、行政体系的影响[1]。比如，汉武帝时期，晁错的移民建议被批准，经过多年对匈奴的征战，西汉彻底统治了鄂尔多斯高原及其毗邻地区，在此期间，西汉

---

[1] 梁景宝. 辽宋夏金元时期鄂尔多斯高原军事地理研究[D]. 西安：陕西师范大学，2018：16，21，29.

设置了朔方郡，并将秦九原郡改为五原郡等，先后向这一地区迁移了近百万民众，彻底掀起了该地区的城市建设风潮。数据显示，这一时期鄂尔多斯高原及其毗邻的新增城址高达81座，占整个汉朝时期此地区兴建城址总数的85%。

3. 不同经济类型

不同经济类型也会影响到城市的发展。由于鄂尔多斯高原处于农牧交错的过渡地带，经济类型经常会发生转变，不同时期农牧所创造的经济价值也具有明显的差异。经济水平的发展在一定程度上限制了城市的发展，而不同经济类型对于经济水平发展有着不同的促进作用[1]。以汉代为例，大规模的移民导致鄂尔多斯高原及其毗邻地区的农业经济空前发展，人们更倾向于屯垦耕地，城市数量随着经济的良好发展而逐渐增多。另据《元和郡县图志·关内道四》记载，"调露元年置六胡州以处突厥降户，长安四年并为匡、长二州"，由此能够看出，唐朝时期该地区受到"羁縻政策"的影响，西南部的城址分布较为密集。

4. 交通线

交通是影响城市发展的重要因素之一。鄂尔多斯高原及其毗邻地区的城市分布在很大程度上受到交通的影响。比如，很多汉代的城市在选址时靠近主要的交通路线，比如阴山南北的交通路线。而汉朝时期的孟家梁古城、麻池古城则建立在昆都仑沟的南面。在我国历史时期，鄂尔多斯高原及其毗邻地区中的很多城市都建立在河流、谷地等天然交通线附近，这是因为良好的交通线能够保证城市粮食运输、布匹交易。

五、结　　语

综上所述，对鄂尔多斯高原及其毗邻地区不同历史时期的城市进行地理探究，能够了解影响城市分布的原因，如受政治制度、经济类型、生态环境的影响等。此外，城市的形成受到多方面因素的影响，如地理环境、人文环境等，不同环境下城市的职责、体系并不相同。

---

[1] 景凯东. 北朝至隋初鄂尔多斯高原军事地理研究［D］. 西安：陕西师范大学，2018：11-14，39，46-48.

保护历史文化资源，建设河套文化生态

■ 内蒙古河套文化博物院　郭馨文[*]

内容提要：地域文化是特定地域、空间环境之中存在的文化种类，不仅是特定区域的身份标志，还是区域的共同记忆和寄托。文化并非是经济活动的直接产物，但是文化也与经济有着非常复杂的关系。唯有基于人类、自然、社会以及文化等各类变量的相互作用，深度分析文化产生以及发展等活动的基本规律，才能明白环境等因素在文化发展中的作用和地位，才可说明文化类型以及模式是怎样受限于地方特殊的自然生态。

文化生态为生态基本定义延展至文化场景而诞生的新概念，指代文化行为和环境间的优秀关系。因此其是较之生态更加复杂的体系，有着无法再生的基本特质。文化生态主要由有形文化资产以及无形资源等构成，蕴藏着极为丰富的历史、文化以及社会内涵，对于人类个性的形成、素质品格的培养以及民族精神的塑造，具有重要的影响。

关键词：文化资源　文化生态　河套文化

一

环境是区域文化自然特性的基石。河套文化就是在一个特定的区域范围内生成、发展，并与其他文化融合碰撞而形成的独特的文化现象，表现出诸多文化共同存在、相辅相成的联系。巴彦淖尔地区从古至今便是一个诸多文化共同生长的关键地域，为

---

* 郭馨文（1989— ），内蒙古自治区巴彦淖尔市人，大学本科学历，内蒙古河套文化博物院文博馆员，研究方向：历史、文物、考古。

游牧和农耕文化互相结合的地域。

文化为一个城市的灵魂所在以及稳定成长的精神层面的支撑。在21世纪最初的时期，巴彦淖尔市政府提出了构建河套文化著名城市的重点成长策略。在构建文化进步策略的基础上，怎样充分利用历史文化相关资源，将河套文化的实际研究以及推广、维护与传递、开发与应用有效融合，建设以河套文化为核心的良好文化生态，为地区经济发展服务，为满足居民日益增长的美好生活需求服务，已然成为了提升巴彦淖尔文化生态多元化的重要课题[①]。

文化生态是一个地域内文化遗产紧密依靠的沃土，是其生存与发扬的基础。文化生态构建是建成和睦社会的关键构成部分。在以河套文化为核心的文化生态的建设上应坚持以下几个原则：

一、坚定多元化。河套文化不论是纵向层面的历时性，还是横向层面的共时性，都有着显著的多样化特征以及发展潮流，这是其生态活力的重要体现。在实际的构建进程中，应当坚定推动文化普查的系列工作，更好地维护文化形态的完善度，强化对珍稀且具备一定历史与现实意义的传统文化形式的保障与发掘使用。

二、坚定共生性。文化生态反映了各类文化在不同环境之中有着特殊影响与关联的状况，意味着生态系统的延续与关联。对于整个河套文化的发展与场景构建，若要更加理想地维护整个文化体系的完整性，就应当重视传承与创新领域的工作，将特色文化作为核心，构造出对应的文化产业链，培育产业群体，构建博物馆等。

三、坚持系统性原则。系统，即存在关联、相互之间存在作用的诸多元素，通过相同结构形成有着整体特性的有机体。整个文化生态体系，是有着多层、多样特征的完整体系，其内部的所有形态均具备维持系统的关键价值。在实际的文化生态构建的进程中，需要树立开放的建造思维，采用灵活的方式方案，将各层次文化形态的建立视为新的系统性项目稳步推进，借助"走出去"等诸多方式，推动文化形态的全方位发展，实现形态之间的均衡进步以及其自身的长期发展。

四、坚定以人为本。以人为本是整个科学发展观体系的核心，文化产业发展的根源即是实现人类的全面成长，整个生态体系建立的最初目的就是尽可能保障群众最为核心的文化权。在文化生态构建的进程中，应高度重视公众关于文化的需求，更好地满足公众关于文化的需要；应当依靠群众促进生态体系的构建，最大程度地将群众调动起来，尤其是要构建与完善群众参加决议的体系，树立培育群众文化自觉的思维，持续提升群众的文化素养。还应当让公众深刻认识到文化生态的综合影响，真切感知

---

① 薛瑞泽. 黄河文化的多源性与中原文化历史地位确立[J]. 黄河科技学院学报,2022,24(6): 7-13.

文化对于社会新发展阶段的重大价值。

二

河套文化生态建设的核心是唤醒人们的文化生态意识，尊重文化生态，保护和开发好文化资源。

第一，要树立科学保护的意识，注重河套文化生态保护。不可再生性是文化生态的特点之一。若诸多传统性质的风格发生变动，历史文化被损坏，人的生存环境被毁坏，那便是人类文明发展进程中巨大的损失与憾事。瑞典露天博物馆奠基人、科学家阿·墨兹列尤斯说：一定会有一天，大家手中掌握的黄金无法描绘已经消弭的时代轮廓。换言之，保护文化生态非常重要，并且有着非常关键的意义。河套文化有着很长的发展历史，具备多品种、多特色等特性。早在旧石器时代末期，先祖便在巴彦淖尔的地域上生活，"原角恐龙地、智人转折点、万年岩刻群、北方古铜都、长城博物馆、河套文化源"就是最好的印证。巴彦淖尔的历史遗迹具备分布零散、文化底蕴深厚等特点，到今天为止，发现的不可移动文物已经达到319处。在充分关注遗迹保护的同时，还应当积极加强对文化环境、文化生态的关注与保护，一方面是针对各类景观的保护工作，另一方面还要对于具备鲜明地方特色的各类基础环境开展保护。不仅需要重视物质文化层面的保护，还应当重视非物质文化方面[1]。通过保护河套文化发源的地理环境、历史轨迹来保护地区文化生态系统，维护河套文化生态系统的稳定和可持续发展。

建议在已经建成的内蒙古河套文化博物院的基础上，把具有巴彦淖尔地方特色的生态博物馆建设列为河套文化建设的重要内容。生态博物馆在博物馆形态之中相对新颖，以往的博物馆多是把遗迹珍藏起来，放置到某个特定的建筑物之中，生态博物馆则是把一个地域中独有的文化和自然环境划定在其所在区域之中，该区域之中有形与无形的遗产均被列为保护对象。根据相关统计，中国当前已经构建的生态博物馆已达到5700余座，在贵州、广西等少数民族相对聚居的地域已经构建起十多座具备少数民族特色的生态博物馆，这种保存形式使许多遗迹得以有效保存和传承。生态博物馆的构建，不但保证了具备鲜明特色的民间文化的生存，还促进了博物馆所在地区经济以及文化产业的发展，使得当地物质生活水平得到有效提高，在很大程度上增强了这些地域人民对于自身民族以及地域特色文化的自信。

第二，关注文化生态，深入研究其中的文化内涵，塑造更加优秀的景观形态。

---

[1] 高学博. 河套文化的由来及其类型特点[J]. 中共银川市委党校学报，2022（1）：83-90.

文化为旅游行业的灵魂所在，也是影响一个地域形象的重要属性。巴彦淖尔市旅游资源丰富，地处草原到荒漠的过渡地带，景观类型丰富，河套灌区、乌拉特草原、乌兰布和沙漠、阴山山脉等自然景观都具有鲜明的地域特色，在中国乃至国际范围内均享有知名度，有很大的开发潜能。巴彦淖尔市境内包含一处在国际范畴上列入重点保护级别的湿地，一处国家级自然保护区；河套平原是"塞上江南"的重要组成部分，拥有特色鲜明的美丽乡村和农家院落；境内还有诸多历史文物古迹，河套文化元素浓郁，旅游资源丰富，具有重要的旅游开发价值。要将河套文化的相关要素融入文旅产品的开发进程中，塑造独具特色的文旅形象，进而达成河套文化和旅游业的充分连接。

历史文化资源对现代人类而言，是极为珍贵的宝物，也是发展文化品牌的核心。加强河套文化遗迹保护和利用的一系列工作，推动相关名录的编制，制定和实施对不可移动文物尤其是阴山岩画的针对性保护策略，还应科学规划好申遗相关工作。对古城址、汉墓群、古长城等历史文化遗址采取有效保护措施，紧抓巴彦淖尔市民俗文化、民间艺术的抢救和保护，使文化资源得以永续利用。加速河套人文领域相关材料的采集和整理进度，强化对于民间文化等各类非物质文化的综合宣传，努力塑造更加优秀的非物质文化生态。

第三，选择合理的开发形式，更好地宣传河套文化。在对外宣传和展示文化时应当采用合适的载体与形式。不同类型的景观需要选择不一样的开发形式：那些对原生态环境有着显著依存性的景观，应依据地方的环境和景观，保持其原有的生态，最大限度减低人工介入程度；对古遗存、遗址的开发，应保留其原生态文化环境；对尚存文化传播载体，且与所在区域环境存在一些联系，但受到相对较强的社会化以及商品化发展的影响而无法进行保护的文化景观，可通过维修、复原的方式，带给游客较为真实的文化体验；对于具备丰裕的文化内涵，文化载体随生态环境的破坏而不断消弭，文化完整度相对较低的景观，则是应当应用再生文化生态开发的模式[①]。在文化生态保护与开发过程中，按照文化生态要求对文化景观进行分类，然后采取不同的开发模式十分必要。只有这样，文化资源与文化生态才能实现良性发展。

三

文化具备显著的公共性，与之配套的生态构建工作则是有着显著公益性质的特殊

---

① 魏玉曦，潘敏. 河套文化在天赋河套品牌文化建设中的运用[J]. 科学咨询（科技·管理），2021（6）：108-109.

事业，地方政府应发挥主导作用，通过整体规划、政策调控和法律监管等手段进行文化资源整合，在最大程度上发挥政府的职能，保障生态构建的良好发展。通过建设良好的文化生态，在弘扬和传承河套文化的基础上，不断以新的成果来充实河套文化内容、丰富河套文化内涵、增加河套文化要素，使之形成具有巴彦淖尔地方特色的崭新形态，为地区经济社会发展提供丰富的文化滋养。

内蒙古黄河几字弯文化、文物的展示意义

◉ 鄂尔多斯市博物院　张二军[*]

内容提要：为进一步挖掘和弘扬黄河文化，深入挖掘黄河文化的时代价值，鄂尔多斯市博物院以沿黄河地区各博物馆的文物精品为展品，举办了"黄河从草原上流过——内蒙古黄河流域古代文明展"。长城有百折不挠的精神象征意义。黄河是中华文明最主要的发源地，创造和滋养了源远流长的农耕文明文化。草原是我国游牧部族的摇篮和基地，孕育和产生了独具魅力的游牧文明和草原文化。在内蒙古中南部黄河几字弯地带，长城、黄河、草原在这里交汇，农耕经济、游牧经济在这里交界，历代中原农耕文明与草原游牧部族在这里交往、交融，创造了星光璀璨的古代文明，书写了中华文明的华丽篇章！

关键词：黄河几字弯文化　文物　展示与利用

一、鄂尔多斯市博物院举办的黄河几字弯文化展

2020年，鄂尔多斯市博物院举办了"黄河从草原上流过——内蒙古黄河流域古代文明展"，展览前期对沿黄各盟市博物馆进行了深入调研，最终汇集了来自阿拉善盟、乌海市、巴彦淖尔市、包头市、呼和浩特市、乌兰察布市、鄂尔多斯市等7个盟市13家博物馆的精品文物进行了集中展示。

展览由多元文明的汇聚之地、文明交流的牢固纽带、多民族融合共生的家园三个部分组成，展出了内蒙古黄河流域各个历史时期特征的精品文物350多件（套），用历

---

[*]　张二军（1981—　），内蒙古自治区鄂尔多斯市准格尔旗人，大学本科学历，鄂尔多斯市博物院文博馆员，研究方向：历史、文物、陈列展览。

史发展的眼光审视内蒙古黄河流域的发展变迁，结合历史器物、遗迹及文献资料、多媒体视频等，以图证史，充分展示了黄河在内蒙古地区的独特魅力。为了深入挖掘黄河文化蕴含的时代价值，讲好黄河一带故事，进一步提升展览的影响力和知名度，鄂尔多斯市博物院加强线上线下宣传，利用电视、报刊、互联网、新媒体平台大力推广宣介，让更多人了解此次展览，增大博物馆提供公共文化服务的力度。

黄河是中华民族的母亲河，黄河从"世界屋脊"青藏高原发源，奔腾而下，穿越内蒙古高原、黄土高原，在这里形成一个大"几"字弯，分别经过内蒙古自治区的乌海市、阿拉善盟、鄂尔多斯市、巴彦淖尔市、包头市、呼和浩特市和乌兰察布市等七个盟市。在黄河流经内蒙古草原的区域里，独特的自然地理条件和历代劳动人民的辛勤劳作，造就了农牧交错带的地域经济和人文环境，也成就了其文化多元、共融共生的人文特色[1]。昭君出塞、文姬归汉、木兰从军等千古绝唱，正是多民族交流融合、携手发展的真实写照，这些故事生动地诠释了中华民族古老文明多元一体的历史真谛，同时也为我们筹备黄河文化展览的内容展示和形式展示提供了更多丰富的资源。

二、黄河几字弯文化展览的内容展示

黄河几字弯文化展览前期，我们沿黄河两岸进行田野调查，收集整理资料，最终通过调查的具体内容、项目，收集或征集到的一些的相关黄河流域人文故事、文物标本等，形成一个沿黄河几字弯文化、文物的成果性展览展示。

我们立足中华文明和黄河文化全局，围绕黄河文化与文物保护利用和传承弘扬，重点阐释、利用好黄河两岸的人文故事、遗址、文物、民族民俗文化以及具有标志意义的古遗（城）址等，发挥引领示范作用，为新时代经济社会发展凝聚精神力量。全力做好区域文化相关文物保护展示项目，重点实施一批文化遗产保护展示项目[2]。

具体到展览上，分为内容设计和形式设计两个方面。首先在内容要方面要根据田野调查情况，设计一条主线。我们要精心提炼内容，思路要清晰。而这条主线该如何串联好，也是我们要思考的问题。要突出黄河几字弯，突出区域文化的特殊性，能把我们要表达的黄河几字弯内外的一系列人文故事、环境变迁、文化内涵（如红色文化、农耕文化等民族民俗文化）给讲清楚，以深入浅出的手法给广大观众更好地展现出来，要能通过展览直观地讲好黄河内外的文化故事。

---

[1] 李凤山. 长城与民族[M]. 北京：中央民族大学出版社，2006：78，82.
[2] 李景文. 黄河文献的保护与利用[J]. 河南图书馆学刊，2022（8）.

三、黄河几字弯文化展览的形式展示

在展览形式上，我们以文物本体为主，以展板为辅助，采用高科技手段与黄河内外文化内涵相结合的方式，打造一种全新的展览体验！特别是在文化文物展览过程中，在以时间为轴线的传统文物排列方式上，适当应用三维影视、动态图像、电子沙盘等科技手段，就能够在有限的展览空间内，弥补实物展品在文化内涵表达上的不足，使展览真正达到突出黄河几字弯，突出区域文化与现实生活关联的文化文物特色，给广大观众耳目一新的感觉。这样也才能更好地让参观者了解到，我们的先民在黄河内外文化历史背景条件下创造出的无数文化瑰宝。

同时，我们还利用科技手段，将一些重要文物还原到当时社会先民的生活场景中，将其是如何被发现、制作、使用的过程和展览内容有机结合起来。如三维动画影视手段不仅可以节省空间，用较短的时间将大场面（如青铜冶炼铸造过程、陶瓷生产过程等）直观地体现出来，同时其内容还可以根据最新的考古发掘发现及研究成果随时进行调整，有机地展现黄河流域的形成与变迁过程[1]。这种展示方式，既能保护文物的安全，又能更加直观地展示文物的特性，同时还能更好地展现黄河流域文化历史发展过程中自然环境变化的面貌，通过这种多角度、全方位展览形式，达到展览的最佳效果。

黄河几字弯文化的展览展示，是在深入挖掘内蒙古黄河几字弯周边地区文化蕴含的时代价值，讲好历代黄河人文故事和精神的同时，进一步推动内蒙古黄河流域周边地区文化和旅游产业创新性、高质量融合与发展。此次展览集中了内蒙古黄河几字弯周边地区博物馆所藏各个历史时期的代表性历史、民族文物350多件（套），通过多元文明的汇聚之地、文明交流的牢固纽带、多民族融合共生的家园三个部分，用科学发展的思路展现历史时期内蒙古黄河流域的历史发展变迁。此次展览以时间顺序为发展脉络，设计展示黄河几字弯地区古代文明的文化变迁和民族交融，从史前人类生息繁衍的宜居之地，到原始农耕、游牧文化的出现，展线顺畅。

四、黄河几字弯文化展的意义

此次对黄河文化、文物项目的调查取得了实质性成果，未来我们将持续探索文化遗址保护新模式，结合全区文物保护利用总体规划，形成从文化遗址点保护到遗址文化带保护的新格局，建立文化遗址保护与生态文明建设有机融合的工作机制，从而形

---

[1] 齐玫. 博物馆陈列展览内容策划与实施[M]. 修订本. 北京：文物出版社，2015：237.

成黄河流域文化遗产保护的品牌支撑。

中国是以中原地区为核心,逐渐汇聚而成的一多民族国家,中华民族多元一体的格局是在黄河流域凝聚发展起来的,以黄河地区为核心文化基础[①]。我们所讲的黄河区域文化是中华民族的重要组成部分,是中华民族多元一体的根和魂,是实现中华文明伟大复兴的坚强后盾,是坚定不移地走社会主义现代中国发展道路最为核心、最为深厚、最为可靠的文化历史支撑。在与世界其他文明的交流互鉴中,我们从基础上抓住了作为中华民族之根本的黄河文明,也就抓住了中国历史的文化精髓。我们要在学科建设与时俱进的背景下,充分研究黄河文化文明的演变,科学地展现中国历史发展道路的运行规律。以黄河、长江文明为契机,从精神内核上继承厚重悠久的黄河文化,培育中华民族恢宏的气度胸怀与精神风貌,进一步挖掘和弘扬黄河文化,展现黄河文化的时代价值,为中华民族富强、民族振兴的精神认识保护、传承和弘扬黄河文化精髓,是时代赋予我们的责任和使命。

沿黄河地区的博物馆,要立足地域文化特色,以学术研究为支撑,制订科学发展的总体规划,使黄河文化学顺应新时代的发展需求。要立足区域文化资源,发挥优势,科学规划、深度挖掘黄河文化,以多样的形式,多角度、全方位的表达,共同奏响新时代、新气象、新文博人的文化强音。

在注重黄河几字弯流域生态保护和高质量发展的同时,也要创新开展保护方案。在博物馆建设方面,推动智慧博物馆、数字博物馆、生态博物馆和社区流动博物馆建设,提高博物馆公共文化服务的覆盖率,形成多样化的博物馆体系,让博物馆文化更广泛地传播,更好地满足广大市民的文化需求。

---

① 杨国龙. 黄河文化时代价值及其实现路径 [J]. 中共济南市委党校学报,2020(1).

关于考古的理解

■ 鄂尔多斯市文物考古研究院　李　双*

内容提要：本文主要参考考古大事件以及张光直先生所书之理念，对考古名词以及感想做了一些鄙陋的汇总、阐述。

关键词：考古　名词解释　理解

　　2006年，我于鄂尔多斯市考取鄂尔多斯青铜器博物馆招聘工作人员的名额，原本就不是学这个专业的，对于这个专业以及工作性质和方式都未曾了解，权当这次机会是将来谋生的饭碗，却也顺利过关。在当时，这件事也算是鄂尔多斯文博界的大事，虽不是所有人都认可，但却隆隆重重。两年之后，我们这些五花八门的非文博专业人员如渡金身，看上去便专业了起来。最近，有关考古的新闻则是层出不穷，成为了热门的话题。不由地让我想起一些考古工作中的点点滴滴，其中有些记忆较为深刻。如不论走在哪里，都有老乡亲切地上前询问：这个值多少钱？这是什么东西？考古就是盗墓吧？这些让人摸不着头脑的话，原本就是对考古行业不清楚，不明白，但还很关心，更有甚者说"考古考古，连蒙带唬"。最近因工作心得和阅读书籍，总想尝试说明考古的基本概念，一来是想向读者宣传一些基本概念，用意了解考古。二来则是对考古工作的梳理，让读者可以正视考古。而这一切的事情得以解决，却是拜考古领域里诸位先生所赐，在这里不仅佩服他们的才学渊博，也算是拜读之后所产生的一些感悟吧。

---

　　* 李双（1984—　），内蒙古自治区鄂尔多斯市鄂托克前旗人，大学本科学历，鄂尔多斯市考古研究院文博助理馆员，研究方向：鄂尔多斯境内古长城。

一、考古的基本概念

考古学（以下统称考古）作为一门科学，自有其自我运行的一套成熟的理论，我在这里有必要先向大家说明一下。虽不应扯的太远，但一些基本的东西还是要交代一下。考古学本身虽不是本土起源的，由近现代才传入中国，有些学者从金石学谈起，也有谈《考古图》的，我只说近的，1921年，瑞典地质学家安特生与中国的地质学家袁复礼等人在河南渑池仰韶村遗址搞考古发掘[1]，这是真正的在中国本土上进行的考古发掘工作，虽是外国人主持，但终算是中国考古的开端。1926年，中央研究院历史语言研究所在河南安阳小屯发掘商代晚期都城殷墟，此次发掘是首次由中国国家政府开启的考古项目[2]，此后的岁月里，考古正式在中国"落户"。细细算起来也才一百年的时间，但在近一百年间，中国的考古已然成为了全球考古的重要组成部分，甚至是不可或缺的，十分要紧的。

首先，考古是一门人文科学而非自然科学，这是认识和理解考古的第一步，也是最基础的概念；人文科学是以人的社会存在为研究对象。了解了这个概念，第一个被解决的问题便是：恐龙化石并不是考古的研究对象，有恐龙的时候没人，有人的时候恐龙早就灭绝了。其次，考古是广义史学的一个部分，它的任务是研究历史的[3]，包含着与人相关连的诸多方面，因此"以铜为镜，可以正衣冠；以史为鉴，可以知兴替"[4]。或者说，学习历史可以使你更加智慧，可以使你变得更加聪明。那么，考古则是让你正确认识历史，正确变聪明的科学。换而言之，就是考古是"证经补史"的，这种认知时至今日或已显得片面[5]。最后，是考古的基本概念，这里引用张忠培先生的解释："什么是考古学？简单地言之，就是提示、研究遗存及其呈现的时、空矛盾，并依此探索人类以往社会历史规律的科学。"[6]从上述这段话中，可以了解到考古的几个层面。第一，提示、研究遗存，即考古的调查、勘探、发掘直到发掘报告等一系列工作围绕遗

---

[1] 安特生. 中华远古之文化 [J]. 地质汇报，1923（5）.

[2] 杜开立. 西阴村发掘之前世今生 [J]. 才智，2018（36）：196.

[3] 张忠培. 考古学史、"新考古学"与山西考古的几个问题 [C] // 山西省考古学会论文集. 太原：山西人民出版社，1994.

[4] 赵莹. 旧唐书：卷71：魏徵传 [M]. 北京：中华书局，1975.

[5] 许宏. 何以中国：公元前2000年的中原图景 [M]. 北京：生活·读书·新知三联书店，2014：150.

[6] 张忠培. 考古学史、"新考古学"与山西考古的几个问题 [C] // 山西省考古学会论文集. 太原：山西人民出版社，1994.

存和遗物展开。第二，时、空矛盾，即通过考古科学手段所得到的材料以及研究成果在时间上和空间上所呈现的"平列、打破和叠压"关系[1]，这里我暂用地层学的三种关系来解释矛盾的含义，下文地层学中将做详细的介绍。第三，人类以往社会历史规律，即人类过去的所作所为以及其内部的特征。总而言之，考古工作所表达的是尽可能多地展现人类历史规律，虽然，考古只能研究人类整个历史的一个侧面，而且，也永远难以全面地揭示这一侧面[2]。

二、考古名词和基本理论

考古中最主要的也是最基本的两大研究对象便是遗物和遗迹，这两个名词很好理解，遗物就是古代人类的所遗留的物品，就是人造出的和人用过的可移动的东西，种类繁多。遗迹相对遗物来讲则是不可移动的，包括房屋、墓葬以及灰坑等。现在的制造工程，房屋都已经可以3D打印，随处移动，或许在未来的考古中，遗迹便也成为移动的了。因此，遗迹现象还应该有一个重要的表现，即是由一人或多人共同参与制造或使用等活动所产生的痕迹。以此为研究对象派生出许多的考古分支，有植物考古、美术考古、宗教考古、古文字考古和铭刻考古等；根据遗物、遗迹所遗存的地域，又有水下考古和沙漠考古等；根据现有的地域或国家范围，又有中国考古、欧洲考古、亚洲考古等；通过获取遗物、遗迹的技术手段，又有航空遥感考古等。

在考古的两大研究对象中，把同一种类的遗物或遗迹通过其外部形态特征排列在一起，例如：房屋有方有圆，陶罐有鼓有扁等。排列之后形成的整体就是某一类型，由方到圆，或者由鼓到扁，所代表的是一种器物从开始出现到最后形态的过程，是代表一段时间内一些特定的人在生产过程中受到各种指标因素所影响后形成的固有模式。同样的工具、用具以及相同的制造技术、艺术等都是排列的类型基础。这种类型，所代表的某一时间段内以及地域空间分布范围内，所形成的某一种考古学文化。再以考古学文化为基础角度，按照人类生产的技术水平（生产力）以及时间段可分为旧石器时期考古和新石器时期考古（也有中石器时期考古[3]），因为这两个阶段没有文字形式的史料留存，所以也称为史前考古。有文字（最具代表的是青铜器上的铭文[4]和甲骨

---

[1] 许永杰. 考古层位学札记三则[J]. 江汉考古, 2009（2）: 56-66.
[2] 张忠培. 考古学史、"新考古学"与山西考古的几个问题[C]//山西省考古学会论文集. 太原: 山西人民出版社, 1994.
[3] 赵宾福. 考古学的分期与石器时代的分野[J]. 贵州社会科学, 2009（1）: 113-117.
[4] 杨晓能. 另一种古史: 青铜器纹饰、图形文字与图像铭文的解读[M]. 北京: 生活·读书·新知三联书店, 2008.

文[1]）以后，史料中记载了大量有关历史的方方面面，所以被称为历史考古，包含有商周考古、秦汉考古、隋唐考古和宋元考古等，因史料在其中扮演着主要的角色，所以考古成为"证经补史"的重要手段。

从遗物和遗迹到考古学文化，这个过程是通过地层学和类型学来实现的，所以地层学和类型学就是考古工作的方法，属于考古的理论基础。

地层学原本属于地质学对地层的研究原理，由于考古发掘类似于地质勘探，地层学也就被考古所借用，成为层位学[2]。在考古作业中经常会记录土质、土色和每一地层里的包含物，这种对地下土层的相对记录就是地层学在考古中的应用，所反映出的内涵则是，在每一地层中，通过土质、土色和包含物把由上至下的地层区别开来，然后通过地层之间的关系来判断地层中的遗物和遗迹的相对年代。主要有三种关系：叠压关系，上面的地层压着下面的地层，这就表示上层的时间相对于下层来说形成要晚，相对应的，上层里的遗物和遗迹就要比下层中的晚，以此，我们就会得到两层中遗物和遗迹的早晚关系，属于考古中的相对年代。打破关系则类似于叠压，即早期的地层被后来所形成的地层由上而下地打断了，通过这个关系我们也可以得到遗物和遗迹相对年代。平行关系，则是在同一地层中的所有遗物和遗迹的相对年代大体相同。在平行关系中还有一种特殊的平列关系，就是前文中提到的"平列"（图一），即在某一地层的表面，先产生了一处遗址，时间向后，又有一处遗址打破了先前的遗址，时间又向后，又一遗址连同前两处遗址一同打破，并且三处遗址的开口（开始施工动土的层位）均位于这处地层的表面。这类关系中遗物和遗迹与地层之间的相对年代则变得异常复杂，需要通过对其包含的遗物进行类型学分析才能得出相对年代。

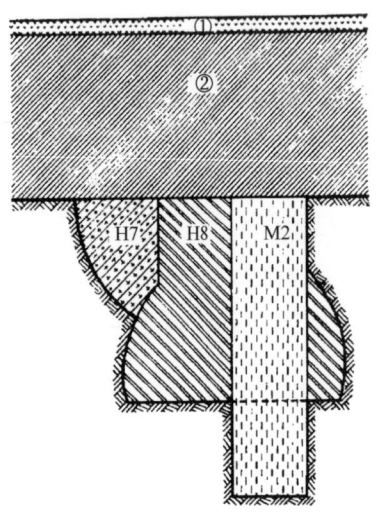

图一　开端庄遗址地层平列关系

类型学则是从生物学中学习借鉴过来的[3]。上文提到的房屋和陶罐便是类型学中基本的操作，通过发掘或者其他资料中所获得的比较典型的器物（如：数量多的，经常见的，明显能看出一种器物不同形态的等）和遗迹，把它们按照类型（即同一种类、形制或功能等）区别开来，表示并列关系或者称空间上的排列关系，然后再对

---

[1] 林沄. 对甲骨文研究的认识和建议［J］. 语言战略研究，2019（6）：5-6.
[2] 霍东峰. 考古层位学之"层位关系"［J］. 考古，2017（5）：84-94.
[3] 许永杰. 中国考古学理论与方法十讲［M］. 北京：科学出版社，2018：91-94.

同一类型中的材料划分出式的差别，主要通过已知材料的比对和发掘时的地层关系获得相对年代，以表示时间早晚的顺序。通过这种比较得到相互之间的早晚关系，就可以确定遗物和遗迹所对应的考古学文化或考古序列中相对的位置（时间），用以解读人类当时的生活状态以及开展社会层次等诸多相关研究（图二）。在上述的相对年代中，并不代表所知的遗物和遗迹就是哪一年的，而是要通过科技手段才能获得绝对年代，即公元前多少年，距今多少年。这些科技手段包括光释光测年法、碳十四测年技术、古地磁测年法以及化学元素测年法等。

在张光直先生的著作《考古学：关于其若干基本概念和理论的再思考》中，有这样一段描

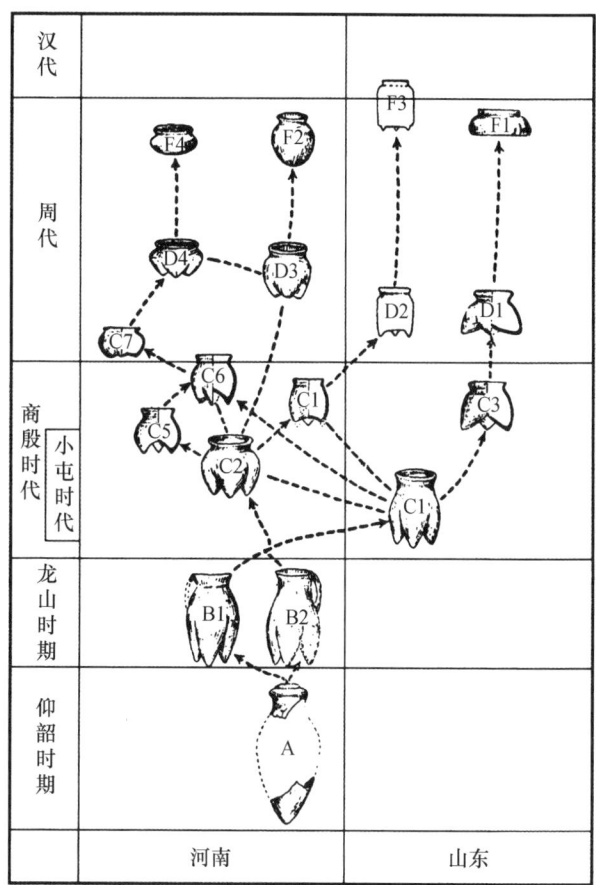

图二　裴文中：鬲之演变系统图

述："遗物被按照其物理特性，分为不同的，据信是具有文化意义的类，而这些不同的器物类型在时间与空间上的排列组合又恰恰表现了某些内在的，有规律的文化关系，考古遗物的这种很小的物理特性的变化被分为类型（type），一群类型代表文化演变的一个时期（foci）或阶段（phase），时期与阶段的递变形成了区域系列（regional se-quences）、考古学文化（culture）或区域传统（tradition），甚至跨区域的大传统（co-tradition），这样，一个区域乃至一个大陆的文化史就可以通过对遗物特征进行分类的类型学方法重建起来。"

上述内容实则是表达遗物与人类行为之间的关系[①]，既将考古中的基本单词串联了起来，又是对考古作业流程的阐述，还对考古研究目的进行了总结。我把这段话抄录在这里，供大家参考，算是与大家共同学习交流。

---

① 张光直. 考古学：关于其若干基本概念和理论的再思考［M］. 北京：生活·读书·新知三联书店，2013：7.

三、考古要解决的问题

1928年，主张"历史学只是史料学"的史料学派代表人物傅斯年，在其创办并任所长的中央研究院历史语言研究所中设立考古组，在"就职演说（历史语言研究所工作之旨趣）"中，大声疾呼："我们不是读书人，我们只是上穷碧落下黄泉，动手动脚找东西！"[1]虽然考古作为一门人文科学，是广义史学的一部分，但与历史学还是有区别的，正如傅斯年所讲，光靠读书读史料是不行的，还要去自上而下地找东西。对于历史时期的考古来说，以考古资料来判断和补充史料自然是其主要功能，但在史前时期，没有出现文字之前，考古自然就是了解人类行为的主要解读手段。

20世纪初期，考古被一些"疑古派"（怀疑古史的真实性）的历史学家视为通过科学手段寻找证据从而重建中国古代史的不二法门。此后，安特生发掘的仰韶遗址被认为是属于汉族人的祖先，但暗示其文化可能是由西方传入的，这就对中国文化的本土起源造成了影响。从此，考古便成了证明中国文化本土起源说的工具。安阳殷墟的发掘证实其属于晚商的都城，这是第一次通过考古证据证明了中国文化本土起源的存在。之后，通过考古捍卫中国文化本土起源说，成为以汉族为中心的民族主义事业。文革之后，随着百业俱兴，考古资料的丰富积累，考古的焦点变成了早期人类的起源，农业的起源和文明起源。20世纪90年代，国务委员宋健看到埃及王朝始于公元前3100年的详细年表后，由200多位有关于考古等各方面的专家，历时4年，完成了夏商周断代工程，虽然仍没有埃及王朝历史悠久，但却产生了中华文明探源工程。时至今日，考古的发展日趋明显，催生出了很多新的领域，并在不同学科之间牵线搭桥。但中国的考古主流还是重建国史，也有一些在从事考古理论研究和跨文化的比较研究[2]。

无论是研究实物，还是构建国史，考古始终是一种科学手段，在发掘过程中，要细致用心地对待每一次的动手铲土，在研究和解读过程中，要以严谨的科学态度处理各类资料，这才是真正的考古作业或者说是作为一个考古人而应该具备的水平。然而，任何一件事的发展都不是均衡的，各地区的考古发展有前有后，人员能力有大有小。更何况，考古的本质并不是全面的，它所反映的只是一个侧面。因此，在这些研究层面，或者是发掘之后的解读层面，往往不能找到必对的答案。

---

[1] 刘梦溪. 中国现代学术经典·傅斯年卷[M]. 石家庄：河北教育出版社，1996.
[2] 刘莉，陈星灿. 中国考古学：旧石器时代晚期到早期青铜时代[M]. 北京：生活·读书·新知三联书店，2017：3-23.

四、结　　语

　　以上梳理了一些考古的基本内容，显然是粗浅的，为了更加具有说服力和靶向性，这里仍旧引用著名考古人类学家张光直先生在《考古学：关于其若干基本概念和理论的再思考》中的一段话："对遗迹包括遗物的分类是其中最低的一个层次，而基于这个层次的解释则具有最大的可信性；越是接近社会文化系统，研究的抽象性就越大，涉及的方法也越多，研究结果的可信性也就越小。"[1]这便是对"考古考古，连蒙带唬！"的最好解读，这种可信性的几率变小并不代表考古本身存在问题，而是因为由抽象性和多种方法获得的研究结果的范围会比较大，但这种大范围的研究结果，就需要用更多的资料或方法去引导正确的研究结果出现，这是对考古学科发展起到积极作用的。早在60年代，张光直先生便已经在类型学的研究中做出这样的分析，虽是有关类型学的一种较为基础的认知，但却从侧面反映出，我们现在所认识的理论体系与张光直先生在60年代的研究所存在的差异和时间差距之大。

　　当你真正地理解一句话或一件事，感同身受，几乎产生共鸣，心中不由产生"哦！原来是这样的，应该就是这样的"的感受，你的经历或感受便与其同步并产生认同，在今后的经历中会期待或寻找下一次的认同感。然而，这种自认为的认同感却是由你所经历的背景环境所决定的，属于主观意识，在研究中，此类现象极为普遍，因此，需要不同的、多种的和复杂的其他信息去修正，使其接近客观。又因为研究的范围仍是关于人的范围，因此，某些主观因素会很接近当时的客观情况，而这完全取决于在研究过程中所积累的经验以及工作模式。并不是也不可能是通过随意的猜想来解释古代的人类行为，来判断他们的得失，所以"考古考古，连蒙带唬！"只不过是外行口中的一句玩笑话，它激励着考古人要从不同的、多种的、复杂的过去中衡量现今，并去寻找未到的未来。

　　最后，再次引用张光直先生的一段话："我们正处在中国考古学的黄金时代，因为我们有机会见证一个关于全人类四分之一人口的史前史的全新知识体系的创作。"[2]在此，仅以此文表达我对张光直先生的敬佩之心，也衷心地希望鄂尔多斯地区的考古工作能够更加稳固前行。

---

　　[1] 张光直. 考古学：关于其若干基本概念和理论的再思考[M]. 北京：生活·读书·新知三联书店，2013：9.
　　[2] 张光直. 古代中国考古学[M]. 北京：生活·读书·新知三联书店，2013：412.

文物研究

以岩画为媒架起同海内外文化艺术交流的新桥梁

——记巴彦淖尔阴山岩画艺术国内国际巡展

◉ 内蒙古河套文化博物院 赵占魁*

内容提要：2018—2019年，"中国岩刻丝路行——巴彦淖尔阴山岩刻艺术国际巡展"先后在国外的意大利、希腊、埃及三国展出和国内的鄂尔多斯市、江西赣州市进行展出，并与各地历史文化进行了深入交流和互鉴，皆取得了阶段性重要成果。特别是赢得了中外专家学者和广大观众的高度关注和赞誉，也让阴山岩画享誉海内外。这使神秘古老的阴山岩画，正在成为巴彦淖尔文化自信的一张最亮丽名片走向全国、走向世界，同时也架起了同海内外文化艺术交流的新桥梁。

关键词：阴山岩画 巡展 文化艺术 交流互鉴 新桥梁

  作为河套文化的重要组成部分、巴彦淖尔优秀历史文化典型代表，阴山岩画（又称阴山岩刻）以起始早、延续长、数量大、题材丰富、分布面积广、历史艺术及科学价值极高六大特点居中国岩画之冠，在世界岩画中占也有十分重要的地位，被誉为"千里画廊"。目前仅巴彦淖尔市境内就已发现156个岩画分布区，5万余幅岩画单体图像，内容有人物、动物、牧猎、天体、征战、体育等，制作年代从旧石器时代晚期直到明清，真实形象地记录了古代先民的生产生活、宗教信仰、所处自然环境和社会风貌。2006年，阴山岩画被列入第六批全国重点文物保护单位，2012年又被列入中国申报世界文化遗产预备名单。

---

* 赵占魁（1961— ），内蒙古自治区乌海市人，大学本科学历，内蒙古河套文化博物院原副院长、文博研究馆员，研究方向：岩画、文物、考古、博物馆学。

为深入贯彻落实习近平总书记"让收藏在禁宫里的文物，陈列在广阔大地上的遗产，书写在古籍里的文字都活起来"等一系列重要指示精神，2018—2019年，巴彦淖尔市文化旅游广电局、内蒙古河套文化博物院与沈阳师范大学合作申请国家艺术基金，分别举办了阴山岩画艺术国际、国内巡展，先后在意大利、希腊、埃及三国和国内内蒙古鄂尔多斯市、江西赣州市进行展出，取得了重要成果，赢得了中外专家学者和广大观众的高度关注和赞誉，也让阴山岩画享誉海内外。神秘古老的阴山岩画，正在成为巴彦淖尔文化一张最亮丽的名片，走向全国、走向世界，同时也架起了同海内外文化艺术交流的新桥梁。

一

2018年9月20日，"中国岩刻丝路行——巴彦淖尔阴山岩刻艺术国际巡展"分别在意大利首都罗马和弗洛西诺内省展出，展期15天，共展出20余幅阴山岩画拓片作品和20余幅阴山岩画复制品，并开展了现场制作拓片和篆刻演示活动。前来观展、游览的观众络绎不绝，共接待观众达5万人次，他们将中国文化与古罗马文化进行对比，深刻感受到中国文化的古老、神秘和丰富多彩。

意大利也有岩画，如著名的瓦尔卡莫尼卡岩画，其位于意大利北部伦巴第区的阿尔卑斯山脉南麓的峡谷之中，号称"世界石雕画廊"，早在1979年就被列入世界文化遗产。在长达70公里的峡谷中的2400块巨大岩石上，共刻有14万幅内容极为丰富、意义十分重大的岩画。这些岩画的作画时代为新石器时代至早期铁器时代，距今一万年至两千年，主要内容为人物、动物、四轮车、工具和武器，表现的主题为农业、航海、战争和宗教魔法。该岩画的作画风格和题材内容与阴山岩画截然不同。相较之下，阴山岩画题材内容显然更加丰富多彩，形象生动，内涵也更深刻厚重。所以，此次阴山岩刻艺术巡展，让意大利人耳目一新，在当地引起了强烈反响。

二

2019年4月11日，"中国岩刻丝路行——巴彦淖尔阴山岩刻艺术国际巡展"在希腊雅典迈克尔柯杨尼斯基金会艺术中心隆重开幕。此次展览为期7天，共展出20余幅阴山岩画拓片作品和20余幅阴山岩画复制品，并开展了现场制作拓片和篆刻演示活动。

希腊是古希腊文化的中心，是西方文明的主要发祥地之一，历史悠久，文化底蕴深厚。古希腊文化曾十分发达，盛极一时，影响深远，并与中华文化进行过长期的交流和相互影响，著名的古希腊壁画就是受中国绘画艺术的影响而发展为宫廷壁画的。

此次阴山岩画艺术展展出后，前来观展、游览的观众非常多，他们将中国文化与古希腊文化进行对比，感受到了中国文化的古老神秘。

三

2019年5月18日，阴山岩画艺术国内巡展走进鄂尔多斯博物馆，展期45天，共展出阴山岩画拓片、摹本、照片等60余幅。展览开展仪式恰逢5·18国际博物馆日，内蒙古自治区的主会场就设在鄂尔多斯博物馆，全自治区各盟市文物博物馆的代表汇聚一堂，在这里举行了隆重的开展仪式。前来参观的各地观众络绎不绝，收到了非常好的效果。

鄂尔多斯市和巴彦淖尔市都属于内蒙古境内的黄河流域、河套地区，前者在黄河大几字弯之南，后者在黄河大几字弯之北，可谓山水相连，文化相通。两市在历史文化、生态环境、风土人情等方面有很多相同之处，但同时也有各自不同的特点。例如，鄂尔多斯位居鄂尔多斯高原和黄土高原，以牧业为主，历史文化遗产以"河套人"萨拉乌苏文化、鄂尔多斯式青铜器以及鄂尔多斯蒙古族文物占优势；而巴彦淖尔位居阴山河套地区腹地，半农半牧，历史文化遗产以阴山岩画、边塞文化、乌拉特蒙古族文物占优势。这次巡展，进一步增进了两地之间文化的艺术交流与合作，也为两地之间更广泛、多领域的交流与合作奠定了基础。

四

2019年11月26日，阴山岩画艺术国内巡展走进江西省赣州市博物馆，展期15天，共展出阴山岩画拓片、摹本、照片等共计100余幅。这是阴山岩画第一次在长江以南地区展出，为我国南方观众参观、欣赏北方文化提供了平台和机会。阴山岩画中体现出的我国北方文化古老原始、粗犷奔放、大气磅礴的特点在这里与南方文化形成了鲜明对比，深深吸引着广大观众前来参观、欣赏和游览。

展出期间还开展了多种文化艺术交流互动活动，如：共同举办了岩画艺术学术研讨会，使两地文化文博部门的领导和专家学者、业务人员进行了广泛而深入的学术交流；参观赣州重要历史和革命文物景点；进行了互赠文博图书、精品岩画拓片等活动，收到了很好的效果。

五

2019年12月10日，"中国岩刻丝路行——巴彦淖尔阴山岩刻艺术国际巡展"走进埃及（图一），在世界著名的亚历山大图书馆展出，并举行了隆重开展仪式。参加开展仪式的有中埃两国官员和专家学者，包括中国驻埃及大使馆参赞石岳文、开罗中国文化中心主任葛爽、驻亚历山大总领事赵丽莹，埃及文物部官员哈姆迪·哈曼、伊曼·阿卜杜勒·拉乌夫、拉马丹·哈桑，亚历山大图书馆副馆长艾米亚·埃尔戈哈里、落哈里博士，沈阳师范大学艺术学院原院长张鹏、副院长江韶华，内蒙古河套文化博物院副院长赵占魁等，还有当地社会各界人士500余人。中埃各方代表石岳文、艾米亚·埃尔戈哈里、江韶华、赵占魁（图二）分别在开幕式上作了致辞。中埃双方代表及中国驻埃及大使馆参赞石岳文、开罗中国文化中心主任葛爽等领导为巡展剪彩。沈阳师范大学艺术学院原院长张鹏向亚历山大图书馆赠送了自己的绘画作品，内蒙古河套文化博物院副院长赵占魁向亚历山大图书馆赠送了自己的专著《河套古生物与猿人智人化石》（图三）。

本次展览共展出阴山岩画拓片32幅、阴山岩画复制品3件、包括阴山岩画数十幅照片等内容的展板10块，较为全面地呈现了曾经生活在阴山河套地区先民们的生产生活、宗教信仰、所处自然环境和社会风貌，展示了巴彦淖尔深厚的文化底蕴。

巡展期间还开展了多种文化艺术交流互动活动，主要有："两个古老文明的交流与互鉴——中埃历史文化与岩画艺术学术研讨会"，现场拓摹岩画、篆刻，赠送岩画拓片，赠书赠画等。特别是现场拓摹岩画、篆刻赠送活动（图四），场场爆满，充分展示了中国古老文化的魅力，强烈吸引了广大埃及观众前来参观、欣赏研究（图五）。

图一 "阴山岩刻艺术国际巡展"埃及站隆重开幕

以岩画为媒架起同海内外文化艺术交流的新桥梁 107

图二　内蒙古河套文化博物院原副院长赵占魁在开幕仪式上致辞

图三　内蒙古河套文化博物院原副院长赵占魁赠书亚历山大图书馆

图四 内蒙古河套文化博物院原副院长赵占魁制作岩刻片赠送观众

图五 埃及巡展期间观众参观展览场面

特别值得一提的是，巡展期间有很多让人感动不已的人和事：有些人慕名从很远的地方赶来，只为一睹阴山岩画的风采；有些朋友非常执着地等候工作人员现场拓摹赠送岩画拓片，若当天未能排队领上，就第二天甚至第三天再来，直到拿上签名的岩画拓片作品为止，而我们的工作人员为了不辜负观众们对阴山岩画艺术的喜爱，每天都自愿放弃午休，加班加点赶制岩画拓片，就连午饭都是轮流去吃；有些学生因为喜欢阴山岩画而向往到中国留学，当场要报考沈阳师范大学；更多的人期待走进中国，了解博大精深的中国文化。

中埃两国虽远隔千山万水，文化存在较大差异，但皆为世界四大文明古国，历史悠久，文化灿烂辉煌。其中埃及古代文明更古老、更发达，在距今5000多年前，当中国还处于新石器时代晚期时，埃及已进入奴隶制阶级社会。这一时期，古埃及文明进入了鼎盛时期，古埃及人创造了辉煌灿烂的文化，在政治、经济、军事和文化艺术上均有表现。

在这次中埃文化艺术交流会上，据埃及文物部官员哈姆迪·哈曼、伊曼·阿卜杜勒·拉乌夫、拉马丹·哈桑介绍，古埃及王国是统一古埃及南北的强大奴隶制国家，也是世界上第一个奴隶制国家，约形成于公元前3150年，至公元前525年被东方兴起的波斯国所灭，共延续了3000多年。古埃及王国是当时世界上最先进、最强大的国家，在文化艺术上，创造了世界上最早的文字——埃及文字，又称埃及象形文字，产生于公元前4000年左右，比我国较成熟的文字——甲骨文的产生早了约2000年。其次是各种雕塑极为发达，特别是人体雕塑，已经达到了炉火纯青的程度，如古埃及法老大祭司的夫妻塑像法老石雕像，为后来西方的雕塑艺术、透视学、油画艺术的高度发展奠定了坚实基础。绘画艺术也相当发达，尤其是工笔写实艺术，惟妙惟肖，形象逼真，如距今4000多年的各种壁画、水鸟画等，目前保存陈列在埃及国家博物馆里，这都比我国现存的最早绘画——长沙子弹库楚墓出土帛画《人物龙凤图》[1]和《人物御龙图》[2]（时代为前403—前221年）要早2000余年。古埃及对黄金的开采、冶炼和艺术加工也是极其成熟和发达的，如古埃及统治者法老的金棺、金座椅、各种金雕动物像和黄金装饰品等。另外，各种玉器的加工制造工艺也是很先进的，尤其以大件居多。再者，其青铜器的加工制作工艺也较为先进，虽说很少有类似中国商周时的大型青铜礼器，多数都是小型青铜器物件，如各种青铜刀、青铜镜等，但其时代比中国的青铜器要早得多。

这里还有特别令人赞叹的埃及古建筑，其中最有代表性的是世界八大奇迹之一的金字塔，至今仍有很多谜团无法解开。埃及金字塔主要散布在尼罗河下游的西岸，是古代埃及法老的陵墓，埃及人叫它"庇里穆斯"，意为"高"。因为从四面望去，它都

---

[1] 陈锽.《人物龙凤图》与《人物御龙图》简论[J]. 美术，2015（5）：116-119.
[2] 湖南省博物馆. 新发现的长沙战国楚墓帛画[J]. 文物，1973（7）：3-4，83.

是上小下大的等腰三角形，很像中文"金"字，所以，人们就形象地称其为"金字塔"。第四王朝法老胡夫的陵墓是埃及迄今发现的100多座金字塔中最大的，建于公元前2560年，塔高146.5米，因年久风化，顶端剥落10米，现高136.5米。塔身由230万块石料堆砌而成，大小不等的石料重达1.5—160吨，塔的总重量约为684万吨。该金字塔比我国世界八奇迹之一的著名古长城要早约2000年。

尽管古埃及文化有自己的鲜明特点，但与中国古文化相比也有许多相似之处：如我国的甲骨文和古埃及的象形文字都是以象形符号为主；原始宗教崇拜方面，皆认为万物有灵，特别是都对太阳极为崇拜，可以古埃及石刻拜日图和阴山岩画中的拜日图（图六）为证；在对野生动物的驯化上，古埃及石刻上的野牛驯养图和阴山岩画中的动物驯养图也较为相似；在建筑方面，埃及金字塔和中国古长城都是古代的超级工程，一同被列入世界古代八大奇迹等。

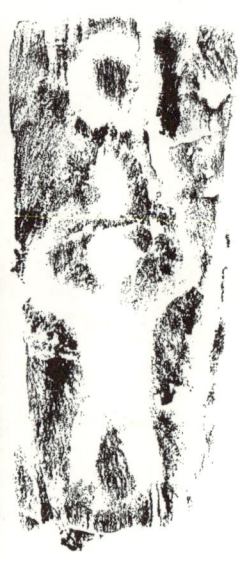

图六　古埃及石刻拜日图与阴山岩画拜日图对比

总之，古埃及文化不仅有自己鲜明的特点，也与中国古文化有许多相似之处，但无论是社会结构，还是建筑、文化艺术、手工业工艺，都比同一时期的中国要先进、发达很多。两者最大的不同点是，古埃及文化以及古巴比伦文化、古印度文化均早已中断，唯有古老的中华文化上下五千年，连绵不断，延续至今，而且历久弥新。2017年11月8日，美国总统特朗普在习近平总书记的陪同下参观了北京故宫博物院，他深有感触地说："你们中国有5000年的历史，我想最古老的文化是埃及文化，有8000年的历史（意思是中国文化不如埃及文化古老，中国文物不如埃及精美）。"习近平总书记则对他说："对，埃及更古老一些，但是文化没有断过流、始终传承下来的只有中国。"之后特朗普问:"这就是你们原来的文化?"习总书记回答说:"对,所以我们这些人,都是原来的人,延续着黑头发、黄皮肤,我们叫龙的传人。"[①]于是特朗普大笑:"太棒了。"他不得不为延续五千年的灿烂中华文化而点赞。

六

意大利、希腊和埃及都是古代丝绸之路沿线上的重要国家,中国自古以来就与这些国家交往密切。习近平总书记指出:"文明因多样而交流,因交流而互鉴,因互鉴而发展。"[②]通过本次巡展,丰富多彩的阴山岩画艺术与多种古老文明进行了交流互鉴。同时,搭建起了中国与意大利、希腊和埃及文化艺术交流的新桥梁,也搭建起了国内内蒙古巴彦淖尔与江西赣州等地文化艺术交流的新桥梁,推动了各国、各地在经济、文化等多个领域的深入交流与合作,进一步增进了巴彦淖尔同这些国家、地市之间的相互了解和友谊。希望今后能够再接再厉,以阴山岩画为媒,架起巴彦淖尔同全国、全世界文化艺术交流的新桥梁,开展更广泛、更深入、多领域、高质量的交流与合作。

---

① 摘自2017年11月8日习近平主席夫妇同特朗普总统夫妇参观故宫博物院时的对话(根据央视视频整理)。

② 摘自2019年5月15日习近平主席在北京国家会议中心出席亚洲文明对话大会开幕式并发表的主旨演讲《深化文明交流互鉴 共建亚洲命运共同体》。

鄂尔多斯乌兰木伦遗址呈现的旧石器文化

■ 鄂尔多斯市文物考古研究院　杨俊刚*

内容提要：乌兰木伦遗址于2010年5月被发现，它位于鄂尔多斯市的康巴什区，是我国考古史上的重大发现，对中华民族的历史文化发展具有重要的意义。在对乌兰木伦遗址进行研究的过程中，发现其蕴含着丰富的旧石器文化，在一定程度上弥补了我国的旧石器考古空白。基于此，文章对乌兰木伦遗址的旧石器文化进行简要的分析和研究。

关键词：鄂尔多斯　乌兰木伦遗址　旧石器文化

一、前　　言

乌兰木伦遗址是我国考古界和学术界的一个重大发现。在挖掘历史、尊重文化的社会背景下，对遗址中呈现出的旧石器文化进行研究，可以弥补我国历史文化研究的空白，增强对旧石器文化的理解，不断发掘人类文明的存在痕迹，从而促进考古事业和历史研究事业的发展。以下将对乌兰木伦遗址中体现出的旧石器文化以及文化意义等进行探究。

二、鄂尔多斯乌兰木伦遗址中体现的旧石器文化

随着乌兰木伦遗址的发现和深入研究，其中蕴含的旧石器文化也逐渐显露出来，

---

* 杨俊刚（1981—　），内蒙古自治区鄂尔多斯市伊金霍洛旗人，大学本科学历，鄂尔多斯市文物考古研究院文博馆员，研究方向：文物、考古。

以下将结合出土的古动物化石以及石制品，简述其中包含的狩猎文化、制造文化、地理文化和西方文化。

1. 狩猎文化

该遗址出土的动物化石包含了马、披毛犀、牛、兔等，说明遗址中的动物群更加倾向于草原动物群的特点，生活在比较温暖的晚冰时期，而这样的气候条件与人类的生存发展条件更加契合。同时在动物骨化石中有很多破碎的化石片，与人类的切割、砍砸行为高度相似[1]。因此，综合分析可知，旧石器文化中的狩猎文化在该遗址中得到了充分的体现，这时的人类已经具备了狩猎的能力，并将其作为一种新的生存方式。此外，遗址中还发现了用火痕迹，在一定程度上说明了当时的人类已经具备食用熟食条件。

2. 制造文化

在对遗址进行研究的过程中，专家发现了被加工过的动物化石以及石制品，其中不乏骨头制作的刮削器、刀具等，还有用石头制作的石片、工具等，这就说明这一时期生活在鄂尔多斯地区的人类已经初步具备了制造意识，他们能够利用工具进行狩猎，并使用石器分割狩猎所得的物品，以此来维持生命[2]。在研究的过程中，专家还发现这一时期主要使用锤击法制作工具，且工具主要为小型石片的组合。同时，很多石器兼具功能，这与旧石器时代中期阶段的特征高度吻合。所以说，对乌兰木伦遗址进行分析和研究，能够挖掘出其中体现的旧石器文化，并进一步认识旧石器时代的制造文化。

3. 地理文化

在对遗址附近进行调查时，在其上、下游附近区域发现了大量相同的地理结构以及动物化石，表明这一区域是旧石器时代人类的重要活动场所。同时在对遗址中发现的湖泊沉积物、哺乳动物化石、软体动物化石等的研究中也可以发现，该区域在旧石器时代的气候要比现在更加湿润、温暖，大量的动物聚集在此，为人类的狩猎活动提

---

[1] 雷蕾，刘扬，侯亚梅，等. 鄂尔多斯乌兰木伦遗址第2地点2014-2015出土的石制品[J]. 人类学学报，2019（2）.

[2] 刘扬，侯亚梅，杨泽蒙，等. 鄂尔多斯乌兰木伦遗址第1地点剥片技术研究[J]. 北方文物，2019（3）.

供了便利，具有适宜人类生存的地理环境和气候条件[①]。

4. 西方文化

除以上文化元素之外，乌兰木伦遗址中还体现出了西方文化元素，说明在旧石器时期鄂尔多斯是中西方的重要交流地区，对于研究中西方文化的历史也有重要作用。在对出土的化石进行研究时，专家发现了遗址文化中包含的西方莫斯特文化，如一些锯齿石器的组合，同时，一些石制品如端刮器等具有欧洲旧石器的特点。以上种种都说明，旧石器时代鄂尔多斯是连接中西方文明的重要交接地。

三、鄂尔多斯乌兰木伦遗址中旧石器的文化意义

人类文明的发展历史源远流长，鄂尔多斯乌兰木伦遗址的发现，在一定程度上填补了考古事业的空白，为人类的历史文化事业增添了更多的研究内容，对乌兰木伦遗址所蕴含的旧石器文化的发掘，具有十分重要的文化意义，以下将对其进行展开分析和探讨：

1. 有利于推动历史文化事业的发展

乌兰木伦遗址是由鄂尔多斯地区的历史考古专家发现的，也是首个由当地专家自行发现的旧石器时代遗址。因此，这一重大发现，对鄂尔多斯地区的历史文化事业具有推动作用。内蒙古自治区是我国五大少数民族自治区之一，在该地区记录了数量可观的遗址分布点，但是旧石器时代遗址的数量却是少之又少，这也影响了当地历史文化专家对旧石器时代的研究。乌兰木伦遗址的发现，对于该地区的历史文化事业产生了极大的影响，在一定程度上改变了当前的研究困局，使得内蒙古地区的文化事业翻开了新篇章。同时，这一重大遗址的发现，也推动了我国历史文化事业的发展，为中华民族的文明进步提供了一个重要参考。

2. 有利于丰富考古文化事业的内容

中国是世界上的文明古国之一，拥有着悠久的发展历史和人类文明进步历史，境内也发现了大量的文物。但是一直以来，旧石器时代遗址、文物数量都比较少，这对于考古事业的发展来说具有较大的阻碍。并且，由于考古资料和内容的极度匮乏，中

---

① 刘扬，侯亚梅，杨泽蒙，等. 试论鄂尔多斯乌兰木伦遗址第1地点的性质和功能［J］. 北方文物，2018（3）.

国考古团队和专家对旧石器中期的研究能力较为薄弱,建立起的研究框架也经不起推敲,确立的一系列的标准、依据等都缺乏科学性和连贯性,所以一些专家也把旧石器时代从早、中、晚三期改成了早和晚两个阶段[①]。但随着乌兰木伦遗址的发现,国内顶级的考古专家和学者都对该遗址进行了系统和完整的研究,获得了丰富的研究素材,为考古事业提供了大量的资源,为考古专家和团队注入了一剂强心针,这对于我国考古事业的发展具有十分重要的现实意义。

3. 有利于填补我国历史研究的空白

在发现乌兰木伦遗址之前,鄂尔多斯地区已经发现的旧石器时代遗址有萨拉乌苏遗址、水洞沟遗址,它们与乌兰木伦遗址虽然具有一定的相似性,但更多地显现出了不同。乌兰木伦遗址具有更加独特的特征,与当前学术界已经存在的中国旧石器时代中期至晚期缺乏"连续性"的学术定论不相符合,所以它也成为了历史研究中的独立类型。在无法对其进行准确归类的情况下,乌兰木伦遗址所蕴含的旧石器文化弥补了我国历史研究领域的空白,为专家和学者进一步的探索提供了素材。

4. 有利于验证鄂尔多斯的历史地位

在对鄂尔多斯以往发现的萨拉乌苏遗址和水洞沟遗址进行研究的过程中发现,鄂尔多斯地区曾是沟通中西方文化的关键地区,留存下来大量反映中西方文化交融的石器制品。同时,从前文的分析可知,乌兰木伦遗址中发现的石制品与欧洲大陆旧石器时代中期的石制品具有较高的相似性,这就说明该地区是文化交融的重点区域,再一次验证了鄂尔多斯在历史发展中的重要地位[②]。同时,乌兰木伦遗址正处于直立人向现代人发展的时期,也是人类文明过渡的关键时期。这再一次说明了鄂尔多斯不仅是沟通中西方文明的关键区域,还是人类文明发展和过渡的重要见证,对其进行深入考察和研究,能够为研究人类发展历史提供科学性的素材,使得乌兰木伦文化体系中的内容更加丰富饱满。

5. 有利于促进地理文化事业的进步

从以往的地质报告、田野调查等多种调查形式中都可以发现,鄂尔多斯高原地质构造在发展的早白垩世晚期处于地壳抬升的阶段,这与第四纪地层的调查情况之间产

---

① 刘扬,侯亚梅,杨泽蒙,等. 鄂尔多斯乌兰木伦旧石器时代遗址埋藏学研究[J]. 考古,2018(1).

② 刘扬. 内蒙古鄂尔多斯乌兰木伦遗址石器工业中的西方文化元素[J]. 草原文物,2018(2).

生了比较严重的衔接断裂情况。虽然大量的科学考察已经说明鄂尔多斯地区是适应人类居住生存的地区，也具备人类生存的地理条件，但是从理论上来说，它与已经被证实的远古时代人类的生存地貌具有比较明显的差异，这就对地理历史的研究造成了一定的阻碍。但是，随着乌兰木伦遗址的发现和出土，地理学界对旧石器时代鄂尔多斯的地理地貌有了更加清晰的认知，通过对河流的分布范围、动物群的集中区域等进行研究，进一步还原了旧石器时代当地的地理特征，这就为地理文化事业的发展提供了重要的史料支撑，推动了内蒙古地区研究地理历史的进程。

6. 有利于开展综合性遗址保护活动

由于乌兰木伦遗址的独特性和重要性，在遗址被发现的第一时间，鄂尔多斯地区就停止了在该地区的施工和建设，为考古事业和历史文化研究事业扫清了障碍。而且，为了保护遗址，该地区开展了科学保护规划工作，出台了一系列的政策和规章制度，建立起了遗址公园、博物馆等，这些都为考古、历史文化、地理研究等事业的发展奠定了基础。同时，鄂尔多斯地区坚实的经济基础、浓厚的文化氛围也为开展综合性的遗址保护活动提供了前提条件。目前该地区开始规划建立以乌兰木伦为对象的遗址保护体系，将文化、教育、人才培养等多方面内容融合在一起，在保护乌兰木伦遗址的基础上进一步促进该地区综合性事务的发展，这也体现了乌兰木伦遗址旧石器文化自身存在的文化、教育等价值。

四、结　　语

鄂尔多斯乌兰木伦遗址的发现推动了人类文明的发展，它向人类传递了非常重要的信息，增强了人们对旧石器时代文明的了解，丰富了历史文化的研究内容。考古专家和历史学家通过对乌兰木伦遗址旧石器文化进行解读，发现了遗址中蕴含的迁徙文化、西方文化等多样的文化元素，为我国的考古文化事业作出了卓越的贡献。

阴山岩画中的"牛"意味深长

 内蒙古河套文化博物院　郭雅君[*]

内容提要： 阴山岩画作为史前文化的载体，通过多种多样的图案体现着自身的内在生命活力，而其中又以动物岩画数量最多，题材最丰富。在众多动物形象中，牛是从古至今一直延续下来的动物之一。阴山岩画中对牛的刻画反映出牛身上具备的多种品格，同样折射出当今时代精神，令我们无限感慨。

关键词： 阴山岩画　祭祀　图腾崇拜　牛

2021年，正逢辛丑牛年，习近平总书记勉励大家："大力发扬孺子牛、拓荒牛、老黄牛精神，激扬风雨无阻向前的豪情，凝聚越是艰险越向前的力量，在新时代创造新的历史辉煌！"听着总书记语重心长的讲话，我们不由得想起展厅里陈列的阴山岩画。阴山岩画主要分布在阴山山脉西段的狼山和乌拉山一带，南北跨越100多公里，东西横跨340多公里，单体画总数达5万多幅，被誉为"千里画廊"[①]。其岩画数量巨大、题材多样、凿刻技法古老，是生活在阴山河套地区北方先民日常生产生活的真实写照，形象生动地再现了祖先生存的环境和他们丰富的精神世界。

徜徉在阴山岩画的历史长廊中，更多的目光都停留在了双神图和群虎图这样的惊天巨作上，却遗忘了阴山岩画中数量最多且内容最丰富的动物图像。阴山岩画中刻画的动物种类多达40余种，但是随着岁月的变迁，目前在阴山地带只有少部分依稀可辨。而牛就是一直延续下来的动物之一。

---

[*] 郭雅君（1986—　），内蒙古自治区乌兰察布市人，大学本科学历，内蒙古河套文化博物院文博馆员，研究方向：文物、历史、博物馆社会教育。

① 盖山林. 阴山岩画［M］. 北京：文物出版社，1986.

阴山岩画《公牛图》（图一）。画面中的牛体态肥硕，造型流畅，头顶一对牛角昂首阔步向前，充满着生机与活力。画中特意凸显公牛的雄性生殖器官，这样的现象在阴山岩画的动物图和人物图中很是常见，向我们传达着祖先渴求生命繁衍的强烈愿望。

阴山岩画《巫师作法与幻想动物图》（图二）。画面的主体形象是一头牛，一对尖角略有弯曲，身上布满菱形方格，形似披着铠甲，显露出的生殖器和腿一样长，整体看上去雄壮有力。画面左侧居中是一位巫者，此人双手弯曲上举，双腿呈蛙跳状，这是典型的祈祷祭祀动作，同广西花山岩画中的祈祷人造型一样。巫师无疑是把牛当作幻想中的祭品来祭祀神灵，祈求神灵护佑人们吃饱穿暖、族群兴旺。画面右侧也有一个人物形象，此人双手向下，双腿下蹲，似为生育状。画面左上方有一呈梳齿状长条物，可能是一只幻想的祭祀动物，也可能是古代的农耕工具耙子，和牛配套用于整理土地。阴山岩画中关于牛的岩画反映出远古先民渴望生育、渴求收获的强烈愿望。

图一　阴山岩画《公牛图》　　　　　图二　阴山岩画《巫师作法与幻想动物图》

牛是具有神性和图腾意义的动物。许多国家和民族都视牛为图腾崇拜，如古印度、古埃及等，他们视公牛为人类的祖先。在印度的大街小巷，现在仍然能够看到随意穿行的牛。

从古至今，中华儿女一直以"炎黄子孙"自称，而据《山海经》记载，炎帝为"牛首人身"，这实际上是炎帝在人类将野牛驯服，作为农耕工具之后以牛为图腾，头戴牛角王冠，所以才被历史学家称为"牛首人身"。现在，我国还有很多民族将牛作为图腾崇拜，如藏族以牦牛为图腾崇拜，我们在藏区看到的一些原始岩画，就是有关牦牛题材的，这些保存完整的岩画是藏族将牦牛作为图腾崇拜的最好的佐证。而无论是西藏地区的牦牛岩画，还是阴山岩画中有关牛的刻画，都可以追溯到远古祖先以牛为图腾崇拜的文化中。

牛在人们的心目中既是神灵，又是祭祀时的供品。早在原始社会，人们就已经用牛的骨头作陪葬品了。《左传》记载："国之大事，在祀与戎"，在古代社会中，祭祀与战争非常重要。《礼记·王制》记载："天子祭祀用太牢，诸侯祭祀用少牢"，意思是当时祭天祭神，天子级别的用太牢做祭品，诸侯级别的用少牢做祭品。其中太牢指的是牛、羊、猪三牲，而少牢则只有羊和猪，没有牛。由此我们也可以看出，在当时社会中，最高等级的祭祀是必须用牛的。我们通常所说的"牺牲"一词，本意思是指古代为了祭祀所宰杀的牲畜，而这两个字都是以"牛"字作为偏旁，这就表明牛为诸牺之首。在古代社会，用牛来祭神祭祖成为了一种风俗，符合人们辟邪安康、祈求福祉的意愿。

中国是文明古国，也是农业大国，农业、农耕是社会生活的命脉，历朝历代，不论是帝王将相，还是平民百姓，都非常重视农业生产，而牛则为中国农业社会发展作出了重要的历史贡献。

每年到立春这一天，上到帝王，下到百姓都十分重视民间传统活动——鞭牛迎春。相传，这一古老习俗兴起于西周，盛行于唐宋，在汉代尤为流行。据史料记载，在汉朝，每逢立春日的清晨，都城的官员个个身穿青衣，头戴青帽，立着青幡，迎土牛于城门外，之后官员拿鞭子敲打土牛表示劝农春耕，这种仪式固定下来后又传到了各个郡县并一直延续下去。鞭春牛活动结束之后，老百姓还会一起哄抢碎牛的散土，人们认为这些散土有驱灾辟邪的效果[①]。清代民间还流传着一首民谣"鞭春牛"，歌词大体为："一鞭打王朝兴盛，二鞭打国泰民安，三鞭打风调雨顺"。"鞭春牛"，俗称"打春牛"，又称"打春"，以致于后来民间将立春称之为"打春"，至今仍在老百姓中口口相传。立春是春季的开始，也是一年农耕的开始，"鞭春牛"这一传统活动就像一场春耕动员大会，寄托着人们祈求丰收、期盼国泰民安的美好愿望。通过这些传统习俗，我们可以看出牛在农业耕作以及社会生活中的重要性。

牛是动物中最为勤劳肯干的，同时也是毅力和坚韧的象征。正是因为牛具有任劳任怨、勤劳淳朴、敢于自我牺牲的精神，所以受到了大众的喜爱，也频繁得到诗人的赞美。现代诗人、作家臧克家曾有感而发，写下了一首脍炙人口的《老黄牛》，其中"老牛亦解韶光贵，不待扬鞭自奋蹄"一句广为流传，成为了激励当代年轻人不懈奋斗的格言。这里的老黄牛不辞辛苦地辛勤劳作，全部是源于自身动力的驱使，臧克家在

---

① 牛的象征意义之四：牛王护神[J]. 中国牛业科学，2012（1）：37.

赞美老牛埋头苦干、乐于奉献的同时，也以老牛自喻，表达了自己老当益壮、自强不息的精神。由此可见，牛从古至今在人们心目中的地位都是不一般的。牛还是力量的象征，开拓进取可谓是"牛精神"的灵魂。不畏前路多险恶，敢于开拓，用力扭转自己的命运，即为拓荒牛。牛的这种精神，也正是我们所提倡的时代精神的支柱。它们和旷野、草地、树木、小溪一同构成了一幅美丽和谐的画面。无私奉献、敢于担当，这又是孺子牛。"老黄牛""拓荒牛""孺子牛"，牛身上的这三种精神，蕴含着我们中华民族自强不息的精神密码。

  作为史前文化的载体，阴山岩画通过多种多样的图案体现着自身的内在生命活力。我们的远古祖先在制作岩画时，以敬畏和崇拜之心，全身心地投入刻画，竭尽全力地表现出他们生命内在的张力[①]。这也正是岩画的魅力所在，通过粗犷简朴的形式承载着丰富的生命信息，留给我们后人无限的空间去遐想、去破译、去应用！

---

① 李祥石. 解读岩画［M］. 银川：宁夏人民出版社，2012.

伊金霍洛旗出土的"上郡守寿"铜戈铭刻解析

■ 康巴什区文物保护所　武　岳*

内容提要：戈是中国商周时期使用的重要作战兵器，以木柄、曲头为特点，具有击刺、勾啄等多种功能，战国后期逐步被淘汰。通过对伊金霍洛旗出土的"上郡守寿"铜戈的出土地点、形制、铭文的研究，分析战国后期鄂尔多斯地区多民族碰撞融合的历史背景，并对战国时期秦国的郡县设立及兵器制造、使用进行探讨。

关键词：秦国　义渠　上郡　铜戈

鄂尔多斯市地处内蒙古自治区西南部，位于牧区与农区的交界地带。自古以来，鄂尔多斯高原北部的游牧部族不断南下，南部农耕文明逐步北上，两种文化在这里碰撞、融合。

伊金霍洛旗行政隶属于鄂尔多斯市，北部为东胜区、康巴什区，东西分别是准格尔旗与杭锦旗，南部为乌审旗及陕西省。旗内地理环境由高原及沙地组成，并有多条河流。

"上郡守寿"戈（图一），发现于二十世纪八十年代中期，发现地点位于如今的伊金霍洛旗红庆河镇哈什拉村。该铜戈的发现对于战国后期鄂尔多斯历史的研究具有重要的意义。

一、"上郡守寿"戈的出土年代的历史背景

青铜戈主要使用于春秋战国时期，"上郡守寿"戈根据铭文推测为战国后期秦国所

---

* 武岳（1994— ），内蒙古自治区鄂尔多斯市达拉特旗人，大学本科学历，康巴什区文物保护所工作人员，研究方向：历史、文物、考古。

图一 "上郡守寿"铜戈

使用的兵器。

战国后期,秦王经过商鞅变法,力量不断壮大。公元前307年,秦武王在洛阳周王室举鼎,不幸被砸胫骨而死。由于秦武王没有子嗣,在燕国为质的公子稷被迎立为秦王,称秦昭襄王。秦昭襄王在位期间在政治、军事方面均取得了巨大的成就,他也是秦国在位时间最长的君主。

义渠也称义渠戎,商周时期生活在甘肃庆阳。西周末年,犬戎叛乱,杀周幽王,致使西周覆灭,义渠乘乱建立郡国。春秋战国时期,义渠雄踞西北之地,并不断与秦、魏相抗衡。至秦昭襄王时期,义渠始终威胁着秦西北边境,阻挠秦的西进步伐,后被秦国所灭。

秦昭襄王年幼继位,宣太后摄政,主导政局,对义渠的战略方针以怀柔为主,采用分化、拉拢、腐蚀等策略,不再采用以往的正面对抗征伐战略。公元前272年,宣太后在甘泉宫诱杀义渠王,紧接着秦国灭义渠,解决了西北部的后顾之忧。

秦灭义渠之后,为了巩固西北边防,修筑长城。据史料记载,周赧王四十三年(前272年)秦灭义渠,"秦有陇西、北地、上郡,筑长城以拒胡"。战国秦长城为秦国重要军事设施,后世称为秦昭襄王长城。"上郡守寿"戈即发现于战国秦长城遗址边的红庆河古城(图二)。

二、文物概况

"上郡守寿"戈于二十世纪八十年代中期被偶然间发现。铜戈通体完好,援锐长,

图二 红庆河古城

平直，无中脊；中长胡，胡上阑处有三个长方形穿；内微上翘，无穿。长22.5厘米，重252克，阑高11.1厘米。戈身两侧均刻有铭文，一侧刻铭清晰，为"十五年上郡守寿之造，漆垣工师乘、丞鼖、冶工隶臣猗"；另一侧刻铭多数模糊不清，仅可识别"中阳""西都"等字。

三、刻铭"上郡""漆垣"解析

戈是中国商周时期使用的重要作战兵器，战国后期逐步被淘汰。"上郡守寿"戈是目前鄂尔多斯地区发现的刻铭字数最多的战国兵器。"物勒工名，以考其诚"的铸器制度最早始于秦国，至公元前300年左右，逐渐传播到东方各国。刻铭内容包括年号、监制官、主造工师、操作工匠管理小吏、地名等。按照秦的法治，兵器铸造、保管、使用都有分权，如上郡铸造兵器，要上交上郡守验收，交武库统一保管，再统一分配上郡各地或边郡使用[①]。

上郡郡治在今陕西榆林城东南，如今的鄂尔多斯东南部亦为当时上郡所辖。据史

---

① 黄盛璋. 新出秦兵器铭刻新探[J]. 文博，1988（6）：38-45.

料记载，秦惠文王前元十年（前328年），魏国将上郡所辖十五县割于秦国，秦国将原属于魏的上郡纳入领土。秦国上郡从魏国上郡发展而来，战国文字资料中有魏国地名"言易、高奴、漆垣"，其中言易在今陕西绥德一带，漆垣在今铜川市北。魏国上郡的北界已达今陕西省北部的榆林、佳县一带，向南达今铜川市北①。

除此之外，秦昭襄王三十五年（前272年），秦灭义渠后，重新划分陇西、北地和上郡三郡，秦上郡的北界扩张到内蒙古准格尔旗，西界达内蒙古伊金霍洛旗以南。

上郡向东为三晋之地，向北为匈奴势力范围。战国中后期，随着秦国势力的强盛，上郡成为向东进攻三晋的军事基地和抵御北方游牧民族匈奴入侵的重要据点。因此上郡战争频发，铸造兵器亦多。"图""漆""高奴"三地均属于上郡，一郡有三个冶铸作坊，而且出土秦戈多为上郡所造，足以证明上郡军事地位的重要性。"漆"即为"漆垣"的简写，在今陕西省铜川市西北，为当时上郡属县。

四、刻铭"寿""工师乘""治工隶臣猗"解析

战国时期，秦国法律严格，对于官营冶铸手工业的管理，同样有一套严格的监督制造制度。具体实行三级管理，从中央到地方铸造的兵器都需分为监造者、主造者、造者三级。这种制度在当时的三晋也曾实行过，后来仍为秦、汉王朝的冶铸手工业所继续使用②。

监造者一般由最高官吏负责，在中央为相邦、丞相，在地方为郡守。刻铭中提到的"寿"即是《史记·秦本纪》载"秦昭王十三年伐韩取武始"的大将向寿③。向寿作为上郡的最高官员负责监造，体现出秦监造制度的严格。

主造者工师担负责任重大，包括审核库藏原料数目及质量，监督工匠操作是否得当，检查产品质量合格与否以及上报劳动成果等。"工师乘"，意为负责监造的工师名为"乘"。

实际铸造者在三晋称为"冶"而秦则称"工"，"上郡守寿"戈则兼备二者，称铸造工匠为"冶工"。秦国的上郡原属三晋中魏国的领土，上郡最初被纳入秦国的势力范围的年代为秦惠文王前元十年（前328年）。该戈铸造年代秦昭王十五年（前292年），距秦惠文王前元十年有三十余年，上郡的魏国习惯没有完全改变，因此在该戈刻铭中才有将魏传统与秦国新规相结合的"冶工"特例出现。

---

① 吴良宝. 战国与秦代上郡辖县辑考［C］//陕西历史博物馆. 陕西历史博物馆馆刊. 西安：三秦出版社，2016.

② 王慎行. 从兵器铭刻看战国时代秦之冶铸手工业［J］. 人文杂志，1985（5）：76-83.

③ 陈平，杨震. 内蒙伊盟新出十五年上郡守寿戈铭考［J］. 考古，1990（6）.

"工"后加以"鬼薪""城旦""隶臣"等字样,代表了铸造者的身份。"鬼薪"为三年之徒刑,被发配到上郡的各个冶铸作坊,充任戈工。"城旦"和"隶臣",当也是刑徒,指有期限的奴隶。"城旦"为四年徒刑,"隶臣"至少要服刑三年[①]。"冶工隶臣猗"意为铸造者为猗。

五、刻铭"中阳""西都"解析

"上郡守寿"戈背面刻有诸多铭文,可以识别的有"中阳""西都"。按照惯例,秦戈背面所刻为使用地域。"中阳"二字大而清晰,几乎占整个内背;"西都"二字小而浅细,位于中阳二字的隙缝之中,应是后来加刻。除"中阳""西都"外,还有几处地点,不易识别。

该戈内背的两处使用地名,涉及秦上郡范围的变化问题。对于秦代上郡的辖域,学界有诸多不同意见。部分学者认为,秦至汉初的上郡范围变化不大,西河郡由上郡所分出,所以秦代的上郡相当于汉代的上郡加上西河郡的河西部分地区;还有学者认为,汉代的西河郡在黄河东岸地区,应该属于秦代的上郡所辖范围。综合来看,秦代上郡的界域向东已越过黄河,据有"西都、中阳"等地[②]。"上郡守寿"戈,刻铭"中阳""西都",为战国时期秦上郡范围提供了实证。

结　语

自"上郡守寿"戈二十世纪八十年代被发现以来,学界做出了诸多研究,对秦的手工业、上郡范围、兵制、法律等进行研究。"上郡守寿"戈不仅是目前鄂尔多斯地区发现的刻铭字数最多的战国兵器,而且刻铭中的年号、监制官、主造工师、操作工匠管理小吏、地名等内容,能够补充史料记载的不足,对鄂尔多斯地区战国时期的历史研究具有极其重大的价值,对于研究鄂尔多斯所在的北方游牧地区同中原传统农耕地区的联系、交流也有着重要的意义。

---

① 张政烺. 秦汉刑徒的考古资料［J］. 历史教学,2001（1）：36-39.
② 吴良宝. 战国与秦代上郡辖县辑考［C］//陕西历史博物馆. 陕西历史博物馆馆刊. 西安：三秦出版社,2016.

万枚古币见证千年古城

■ 康巴什区文物保护所　武　岳

内容提要：鄂尔多斯市杭锦旗的霍洛柴登古城遗址，发现于20世纪70年代，为一处典型的汉代城址，遗址内发掘出土有汉代陶器、灶、井等。其中最为特殊的是发现数量惊人的王莽新朝时期的货币——货泉，并且还发现有铸币作坊遗址。古城的发现，对于两汉之际鄂尔多斯历史的研究有不可或缺的作用。

关键词：霍洛柴登古城　新莽时期　货泉

一、古币发现始末

鄂尔多斯市位于黄河几字弯内，黄河如弓，从西、北、东三面环抱鄂尔多斯；长城如弦，修筑在鄂尔多斯的南部。鄂尔多斯往北跨过黄河抵达阴山草原地带，自古以来便是游牧部族的生活区域，往南过黄土高原便可直达中原腹地。独特的地理位置，促使鄂尔多斯成为游牧民族、农耕民族互市贸易的重要舞台。

2012年8月，鄂尔多斯市杭锦旗霍洛柴登古城遗址内发生了3起古钱币窖藏被盗案件。在犯罪人员被缉拿归案的同时，考古人员对该窖藏进行了抢救性发掘，在遗址中一处700平方米的探方中发现了烧制钱范和铸钱作坊遗址（图一），并出土了大量钱范、古钱币、陶器、铜器、铁器、石器等。追缴回及清理发掘的古钱币重达数千公斤，大多为新莽时期"货泉"（图二）[①]。

---

* 武岳（1994— ），内蒙古自治区鄂尔多斯市达拉特旗人，大学本科学历，康巴什区文物保护所工作人员，研究方向：历史、文物、考古。

① 白志荣，白虹. 霍洛柴登古城发现铸钱作坊遗址［C］//内蒙古自治区文物考古研究所. 鄂尔多斯文化遗产. 北京：文物出版社，2014：66-67.

图一　铸币作坊遗址

中国的货币拥有悠久的历史，最早人们使用贝壳作为一般等价物，称为贝币。春秋战国时期，各个国家开始使用铜币，但形制又各不相同，如燕、赵使用刀币，三晋赵、魏、韩使用布币，秦使用环钱，楚国则是蚁鼻钱等。秦统一全国后，推行圆形方孔的半两钱。汉建立后，使用的是五铢钱。

二、古币铸造原由

汉武帝时期多次北击匈奴。为了巩固对鄂尔多斯及北方地区的经略成果，汉朝修筑了多段长城，同时有计划地实施大规模的开发经营，在长城地带增设郡县，迁徙人口，发展农业。屯垦军民带着中原先进的生产工具、技术和经营方式，在边疆建立起新的农业经济区，极大地促进了边关地区的经济发展和文化交流。该地区一跃成为富庶之域，因此对货币的需求量巨大。

霍洛柴登古城便建于西汉时期，古城内发现的货币大多则属于两汉之交的新朝时期。

元寿二年（公元前1年），汉哀帝去世，并未留下子嗣。太后王政君收回传国玉玺，要求朝中公卿推举大司马人选，群臣纷纷举荐王莽。此后王莽的政治野心不断膨胀，以太后名义执掌军政大权，立汉平帝，并把自己的女儿嫁给汉平帝做皇后，渐渐在朝

图二　出土钱币

中独揽大权。元始五年（公元5年），汉平帝死后，王莽代天子临朝。公元6年，王莽改年号为居摄元年。同年三月，王莽立年仅两岁的刘婴为皇太子，号称"孺子婴"，效仿周公摄政，为代汉做准备。居摄三年（公元8年），王莽即天子位，定国号为"新"。至此，西汉灭亡。王莽登上帝位之后开始了一系列的改革，其中之一便是货币改革。

王莽篡位后，为了巩固自己的政权，推行新货币。因为古音"泉"与"钱"发音相似，又因货币如泉水一样流通，故正式以"泉"代"钱"，称新的货币为"货泉"。除了改革货币本身外，王莽还增加了铸币机构并且扩大其职权[1]。

三、霍洛柴登古城

霍洛柴登古城位于鄂尔多斯杭锦旗，西汉时属西河郡。西河郡往北过黄河便是匈奴的势力范围，霍洛柴登以黄河作为军事屏障，北距黄河数十千米，进可以攻，退可以守。同时水草丰美，既可农耕也可畜牧，是屯兵养兵的宜居之地。根据这里出土的"西河农令""中营司马"等汉代官印及文物，以及古城城垣规模和周边分布的墓群推测，古城应是西汉时西部地区的重要城池之一，为西河郡郡治所在地[2]。

在霍洛柴登古城遗址内，发现了铸钱作坊遗址。铸钱作坊遗址平面呈长方形，有火道、排水沟、冷却炉、砖坑、模子等，并且发现了极其重要的钱范。考古人员在窑室及附近文化层中发现了100余块钱范，其中有7块有确切纪年，上有文字"始建国元年三月""钟官工……"等。始建国是王莽年号。

作为民族交融、对抗的前线，霍洛柴登可谓用钱重点地区，在此铸币可以就地解决军事、经济方面的费用问题。铸币作坊、钱范和大量货泉的发现，体现了霍洛柴登古城的重要性。这里城池众多，驻军规模庞大，无论是贸易还是军事，都需要大量的钱财，说明在西汉至新莽时期，鄂尔多斯地区为中央直接管辖，而且属于经济比较发达的地区，同时也说明王莽执政时期改变了汉武帝时期郡国不能铸钱的制度[3]。

四、结　　语

新莽王朝经历短短数十年便覆灭，王莽的货币改革也以失败告终。然而王莽货泉

---

[1] 苏利德. 对内蒙古鄂尔多斯霍洛柴登古城出土新莽窖藏钱币的研究[J]. 北方金融，2018（6）：91-96.

[2] 李晓钢，张文平. 霍洛柴登古城建制新考[J]. 赤峰学院学报（汉文哲学社会科学版），2022（3）：64-68.

[3] 李晓钢. 汉代西河郡的考古学观察[D]. 呼和浩特：内蒙古师范大学，2022.

告诉了今天的我们，草原上存在大量的货币。新莽钱币在鄂尔多斯地区的发现状况表明，边疆地区的货币流通不是由贸易、经济状况决定的，而是适应政治、军事形势发展的需要。不仅证明了鄂尔多斯地区与中原地区的联系密切且历史悠久，也证明了长城内外自古以来就有着密不可分的关系。

　　黄河边的古城历经千年风雨，早已被风沙淹没了大部，一枚小小的铜币，背后记载着两千多年前长城内外、戍边狼烟、互市贸易、农耕游牧的故事。

鄂尔多斯地区出土西夏钱币研究

鄂尔多斯市博物院 郝雪琴*

内容提要：本文通过描述西夏政权在鄂尔多斯地区的历史，列举鄂尔多斯地区出土西夏钱币的众多西夏窖藏，对鄂尔多斯地区出土的西夏钱币进行分类研究，解析这些钱币存在于鄂尔多斯的历史原因、其与榷场贸易的关系、鄂尔多斯地区西夏钱币使用的历史情况，从而透视西夏钱币所反映的西夏政治、经贸、文化的现实需要状况。

关键词：鄂尔多斯地区　窖藏　西夏钱币　研究

一、鄂尔多斯地区西夏时期简史

党项族是古老羌族的一支，拓跋部是党项族中较大的部落。756年"安史之乱"后，唐代宗将居于庆州（今甘肃庆阳）的拓跋朝光所率的党项部众迁往银州（今陕西榆林）以北、夏州（今乌审旗南统万城）以东地区，即今天鄂尔多斯的东南部，号称平夏部。唐中和三年（883年），拓跋思恭因在镇压黄巢起义中有功于唐，被封为夏国公，赐姓李，从此夏州拓跋氏党项称为李氏党项，统辖夏、绥、银、宥、静五州之地[1]。平夏部在包括鄂尔多斯南部地区的夏州一带逐步发展成割据势力。

960年，赵匡胤建立北宋王朝，想削弱和消灭平夏部。李继迁以地斤泽（今乌审旗境内）[2]为根据地，在夏、银等今鄂尔多斯南部地区拉拢部众，逐渐发展壮大。997年，

---

* 郝雪琴（1981— ），内蒙古自治区鄂尔多斯市东胜区人，在职研究生学历，鄂尔多斯市博物院文博副研究员，研究方向：历史、文物、博物馆。

[1] 白寿彝，陈振. 中国通史·中古时代·五代辽宋夏金时期[M]. 上海：上海人民出版社，1999.
[2] 陈育宁. 地斤泽在何处[C]//政协陕西省横山县委员会. 党项史迹与陕北历史文化学术研讨会论文集，2016.

宋真宗继位，封李继迁为定难军节度使，尽还拓跋氏旧日领地，夏州又成为平夏部的统治中心区域。

1038年，李元昊称帝，建立西夏王朝，定都兴庆府（今宁夏银川），仍然重视对夏州故地的经营，在鄂尔多斯地区先后设置了丰、胜、夏、宥，以及南部的银、绥、盐、麟、府等州。从1040年至1042年，李元昊连续向宋边大举进攻，先后在延、麟、府、丰等州大破宋军。1043年夏宋议和，西夏向宋"称臣"，宋册封李元昊为夏国主。西夏和北宋在鄂尔多斯东南部发生的战争给鄂尔多斯草原带来了严重破坏[1]。这一时期，鄂尔多斯东南部成为西夏与北宋争夺的重点地区。

后来，因争夺鄂尔多斯北部的部众，1044年辽夏之间爆发了大战，李元昊使用缓兵之计，坚壁清野，大败辽军。后辽夏之间时战时和。

依据《中国历史地图集·宋·辽·金时期》，宋辽夏金时期，鄂尔多斯大部被西夏占据；东北部的今达拉特旗、东胜区、准格尔旗东北被辽占据，为辽河清军、金肃军属地[2]；准格尔旗南部被北宋占据，为宋丰州属地。

12世纪初，女真族强大起来，建立金国。金灭辽后，西夏向金称臣，维持了鄂尔多斯地区的管辖权，形成宋、金、夏对峙的局面。

12世纪末13世纪初，蒙古乞颜部贵族铁木真势力逐渐壮大，于1206年统一了蒙古高原各部。蒙古军队于1205年—1227年六次进兵西夏。1227年，蒙古军队进占中兴府，西夏灭亡。

宋辽夏金时期的鄂尔多斯历史，堪称一部西夏国的兴衰史。鄂尔多斯高原作为平夏部的故地和基地，见证了西夏的兴起、发展、辉煌与衰亡。

二、鄂尔多斯地区出土西夏钱币的西夏窖藏

窖藏是在地下打窖贮存或埋藏财物的遗存，多藏有瓷器、钱币和金属工具等贵重物品。窖藏的形成多是因为战乱时人们临时埋藏财物但后来没能取出而留存至今。

在鄂尔多斯发现的出土西夏钱币的窖藏有：准格尔旗那林镇窖藏、纳林乡窖藏、西召道乡窖藏，达拉特旗新民渠窖藏，乌审旗陶利苏木窖藏，东胜区板洞圪旦窖藏、漫赖窖藏，鄂托克旗窖藏和伊金霍洛旗多处窖藏。

（一）那林镇窖藏。据报道，1949年在那林镇发现西夏铁钱窖藏，出土钱币约6000公斤，其中主要为"乾祐元宝"，也有少量宋"天圣元宝"铁钱。1953年，又发现"乾

---

[1] 陈育宁. 鄂尔多斯史论集[M]. 银川：宁夏人民出版社，2002.
[2] 谭其骧. 中国历史地图集·宋·辽·金时期[M]. 北京：中国地图出版社，1982.

祐元宝"铁钱。据农民反映，解放前，在暖水乡樊家渠也出土过一大批铁钱，共装了十几车，被驻军运走[①]。

（二）纳林乡窖藏。1992年出土有"天盛元宝"铁钱和"乾祐元宝"铁钱。

（三）西召道乡窖藏。1991年出土铁钱约20公斤和铸钱泥范残块，其中有"天盛元宝"铁钱和"乾祐元宝"铁钱。

（四）新民渠窖藏。窖藏位于盐店乡新民渠村河边台地上，1980年8月，因被雨水冲毁，为农民吴羊保发现。当时发现两口对扣的大铁锅，其内放置大量古钱币，有东汉"五铢"，唐"开元通宝"，北宋"祥符通宝""元祐通宝""宣和通宝"，西夏"天盛元宝""乾祐元宝"等铜钱，共计12种26式272154枚，西夏铁钱占99.45%。在该处的"天盛元宝"铁钱中，还发现背刻俯月纹钱一枚。另外还有大量因粘连无法统计数量的西夏铁钱。这里很可能是一处西夏铸钱场所。该窖藏是鄂尔多斯地区一次性出土钱币数量最多的窖藏[②]。

（五）陶利苏木窖藏。陶利苏木位于乌审旗西，地处无定河上游，属西夏夏州地界，是西夏王朝的发祥地。1987年2月，窖藏所在地被狂风吹出一个直径120、深85厘米的圆形土坑，底部铺有粟糠，内藏铜钱605公斤，乌审旗文物工作站收回其中430公斤，是迄今发现的最大的西夏铜钱窖藏。经清理，在115045枚钱币中，有汉文钱"天盛元宝"2075枚、"乾祐元宝"6枚，西夏文"福圣宝钱"7枚、"大安宝钱"20枚（图一）。每种数量之多，皆超过已知其他窖藏。隶书"元德通宝"3枚，在西夏钱币窖藏中是首次发现，证明此钱是西夏钱而非安南钱。另有秦汉、北朝、隋唐、五代及两宋、辽金等时期钱币77种。其中，"半两""永安五铢""常平五铢""布泉""五行大布""乾封泉宝""通正元宝""乾亨重宝"等钱，是首次在西夏窖藏中出土。北宋钱33种计92651枚，约占总数的81%。

（六）伊金霍洛旗窖藏。包括伊金霍洛旗的多处西夏窖藏，1986年出土西夏时期的"天盛元宝"铁钱和"乾祐元宝"铁钱约15公斤。

（七）板洞圪旦窖藏。位于东胜区罕台庙乡原圪旦村南，1995年发现，出土铁钱、铁器等。铁钱中文字可辨者有"天盛元宝"和"乾祐元宝"，还有宋"宣和元宝"，总计3900多枚。

（八）东胜区漫赖窖藏。1992年出土"天盛元宝"铁钱和"乾祐元宝"铁钱，共计6396枚。

（九）鄂托克旗窖藏。1979年出土钱币总重65斤，97%为北宋钱，还有汉唐五代钱，

---

① 牛达生. 西夏遗迹［M］. 北京：文物出版社，2007：162.
② 高毅，王志浩，杨泽蒙. 鄂尔多斯史海钩沉［M］. 北京：文物出版社，2008.

其中有"天盛元宝""乾祐元宝""天庆通宝""光定元宝",首次出土折二"元德重宝"。

在这里,我们要强调的是乌审旗陶利苏木窖藏的重要性。该批回收钱币总计115707枚,其中钱体完整、字迹清晰的达115045枚,包括秦汉、北朝、隋唐、五代十国、宋辽夏金等十几个朝代的77种钱币,共分为402品。陶利苏木窖藏出土钱币605公斤,是迄今为止发现出土钱币数量最多的西夏铜钱窖藏。该窖藏出土西夏文"大安宝钱"20枚、"福圣宝钱"7枚,汉文"天盛元宝"2075枚,这些数量都是前所未有的,证明这些西夏钱币都进入了流通领域,是作为"通货"在生活、贸易中使用的。该窖藏是首次明文报道出土隶书"元德通宝"的窖藏,证明了"元德通宝"不是安南钱,而是西夏钱。同时该窖藏也是唯一没有出土"光定元宝"的铜钱窖藏,光定钱是西夏最后一种钱币,表明该窖藏是西夏神宗"光定"年间之前就已经埋藏的。唐钱和北宋钱在该窖藏中占有重要地位,表明唐钱仍在流通中使用,同时也说明在西夏境内主要流通的不是西夏钱币,而是北宋钱币。

如今,在鄂尔多斯共发现西夏窖藏近20处,分布于东胜区、达拉特旗、杭锦旗、乌审旗、伊金霍洛旗、鄂托克旗和准格尔旗,反映了当时鄂尔多斯高原西夏与宋、辽长年累月的战争状况,是西夏人民苦难的见证[①]。

三、鄂尔多斯地区出土西夏钱币的种类与分析

鄂尔多斯地区出土的西夏钱币主要有铜钱、铁钱、西夏文钱币三大类。

(一)鄂尔多斯地区出土的西夏时期铜钱

1. 祥符通宝:宋真宗大中祥符年间(1008—1016年)铸。形制同祥符元宝钱,面文真书,旋读,传说可能为真宗御书。平钱大、小样近似者多种,未见珍稀品。另有铁钱。

2. 元祐通宝:中国古钱币之一。北宋哲宗赵煦元祐年间(1086—1093年)铸行,篆书、行书对钱形制,司马光、苏轼手书,有小平、折二和折三。

3. 宣和通宝:宣和是宋徽宗赵佶的年号。徽宗钱从制作、书法来看,都是中国古钱币的杰出代表。宋徽宗自1101年到1125年在位,铸造发行了建国、崇宁、大观、政和、宣和六种年号钱,以及"圣宋"一种国号钱。宋徽宗年号钱的钱文版别有近千种,不少是由他亲笔书写,字体包括隶书、篆书、行书以及徽宗独创的"瘦金体"。他铸的方孔钱是制作最为精美的中国方孔钱之一,因而不少书法家也收藏他的年号钱。宋徽

---

① 牛达生. 西夏钱币研究 [M]. 银川:宁夏人民出版社,2013:30.

宗用自己独创的"瘦金体"亲笔御书了钱文"崇宁通宝""大观通宝"和"宣和通宝",字体端庄秀丽,运笔挺拔俊秀,素有"铁划银勾"之称。

4. 天盛元宝:西夏仁宗皇帝天盛年间(1149—1169年)铸造。铜钱多,铁钱少。铁钱背"西"者少见。另有铁母存世。形制有小平、折二、折五、折拾几种,版别也较多,仅折拾型天盛元宝铜钱就有3个版别。

5. 乾祐元宝:西夏仁宗乾祐年间(1170—1193年)铸造。铜钱少,铁钱多。铜钱钱文制式有行书、楷书、篆书,有长"元",短"元"等版别。另有一种大字版,仅见有一枚。该钱普通品存世一般也比较少见。根据考证,试铸有折二钱,极罕见。另铸有"乾祐宝钱"。面文"乾祐元宝"分楷书、行书二体,均旋读,形制、大小相同,可视作西夏对钱。径2.4厘米,重3.8克左右,光背无文。制作精好,品相佳妙,唯数量稀少,行书钱尤其罕见。另铸有铁钱,形态、文字一如楷书钱,制作亦佳,铸造量远超铜钱,在宁夏、内蒙等西夏故地,乾祐铁钱动辄出土万枚以上,在西夏钱中数量仅次于天盛元宝。

6. 元德通宝:西夏崇宗元德年间(1119—1127年)铸造。汉文钱,有楷书、隶书、行书三种钱文。钱径一般在20—25毫米之间。隶书品不多见,楷书、行书品则极其难得。另铸有"元德重宝"钱。

7. 天庆通宝:西夏桓宗天庆年间(1194—1205年)所铸年号钱。径2.4厘米。小平钱,无背。

8. 光定元宝:西夏神宗李遵顼光定年间(1211—1223年)铸造,钱文一般为楷书。另有篆书钱,为孤品,珍罕无定价。该钱普通品今已比较少见。光定元宝小平钱,钱径24.3毫米,厚1.5毫米(图一)。

图一　鄂尔多斯地区出土的部分西夏钱币

9. 元德重宝:西夏崇宗皇帝李乾顺元德年间(1119—1126年)铸造。版式为折二型钱。钱文楷书,直径一般为2.7厘米,方孔边长0.5厘米。今存世仅有两三枚。崇宗皇帝朝另铸造有"元德通宝"钱。

（二）鄂尔多斯地区出土的西夏时期铁钱

1. 天盛元宝：参见上一章节鄂尔多斯地区出土的西夏时期铜钱之天盛元宝。
2. 乾祐元宝：参见上一章节鄂尔多斯地区出土的西夏时期铜钱之乾祐元宝。
3. 天圣元宝：北宋仁宗赵祯天圣元年（1023年）所铸。"天"字似是而非，字形似"天"又似"灭"。"天圣元宝"为对钱，有楷书、篆书二体。铁钱有小平、折二两版。
4. 宣和元宝：宋徽宗宣和年间（1119—1125年）铸，取徽宗常处"宣和殿"命其年号。元宝仅有小平，径22—25毫米。宣和元宝分篆、隶二体，直读。小平径2.5厘米，折二径3厘米，折三径3.3厘米，小平背狭者钱文为瘦金体。"宣和元宝"大铁钱，铸造精良，品相完好，宽缘、广穿、长冠"宝"，篆书旋读，大字大样，富有神韵。此钱千不见一。

（三）鄂尔多斯地区出土的西夏文钱币

1. 福圣宝钱：西夏文钱币，汉文直译是"福圣宝钱"。西夏毅宗赵谅祚福圣承道年间（1053—1056年）铸造的西夏文钱，是目前所知最早用西夏文记载的文物。1985年宁夏回族自治区盐池县萌城乡出土的西夏窖藏钱币中发现2枚，1987年内蒙古自治区乌审旗出土的窖藏钱币中发现7枚，以后也有零星出土和发现。
2. 大安宝钱：西夏惠宗李秉常大安年间（1075—1085年）铸造，常见小平版式，是西夏文钱币中出土最多、著录最早、流布最广的一种。就出土品来看，此钱铸造工艺较差，钱体普遍存在缺陷，好品者少见。面西夏文字旋读，钱背无文，钱体较薄。因其流通时间短，行用地区狭小，铸造量不大。此钱较福圣钱精细，轮廓规整，文字朴茂，可见西夏钱愈铸愈精之趋向。另铸有"大安通宝"钱（图二）。

图二　陶利苏木窖藏出土西夏文"大安宝钱""福圣宝钱"

鄂尔多斯地区多出土西夏铜钱、铁钱和宋钱，且宋钱多于西夏钱，反映了西夏与宋的"岁币"缴纳、"榷场贸易"和私市发展，以及西夏境内大量流通宋朝钱币的情况。而大量汉代和唐代钱币的出土，则说明西夏百姓可能有保存汉唐钱币的习惯，或者汉唐钱币在当时仍然流通。

四、鄂尔多斯地区出土西夏钱币及其相关问题研究

（一）鄂尔多斯地区出土西夏钱币的特点

西夏钱币在鄂尔多斯的发现多集中在准格尔旗、伊金霍洛旗、乌审旗、达拉特旗、鄂托克旗及东胜区周边，多数为窖藏出土。在鄂尔多斯境内出土的铁钱具有以下几个特点：1. 品种单一。在宋朝，铸每种铜钱时，一般也铸铁钱。与宋不同，在西夏，无论是零星的发现，还是窖藏出土，都只有"天盛元宝"和"乾祐元宝"两种铁钱，这说明在西夏历代皇帝中，只有仁宗铸过铁钱。2. 数量巨大。在西夏钱币中，铁钱"天盛元宝"和"乾祐元宝"明显较铜钱数量多。3. 出土钱币90%为"乾祐"钱。"天盛"和"乾祐"两种钱数量很不均衡，90%为"乾祐"钱，"天盛"只占10%。

在西夏钱币窖藏中，铁钱窖藏集中在内蒙古黄河几字弯地区的临河、包头、达拉特旗、准格尔旗一线。这是因为宋朝为防止铜钱外流，大量铸造铁钱，在临近西夏的河套、陕西、河东铜铁钱兼用区内使用。同时也是西夏政府为了防止铜钱外流，保护自己的经济利益，设置铁钱区所致。

西夏钱币制作精美，形制规整，字体端庄，铸造精工，受到古今钱币藏家的称赞。清代古泉大家翁宜泉《古泉汇考》称："西夏钱制，史册不载，据所见夏钱，字端楷，制精好。"还有人认为西夏钱币制作很精美，文字也规矩，他们的文化要超过契丹人。西夏钱币的精美，反映了西夏较高的经济、文化发展水平。

鄂尔多斯出土了大量"天盛元宝"和"乾祐元宝"，反映了西夏在天盛、乾祐年间铸钱的数量突然大增，并且都是铜钱与铁钱并行，这可能与当时北宋灭亡之后，西夏没有了岁币的来源，又不断受到金兵的骚扰，致使军费增加的时局变化有关。因此，西夏才于天盛十年（1158年）增设通济监，专门负责铸钱。

（二）西夏钱币与榷场贸易、民间私市

榷场贸易作为宋夏间主要的贸易形式，是在政府管控之下进行大宗货物的买卖。北宋与西夏之间虽时有战争，但是经贸往来依然频繁。宋夏之间的榷场贸易在五代的基础上又有发展，先于宋真宗景德四年（1007年）在保安军（今陕西志丹县）置榷场

互市，后来又在镇戎军（今宁夏固原市）等地置榷场。在鄂尔多斯高原南流黄河岸边也有榷场分布。

与官方贸易相对应的是民间的互市，即双方边民在边境地带进行小宗的贸易交往，称为"私市"，是存在较早且普遍的贸易形式，对双方百姓交换生活用品、加深文化融合是大有裨益的。互市场所多为自发形成的市场，没有统一规制，各依习俗或惯例进行交易，也有不在固定场所、随机进行交易的情况。还有一种形式就是汉族商贾直接进入西夏部落进行交易。私市交易的商品无所不包，民间买卖金属等违禁品主要通过私市进行。宋朝曾多次下令"禁止边民不得与夏国私相交易"，但是"边民与西人交易者，日夕公行"。此外，西夏出使宋、辽、金等国的使臣也多兼营商业，西夏使臣入宋朝，自由出入民间市肆，"纵其为市"，或在馆舍内进行贸易。西夏使节到辽、金时，允许于"馆内贸易"三日或"许贸易于市二日"[1]。

在这些榷场贸易、民间私市中，西夏与宋、辽、金之间的贸易除以物易物外，多是使用西夏钱币、北宋钱币进行，钱币起到了重要的一般等价物和流通贸易通货的重要作用。西夏钱币的使用范围很广，除在社会上买卖货物外，还有用于官吏俸禄、劳动力计值、财物折钱计算、纳税、典当借贷及赏罚等，在《天盛律令》各章中均有记载。这实际上是货币流通状况和货币经济发展的真实反映。

（三）西夏钱币反映了西夏政治、经贸、文化的现实需要

西夏建国后，为了适应国内商业贸易迅速发展的需要，开始自己铸造货币。早在清代国内就有西夏钱币出土，中华人民共和国成立后，随着考古事业的发展，在宁夏、陕西、内蒙古等地多有发现。西夏钱币按质地可分为铜钱和铁钱，按钱币文字可分为西夏文钱和汉文钱。西夏钱币铸造数量不多，但多铸造精美，轮廓规整，书法秀丽，如天盛、光定、乾祐诸品俱佳。新出土的钱币中发现有"光定元宝"篆、真对品钱，尤为珍贵。传世的西夏年号钱以天盛年号钱居多，反映出当时的货币经济比较发达。考古发现的西夏窖藏钱币数量与品种都以宋代钱币为主，说明西夏境内主要流通宋钱，后期也使用金朝钱币。西夏铸天盛钱后，仁宗曾下令与金"正隆元宝"钱并用，说明西夏自铸钱币作为国内流通手段是不足的，需要经常使用邻国货币。也有用金、银或在以物易物的交易中以货币作为相互交换的等价尺度。

西夏铸币采用的文字不同，铸币的目的也不同。西夏文的年号钱多是为了纪念某一西夏国大事而铸造，如福圣宝钱是为庆祝毅宗立后，大安宝钱是为纪念惠宗亲政。

---

[1] 史金波. 西夏社会[M]. 上海：上海人民出版社，2007.

所以，汉文钱才是真正主要的流通货币①。

西夏早期铸币为西夏文字，是党项统治者意欲摆脱汉文化，推广西夏文，向辽示好、向宋示威的结果；中期铸币汉文、西夏文两种文字共用，一方面取决于与辽、宋关系的好坏，另一方面则缘于统治集团内部蕃、汉势力争斗时哪一方占上风；晚期铸币全面采用汉文铸钱，是在与金、南宋三足鼎立过程中，商品经济发展，铸币完全成为流通手段的结果。

---

① 王俪阎. 从西夏铸币看西夏与宋辽金关系［M］. 中国历史文物，2008（6）：37-42.

西夏褐釉剔花瓶

◉ 鄂尔多斯市博物院　白林云[*]

内容提要：瓷器作为中国古代最伟大的发明之一，有着辉煌的历史，各个时期各个地方百花齐放，精彩绝伦，蕴含着中华优秀传统文化，书写了中国古代各民族之间互相学习、互相融合的历史进程。鄂尔多斯市博物院所藏西夏褐釉剔花瓶，是一个时期中华大地上民族融合的见证者。研究西夏瓷器的器型、工艺、烧制方法、纹饰等信息，从中探寻各民族之间互学互鉴互融的细节，有助于传承中华优秀传统文化，铸牢中华民族共同体意识，增强文化自信。

关键词：瓷器　西夏　鄂尔多斯市博物院　海棠花

　　瓷器是中国古代最伟大的发明之一，它起源于夏代，目前发现最早的瓷片出土于河南偃师二里头夏代遗址中，福建永春介福乡苦寨坑窑址出土的夏代青瓷瓷豆的残片，则代表了早期瓷器的起源。瓷器也是汉代以来我国先民的主要生活日用器皿，历代瓷器遗存很多，其中不乏精品、名品，代表了各个历史时期的手工业水平，承载着各个时期文化。西夏瓷器处于中国瓷器发展史上名窑林立的宋、辽、西夏、金历史时期，全国各地纷纷兴起很多窑址，河南的汝窑、钧窑、哥窑，浙江的官窑（也有说龙泉窑）和河北的定窑是北宋五大名窑。这一时期不再仅是独立的窑址，重要的窑场影响附近的窑形成了一个个具有明显技艺风格的体系，形成窑系，在主窑址附近分布着一系列窑址。西夏瓷器类型和生产工艺受晚唐、五代以来中原地区瓷器影响，尤其宋北方定窑系、磁州窑系、耀州窑系和辽瓷的影响较大。西夏

---

　　* 白林云（1980—　），内蒙古自治区鄂尔多斯市东胜区人，大学本科学历，鄂尔多斯市博物院文博馆员，研究方向：历史、文物、智慧博物馆。

瓷器作为众多瓷器体系中的一个分支，大约在西夏建国初形成了自己的装饰手法、风格和器物类型的完整体系[①]。

西夏瓷器釉色种类丰富，现存瓷器中褐釉、白釉、青釉和黑釉数量较多，也发现为数不多的姜黄釉和茶叶末釉瓷器。西夏瓷器普遍瓷胎较粗，以浅黄色较多，其上施一层白色化妆土，最后在化妆土上施白釉，釉面不是特别光泽，有裂纹出现；黑釉瓷器一般釉层较厚且光泽明亮。

西夏瓷器的器型种类很多，以生活器具为主，有碗、盆、盘、罐、瓶、壶等器型。其中碗和盘两种类器物的数量最多，瓶、盆、罐和扁壶等器型的数量不多。各种器型的装饰也各有风格：碗和盘的外壁仅在口沿部分施釉，也发现有内壁有褐色梅花点纹或刻花装饰的碗和盘，但数量十分稀少；盆是较常见的生活器具，大体可分为斜壁和曲腹两类，内外多装饰不同釉色，如内壁青釉、外壁褐釉或内壁白外壁褐釉等，也有内壁刻划水波鱼纹等装饰者；瓶的形制有多种，最常见的是经瓶，也发现少量花口瓶、小口瓶、双耳瓶、净瓶、玉壶春瓶、深腹瓶等；出土数量不多的褐釉和黑釉扁壶，其他釉色扁壶很少见[②]。

鄂尔多斯市博物院收藏的西夏瓷器有很多都是精品，其中一件西夏褐釉剔花瓶极具有代表性（图一）。这件西夏褐釉剔花瓶在1986年发现于白圪针窖藏，该窖藏位于伊金霍洛旗红庆河乡政府所在地西北的白圪针村，故名白圪针窖藏。窖藏原本是为保持一定的温度和湿度，便于长期保存食物、酒类等而特意挖的地穴或半地穴。而鄂尔多斯发现的西夏窖藏多数是没有预先准备，匆匆掩埋了事。这种窖藏是当时一些大户人家为了躲避战乱，将珍贵的器物暂时埋入地窖深藏，准备返回故土再取出使用，但很多人一去不返，因而窖藏文物无意间留存至今，成为历史的见证。据考古专家分析，白圪针窖藏出土器物有瓷器、铁器、石磨等，这件西夏褐釉剔花瓶正是其中之一。

图一　西夏褐釉剔花瓶

花瓶通高约40厘米，在西夏褐釉剔花瓶中属于较大的一件，口径5厘米，属于小

---

① 杭天. 西夏瓷器［M］. 北京：文物出版社，2010：20-22.
② 高毅，王志浩，杨泽蒙. 鄂尔多斯史海钩沉［M］. 北京：文物出版社，2008：211-218.

口一类。口部由下向上内敛，短颈收束，斜肩坡度较缓，与颈和腹角度明显；瓶腹部以较平缓的弧度微微外鼓，鼓腹最大直径约16厘米；瓶底由外向内略微凹进，直径约9厘米。瓶外通体施褐釉，仅在肩部、底部各有一圈露胎。腹部剔花卉纹和几何图案，近底处刻划一只鹿，正在奔跑中衔花回首①。

这件西夏褐釉剔花瓷瓶使用了剔花装饰技法。剔花是传统陶瓷装饰技法中的一种，分为留花剔地和留地剔花两类。留花剔地就是在坯体上装饰一层化妆土，再在化妆土上划出纹饰，用铁刀、竹木刀或骨刀剔去纹饰以外的部分，将花纹留下，然后施釉烧制。而留地剔花则剔去花纹，与前者恰好相反。这件瓷瓶使用了留花剔地的方法，纹饰凸起，具有浅浮雕的效果。已经发现的西夏剔花瓷器以留花剔地为主，剔去纹饰外的空间，留有纹饰，纹路以剔刻花为主，有剔、削、刮三种技法。与宋瓷使用竹刀或骨刀剔刻，线条柔和平顺不同，西夏瓷以铁刀剔刻，形成了"刀刀见骨、刀刀见肉"的硬朗效果，成为西夏瓷的基本特色②。

西夏瓷器纹饰布局巧妙处理了整体与局部的关系，主体纹饰和辅助纹饰层次分明，纹饰间疏密有序，具有明显的艺术感，硬朗之外更显自然之美。从这种优美的曲线可以看出工匠挥洒自如、一气呵成的高超技艺。这件西夏褐釉剔花瓶，腹部剔刻海棠花叶，海棠花瓣是纹饰主体，位于画面中心，线条粗细均匀，弧度自然流畅，花茎与叶片的剔刻运刀较为随性奔放，不拘一格，茎粗细不均，也并不追求叶的完整，而是具有细节和写意的艺术风格。两组海棠花纹分布在瓶的两侧而并不对称，硕大的海棠花布满瓶的腹部，花瓣自由地舒展开。空隙间及沿边排列半圆形弧线装饰，上面装饰重叠的小花瓣。画面用比较细小简洁的单线条描绘叶子和枝茎，来衬托花朵的茂盛，突出花朵的重要位置。

海棠花通常在春季盛开，花朵娇嫩艳丽，深受古人的喜爱，不仅在家中养海棠花，还常常把海棠花作为吉祥纹样，装饰在生活物件上。因"棠"与"堂"同音，古人常用海棠花纹寓意"玉堂富贵""满堂平安"。海棠花纹也常见于古代门窗上，从屋里向外望去，通过海棠花纹，望眼欲穿，表达对外出亲人的思念和祈盼其平安归来的愿望。

瓷器主人装饰"海棠花"吉祥纹样，表达了他对美好生活的向往，这也是西夏地区学习中原文化，与中原文化融合的具体表现。随着历史的发展，吉祥纹样在各个历史时期表现出不同风格，这与当时社会的吉利祥瑞观念是密切相关的，但古人通常用动植物的音、形、意等表达"消灾纳吉"的精神需求，这点在各个历史时期和各个民

---

① 高毅，王志平．内蒙古伊金霍洛旗发现西夏窖藏文物［J］．考古，1987（12）：1091-1096．
② 张莉．浅析西夏灵武窑瓷器装饰纹样的艺术特征［J］．大众文艺，2013（4）：47-48．

族都是相同的。这些纹样体现出人们对美好生活的向往和追求，蕴含着丰富的思想情感和突出的艺术成就。宋、辽、金、西夏时期传统的吉祥纹样同样承载了各族劳动人民的精神和智慧，融合了西北少数民族文化和中原文化的特点。

中华优秀传统文化中，花卉纹有特别的寓意，如牡丹代表富贵，海棠代表思念，石榴代表多子多福……不仅是花卉纹、植物纹，动物纹也各有其寓意，古人用动植物的吉祥纹样来表达追求的福、禄、寿等美好愿望，如蝙蝠为"福"，鹿为"禄"，松和鹤为"寿"，用缠枝围绕四周代表这些愿望连绵不断、代代相传，等等。

瓷瓶近底处划一只鹿口衔鲜花，奔跑中回首向后，像是与谁在交流。古代关于鹿的故事很多，都有"禄"和吉祥的寓意，如东晋学者郭璞筑城"白鹿衔花"故事，古诗词里常出现"野鹿衔花"的诗句。中华传统文化中，不论东西南北，不论唐宋还是明清，各个地区各个时期鹿都是祥瑞、吉祥的代表。这件西夏褐釉剔花瓶的海棠花纹和鹿纹当然也代表了瓷器主人的美好愿望。

鄂尔多斯市博物院收藏的西夏瓷器与灵武窑烧造的瓷器相似性极高，专家推断属于灵武窑，至少属于灵武窑系。灵武窑，西夏崇仁、仁宗时期创烧，后一直沿用，历经元明几代。经长期发展，烧制技术日益提高，影响不断扩大，逐渐形成了具有地域特点和独特艺术风格的北方少数民族瓷窑体系。灵武窑从清代开始走向衰败，近代由于宁夏及周边其他窑场的兴起，渐渐退出了历史的舞台[①]。

西夏政权不断效仿中原政权建立健全各种制度，加速了封建化的进程。西夏文化是在吸收和借鉴汉文化的基础上发展起来的一种民族文化，是中华传统文化的组成部分。西夏瓷器作为西夏文化的重要组成部分，它所承载的历史文化，是中原和西夏政权，各民族之间交往融合的缩影。以这件西夏褐釉剔花瓶来说，受中原瓷系的影响，从器形到釉色，从装饰技术到纹样，都能看到耀州窑的影子[②]。

鄂尔多斯市博物院收藏了众多西夏瓷器，每件背后都蕴含着传奇曲折的故事，闭眼冥想，仿佛穿越千年回到了古代厮杀的战场。每次分析、研究这些器物，都是和历史的一次对话。由于党项族去世后有"毁瓷"习惯，目前发现的西夏瓷器很少，放眼全世界保存完整的西夏瓷也不足百件，完整的西夏瓷器就显得极其珍贵。留存至今的西夏瓷基本以"窖藏"发现为主，千年前的神秘王朝正在以另一种方式出现在人们的生活中。

鄂尔多斯地区已经发现较多西夏时期的城址、遗址、窖藏和墓葬等。其中窖藏有11处，比较典型的有1949年发现于准格尔旗的那林镇窖藏，1979年5月发现于鄂托克

---

① 彭善国. 西夏制瓷手工业述论［J］. 内蒙古文物考古，2009（1）：110-117.
② 王志浩. 准格尔旗发现西夏窖藏［J］. 文物，1987（8）：91-96.

旗的二道川窖藏，1982年发现于达拉特旗的新民渠窖藏，1982年发现于准格尔旗的敖包渠窖藏，1985年发现于伊金霍洛旗的白圪针窖藏，1986年发现于伊金霍洛旗的瓦尔吐沟窖藏，1987年发现于乌审旗的陶利苏木窖藏，1995年发现的位于东胜的板洞圪旦铁钱窖藏等。这些窖藏出土了西夏瓷器、铁器、钱币等十分珍贵的文物，这些文物承载着历史上各民族之间互相学习、交流、传承、融合的信息，具有重要的历史文化研究价值，有助于研究中华优秀传统文化的传承，铸牢中华民族共同体意识，为实现中华民族伟大复兴提供文化支撑。

伊克昭盟盟长印探析

 鄂尔多斯市博物院　乔丽娜*

内容提要：伊克昭盟盟长印是清王朝对蒙古鄂尔多斯部实行统治政策的实物资料，是盟旗制度的直接产物。本文从虎钮印的意义、满蒙文字合璧的印文特点两方面介绍了伊克昭盟盟长印，重点阐述了印章背后的民族政策——盟旗制度。同时，解读清政权如何安抚怀柔蒙古民族，以达到北部边疆稳定的局面。

关键词：伊克昭盟盟长印　虎钮　满蒙合璧印文　盟旗制度

　　伊克昭盟盟长印是珍藏于鄂尔多斯市博物院的国家一级文物，该印是清王朝时期在鄂尔多斯地区实行盟旗统治政策的实物资料。在博物馆的蒙古族历史展厅中，一排银质的虎钮方形大印整齐地蹲坐在展柜内，虎虎生威，庄重威严，吸引着无数游客驻足观赏。虎钮大印共7枚，居于正中的是伊克昭盟盟长印，其他6枚为札萨克印，札萨克为蒙古语，即旗长印。这7枚虎钮大印反映了清代鄂尔多斯的行政建制。

　　7枚印章均为方形，银质，钮部均为虎的造型，呈蹲状，虎身有纹饰，粗壮的尾巴一直盘踞到背部。虎生性凶猛，虎钮大印更能显示其威严。虎钮印最早出现在明代，主要颁发给掌握兵权的将军使用，清朝沿袭了明代使用虎钮印的意义，将虎钮大印颁发给各札萨克。掌管札萨克印的旗长领地内的属民，一旦有了战争就得跟随旗长出征打仗，所以旗长不仅是该部落的领主，也是该部落军队的领导，因此，这些札萨克虎钮大印具有军事领导的意义。

---

　　* 乔丽娜（1983— ），内蒙古自治区鄂尔多斯市达拉特旗人，本科学历，鄂尔多斯市博物院文博馆员，研究方向：历史、文物保护。

一、盟长印概况

盟长印印部呈正方体，高3厘米，印面四周设朱文边框，印文以满、蒙两种文字镌刻，满文居左，蒙文居右，朱文汉译为"伊克昭盟盟长印"。印章的虎钮两侧及前、后、左、右侧面上分别刻有汉、满、蒙文"伊克昭盟盟长印""乾字壹百拾捌号""乾隆拾叁年四月制""礼部造"等铭文。该印是清王朝授予伊克昭盟盟长的印信（图一）。

图一　伊克昭盟盟长印

盟长印印文采用了满蒙两种文字，这在历代少数民族统治政权中是前所未有的。如西夏统治时期，印章的印文只有西夏文；元统治时期，印章印文为八思巴文。这些少数民族统治政权下的印章只刻有本民族的文字，具有一定的局限性。而清朝政权不仅对蒙古族实施双文印章政策，对于回族、藏族等边疆少数民族同样颁发了满文与相应少数民族文字合璧的印章。在这些印章中，满汉合璧的印章最多，这是因为清朝政权虽是少数民族建立的政权，但统治区域内是以汉族百姓为主体的，所以在清朝官印中多见满汉合璧的印章。这种双文合璧的印章一般都是满文居左，其他民族文字居右。清王朝在官印上采用的满文、汉文、蒙文等多民族文字合璧方式，既显示了自己的满族统治地位，又兼顾其他民族的需求，这是其他朝代所没有的，是独具特色的。这既有利于清王朝与各民族的沟通，又体现了清王朝的民族融合政策，同时彰显了满清政府的大国胸怀和包容性。

二、盟长印背后的文化分析

清王朝是由居于我国东北部的女真族建立的政权，天聪九年（1635年）皇太极后改女真族为满族，因此称满清政权。早在清入关以前，女真族就与蒙古游牧部落通过联姻、招抚等方式建立了隶属关系。在满清政权建立初期，很多反清势力崛起，女真族联合蒙古游牧部落将反清势力一一镇压，蒙古游牧部落为清朝的建立立下了汗马功劳，与清政权建立了深厚的友谊。1624年，漠南蒙古部落科尔沁、扎鲁特、巴林、敖汉诸部等先后投附了后金，1634年鄂尔多斯部首领额璘臣也率众归附，至此漠南蒙古绝大部分都归顺了清。

清王朝从偏居一隅到统治全国，遭到很多反对者的侵扰，因此清朝入关后在巩固自己的统治地位上从不马虎，相关政策不断细致深化。崇德元年（1636年），皇太极设立了专门处理蒙古事务的蒙古衙门[①]。随着归顺清朝的蒙古部落数量及相关事务的增多，崇德三年（1638年）为加强管理蒙古事务，清政府撤销蒙古衙门，设立了专门处理民族事务的理藩院。顺治十八年（1661年），再将理藩院升格为与兵、礼、吏、户、刑、工六部并列中央组织机构地位。可见满清政府对蒙古族及其他边疆少数民族统治的重视，会适时进行相应的机构改革，以满足不断发展的民族事务需求，达到社会和谐的局面。

具体实施政策上，清王朝首先在漠南蒙古部落实施了盟旗制度。鄂尔多斯部作为漠南蒙古部落的一支，也是实践盟旗制度的先驱，伊克昭盟盟长印就是最好的见证。盟旗制度是清朝为更好地统治北方蒙古民族而实行的民族统治政策。该制度是在蒙古部落原有的基础上，将其划分为多个旗，分而制之；并在旗之上设立盟，让就近的几个旗按规定时间举行会盟。盟旗制度中第一个方面就是建立旗，划分各旗游牧边界。清廷把以前的蒙古大部落分成几个或更多个小旗，授以原来蒙古部落领主王公等封号，

[①] 梁冰. 鄂尔多斯通史稿［M］. 呼和浩特：内蒙古大学出版社，2009：550.

令其世袭统治新划分的旗。每旗设札萨克一员，即旗长一职，总理本旗事务。为明确鄂尔多斯各旗划定的地理范围，清朝皇帝还专门颁布了画在白布上的七旗地图。顺治六年（1649年），清廷将鄂尔多斯部划分为6个札萨克，乾隆元年（1736年）又增设一札萨克，共为7个札萨克，分别为：鄂尔多斯左翼前旗（准格尔旗）、鄂尔多斯左翼中旗（郡王旗）、鄂尔多斯左翼后旗（达拉特旗）、鄂尔多斯右翼前旗（乌审旗）、鄂尔多斯右翼中旗（鄂托克旗）、鄂尔多斯右翼后旗（杭锦旗）、鄂尔多斯左翼前末旗（札萨克旗）。同时重点划定各旗的区域、方位，对草原面积、人口数量、区域界线等都进行明确划分，将人口圈定在各旗范围内。各旗领主均由蒙古贵族担任，清廷给这些王公贵族封官、赐地，让他们世袭享受。

　　清廷对蒙古各部如此组编，并不是简单的划分，其用意是极深的。剽悍尚武的蒙古民族在元代战无不胜，版图扩大到西欧，其历史上的强势、好战让清廷早早树立了防患意识。清廷统治者们经过深思熟虑，将原有的蒙古大部落划分成多个旗，并给每个旗划定界限，这样就使逐水草而居的游牧民族固定下来。同时，明令规定旗与旗之间不能相互走动，不可随意越界，有效防止了游牧部落私自扩大范围、增加势力，减少了部落之间因牧地范围引起的争夺，从而有效维持了秩序。最终将鄂尔多斯部化整为零，分散、削减了蒙古民族的力量，防止他们联合起来进行反清运动。盟旗政策表面上是给了各蒙古部落领主许多恩惠，各领主原有的封地、封户都不变，还给予他们官职，按爵位高低领赏俸银，将其统领于清廷之下，在绝对拥戴清朝统治的前提下，尽可能满足他们的物质需求，给予他们优越待遇。蒙古贵族也沉迷于这种享乐，斗争意识被逐渐瓦解。

　　盟旗制度中第二个方面就是定期会盟，若干邻近的旗可划为一个盟，每三年举行一次会盟，盟长由各札萨克旗长中选任。盟长不干预各旗的事务，只是定期会盟的组织者，也是清廷与各札萨克之间的中间人，实际上盟长之职并没什么实权。从印章来看，盟长印的虎钮也并没有札萨克印上的威猛霸气。清廷另外派出参加会盟的钦差大臣或理藩院官员，才是整个会盟的焦点。

　　会盟也是便于清朝统治的一个策略。各旗不得随意会盟，而应按照清廷规定的会盟时间和会盟地点进行，各札萨克及盟长不可随意决定。这些都是杜绝蒙古部落之间自由走动、联合的手段，各札萨克之间的联系只能在清廷的监督之下用会盟来进行，可谓防控政策深入细化到了方方面面。会盟也是为了定期审查监督各旗的人口数量，尤其是壮丁数量，以备清朝战时之需，令各札萨克率兵出征；另外还能核查土地数量，以防各旗私自扩大游牧范围，增加部落势力。通过会盟实现对各札萨克的实际控制，以防有变数，是会盟的根本目的。

三、小　　结

伊克昭盟盟长印是清王朝统治蒙古少数民族的见证，弥足珍贵。伊克昭盟盟长印中的伊克昭为地名，按照盟旗制度，六旗第一次会盟选在了伊克昭，因此被称为伊克昭会盟。选择在此地会盟也是有历史原因的，当初鄂尔多斯部进入河套时，是由今萨拉齐南的高龙渡口渡过黄河的[①]，为纪念这一重大历史事件，在那里建了一座规模宏大的召庙——伊克昭。"伊克"为蒙古语"大"的意思，"昭"为蒙古语"庙"的意思，伊克昭的名称由此而来。这座大庙就在今达拉特旗王爱召。当时"八白室"也供奉在这座庙的附近，鄂尔多斯部每年祭祀"八白室"的重要仪式都在这里举行，因此伊克昭便成了各旗会盟的首选之地。

伊克昭盟盟长印见证了清朝对鄂尔多斯地区蒙古民族的统治政策，也是研究清朝对北方蒙古民族统治政策的实物资料。该政策从根本上削弱了蒙古族的势力，使其无力与清廷抗衡，稳定了清朝的北部边防，也为清朝处理其他边疆少数民族问题提供了很好的经验。这些政策的实施，有效维护了清朝的统一，促进了民族团结。康熙皇帝曾两次巡幸鄂尔多斯，都留下了很好的印象，说："此地人都很有礼貌，各旗和睦、无偷盗、牲畜繁盛。"这样的民族大团结大融合的局面，依然值得今日借鉴。

[①] 梁冰. 鄂尔多斯通史稿［M］. 呼和浩特：内蒙古大学出版社，2009：550.

博物馆探索

以调研群众文化需求为基础试析鄂尔多斯博物馆发展新途径

鄂尔多斯市博物馆  王萍萍 孙 瑞[*]

内容提要：博物馆公共服务效能的提升与转变，归根结底是以更好地服务于人民和满足人民日益增长的精神文化为最终出发点和落脚点的。党的二十大报告指出："繁荣发展文化事业和文化产业，坚持以人民为中心的创作导向，推出更多增强人民精神力量的优秀作品，健全现代公共文化服务体系，实施重大文化产业项目带动战略。"为更好地落实党的二十大报告中关于文化发展的若干指导意见，特以鄂尔多斯博物馆为研究标本，通过详细梳理和分析鄂尔多斯博物馆运行11年以来的观众调查问卷和社会调研数据，力争通过这些直接反映人民群众精神文化需求的信息，找准博物馆在公共文化服务过程中存在的问题症结，找出群众反映集中的服务短板缺项，找全新时代博物馆发展的基本要素。以问题为靶向，以服务人民为宗旨，提出可行性完善方案和整改措施，力求探索出一条符合鄂尔多斯博物馆自身发展运行的新模式、新途径。

关键词：观众调研 文化需求 整改措施

一、鄂尔多斯博物馆发展情况简述

鄂尔多斯博物馆始建于2006年5月，2012年5月正式投入运行，总占地面积27760

---

[*] 王龙（1978—2023），内蒙古自治区鄂尔多斯市准格尔旗人，在职研究生学历，大学本科学历，鄂尔多斯博物馆馆长、文博副研究馆员，研究方向：鄂尔多斯历史、革命史。
王萍萍（1982— ），内蒙古自治区鄂尔多斯市达拉特旗人，大学本科学历，鄂尔多斯市博物院文博馆员，研究方向：历史、文物、民俗、宣教。
孙瑞（1984— ），内蒙古自治区鄂尔多斯市伊金霍洛旗人，大学本科学历，公共管理学硕士，鄂尔多斯市博物院文博馆员，研究方向：历史、文物。

平方米，建筑面积41227平方米，为地下一层、地上四层、局部八层的综合性博物馆。通过近11年的发展，馆藏文物达到4万余件（套），年平均接待观众量平均突破38万人次，累计接待观众量超过389万人次；累计接待社会各界团体6572个，累计开展各类社会教育活动370余场；累计举办各类展览66个；累计出版发行各类学术专著7部，发表专业论文360余篇；多媒体发布各类短视频、宣传片131个，累计点击量突破1600万次。先后获评"全国文化志愿服务工作优秀单位"、"内蒙古自治区文物工作先进集体""内蒙古自治区第一次全国可移动文物普查先进集体""内蒙古自治区第六批社会科学普及基地""第五届全国文明城市工作先进单位""自治区级科普示范基地""鄂尔多斯市民族团结进步教育基地"等荣誉称号。

二、博物馆观众基本文化需求调查分析情况

（一）观众调查的研究形式

1. 调查的主要方式

（1）馆内常规问卷

主要从服务、讲解、环境、安保这四个方面有针对性地进行调查，提取观众有效建议，从而提升博物馆的服务水平。

（2）展览情况问卷

主要通过对讲解、参观感受等方面的调查，了解观众对鄂尔多斯博物馆精品展览的满意度和展览需求。

（3）全年节点调查

主要以春节、劳动节、清明、端午、中秋、国庆节等全年6个法定节假日为主线，调查参观者的来源地、对鄂尔多斯文化的期望值和感知度，以及对展览形式、展览内容、展览规模等的意见建议，并形成有效的信息数据库，以指导今后工作的开展。

（4）临时展览

进一步了解观众喜欢何种特色展览，以及对外交流时的文化需求、参观心理和行为方式，为鄂尔多斯博物馆今后举办有特色、有创新，贴近人民群众的临时展览提供客观评估。

（5）流动博物馆调查

从提供藏品鉴定、主题活动、宣传服务等几个方面对观众进行调查，进一步了解基层观众对博物馆认知度的变化趋势。

2. 调查信息主要来源

常见的观众调查有问卷调查、观众留言簿、观众座谈会等形式。

3. 问卷调查的一般程序

设计调查问卷，选择调查对象，分发问卷，回收和审查问卷，最后对问卷调查结果进行统计分析和理论研究。

（二）对观众需求抽样数据的分析与研究

此次调研主要是抽取鄂尔多斯博物馆2019—2021年三年间的观众问卷调查数据进行梳理分析，选取有效样本共计2017个，主要采用随机抽样方式进行，调研对象包括以家庭为单位的观众、零散观众、旅游团体和学生团体等，其中又以零散观众为主。

1. 观众的背景资料分析

（1）观众年龄

已收集资料的统计结果显示，鄂尔多斯博物馆观众年龄结构是：以"19—40岁"的青年、中青年观众占比最多，达到67.51%；"18岁以下"的未成年观众其次，占比15.38%；"41—60岁"的中年观众较少，占比14.79%；而"60岁及以上"的老年观众占比最少，仅占2.32%（图一）。所以，在受调查的观众中以年轻人居多。

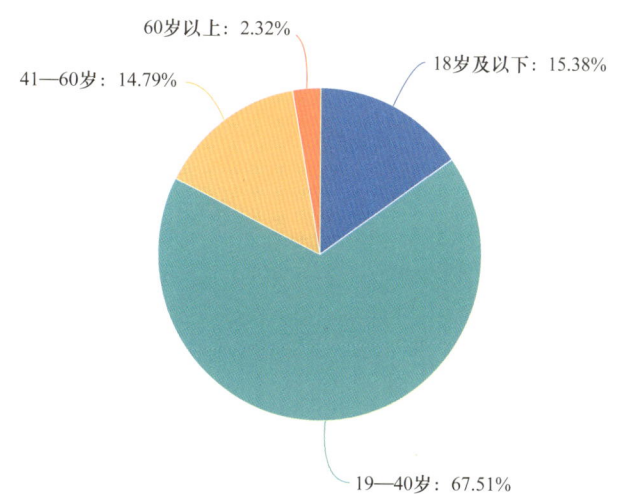

图一　鄂尔多斯博物馆2019—2021年观众年龄构成

（2）观众性别

在受调查观众的性别结构方面，女性观众的比例是51.16%，男性观众的比例是48.84%，女性略多于男性（图二）。这与调查过程中女性更愿意配合调查也有一定关系。

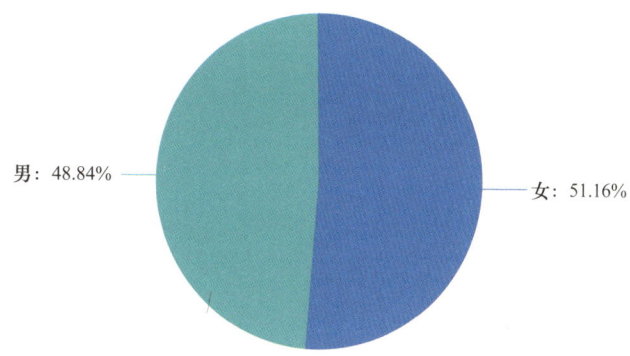

图二　鄂尔多斯博物馆2019—2021年观众性别构成

（3）观众的文化程度

从受调查观众的文化程度来看，大多数观众都受过良好的教育，其中本科学历最多，占比46.9%；其次是高中及以下学历，占比25.02%；大学专科的观众占比21.06%；研究生及以上的学历占比7.02%（图三）。

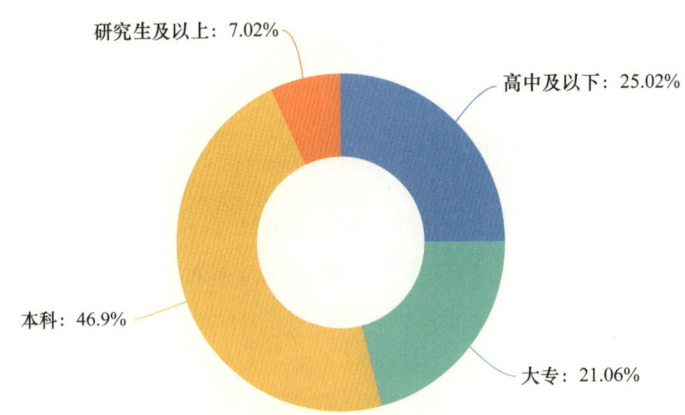

图三　鄂尔多斯博物馆2019—2021年观众文化程度构成

（4）观众从事的职业

在受访观众中，占比最高的是学生，占比25.62%；其次是选择其他类型工作的，占比18.89%；其他行政事业单位公职人员占比15.38%；从事教育类工作者占比12.55%，自由职业者占比10.75%；占比较少的是离退休人员，从事工商业、军警、文旅行业和农林渔牧业人员，分别占比4.56%、4.34%、4.03%、2.54%和1.34%（图四）。

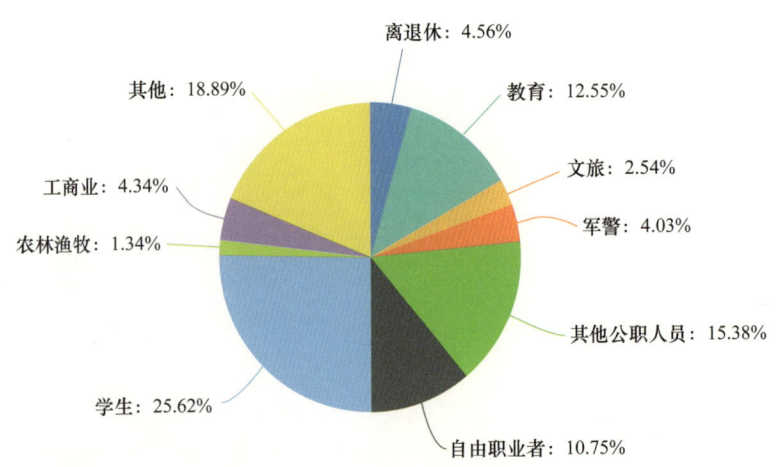

图四　鄂尔多斯博物馆2019—2021年观众从事的职业构成

结合观众的文化程度和从事的职业这两项调查结果，我们可以得出文化程度为大学本科和职业状态是学生的比例偏高，这一结论与我们的调查对象多倾向年轻人不无关系。公职人员和学生更愿意也相对更有时间到博物馆参观。而对于占比较少的从事农林渔牧的人员和军警，更多可能是因为没有那么多的时间主动到博物馆参观。这于这些群体，博物馆可以采用走出去的方式为他们提供服务。

（5）观众的地域分布

从受调查观众的地域分布来看，来自本市的观众最多，占比45.18%，其次是省外观众，占比30.62%，来自本省其他地区的观众占比23.75%，港澳台地区占比0.23%和国外占比0.22%（图五）。

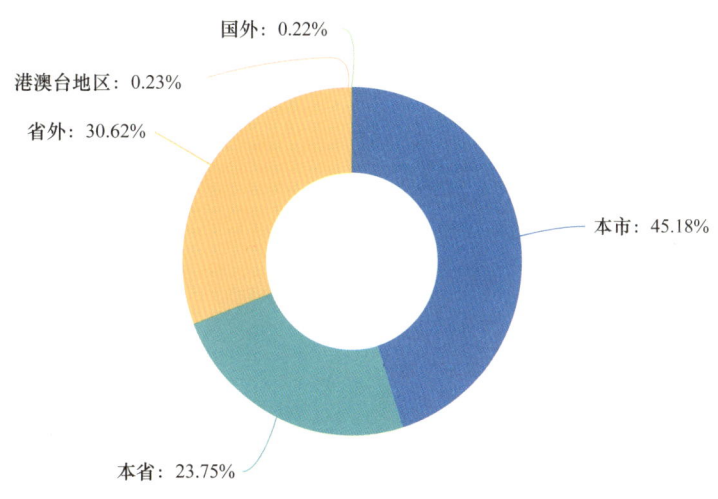

图五　鄂尔多斯博物馆2019—2021年观众的地域分布

2. 观众行为、心理等主题内容分析

鄂尔多斯博物馆的自身形象如何、服务质量如何等，以及社会大众对博物馆的兴趣、对参观博物馆的心态、对博物馆的参与度以及对博物馆知识的了解程度如何等，都决定着今后鄂尔多斯博物馆事业的发展。因此，对上述信息的了解，是我们的调查问卷第二部分内容的主要任务。

（1）观众参观博物馆的主要目的

在受调查的鄂尔多斯博物馆观众中，对于"您来博物馆的目的"这一题目的选择（本题为多选题，选择也比较多样化，且选择相对比较均匀），频率比较多的是带孩子增长见识，占比42.2%；其次是对博物馆感兴趣，占比40.1%；慕名前来的占比37.79%；比较感兴趣的展览占比35.92%；休闲放松占比30.92%；选择其他原因的占比4.71%，其中不乏有观众（带有孩子）表示他们的目的就是教育孩子（图六）。

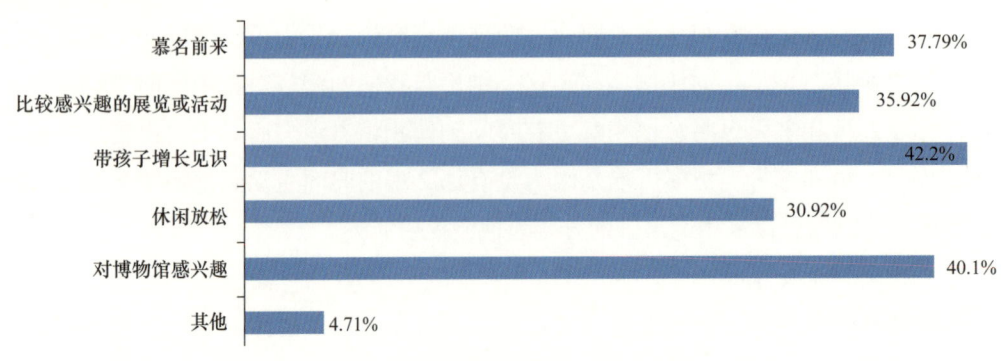

图六 观众参观博物馆目的统计图

（2）到鄂尔多斯博物馆参观的频率（次数）

在"你这是第几次到访鄂尔多斯博物馆"的调查中发现，第一次到鄂尔多斯博物馆的观众最多，占比59.3%；其次是三次及以上的观众，占比30.17%；第二次参观的占比10.53%（图七）。从调查结果来看，每年依然有大量的新观众走进博物馆，同时也有许多重复到博物馆参观的观众，如何吸引观众再次走进博物馆，如何让多次到博物馆的观众有新的收获和体验，是博物馆需要长期探索的方向。

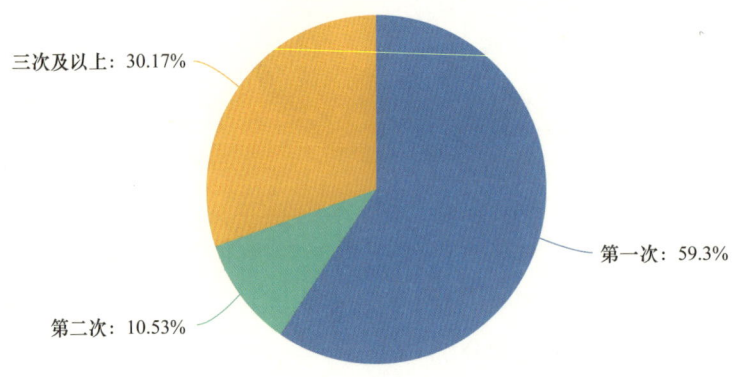

图七 观众参观博物馆频次分布图

（3）鄂尔多斯博物馆观众对博物馆的兴趣点

我们通过对问卷中设置的"您印象最深刻的展览是"这一可多选题目进行调查发现，观众的选择主要集中在博物馆基本陈列。选择频率最高的是"鄂尔多斯古生物展"，占比69.9%，其次是"鄂尔多斯古代史陈列"占比57.65%；选择临时展览的占比16.21%；最后觉得"没有感兴趣的展览"的选择占比0.97%（图八）。

（4）到博物馆参观的方式

在受调查的鄂尔多斯博物馆观众当中，选择自助游的观众最多，占比高达72.67%，学校组织、单位组织、随团旅行和其他选择占比分别是9.26%、5.6%、2.91%和9.56%（图九）。

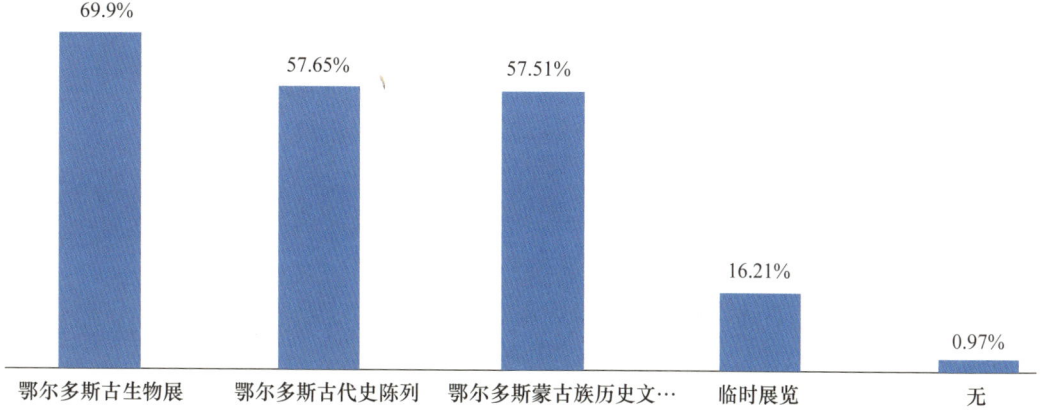

图八　观众参观博物馆兴趣点统计图

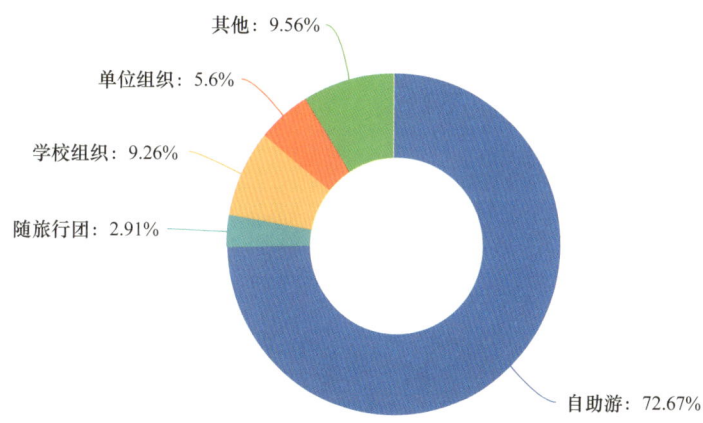

图九　观众参观博物馆方式分布图

（5）参观之前会通过哪种方式了解鄂尔多斯博物馆信息

本题为多选题，在受调查的鄂尔多斯博物馆观众中，选择"参观之前不做了解，直接到博物馆参观"的观众居多，占比48.1%；通过博物馆官方网站了解信息的占比30.17%；通过官方微信平台了解的占比28.08%；通过抖音、快手等短视频软件了解的占比20.01%；通过新闻、报纸等传统媒体了解的占比19.64%（图十）。

3. 观众满意度分析

（1）对于博物馆的整体印象满意度的分析

对于博物馆的整体印象满意度，选项分为满意，一般和不满意三种。其中，选择满意的占比96.49%，一般的占比3.44%，不满意的占比0.07%（图十一）。

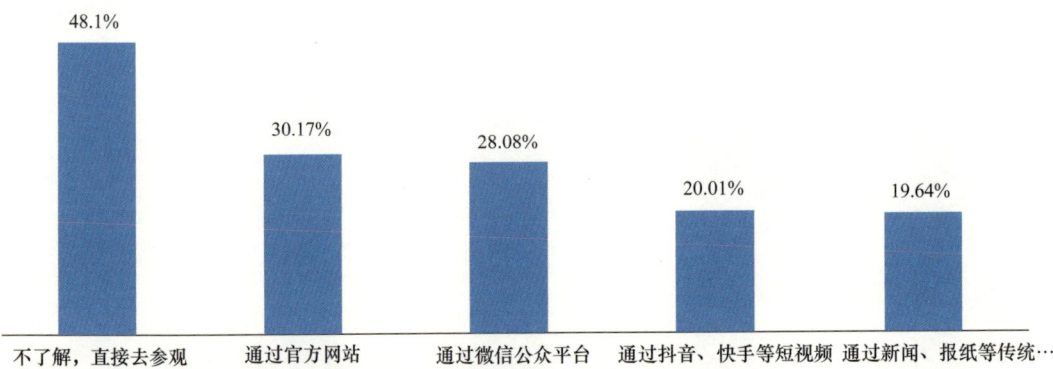

图十　观众了解博物馆信息渠道统计图

（2）对于博物馆的参观环境满意度的分析

对于博物馆的参观环境满意度，选择满意的占比96.86%，一般的占比2.77%，不满意的占比0.37%（图十二）。

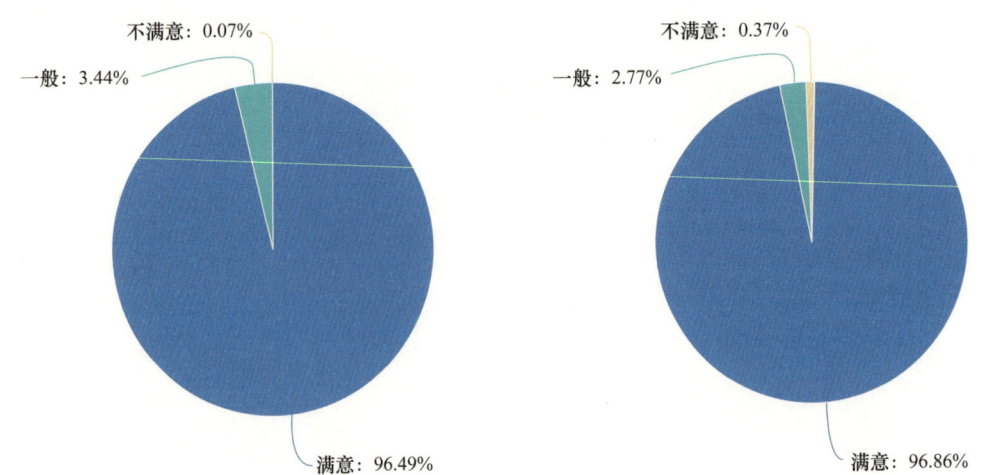

图十一　观众对博物馆整体印象满意度分布图　　图十二　观众对博物馆参观环境满意度分布图

（3）对于博物馆的展览满意度的分析

对于博物馆的展览满意度，选择满意的占比95.29%，一般的占比4.26%，不满意的占比0.45%（图十三）。

（4）对于博物馆的服务满意度的分析

对于博物馆的服务满意度，选择满意的占比95.74%，一般的占比3.96%，不满意的占比0.3%（图十四）。总体来说，观众对博物馆的服务还是满意的，为观众提供高品质服务也是博物馆一直追求的目标。

（5）对讲解工作是否满足观众基本文化需求的分析

鄂尔多斯博物馆现有的讲解方式有三种：专业讲解员讲解，志愿者义务讲解和语

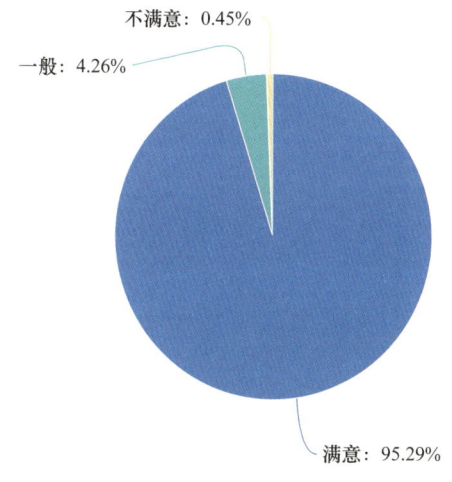 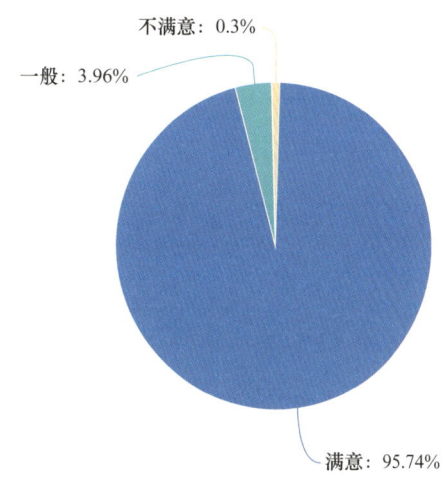

图十三　观众对博物馆展览满意度分布图　　图十四　观众对博物馆服务满意度分布图

音导览机机器讲解。专业讲解员讲解和志愿者义务讲解的不同之处在于前者讲解水平一般来说高于后者。喜欢专业讲解员讲解的观众比例远比喜欢志愿者义务讲解的观众高得多。这说明在博物馆的讲解方式中，观众更乐意于交互式的讲解，对讲解员的素质也有一定的要求。随着科技的发展，人们可能会开发出更多的更具有人性化的讲解方式，但这无论如何也不可能取代人工讲解员，智能讲解设备只是为观众提供更多的选择。

（6）对鄂尔多斯博物馆发展的看法与意见的分析

综合接受调查观众的看法和意见，大致分为两个方面：

一是对于展览内容的意见。不少观众认为博物馆的展览内容应更加丰富，形式更加生动。数字化场景较少，展览更新不及时，互动项目不多，展览设施陈旧，地方民族特色不突出。

二是对于博物馆环境、讲解的意见。空间部分装饰墙面污染较重，导视系统不清晰，WiFi使用不畅，讲解人员的水平还有提升空间。

（7）博物馆的咨询、建议、投诉、电话服务热线等措施

在宣教部服务中心对游客意见和建议的汇总中，我们发现游客常见咨询问题有如下几类：

"哪些公交车能到鄂尔多斯博物馆？"

"去鄂尔多斯博物馆自驾停车方便吗？"

这些咨询问题间接说明，博物馆宣传力度不足，目标群体研究不多，宣传方式单一，博物馆知名度不够。

三、群众调查梳理出的主要问题及原因分析

基于鄂尔多斯博物馆近3年的观众调研数据整理和详细分类分析，制约鄂尔多斯博物馆提升效能、强化服务、扩大宣传、增加互动、增强产业联动的主要因素集中在以下几个方面：

（一）宣传平台不多，对目标群体研究还不足，形式较为单一

1. 对大众社会宣传的权重性认识不足，一味地把展览展示中的大纲审定、装修布展等流程工作作为博物馆陈列的重要业务来抓。再者，宣传配置的人力、物力、财力又十分有限，且长年累月的工作经验认为宣传工作只是配合展览展陈的一项具体工作，与展陈布展之间的主次分化太过悬殊，宣传职能只停留在现场接待和讲解层面上。

2. 群众性宣传投入不高，力度不强，时间不持续，媒体应用不合理，没有形成多辐射面、多方位、多群体的宣传网络。

3. 由于缺乏对整体社会观众的深入研究，不了解观众的审美趣味与文化心理、欣赏水平及知识积累等特征，在宣传中缺乏"有的放矢"的把控性。

4. 没有专业且熟悉信息传达技术的专职人员。

（二）固定展览更新较慢，对外交流展偏少，地域特色略显不足

鄂尔多斯博物馆的固定陈列展览已经开放近10年，受到当时展陈技术、策展能力等因素的制约，目前来看这些固定展览仍然缺少时代属性和地域特色。展览核心思想提炼还显不足，往往存在依规守旧，专业术语使用过多，内容艰涩枯燥的通病。近年来，受新冠肺炎疫情的影响，每年引进的展览只能维持在2—3个，且受资金限制，一般引进的展览层次不高、规模不大，以图版为主，实物偏少，讲解缺环，限制了展览的吸引力。

（三）功能服务与时代发展不相适应，现代信息技术应用还有不足

目前鄂尔多斯博物馆功能服务还不健全，在信息技术应用方面还显不足。如在建筑功能服务上，观众时常诟病的导览系统指示不准、混乱重复、视觉不清，导致观众走弯道、常迷路、断层式参观和个性需求得不到解决的问题时有发生；加之藏品空间与科研空间割裂，办公与业务功能区区分不明确，在管理层面付出了极大的时间成本和人力成本。此外，通过社会化调研发现，鄂尔多斯博物馆作为国家一级博物馆，到目前还未实现公共展览区的WiFi全覆盖；实施多年的手机终端自主讲解系统由于系统

和维护等技术原因处于时断时续的状态；信息互动体验区和影音营造区由于专业人员缺乏和技术力量不足，使用不久后便黯然退出服务。以上这些问题，势必直接或间接地影响到了鄂尔多斯博物馆整体效能的发挥，制约着博物馆的长期发展。

（四）文化相关产业联动性差，相关教育新业态更进较慢

现代化博物馆已完全改变了以往"三部一室"的简单管理模式和职能分工。其教育功能不断扩展，博物馆正肩负起更多的社会和文化产业功能。就目前来看，鄂尔多斯博物馆与其他一级馆之间存在着不小差距。首先就基本服务来看，缺少茶室、咖啡厅等功能服务；从延伸服务角度来看，依托展览进行的文化历史演出和文化互动影厅及4D呈现技术的氛围营造等手段和设施还没有实现。同时，受公益性项目的均等化、公益化的影响，目前通过研学游进行的定制化中小学课程依然处于"犹抱琵琶半遮面"的状态。不难看出，这些项目的缺失和不完善，常被观众视为影响社会化宣传教育的重要功能缺陷，导致观众对服务好感度降低，互动变少，失去了观众与博物馆的黏度值。

（五）人才引进渠道较窄，人员创新思想转变较慢

近年来随着博物馆设备设施、管理制度的逐渐发展，必然要求博物馆实现管理现代化，而现代化博物馆必然要求知识前沿化、管理先进化、业务中心化、思路时代化，归根结底就是要人才有现代的思维、创新的突破。

以鄂尔多斯市博物院为例，目前共有在编职工74人，其中本科及以上学历人数占82%，副高级及以上职称16人，但整体专业知识水平仍有待提高，具备学术研究领军能力的学者型专家较少。加之近10年来，由于引进人才的渠道较窄，引进人才的政策性激励不足，未能及时有效地将具备现代管理思维和技术能力的年轻干部补充进来，这也间接造成队伍活力和创新能力较低的问题，制约了博物馆现代化管理体系的引进与消化。

（六）专业研究优秀成果不多，成果转化效率较低

自开馆以来，几经整合的鄂尔多斯市博物院陆续出版了《鄂尔多斯文物考古文集》《鄂尔多斯通史陈列》《黄河从草原上流过》《鄂尔多斯长城》等14本专著，全员干部职工发表各类业务研究文章300余篇。从数量规模来看，其实都花费了不少人力、物力、精力，不可谓不重视、不努力。但通过分析比对，大多数出版图书都是依托展览编撰而成，真正在学术研究上取得成果后进行展览转化的却不多。这些都说明鄂尔多斯市博物院的学术研究相较于发达地区还略显不足，研究方向还不够清晰，专业展览类课

题研究能力依然不高，致使成果转化的效率也不快。

四、新时代博物馆为民服务的整改提升及应对措施

（一）着眼扩大宣传，提升社会职能

1. 重视宣传对象：锁定主流群体，进行有针对性的宣传，以吸引主体观众的眼球。博物馆观众的主流群体大致可分为如下四种：

（1）中小学生群体。调查数据表明，学生群体已成为博物馆最主要的观众群。对这部分观众的宣传，应将侧重点放在展览内容上。应让学校的老师知道，博物馆可以使许多课本上的知识具象化，通过参观展览，学生可以亲身体验，获得感官上的认识。

（2）成人集体观众。这部分观众主要来自政府机关和企、事业单位，构成复杂，有一定的知识储备，到博物馆参观目的性强，一般选择关注度较高的弘扬主旋律的展览。我们在宣传上要瞄准时机，抓住可预见性的内容，及时举办展览，主动到各单位预约参观时间，设立参观咨询服务；还可就重大纪念日组织这部分观众到博物馆参观，举办纪念活动。

（3）休闲市民（游客）。这部分观众往往以家庭为单位，来博物馆不外乎有目的地来和随意闲逛两种情形，因此在宣传上要注重引导其注意力，激发其参观欲。宣传思路上，应首先考虑他们的兴趣所在，宣传活动尽量与节假日、周末休闲相结合，宣传内容最好选择他们最感兴趣的切入点和最易接受的方式。

（4）领导干部。这一小规模群体是中国社会的领导层、决策层，社会影响力明显高于普通观众，做好这部分人的宣传工作也非常重要，通过他们可将影响扩展到社会的各个层面，起到很好的推进工作、引导舆论的作用。

2. 重视宣传载体：充分发挥网络、微信、广播、电视、报刊等多种宣传载体的宣传作用，做到优势互补，营造全方位的宣传网络

进入新时代，博物馆大多已与地方及上级报社、电视台等建立了长期合作关系，博物馆重大活动及社交活动都会邀请这些新闻媒体进行宣传报道。利用电视普及率高、视觉冲击强、受众群体大的特点，能在最短的时间内抓住观众眼球。广播宣传依然是博物馆宣传的重要媒介，可以通过广播节目进行竞猜、答题等活动，增加宣传的参与性、趣味性。在数字化的今天，博物馆还可以借助手机网络终端提供展览信息、活动简介等，以声、像、图、文等多种形式进行信息的传递，只要能抓住观众的兴趣点，他们就会欣然走进博物馆。

综上所述，博物馆宣传工作不能只靠某一种媒体"单兵作战"，必须利用网络、电

视、广播、报刊各自的特色，充分发挥各种媒体的优势，组成"三维宣传网络"，互相融合、互相递进，这样宣传层次才能更高，效果才会更好。另外，博物馆还可以借助车站、机场等处的文化小展览，利用旅游推广周、大型文化博览会等活动集中投放文化书籍、宣传折页等宣传品；开发集纪念、收藏于一体的宣传品等，均可起到意想不到的宣传效果。

（二）着眼文化普及，举办精品展览

一是努力将鄂尔多斯博物馆建设成为自治区级青少年教育基地，经常性地举办一些以爱国主义教育、思想道德教育为主旨的展览，力争在5年内将鄂尔多斯博物馆建设成为国家级青少年夏令营活动的主阵地。

二是依托内蒙古博物馆展览合作联盟，并出台相关激励协调机制，与周边盟市乃至周边省份形成展览互动，集中优势力量联合打造一批地域特色鲜明、历史脉络清晰的具有国际影响力的精品展览，实现"走出去"。同时积极与国内、国际知名博物馆建立广泛联系，利用博物馆展览联盟的联合展出优势，吸引一批具有异域文化背景、特色突出的精品展览到我市巡展，实现"引进来"。

三是依托"一院三馆"的资源优势，集中推出2—3个特色展览，实行全国性、区域性巡展，进一步提升鄂尔多斯市博物院的知名度和美誉度。

四是要加大临时展览的引进力度。目前鄂尔多斯博物馆每年引进展览不少，但分量重的、影响力大的展览不多，具有鲜明特色、符合时代需求、能引起文化共鸣的展览就更少了，至于国际性临时展览的引进与开发，更是从未涉及。因此，力争5年内引进至少2个国际知名展览和不少于5个国内优秀推荐展览，在社会和观众间至少引起2个热点文化现象，只有这样才能提高博物馆的吸引力。

（三）着眼以人为本，提高服务功能

坚持"为人民服务"是博物馆公共服务体系的核心，观众的满意程度是博物馆公共服务功能最好的衡量标准。因此，持续加强博物馆工作者的业务水平和技能培训，不断提高服务意识、服务质量和精神面貌，是提升博物馆社会影响力的关键。

1. 博物馆在社会功能的提升

（1）依托"我们的节日"实现固定模式的线下线上服务项目

将传统节庆与文化性纪念日长期性的、内容固定的活动以制度明确下来，形成月月有创新、季季有提升、年年大跃进的长效机制。

（2）持续推进文博知识进社区、进学校系列文化活动

以志愿者服务等形式多样的基层服务工作为依托，出台《鄂尔多斯博物馆流动博物馆走基层管理办法》等相关奖惩制度，提高宣教人员进社区、走基层的积极性和主动性，将博物馆的文化传播和思想教育服务的触角延伸到全市范围。

（3）培养社会宣教的第二梯队

积极利用"小小讲解员培训教育班""编外讲解员培训班""历史兴趣培训班"等新设固定培训项目，招收一些中小学生、旅游公司导游、历史文化兴趣爱好者，通过集中培训，让这些人员成为义务宣讲鄂尔多斯历史文化的新生力量。这样既弥补了宣教人员不足的问题，又扩大了社会宣传的口径。

2. 博物馆在建筑功能的提升

新时代的博物馆网络化、智能化建设就是博物馆各项工作以网络技术、云共享技术等作为工具，使网络成为日常的工作平台，更高效率地为文物的收藏、保护和利用服务。

首先，应该加强鄂尔多斯博物馆的藏品信息化建设。一是藏品安全数字化。比如鄂尔多斯市博物院2020年实施的预防性保护工程，就是有益的尝试。对藏品所处周边介质进行温湿度、光感度、防虫害等自能化监测，使藏品环境随时处于可控制的范围内。二是藏品展示数字化工程。通过数字博物馆展厅还原、文物数字扫描等新技术配合互联网技术进行宣传推广，使受众不受时间和空间的限制，随时都可浏览博物馆终端的展览、文物信息，让博物馆在展示上实现了时间和空间的拓展。

其次，应该实现鄂尔多斯博物馆智能化管理。一是导览智能化。

可以大量设置多媒体互动屏系统，为受众提供最简单、方便的信息查询方式，从而确定最佳游览的路线。二是楼宇管理智能化工程。随着互联技术发展，充分利用"智慧+""物联网"等新技术实施消防安全监测、安全防盗、影像监控等，确保文物和场馆安全。

（四）着眼产业联动，紧跟教育新动态

新时代博物馆服务的高质量发展离不开旅游产业、教培产业、新型娱乐产业的协调互动发展。就以鄂尔多斯市旅游产业来说，2021年全年接待旅游人数1750万人次，其中鄂尔多斯博物馆接待游客28万人次，这些数据表明，博物馆旅游已经成为社会旅游的新热点、新高地。此外，国家对教育行业的一系列改革和调整，使得教培行业也对博物馆的社会服务功能提出了更高的要求和更新的标准。再者，一些休闲娱乐产业的兴起，比如电影的《博物馆之夜》和近期风靡全国的夜游博物馆等，都是博物馆扩

大社会服务和宣传的最好"切入点"和"拓展线"。

因此，鄂尔多斯博物馆在满足大众日常接待的基础上，可以广泛与旅游公司、教培机构、新型娱乐创意公司开展长期的合作。比如与教培机构合作开发针对博物馆文物与展览的培训教材和固定课程，使其成为名副其实的中小学生第二课堂；与娱乐创意公司合作，开发以博物馆为背景和题材的娱乐项目，提升服务的广度和深度等。

（五）着眼持续发展，引进培养人才

鄂尔多斯博物馆要建立有效的人才流动、引进机制和能上能下的干部管理体制，营造出有利于出精品、出人才的良好发展环境。同时要做好以下几件事情：一是制定出台高端人才引进政策，对具有高学历、高职称人员，放宽年龄及地域限制，从全国引进一批引领学术潮流的高端人才，实现人才队伍跨越式发展。二是制定中长期人才培养制度，与相关科研机构建立广泛合作，定期选派具有良好学术基础的人员，通过集中培训、参与研究、脱产学习等方式，提高技术技能和研究水平。三是对现代化管理人才、数字化技术人才、文化产业研发人才等，通过院校委培以及政令性地放宽人才引进限制，以及竞争海选等方式解决一部分急需人才。

（六）着眼群众需求，开展科学研究

科研水平和能力决定着博物馆事业发展的动力，必须结合当地实际情况，形成与当代社会相适应、与现代文明相协调、与群众需求相符合的科研方向和项目，不断整理、挖掘和保护民族文化遗产。通过设立科研基金、完善科研奖励机制、开展经常性学术研究活动、举办群众性学术讲座、出版专业书籍和普及读物等，营造出浓厚的学术氛围，服务博物馆的各项工作。一是制定出台业务人才奖励制度，对业务研究成果突出、著述丰厚、管理创新显著等人才，给予高荣誉、高报酬、高投入的具体奖励，既调动了工作人员的积极性、创造性，又实现了科研经费的再投入和再生产。二是制定出台学术研究合作政策，扩大学术研究范畴。在市财政的支持下，每年投入固定的科研经费，与具有较高文物考古学术研究水平的科研机构达成特定内容的短期合作协议，由博物馆提供相应的科研经费，科研机构和院校提供人才及智力支持，形成成果共享、风险共担的合作模式，实现博物馆科研水平的大跃进、大繁荣。三是实行客座专家制度。每年博物馆向主管部门申请设立客座专家科研基金，依靠鄂尔多斯博物馆现有人力资源，选定相对基础成熟、资料丰富的针对性科研项目，采取客座专家定期辅导、不定期授课等形式多样、灵活有效的科研机制，创新科研新方法，既锻炼了既有人才队伍，又提升了科研水平。

结　语

　　本文通过在鄂尔多斯博物馆进行的17项观众调研数据的分析，以落实党的二十大报告中相关文化工作的指导意见为目标，站在"更好地满足人民日益增长的精神文化需求"的公共文化服务理念的角度，采取"透过现象看实质"的方式，来探讨制约鄂尔多斯博物馆提升服务能力和水平的制度问题、思想问题、机制问题、功能问题，并详细分析其产生的原因和影响因素。笔者也大量收集、整理、借鉴了一些我国发达地区乃至国外博物馆先进经验和做法，提出了一些切实可行的博物馆发展新概念、新方法。期望通过此次课题研究，为我市更多的市、旗博物馆在行政管理、运行理念和公共服务意识上提供更多参考经验。

科研型博物馆构建的实践与思考
——基于鄂尔多斯市博物院科研工作的个案实践

鄂尔多斯市博物院 高兴超 杨 婕 张 伟[*]

内容提要：鄂尔多斯市博物院成立之初，被赋予了新的要求和目标，即构建"科研型博物馆"。立院以来，博物院积极在科研上付诸实践。在创新性科研项目实践方面，立足鄂尔多斯辖区以及整个内蒙古黄河流域以开展学术课题形式深挖历史文化遗产蕴含的优秀文化和思想内涵。在珍贵文物保护方面，鄂尔多斯博物院主动履行文博职责，引领了内蒙古地区专项保护工作的开展，走在了自治区的前列。在响应国家重大号召决策方面，鄂尔多斯博物院先后申报多项科研课题，为科研型文博单位的构建做出了积极努力。

在建设科研型博物馆过程中也存在不少问题，希望政府相关部门制定扶持政策，相信鄂尔多斯博物院的科研创新之路会走得更加长远、坚定。

关键词：科研型博物馆 鄂尔多斯 黄河流域 困境 对策

鄂尔多斯市博物院成立于2021年5月18日，是在鄂尔多斯博物馆、鄂尔多斯青铜器博物馆、鄂尔多斯革命历史博物馆基础上搭建而成的文博新平台，是适应事业单位机构改革作出的重大调整。鄂尔多斯市博物院坐落在康巴什区，是鄂尔多斯地区最大的文物收藏、展览展示、宣传教育和社会服务机构，现为国家一级博物馆。

---

[*] 高兴超（1983— ），河北省唐县人，研究生学历，鄂尔多斯市博物院文博副研究馆员，研究方向：内蒙古中南部地区壁画保护与研究、鄂尔多斯田野考古等。

杨婕（1983— ），内蒙古自治区鄂尔多斯市东胜区人，大学本科学历，鄂尔多斯市博物院研究室工作人员、文博馆员，研究方向：历史。

张伟（1970— ），内蒙古自治区鄂尔多斯市人，大专学历，鄂尔多斯市博物院文博助理馆员，研究方向：鄂尔多斯市历史文化。

一、科研实践概况

鄂尔多斯市博物院作为"一院三馆"的文博新平台，被赋予了新的要求和目标，成立之初即将构建"科研型博物馆"列入长远发展规划中，确立"两个文化，三个品牌"的科研方向。立院以来，博物馆积极在科研上付诸实践，努力向着学术型、科研型文博平台的新目标而奋斗。全院科学研究紧紧围绕这一终极目标创新发展，积极实践，在创新性科研项目实施、文化遗产创造性展示和科研成果转化利用等方面都开展了卓有成效、影响深远的科研活动。

（一）科研课题创新不断，保护内容多元多样

在创新性科研项目实践方面，立足鄂尔多斯辖区以及整个内蒙古黄河流域，以铸牢中华民族共同体意识为思想引领，以深厚的历史文化底蕴为基础，创新探索、积极发掘，以开展学术课题的形式深挖历史文化遗产蕴含的优秀文化和思想内涵。

近年来，博物院紧紧围绕优秀历史文化申报和开展了广泛的创新性科学研究活动。首先，针对鄂尔多斯地区古代城址整体情况不清和保护状况不明的情况，鄂尔多斯市博物院积极筹备，科学组织，自筹经费，组织实施了"鄂尔多斯地区古代城址调查"项目，为厘清辖境内古代城址的整体情况作出了积极努力，为后续开展城址专项保护工作奠定了基础，开创了鄂尔多斯地区首次开展大规模古代城址调查的先例。

其次，在辖境内古代村落、古建筑保护等方面，积极探索，创新性、主动性工作，先后自筹实施了"准格尔旗清代古村落、古建筑调查与保护项目"和"郡王府历史沿革与建筑形态"等科研项目。两项工作的开展，不仅摸清了鄂尔多斯地区清代以来古代村落和古代建筑保存的整体情况，有效地保护了古代建筑，并且在挖掘古村落背后的走西口文化和讲述以郡王府为载体的近代以来爱国爱家乡的文化故事方面都实现了积极探索。

再次，在珍贵文物保护方面，面对不可移动文物日益遭受破坏，甚至在经济基本建设下日渐消失的情况，鄂尔多斯市博物院主动担当，积极作为，与相关单位组成联合工作队，创造性工作，充当文物保护先锋，自筹经费先后实施了"鄂尔多斯古代壁画'摹制'保护""鄂尔多斯地区古代壁画及木构彩绘调查""准格尔旗福路塔墓地考古发掘""伊金霍洛旗沙日塔拉遗址抢救性考古发掘""鄂尔多斯博物馆馆藏文物预防性保护""鄂尔多斯博物馆馆藏珍贵文物修复保护"等科研保护项目。这些科研项目都是鄂尔多斯市博物院主动履行文博职责，自主承担创新工作的积极实践，不仅填补了鄂尔多斯市文物保护工作的空白，有些还引领了内蒙古地区专项保护工作的开展，走

在了自治区的前列。

最后，在响应国家重大号召决策方面，鄂尔多斯市博物院积极主动，创新不断，先后申报国家、自治区多项科研课题，如国家社会科学基金项目"农牧交错经济视角下的内蒙古黄河流域文化形态研究""明清时期内蒙古黄河流域农商化研究"等，主动申报实施国家文化和旅游科技创新工程项目，国家重大自然灾害监测预警与防范（文化遗产保护利用专题）等相关项目等。在黄河文化保护和利用方面，除了组织实施"黄河'几字弯'历史、民俗与文化调查"项目，并承担"鄂尔多斯市文化和旅游局项目'黄河流域不可移动文物调查'"外，还积极申报自治区级、市级社会科学科研课题，目前申报的"鄂尔多斯黄河流域早期开发与文化塑造研究""农牧交错经济下的鄂尔多斯文化特征和经济形态研究"已立项实践。

在科研团队建设方面，博物院采取与高校科研院所等横向合作的方式，以传帮带的形式，积极构建年轻化、专业化的科研力量，比如"城川民族干部学院红色革命创新人才团队"和"宁蒙地区长城内外民族融合发展研究创新人才团队"，通过构建内蒙古大学、博物院与鄂托克前旗人才组合力量，利用鄂尔多斯红色文化和黄河文化，以科研团队的课题项目为依托，实现博物院多层次、多样化的科研人才培养。

系列科研成果的申报实施，为开发、保护和利用内蒙古优秀的历史文化提供了落脚点，同时也为助力学术型、科研型文博单位的构建付出了积极努力。

（二）遗产展示技术创新，文化传承丰富多彩

在文化遗产创造性展示方面，鄂尔多斯市博物院深挖境内优秀文化遗产内涵，针对文化遗产保护现状，创新性开展针对性强、社会效益广的科研活动，为有效展示、利用优秀的文化遗产开辟了新的发展道路。

首先，在古代壁画展示宣传上，除开创性开展专题性全域调查外，还创造性地使用"摹制法"壁画保护国家专利新技术，以新保护技术为支撑，摹制出深藏在墓葬、寺院中的众多古代壁画，制成可以流动的展览，实现了难以保存的古代壁画的原信息保护，实现了古代壁画的跨界多元保护，更实现了不可移动古代壁画的流动展示和宣传推广等。这项科研活动的开展，极大地宣传了内蒙古地区的古代壁画，极大地开创了鄂尔多斯地区乃至内蒙古黄河流域古代壁画保护和展示利用的新局面，广受学界好评和社会的赞誉，对古代壁画的保护展示具有极大的转折意义。同时，壁画保护展示工作的开展，也带动了内蒙古地区古代壁画的专项保护工作，引领内蒙古地区古代壁画科学研究、保护利用朝着更加多元、更加有效的方向前进。

其次，在古代绘画艺术展示宣传上，鄂尔多斯市博物院还开创性地推出古代壁画揭取保护、展示利用等，利用古代墓葬揭取下来的古代壁画以及采集的古代画像石制

成饶有趣味的专题展览，以实物的形式展示古代艺术的原貌。实体壁画的展览展示也开创了内蒙古黄河流域讲述汉代"彩色"历史的先河，其在展示理念、保护手段、讲述形式上都具有极强的前瞻性、挑战性和创新性。

最后，在藏品保护、数字展示上，鄂尔多斯市博物院积极探索，科学规划，以现今的保护技术为支撑，积极吸收当前先进的保护理念和技术，积极申报国家文物保护经费，大刀阔斧地创新性实践"鄂尔多斯博物馆馆藏珍贵文物数字化保护""数字藏品""互联网+中华文明""黄河从草原上流过——内蒙古黄河流域古代文明"线上展览建设，鄂托克旗米兰壕壁画墓葬3D数字建模以及智慧博物馆建设等。一系列科研项目的尝试与实践，为鄂尔多斯市博物院创新性利用文化遗产讲故事，创新性宣传展示优秀地域文化，实现博物馆的社会价值增彩助力，也为内蒙古区域博物馆联盟的成功实践打下了基础。

（三）科研成果转化创新，社会效益走深走远

在科研成果开发利用和社会宣传教育方面，鄂尔多斯市博物院大力投入，积极创新，采用国内先进的文化创意理念和技术，在文化遗产开发和科研成果利用等方面都付诸了积极的实践，产生了影响深远的社会效益。

首先，在优秀历史文化的讲述上，基于鄂尔多斯深厚的历史积淀，选取各时段珍贵的代表性文物，创新性开发推出《神奇鄂尔多斯》大型音频节目。节目采用国内前卫的文物讲述理念，通过公众喜闻乐见的音频形式，以文物基本信息为基础，采用地域性强烈的草原雄鹰和少年对话、时空穿越的形式，将听众带回文物所处的时空格局中，全面了解文物的产生、发展及其背后的历史故事。

其次，从浩瀚的历史中汲取营养，开发出极具地方特色的文化创意产品，也是科研成果转化的重要内容。鄂尔多斯市博物院针对深厚的青铜文化积淀，结合博物院打造青铜文化和古代壁画两大品牌的实际，以北方式青铜器和古代墓葬壁画为创作源泉，开发创造出许多地域特色鲜明的文化创意产品。例如以鹰顶金冠为创作载体，结合现代工艺，开发推出的"鹰顶金冠"系列茶具，广受社会喜爱，获奖无数；基于青铜文化开发设计的草原文化熏香和"熏炉"系列是新近创新之作；再如以古代壁画为主题，创新设计的小型饰件和办公用品等。这些都是社会大众喜闻乐见的创新佳作，它们与基础的展览展示、展览讲解一道为宣传推广鄂尔多斯优秀历史文化发挥积极作用。

最后，对历史文化、文化遗产的学术研究和科学解读也是近年来博物院的创新实践。一是在科研成果数量上开创了新局面，相较于以往零星科研成果的实际，近年来科研成果出版规模呈急速上升态势，不仅在各类学术期刊、学术平台发表数百篇专业论文，更重要的是出版十余部专业的学术著作，题材广泛，内容详实，既有严谨的科

学研究，也有科普的大众读物，可以满足不同社会群体的多种需求。二是在科研成果类别上创新不断，创意不断，在过去传统的文物、考古、展览等领域的基础上，开创研究新领域，开辟研究新方向。研究类别涉及文物藏品研究、展览展示、文博故事、财政专题、古代建筑等不同方向，可以说科研方向逐渐多元，创新点日渐丰富，为更好地开展科研活动、进行更深入的科学探寻和提供更完善的社会公共文化服务打下了坚实基础。

二、科研实践的困境与不足

在建设科研型博物馆过程中，也存在不少的问题。

第一，经费方面。由于科研目标不明确，缺乏长期规划，经费不够充足及稳定是我们面临的最大困难。近年来随着国家对文物保护的重视程度不断提升，需要投入的经费也不断增多，尤其是创建科研型博物馆所需要的专项经费。文物保护单位是国家文化建设的重要主体，承担着促进国家文化建设、推动国家文明进步的职责。而文物保护单位科研项目则是围绕文物保护工作而开展的科研探究活动，其目的在于提升文物保护的有效性，促进文化事业的持续发展。所以，没有足够的资金难以开展优质的学术研究和展览活动，也就无法吸引更多的来访者。

第二，技术方面。在早期概念里，博物馆是为了藏品而生，最主要的任务是保护和传承历史文化遗产。但经过了多年的发展，博物馆面对的环境已不再是单纯，建博物馆也绝不是盖收藏品仓库。与以往相比，如今的观众组成更加多元，他们的眼界更宽，日趋年轻化，这给博物馆带来了新的挑战。面对观众的多样化需求，博物馆能否设计出更吸引人的展览，一定程度上也取决于其学术研究水平的高低。近年来，国际博物馆领域出现了在收藏与展览空间之外，增加公共教育空间和公共服务空间的趋势。同时在互联网发展的背景下，公众的参与也更多元了，可以通过博物馆网站、手机APP等虚拟方式参观。而博物馆文创产品的销售，也帮助博物馆实现了更广泛的传播。而这一切，都要基于博物馆研究水平的提升和深化。

第三，专业技术人员方面。创建一个科研型的博物馆，对于博物馆专业人才的需求也越来越高。对于鄂尔多斯市博物院来说，专业人才的引进以及在职人员的专业能力具备条件上，是当前面临的主要问题。博物馆工作专业性强，文物保护需要研究，文物展示更需要研究，对馆藏文物没有深入透彻的研究，就不可能做好展示宣传工作，讲解员也不可能给观众提供一个很好的讲解服务。为此，希望政府相关部门制定扶持政策，更多地引进并且留住博物馆专业技术人员，让他们能进的来，又能留得住。对于在职人员，我们要加大专业技术知识方面的学习和培训，不断提高他们的专业素质。

三、开展科研活动的对策

1. 争取和筹措资金，保障科研经费
2. 发挥馆藏文物优势，深挖区域特色文化
3. 横向联动，提升科研水平
4. 重视专业人才培养，造就高素质的专业队伍

站在新起点的鄂尔多斯市博物院，尽管开展了许多卓有成效的科研实践，但也暴露出了一些客观限制，但这些限制和困难却阻挡不住鄂尔多斯市博物院科研型博物馆建设的脚步。目前博物院2023年的科研课题已经规划完成，这些科研活动的规划与实践，必将助推博物院科研目标的实现。

鄂尔多斯市博物院是一个年轻而又悠久的文博平台，扎实推进各项科学研究，创新推出各项科研活动，激发出多元的文化创意，是一个长期的发展目标，也是实现博物馆社会价值的必由之路。相信在社会各界的持续关注和帮助下，鄂尔多斯市博物院的科研创新之路会走得更加长远，更加坚定。

博物馆如何提升社会教育功能分析

■ 鄂尔多斯市博物院 陶向阳*

内容提要：博物馆作为一个公共文化服务机构，除了具有保存和传播历史文化的功能外，还应承担相应的社会教育功能。近年来，博物馆的种类和数量不断增多，博物馆事业呈现蓬勃发展的态势，很多博物馆开始对中小学生和普通市民免费开放，其社会教育功能日益凸显。与此同时，很多博物馆在运营的过程中也出现了一些明显的问题，制约了自身的发展。因此，如何充分发挥博物馆的社会教育功能，更好地满足大众的需求，需要我们进行深入探讨。

关键词：博物馆 社会教育 策略

博物馆作为一个公共文化服务机构，本身就具有公益性和服务性，其面对的对象是全体社会公众，应当根据实际情况开展多种形式的社会教育和文化服务活动。博物馆应以其丰富的文化资源开展丰富多彩的社会教育活动，扮演好在社会教育中的重要角色，进一步充实国家的社会教育体系，为人们提供更好的公共文化服务。

一、博物馆社会教育功能的特点

（一）直观性

博物馆主要通过其收藏的具有丰富文化内涵的藏品向人们传递各种文化知识，其本身的真实性和历史韵味对于接受社会教育的受众来讲是极其直观的。亲身体会、亲

---

* 陶向阳（1991— ），内蒙古自治区鄂尔多斯市东胜区人，大学本科学历，鄂尔多斯市博物院文博馆员，研究方向：文物、博物馆。

眼所见的教育在冲击力和感染力上也是其他教育模式无法比拟的，也会更容易引发受众对历史和人生的反思。正因为如此，近年来借助博物馆进行的社会教育活动不断增多，很多博物馆成为思想教育基地、爱国教育基地、科学教育基地。

（二）科学性

博物馆一般都有专业的讲解人员带领游客去认识文物，游客可以跟随讲解人员的步伐，准确、具体地了解博物馆所在地区的文化发展历程，并在精彩的讲解过程中学到很多历史人文知识。博物馆工作人员的讲解内容都是经过专业培训和专家指导的，具有绝对的科学性，不会误导受众对历史文化的认识。

（三）多样性

我国博物馆的种类多样，因此博物馆的社会教育功能也具有多样性。博物馆的分类涵盖了艺术类、民俗类、纪念类、遗址类、地质类、综合类等各方面，不同地区的博物馆也相应呈现出所在地区独有的文化特征，可以帮助受众了解不同的文化，满足受众不同的需求。在丰富多样的博物馆里，不同年龄、不同文化水平、不同地区和不同需求的人都能享受到适合自己的社会服务。

（四）公共性

博物馆作为公共文化服务机构，最为突出的特点是公共性，为群众文化休闲和自主学习提供开放的环境。博物馆的受众是全社会人民，其所提供的社会教育服务涵盖面极为广泛，公众在博物馆里享有平等的精神文化服务权利。近年来，随着博物馆的免费开放，其社会教育服务的公共性越来越凸显[1]。

二、博物馆在发挥社会教育功能时面临的问题

（一）历史文化资源不能被充分利用

博物馆能够发挥社会教育功能的最大优势就是其有着丰富的历史文化内涵的文物藏品，可以让受众直接通过实物感受到深厚的历史。但从当前的情况来看，博物馆并没有充分利用自己的优势，在开展社会教育活动时只是简单地将藏品陈列或者随意组合展览，形式单一，对受众来讲没有吸引力。讲解员的分配也不合理，讲解员对这些

---

[1] 汤春华. 新形势下扩大博物馆社会教育功能的几点方法 [J]. 文物鉴定与鉴赏，2019（13）：138-139.

有着深厚历史底蕴的文物的讲解过于简单且枯燥乏味，听众很难从中收获到乐趣，也达不到历史教育的效果。博物馆的文化资源得不到充分的利用，不光限制了历史文化的输出，也不利于发挥博物馆在社会教育层面的积极作用。

（二）与受众缺乏互动

当前博物馆的社会教育活动形式主要是讲解员带领游客看展并进行基础讲解，受众只能机械式地听讲。这种形式的参观跟传统课堂模式没有多大的区别，受众缺乏参与感和互动感，很难融入其中，更别提受到社会教育。

（三）博物馆缺乏对外合作

虽然博物馆本身拥有丰富的历史文化资源，可以作为社会教育服务的依托，但是博物馆自身的传播渠道很少，仅仅依靠自身并不能充分发挥自己的优势，做好社会教育服务。一些博物馆会选择和其他机构进行合作，最常见的就是和学校合作，为学生提供教育基地。但这种合作形式并不成熟且模式单一，活动受众群体窄，涉及范围小，效果不明显。不同类型的博物馆之间也缺乏合作意识和交流意识，这在一定程度上造成了博物馆教育资源的浪费，不能充分满足受众多样的精神文化需求。

三、充分发挥博物馆社会教育功能的策略

（一）充分利用馆内资源，增强吸引力

要充分利用馆内的历史文化资源，让博物馆的社会教育作用得到最大程度的发挥。可以从改变当前的陈设理念和展览手段入手。首先，博物馆内的陈列物品要有特色，既要有其本身丰富的文化内涵，也要结合时代发展，有时代特色[①]。博物馆要选取最具有本地历史文化特色的文物作为陈设的重要内容，创新陈设理念，摒弃不合时宜的传统思想理念，推陈出新，不断优化陈列模式，为受众提供更好的参观服务。如果陈设品能够让受众眼前一亮，就能吸引受众的目光，促使他们接受社会教育。其次要选择先进的展览手段，如结合多媒体技术的高科技展示。展览手段的创新也会让受众有耳目一新的感觉。除了用玻璃橱窗展示展品外，博物馆还可以使用多媒体展示图片、播放视频等，或者利用现代化手段对一些有特殊意义的历史场景和历史人物进行复原展示，让受众能有一种亲身经历历史的穿越感，近距离领略历史的无限魅力，在这个过

---

① 邓承璐. 发挥博物馆社会教育功能的思路探究和分析［J］. 今古传奇：文化评论，2019（5）：53-54.

程中，潜移默化地接受社会教育。

（二）重视文化结合，强化互动

受众要想在参观博物馆时有最佳的体验，就离不开优秀的讲解。因此，博物馆对讲解人员的讲解水平和讲解质量要有严格要求。优秀的文物讲解也能为文物赋予一种别样的活力，让受众在参观时没有疏离感。受众本身对历史文物的相关文化知识是不了解的，来博物馆也是为了提升自己，因此讲解员必须通过自身精彩的讲解提供令受众满意的服务。讲解员除了要提前做好相应历史文物的功课外，还要在讲解过程中根据受众的反应调整自己的讲解风格。面对不同的受众可以选择不同的风格：如果是青少年群体，可以选择比较口语化、浅显易懂、幽默风趣的风格；如果是成年人或者文化水平较高的群体，则可以选择深入又带些人生思考的风格。总之，就是秉承因人而异的原则。在讲解过程中要重视和参观者的眼神沟通和交流，不应忽视参观者提出的问题，而是可以提示参观者在自由观赏时间里为其详细解答，让整个讲解过程在一个轻松愉快的环境里进行。

博物馆主要展示的是当地的自然、历史文物，大多数来参观的人也是本地群众，因此博物馆要重视文化结合，融入本地特色，可以将本地民间风俗和地域文化特色融入到展览中，从而引发受众的共鸣。

（三）拓宽传播途径，增加对外合作

1. 开展多种多样的专题讲座

博物馆应该在进行社会教育的过程中开办多种多样的专题讲座，让大多数受众可以借助专题讲座认识相应的展品，并获得专业的历史文化知识。随着专题讲座的增多，博物馆所承担的社会教育功能也会在大众心里愈加清晰，人们会对博物馆社会教育这种教育形式的认识更加深刻。博物馆也能够在这个过程中充分发挥自己的社会教育功能。

2. 举办丰富多彩的活动

博物馆要想发挥其社会教育功能，首先要吸引公众进馆参观。如果有优秀的展览却吸引不到受众，那可以说是"酒香也怕巷子深"。博物馆要经常举办一些优秀的活动，让社会大众看到新时代博物馆的活力。比如，可以结合自身特点让讲解员进行角色扮演，不同分区的讲解员可以扮演不同的角色，除了高质量的讲解词外，还可以在服化道上多下功夫，这样的形式比较容易吸引包括学生在内的青少年群体进馆参观，观众也会有身临其境的感觉；可以举办手工活动，根据博物馆的展览主题制定相关的活动主题；周末或者节假日还可以在博物馆内举办知识竞赛类活动，一方面可以吸引家长带着孩子来参观学习，另一方面也可以激发受众的学习热情。

3. 拓宽展品的展览范围

博物馆要摒弃等人来看的思想，转化为让展品走出去的理念。与其等待参观者上门，不如直接把历史文化送到他们面前。博物馆可以将一些能够在外展览的展品通过流动大篷车的方式在社区、街道、学校等地巡回展览，途中可以派发有关馆内展览的宣传页，吸引公众来博物馆参观更多的文物。这种方式可以让受众直接享受公共文化服务，让历史文化魅力走进千家万户。

4. 加强与不同博物馆之间的联系

各地区的博物馆都有自身明显的地域文化特色，在其他地区的人很难感受到这种文化。基于此，各地博物馆可以建立密切的馆馆合作关系，各馆之间建立长期有效的合作机制，彼此交换文物资源，从而满足各地区不同群众多方面的需求。博物馆也可以在这个过程中相互学习和借鉴对方的文物保存、运输、展览经验，同时也构建了更加完备的社会教育服务体系。各博物馆还可以联合开发博物馆周边产品和文化创意产品，提升博物馆在大众市场上的影响力，促进历史文化的输出[①]。

综上所述，博物馆的社会教育功能越来越受到重视，广大人民群众对于博物馆的精神文化需求也变得日趋多样，但当前博物馆的社会教育功能仍然没有得到充分的发挥。博物馆必须最大限度地利用自己拥有的珍贵的历史文化资源，结合时代发展的特点，创新自己的服务手段和宣传手段，拓宽现有的传播途径，加强与其他博物馆或者企业的深度合作，来吸引更多的公众进入博物馆并且有所收获，最终实现博物馆在社会教育服务体系中的重要作用。

---

① 李志茵. 博物馆的社会教育功能探析［J］. 黑河学刊，2019（5）：164-165.

加速数字文化进程，提升数字文化服务质量
——以鄂尔多斯市博物院为例

■ 鄂尔多斯市博物院　白林云　乔丽娜[*]

内容提要： 近年来，随着科技技术的不断发展，公共文化服务不再限于场馆、舞台等固定的场所，数字文化如雨后春笋一般迅速发展起来。数字文化指以计算机、互联网以及数字化视频信息采集、处理、存储和传输技术的文化的数字化共享。它是依托各公共组织与个体文化资源，利用VR、AR、3D等数字技术以及互联网、大数据等平台实现文化传播的时空普及与内容升级，是具备创新性、体验性、互动性的文化服务与共享模式。

依靠新兴科技如何加速数字文化进程，提升数字文化服务质量，是摆在文化工作者面前的一个课题。文章并以鄂尔多斯市博物院为例进行研究，由点到面得出数字文化服务的加速和提升结论。以鄂尔多斯市博物院实际情况为主，结合部分其他场馆的调查、实践、研究，形成以鄂尔多斯市博物院代表的地市级文化场馆的未来解决方案。

关键词： 数字文化　鄂尔多斯市博物院　数字服务

一、公共文化服务现状调查

1. 地市级文化场馆公共文化服务现状

公共文化服务是各文化场馆的共同职能，博物馆、图书馆、文化馆、剧院等场馆

---

* 白林云（1980— ），内蒙古自治区鄂尔多斯市东胜区人，大学本科学历，鄂尔多斯市博物院文博馆员，研究方向：历史、文物、智慧博物馆。

乔丽娜（1983— ），内蒙古自治区鄂尔多斯市达拉特旗人，本科学历，鄂尔多斯市博物院文博馆员，研究方向：历史、文物保护。

为公众提供免费开放、展览展示、社教活动、图书展销、读书活动、文艺演出、培训辅导等文化服务。

随着公共文化服务方式更趋多元化，新媒体矩阵成为服务亮点，各文化场馆普遍开展数字文化服务，为公众提供线上文化艺术资源，开展线上文化艺术活动。特别是2020年新冠疫情爆发以来，数字文化服务成为文化场馆提供公共文化服务的重要方式，将以往重视线下公众场馆的免费开放、展览展示、社教活动、图书展销、读书活动、文艺演出、培训辅导等，转变为线上与线下文化服务同步推进、联动发展、深度融合、相映成辉。

公众对公共文化服务品质和亮点的追求，对数字文化而言既是机遇，也是挑战。疫情期间各地各文化场馆向广大公众提供数字文化资源，丰富了公众宅家期间对文化服务的需求（图一）。公共文化服务对象更趋广泛，一改以往以老年人和少儿为对象的特点，年轻人参与成为服务亮点。面对数字文化服务的普遍开展，各文化场馆需要思考如何才能吸引年轻人，提升自身公共文化服务的社会影响力[①]。

图一 "内蒙古黄河流域古代文明展"虚拟展厅

---

① 张立. 后疫情时代博物馆传播新样态及其路径研究［J］. 云南师范大学学报（哲学社会科学版），2021，53（3）：120-130.

2. 近年来博物馆数字文化服务数据分析

国际博物馆协会（ICOM）第三次调查数据显示，从博物馆数字化相关战略调整情况看，从2020年9月到2021年5月重新审视数字化策略的博物馆占比由76.6%增至83.4%，考虑增加专门工作人员的博物馆占比从38.7%增至41.9%，考虑增加数字化预算的博物馆占比从43.2%增至52.1%，考虑丰富数字化服务内容的博物馆占比从74.8%增至78.6%，加强数字化员工培训的博物馆占比从53.8%增至64.6%。从人力资源配置来看，2020年4月、9月和2021年5月有全职的数字化员工的博物馆的占比依次为26.1%、21.8%和21.9%，有非全职数字化人员的博物馆在这三个时间点的占比依次为55.7%、56.8%、61.0%，不到一年之间占比逐渐增加；没有专门数字化人员的博物馆，三个时间点的占比依次为18.3%、21.5%、17.1%。从数据可以看出，非全职从事数字化工作的员工比例在增加，表明博物馆人力资源的配比向传播和数字活动方面偏移，而没有任何专职数字化员工的博物馆比例有所下降。

博物馆的线上活动明显增加，增加线上藏品的博物馆占比由2020年的18.1%增加至2021年5月的32%。2021年5月，闭馆后开始线上活动的博物馆，线上藏品、在线展览、活动直播、使用社交媒体的占比分别是9.7%、17.4%、26.5%和3.8%。

二、数字博物馆建设实践

近年来各地文化场馆积极推动数字文化服务的探索和实践，不仅在已有的新媒体平台大力推出数字文化服务，并且积极开拓新的融媒体平台。2020年初，内蒙古自治区文化和旅游厅联合全区各文化场馆，批量注册各单位、场馆官方快手号，共同打造"宅家看风景"数字文化服务。鄂尔多斯博物馆、鄂尔多斯青铜器博物馆的官方快手号也是在此时一同注册并和公众见面。

1. 鄂尔多斯市博物院的线上服务

第一：微信公众号

2020年突如其来的新冠肺炎疫情肆虐全国，鄂尔多斯市积极防控，很多公众居家防控疫情，鄂尔多斯市博物院微信公众号及时推送"宅家"系列文化服务。其中"宅家听展"分为五期，共提供文物、展览、文化等语音讲解15条，内容有萨拉乌苏遗址、乌兰木伦遗址、水洞沟遗址等文化讲解和石器、烧骨、石斧、夹砂陶罐、喇叭口尖底瓶等文物讲解。同时又在微信公众号推出"宅家看展"三期，上线4个虚拟展厅，让公众能够在宅家期间畅游博物馆，享受博物馆提供的线上文化服务。

第二：快手号

2020年初，鄂尔多斯市博物院下设的两个博物馆——鄂尔多斯博物馆和鄂尔多斯青铜器博物馆同时开通了官方快手号。两馆同时发布"宅家看风景"系列短视频，为公众提供线上文化服务并受到好评。

鄂尔多斯博物馆快手号截至目前共制作发布短视频152篇，有"宅家看风景"系列、"云游博物馆"系列、"节日里的文物"系列、"黄河从草原上流过"内蒙古沿黄七盟市文博巡礼系列、"黄河从草原上流过——内蒙古黄河流域古代文明展"系列、古代铜镜里的故事系列、博物馆里的红色故事系列、"文物里的中国——黄河篇"和"虎年说虎"文物故事系列和展览系列等，获得公众点赞4万多，浏览量达601.1万人/次，其中"6500年前的豪宅"作品获评十佳"内蒙古自治区2020年度优秀科普微视频"。

鄂尔多斯博物馆自在快手推出"节日里的文物"系列短视频以来，2021年春节祝福文化及文物单篇作品浏览量达33.1万人/次，点赞和评论3400多条，点赞率超过1%。古代铜镜里的故事系列共10篇，浏览量达203万人/次，占总浏览量的1/3以上。单篇作品浏览量达46.3万人/次，获好评和点赞数近6000人/次。

第三：鄂尔多斯市博物院官方网站及其他新媒体平台

鄂尔多斯市博物院官方网站及其他新媒体平台同样是受不同群体喜欢的线上文化服务平台。最早建成的网站、微博，后来随着快手号的运营成功，又注册开通了抖音号、今日头条等。为了满足不同群体的使用习惯，多个平台同时发布线上文化服务作品。

2020年，博物院网站访问量超过4万人/次，抖音号、微博、今日头条浏览量超过20万人/次。2021年和2022年均超过次数量。

2. 展览、文物数字化工作

数字文化服务的基础是数字化工作，鄂尔多斯市博物院积极探索和实践数字化工作。

第一，虚拟展厅。截至2022年10月，鄂尔多斯市博物院已经陆续制作完成虚拟展厅7个，包括"农耕·游牧 碰撞·交融——鄂尔多斯古代史陈列""黄河从草原上流过——内蒙古黄河流域古代文明展""丹青遗韵 妙手生花——北方草原古代壁画艺术精品展""'不忘初心 牢记使命'主题教育展""内蒙古社会主义建设二十年特展""闽北茶文化展"和"东西方古代铜镜艺术展"。这7个虚拟展厅在鄂尔多斯市博物院网站和微信公众号上同步推出，为公众提供数字文化服务，还在"云游鄂尔多斯"平台上部署，提供范围更广的数字文化服务。

第二，文物二维、三维的数字化项目实施工作。鄂尔多斯市博物院馆藏文物数字化保护项目于2020年开始计划实施，到2021年底实施完成，并于2022年初通过验收。该项目是通过现代先进的科技技术手段，加速博物馆有效运用馆藏文物资源，提升数字化、智能化水平，并使其具备高扩展性，更好地实现文物资源的保护、研究、展示和传承。加强文物保护利用，提升文物安全水平，传承中华优秀传统文化，促进文物事业与经济社会和谐发展。在2021年底，已经完成对55件（套）一级文物，207件（套）二级文物的文物三维数据扫描工作以及对539件（套）三级文物的二维数据拍照工作，同时结合现代信息技术打造一套兼具先进性和成熟性，能够满足各方面多样化需求的智慧化宣传传播与观众服务平台。

第三，扫码听展览数字文化服务项目。鄂尔多斯市博物院在基本展览中设置了重点文物的二维码听展览，公众参观展览时可随时用手机扫描二维码听取文物介绍、展览讲解、历史文化等。2021—2022年对42件文物开展文稿编写、语音录制、生成二维码等工作，现已投入使用。鄂尔多斯市博物院计划将馆内的每件文物都附有二维码标识，逐步完善扫码听展览系统，使其更好地服务于公众。

3. 其他文化场馆的数字文化服务调查与参考

2020年，中国国家博物馆在官方微博、微信公众号等平台推出"国博邀您云看展"、"停课不停学|云端国博在国家智慧教育公共服务平台上线"、网上预约等方便快捷的数字文化服务。故宫博物院在互联网上建成"故宫数字文物库"。首都博物馆微信公众号提供"常设展览""馆藏精品""全景欣赏""阅读典籍""预约服务""首博文创""约·活动""听·讲座""征·文物"等数字文化服务。陕西历史博物馆在微信公众号中提供"语音讲解""文物鉴赏""门票预约"和"看展览"等数字文化服务。内蒙古文化和旅游厅联合全区文化场馆打造数字文化服务。内蒙古博物院微信公众号提供预约等数字文化服务。

鄂尔多斯市文化和旅游局建设的"云游鄂尔多斯"小程序中，提供"电影购票""图书借阅""智慧图书馆""智慧文化馆"，"人文鄂尔多斯"中的"述历史""话文物"，"文化场馆"中的鄂尔多斯博物馆、鄂尔多斯青铜器博物馆等全景数字体验。A级旅游景区数字服务包括预约、购票、路线规划、预定食宿等。

鄂尔多斯市图书馆连线超星为广大读者提供线上智慧图书馆；互联网＋线上服务，全民阅读24小时不打烊；提供"为你读书"系列和网上借还书服务。鄂尔多斯市文化馆微信公众号推出《浓情七夕 爱的见证》结婚证线上展览，暑期活动线上报名和线上公益培训等数字文化服务。文化场馆积极创新打造数字文化服务，在科技不断创新的今天，在场馆、舞台等实体空间无法满足公众的文化服务需求的情况下，数字文化服务悉数登场，为文化服务、文化传播作出重要贡献。

三、数字博物馆建设的研究

科技发展让数字文化服务具有可行性，但同时也面临一些亟待解决的问题。

1. 公众生活习惯的改变推动数字文化服务的提升

在网络技术发达的时代背景下，人们的生活习惯也在改变。以往人们通过读报纸、看电视的方式获得信息，现在通过强大的互联网和数字技术有了更多快速、便捷的获取方式，所以加速媒体朝着现代化、信息化的方向转型，是时代发展的必然结果[①]。

"线上"成为公众的习惯。如线上培训、线上会议、线上教学等。所谓线上，就是指在互联网上，用社交软件通过网络连接彼此。由于网络技术已经完全能满足数据传输的需要，线上和线下差别越来越小，视频、语音、图片、文字都可以在线上实现共享，更重要的是实现了无障碍沟通。只要在有网络的地方，无论是手机、平板、笔记本，还是台式机、电视机等终端，总有办法实现线上沟通。

"消息"的时效性要求有所提高，公众对于实时消息的依赖加重。实时路况、实时天气、实时就诊排队服务、实时车位信息、实时就餐信息，以及公共交通工具、出租车、网约车的实时位置等。实时消息与公众的生活息息相关，公众对于实时消息有了"依赖"，没有实时消息的服务，会给公众带来不便。

"预约"成为常态行为。"预约"一词已成为公众口中出现最频繁的词。工作、生活、学习中无处不存在预约：线上会议需要预约，银行办理业务先预约，出行预约，保养车辆预约、订餐预约、参观预约、购物预约、课程预约、培训预约……预约的方便性，使其成为公众的常态行为。

"规划"的精确度更高。规划是智能的，要掌握大量相关信息做出规划，并且有能力将其及时调整到更合理的状态，如规划交通路线、规划旅游路线、规划就诊流程等。规划的精确度高低，直接决定了效率。如最常见的路线导航，当路况出现变化，会及时重新规划。规划，其目的是实现高效快捷，减少排队、减少堵塞、避开高峰。

2. 数字文化服务

数字博物馆、数字图书馆、数字文化馆，将文化数字化，通过网络传输为公众提供服务即为数字文化服务，内容包括各文化场馆传统的展示数字化，也有很大一部分是创新数字文化服务，如文化馆的数字舞台、图书馆的数字阅读。博物馆能提供给公

---

① 曲乐. 后疫情时代背景下博物馆建设思考[J]. 文化月刊, 2021（10）: 122-123.

众的数字文化服务有数字展览、数字文物、数字讲解、线上活动、在线鉴赏、线上讲堂、网上预约等，涵盖了博物馆的绝大多数职能。

以鄂尔多斯市博物院为例，建设数字博物馆，提供数字文化服务，将来建设智慧博物馆，其中就包括了鄂尔多斯市博物院大多数职能。根据本院的特点建设数字展览，数字展览包括场馆内线下展览的数字化和不依托实体展览的纯数字化展览，后者更有利于发展数字文化服务，公众的参与性、体验性也更强、更容易实现。制作数字文物，利用融媒体网站、微信公众号、微博、抖音、快手、今日头条等媒体平台，以合适的形式将单件（套）文物或组合文物的展示、讲解、互动推送给不同受众群体。

3. 数字文化服务案例分析

案例分析一：鄂尔多斯市博物院快手短视频中的古代铜镜故事系列短视频

古代铜镜里的故事系列短视频选择3面铜镜，介绍了其年代、形制、纹饰和所承载的历史文化，以及铜镜的基本知识，共10集，浏览量203万人/次，占博物馆快手短视频总浏览量的1/3以上。单篇作品浏览量达46.3万人/次，获好评和点赞近6000条。该系列短视频多次被快手平台评为"优质作品"，并在浏览量和受欢迎程度方面超过99.9%的同类作品。

为了便于分析，现将该系列短视频的方案抄录如下：

古人在镜子里欣赏自己的美，而镜子也有自己美丽的纹饰。鄂尔多斯博物馆收藏这件珍贵的铜镜，名曰"汉代四灵博局纹铜镜"，背面半球形钮，在正方形栏内部是柿蒂纹钮座。钮座与内区间井然有序的篆书十二地支"子、丑、寅、卯、辰、巳、午、未、申、酉、戌、亥"。内区博局纹，博局纹间舞动的青龙、白虎、朱雀、玄武四灵纹各一对，缠绕着八个乳丁纹，纹饰布满整个内区。外区锯齿纹衔接，浪花充满了外圈。表面银亮的"水银沁"皎洁似月。素宽缘。镜面微微凸起，光洁平滑，照亮镜子外的美丽。

纹饰之美，美在有神。"四灵"是古代四方之神，青龙、白虎、朱雀和玄武。镜中，四灵缠绕着乳钉。纹饰使用天圆地方的布局，"天盖地"的意思，寓意瑞祥之物从天而降，到了人间。纹饰深情地诉说着古代天文学理论和古人认识自然、崇拜自然的朴素观念。古人云："左龙右虎辟牛羊，朱鸟玄武顺阴阳。"四灵排列有序，左青龙、右白虎、南朱雀、北玄武，青龙和白虎祛除不详，朱雀和玄武能调节阴阳使得宇宙循环有序，寓意运势通达、顺利。图形整体呈中心对称，传承中华民族之传统对称美的美学观点。

走近铜镜，再来欣赏博局之美，博局纹又叫"规矩纹"，有道是"无规矩，不成方圆"。传说"规"与"矩"分别是伏羲与女娲掌管的法宝，用来给人类定规矩，世间凡事都得有规则。博局就是"博戏"，流行于秦汉两朝。尤其是汉代，连皇帝也爱好博戏，朝廷专门设置了"博侍诏官"，宴会上博戏更是必不可少，有的汉镜还记载与博局有关的"典道"。博戏爱好者，上至王侯将相、达官贵人，下至黎民百姓。当时成为文人雅士休闲的时尚追求，呈现出国家强盛、文化繁荣的太平景象。博局纹为了镜的美观，也有占卜和除恶辟邪之用，同时是统治者和世人对社会规则的一种理想和愿望。

"卿书玉篆，永镂青铜"汉四灵博局纹铜镜有篆书十二地支"子、丑、寅、卯、辰、巳、午、未、申、酉、戌、亥"，两字中间用乳丁纹间隔。篆书十二地支象征着四面八方，"寅、卯、辰"所代表东方，"巳、午、未"所代表南方，"申、酉、戌"所代表西方，"亥、子、丑"所代表北方。十二地支既指方向，又代表时间。这就是汉代人的宇宙观。汉代的鄂尔多斯是出土诸多铜镜，又是中原民族和匈奴民族的融合地区。考古发现和文物研究都在证明史书记载的点点滴滴，补充史书记载的不足部分，一步步揭开历史神秘的面纱[1]。

对于这件铜镜的视频介绍，首先要适应主流媒体的特点——"短"，但是由于铜镜内容丰富，信息量大，做短就会介绍不清楚或不全面。因此，我们采用分集的办法，文案约1000字，时长大约4—5分钟。按照短视频通常不超过两分钟的时长，我们把视频分为4集。这样每集大约时长1分至1分20秒之间，符合短视频要求。

短视频是否吸引公众的注意力，主要取决于前3秒，被称为"黄金3秒。"在前3秒就要用语言、文字、视频效果等方式吸引公众，这是短视频创作的难度所在。

文案题材要吸引公众。经过黄金3秒，公众的视线留在了短视频里，接下来就要用题材吸引公众。选择铜镜这一题材，既有文物的神秘感，又有联系生活的特点。照镜子是现代人不可或缺的日常生活行为，那么在没有玻璃镜子的古代，以铜做镜，是一种什么效果，各个时期又流行什么镜子，传递着什么信息，要宣传什么精神？

语言风格方面，抛弃了传统文物介绍的专业语言风格，用通俗易懂的语言，本着面向公众的原则，使作品语言既能贴近公众，又不失高雅。

传播平台方式选择方面，根据地区特点，各个平台对于作品的支持度不同，如抖音的重点是在一线城市，向二、三线城市扩展；快手是从三、四线城市为主，向一、二线城市扩展。鄂尔多斯属于三、四线城市，所以，选择快手号进行推广。

案例分析二：故宫数字文物库

故宫博物院在互联网上建成故宫数字文物库官网，是故宫博物院数字文化服务的一小部分。数字文物库向公众展示的珍贵文物分为绘画、书法、碑帖、铜器、金银器、漆器、珐琅器、玉石器、雕塑、陶器、织绣、珍宝、古籍文献、古建藏品、帝后玺册、宗教文物、生活用具、文具、铭刻、武备仪仗和外国文物等25类。其中绘画52566件

---

[1] 白云林. 古镜鉴赏——鄂尔多斯博物馆馆藏汉四灵博局纹铜镜[J]. 文物鉴定与鉴赏，2019（20）：15-17.

（套），书法75527件（套），碑帖29719件（套），铜器159716件（套），金银器11647件（套），漆器18907件（套），珐琅器6615件（套），织绣181704件（套）等，共计83006件（套），主要以图文形式展示。

故宫数字文物库有其独特性所在，其他博物馆不具备可比性。不必说"故宫博物院"的名牌效应，单是83006件（套）珍贵文物，件件精美，如此庞大的阵容就已经令人震撼。其展示效果，社会效益，公众评价和数字文化服务体现的价值不言而喻。

4. 数字文化服务的重要性

我国高度重视博物馆数字化建设。目前关于文物工作系列重要论述的核心内容之一，就是让文物"活起来"。而让文物"活起来"，自然离不开文物数字化和博物馆数字化建设。

2016年由国家文物局协同国家发展改革委等五部门发布的《"互联网＋中华文明"三年行动计划》提出，鼓励文物数字化展示利用，鼓励有条件的文物博物馆开展智慧博物馆工作。

2021年3月发布的《中华人民共和国国民经济和社会发展第十四个五年规划和2035年远景目标纲要》中两次提到"博物馆数字化"。

2021年5月，国家文物局等中央九部门联合印发《关于推进博物馆改革发展的指导意见》，提出我国在2035年基本建成世界博物馆强国的战略目标。《关于推进博物馆改革发展的指导意见》对智慧博物馆建设及相关工作表述很多，明确指出要"大力发展智慧博物馆，以业务需求为核心、以现代科学技术为支撑，逐步实现智慧服务、智慧保护、智慧管理"。

2021年11月，《"十四五"文物保护和科技创新规划》正式印发，这是首次将"科技创新"放入标题，并对提升文物科技创新能力进行了"全链条"布局。文中分别提到了要"加快推进博物馆藏品数字化""推动博物馆发展线上数字化体验产品，提供沉浸式体验、虚拟展厅、高清直播等新型文旅服务"。

2022年5月，中共中央办公厅、国务院办公厅印发《关于推进实施国家文化数字化战略的意见》，明确到"十四五"时期末，基本建成文化数字化基础设施和服务平台，形成线上线下融合互动、立体覆盖的文化服务供给体系。到2035年，建成物理分布、逻辑关联、快速链接、高效搜索、全面共享、重点集成的国家文化大数据体系，中华文化全景呈现，中华文化数字化成果全民共享。博物馆数字化建设在国家文化数字化战略中的价值和作用不容小觑。

5. 科技发展让数字文化服务具有可行性

习近平总书记指出："文化和科技融合，既催生了新的文化业态、延伸了文化产业链，又集聚了大量创新人才，是朝阳产业，大有前途。"随着新能源、5G技术、人工智能、量子计算、虚拟世界等技术所代表的第四次工业革命的不断推进，智慧博物馆、智慧图书馆、智慧文化馆等智慧文化的研究和实践也在不断进步。

把数字技术与文化繁荣有机融合，让数字技术深度赋能文化创新，助力培育和弘扬社会主义核心价值观，弘扬中华优秀传统文化、革命文化、社会主义先进文化，不断丰富人民精神世界，增强人民精神力量，增强文化自觉和文化自信。

6. 面临的问题

在加速发展数字文化建设的道路上，也暴露了一些短板，无论是数字资源的数量还是质量，均还有较大提升空间。未来数字化技术的成熟应用，将会使文化场馆发挥体系化的优势和文化人才集聚的优势，加强顶层设计，着力统筹整合，在提高数字文化资源数量的同时，对数字文化资源的系列化、优质化进行实践探索，不断丰富数字文化资源，推动数字文化服务高质量发展。

当前数字文化建设的短板在重视程度、经费投入和人才储备方面显得尤为突出。

偏远省市数字文化的发展仍处于起步阶段，从社会面，到管理部门，再到文化单位，对数字文化服务认知不能与时俱进，对一些方面显得重视程度不足，难以适应时代的发展。

由于传统的文化服务和数字文化服务之间存在选择，经费侧重的问题，数字文化服务本身对经费需求量大，经费不足是数字文化服务面临的明显问题。

人才缺乏问题。数字文化服务本身是一种创新服务，需要专门的人才和团队，从研究、策划、实施、运营等方面开展工作，但目前大学院校没有设置专门的专业来培养这方面的人才。

此外，新事物缺乏行业标准，也是数字文化服务在实施方面受到影响。数字文化服务作为一种新事物，现阶段管理部门没有制定相关行业标准，出现数字文化服务品质参差不齐问题。

四、公共文化场馆如何适应科技时代发展，加速数字文化、"文化+"进程，提升数字文化服务质量

1. 重视数字文化服务的发展

转变传统发展理念，以基层博物馆、文化场馆为起点研究和宣传数字文化服务的重要性；从政府、学校、社会层面重视数字文化服务，提出需求和意见建议。

2. 明确"服务"的目的

首先要明确"服务"的目的，服务于公众，服务于社会，服务于社会主义核心价值观，服务于社会主义精神文明建设。

博物馆、文化场馆为公众提供数字文化服务，目的为了铸牢中华民族共同体意识，坚定文化自信，为社会建设提供精神动力和支撑。

3. 打造品牌

打造数字文化服务品牌。根据各文化场馆的特点，打造品牌，树立形象。打造品牌要因地制宜，故宫博物院有它的品牌，山西博物院有它的品牌，陕西历史博物馆有自己的品牌，鄂尔多斯市博物院也有自己的特点。立意要准确，选择题材要接地气，选择既能让公众喜闻乐见，又能铸牢中华民族共同体意识，坚定文化自信的题材进行创作。

提升数字文化的质量。数字文化服务跨越了多个行业和专业，包涵了多个环节。从文化研究到数字文化的转换，数字文化服务产品或作品制作，再到数字文化服务的宣传推广。提升数字文化的质量需要各个行业、专业和环节形成合力，共同打造。

4. 保障和支撑

人才队伍建设包括组建专业的文化研究团队、专业的数字化团队、专业的宣传团队等。事业是由人才来做，专业的人做专业的事。同时重视经费保障和资源共享，合理利用经费，不重复建设，节约成本，实现资源利用最大化。

5. 以人为本，面向公众传播

正确选择传播媒介尤为重要。充分研究公众的习惯、传播媒介的受众群体，合理安排传播方式和时间点，提高服务质量和效率。适应公众的"线上"习惯，提高"消息"的时效性和"规划"的精确度，打造以人为本的数字文化服务。

关于博物馆设备管理现状及实践探讨

鄂尔多斯市博物院 王璐璐[*]

内容提要：近年来，博物馆的游客数量呈现不断增加的趋势，但很多博物馆的建成时间较早，馆内相关设备也比较老旧，许多设备开始出现不同程度的老化。博物馆各项设备管理的好坏直接影响馆内文物的存放安全和游客的生命财产安全。随着经济的飞速发展，对于承载着深厚文化内涵的博物馆的建设，相关部门也应该予以重视。博物馆内的各项设备需要及时更新换代，以满足博物馆的各项运行需求；博物馆也应该对可能出现的突发状况制定完善的应急管理预案。

关键词：博物馆 设备管理 实践措施

博物馆的设备管理应该以预防为主，防患于未然；以安全稳定为原则，保证各项设备和系统的有序稳定运行。制定有效完善的应急管理措施，提高对各种因设备问题出现的突发事件的应对能力，降低设备损坏后的损失。即使是出现设备损坏的危急时刻，也应该将游客的生命安全放在首位，以人为本。

一、博物馆现有设备的现状

（一）供电设备现状和产生的问题

馆内供电设备建成时间较长，有时会出现突然停电的情况，对博物馆内的照明系统产生影响，也会不利于需要存放温度保持均衡的文物的保存。电气设备的维

---

[*] 王璐璐（1988— ），内蒙古自治区鄂尔多斯市东胜区人，大学本科学历，鄂尔多斯市博物院文博馆员，研究方向：文物、博物馆。

护和保养不到位，博物馆供电系统处的电器部分没有做到定期维护更新，如果配电柜或者配电箱出现跳闸问题，就会导致博物馆的整个电路短路或者断路，诱发火灾。突然断电也会影响电梯的使用，电梯内的乘坐人员可能会出现不同程度的安全事故。电力系统供电不稳定也会造成很大的安全隐患。

（二）供水设备现状和产生的问题

馆内供水系统不精密，在用水量较大的情况下会产生故障，导致停水。博物馆内蓄水池消防水箱的管理不到位，没有储存足够的应急水源，如果突发火灾，则无法有效应对。博物馆在停水时无法及时做好对游客的严格检查，如禁止游客携带易燃易爆物品，这在无形中增加了安全隐患。

（三）消防设备现状和产生的问题

目前市面上的消防设备并没有统一的标准，种类繁多但质量却良莠不齐，许多零件在馆内设备上不通用，一旦设备出现问题，就不得不花费更多的资金换新，这给设备管理增加了很多不必要的经费投入。设备管理人员缺乏必需的设备使用技巧，无法准确地做到定期对设备进行检查和维护；部分消防设备管理员缺乏安全责任意识，在设备管理上态度松懈。由于缺乏相关法规的约束，许多馆内工作人员没有意识到消防设备对文物保护和游客生命财产权的重要意义，在发生安全事故时，没有承担责任方。以上所说，在很大程度上对博物馆消防设备的管理产生了不利影响。

（四）安检设备现状和产生的问题

由于博物馆建成时间较早，许多安检设备比较老旧，安检技术也比较落后，对博物馆安全无法做到充分的保障[1]。在安检设备的日常使用过程中，容易出现无法准确、清晰地识别游客携带的危险物品，安检设施不灵敏等问题。安检人员在安检过程中的操作不规范，不重视日常的安检培训；一部分安检人员缺乏安全责任意识，不能胜任安检工作。博物馆为了节约支出成本，会安排没有资格证的安检人员工作，甚至没有给安检人员配备防爆头盔、伸缩警棍等设备，增加了博物馆的安检难度，也会降低游客的满意度。

---

[1] 曹张琦. 关于博物馆设备管理现状及实践分析[J]. 中国设备工程，2020（21）：77-78.

二、针对博物馆现存设备管理现状提出的改善措施

（一）供电设备部分

要先找到出现供电事故的原因。假如是供电部门的原因，应及时与供电部门取得联系，问清楚停电原因、停电时间和来电时间，同时通知馆内各部分做好应急管理预案[①]。假如是博物馆自身电力系统发生故障，应该先安抚在馆内游览的游客的情绪，并安排游客从应急管理通道进行撤离。同时安排维修人员快速找到事故发生的原因，避免因短路等原因烧伤电线造成火灾。后勤和安保部门要通力合作，把游客的生命财产安全放在首位并做好文物的保管工作，保证文物的存放安全。维修人员在恢复供电系统后一定要进行设备的试运行，保证供电设备能够正常安全地运行之后才可以宣布博物馆恢复正常可参观状态。

电梯故障也是供电设备出现问题时常出现的问题。值班人员在接到电梯事故报警时应该第一时间确认电梯内是否有人被困和被困人员的被困时间、被困楼层、身体状况等，并进行详细记录。迅速组织工作人员到达发生故障的电梯处，对被困人员进行情绪安抚，同时通知维修部门以最快的速度进行维修[②]。事故处理完毕后，要及时对事故的发生进行反思和分析：如果是电梯设备老化的原因，应该及时进行养护和更新；如果是因为值班人员的失误，应对其做出相应的惩罚。

雨天或者高温天要及时做好对电缆、配电箱等设备详细的绝缘测试，分析其中可能存在的安全隐患，制定相应的安全措施，这样才能防患于未然。一定要防止各项电气设备进水，尤其是各种线头的接头处，要注意密封处理。安保部门要配备足够的手电筒等应急照明设备，便于巡逻或者应急，不至于因突然停电造成过度恐慌。

（二）供水设备部分

找出供水设备出现事故的原因。假如是供水公司的原因，应及时与供水公司取得联系，并告知供水公司以后要在提前通知停水时间。如果停水时间较长，要督促供水公司及时维修恢复供水，如果有必要，可以向上级部门申请闭馆，等供水恢复后再开馆。如果停水时间较短，可以利用博物馆蓄水池里的水，暂时将一些需要用水的仪器关闭，通知各部门工作人员做好防护。假如是博物馆内部的供水系统出现故障而导致停水，馆内的工作人员应该先把应急备用阀门打开，先保证馆内的正常供水，与此同

---

① 魏瑞亮. 博物馆文物管理现状和改进措施 [J]. 文物鉴定与鉴赏，2019（3）：140-141.
② 尤新. 探究博物馆文物管理现状及改进措施 [J]. 风景名胜，2019（1）：247-248.

时组织维修人员立马对故障进行检修。停水期间要保证消防水箱里持续有水，不能随便使用，以免发生火灾时造成无法挽回的损失。

（三）消防设备部分

在选购消防设备时，应该根据博物馆的实际使用情况进行采买，要考虑到博物馆所处地区的气候条件和场馆的建筑特点，注意不同型号的设备有不同的功能。要保证消防设备的齐全和正确的数量，一个展厅最少要有两套消防设备。每个展厅和大厅的墙上都应张贴清晰的消防疏散示意图，保证每个游客都能注意到并且看得懂。当地政府应在有关消防设备安全的问题上建立健全法律法规，规范消防设备的使用流程。博物馆要加强对设备管理员的设备使用培训，提升设备管理人员的安全责任意识，同时还可以在消防设备方面投入适度的技术开发资金，聘请专业的消防技术人员，以本博物馆为基点建立一个自己的消防安全系统，从而保证消防安全。

（四）安检设备部分

博物馆相关部门要转变现有的安检理念，引进先进的安检设备，建立健全安保系统。首先在博物馆的入口处要建立严格的安检关卡，游客随身携带的一切物品都必须经过精密安检设备的详细筛查。很多游客并不清楚自己携带的物品中有哪些是博物馆绝对禁止带入的，因此，在机器不通过时可能会产生逆反心理，这时安保人员一定要耐心跟游客解释，这不仅关系到博物馆内展品的安全，更关系到博物馆内所有人员的生命财产安全。除了检查物品的安检机外，还应建立认证检验机，对游客进行人脸认证和人脸识别。随着实名认证的普遍和大数据技术的发展，认证检测在大多数博物馆都已开始实行。极个别情况下，外地来的游客有可能是公安部门正在跨区域通缉的逃犯，有了这项检测，可在一定程度上保障博物馆和游客们的安全。

对安检过程中可能发现的危险品或危险情况建立安全等级制度，一般通用的是三级制度，即红、橙、绿。其中红色是最高等级，一般指发生大规模治安事件或者恐怖袭击事件，安保人员应立即进入一级警戒状态；橙色一般指发现游客携带了易燃易爆或者危险武器的情况；绿色是最低等级，一般指在安检过程中检测出游客携带了博物馆禁止带入的普通物品。建立分级制度，便于安检人员对出现的不同情况进行针对性的应对和处理。

博物馆要建立完善的安检培训制度。首先，博物馆在聘请安检人员时要对其文化程度、专业程度、反恐知识、法律知识等方面有严格要求，招聘最优秀的安检人员。其次，要定期开展安保人员的培训工作，规定安检人员每天的学习时间和内容，加强安检人员的实际操作能力培训，提高每个安检人员的专业素养。最后，培训模式和内容应该丰富且有益于安检人员的能力提升，比如体能训练、邀请专业人员进行急救知识培训、法律知识讲座等，让安检人员能真正把培训所学运用到日常工作中。

结　　语

博物馆起着承载地区文化的作用，既向人们传播了悠久的历史文化，也满足了人们的精神文化需求。博物馆的文物历经千年的洗礼，本身就是珍贵而又脆弱的，因此博物馆的设备管理必须要做到万无一失，才能保证文物的安全和前来参观的游客的生命财产安全。相关部门要定期对供电、供水系统做全面的排查、维护和更新，做好消防设备的管理，加强安检设备的维护保养，提升安检和消防人员的专业技能和安全责任意识。与此同时，博物馆要制定各种应急管理预案，做到即使出现紧急情况也能做好应对和防护，最大限度地保证文物安全和游客的生命财产安全。

浅析对文物保护和修复的认识与思考

◉ 鄂尔多斯市博物院　田金兰[*]

内容提要：近年来，国家加大对文物保护与修复工作的重视力度。文物影响着社会文明的进步，保护和修复文物是博物馆的重要职责，各地区博物馆都进行了文物保护与修复，增加了建设投入。目前博物馆在对青铜器文物保护与修复上也取得了显著的成效，但是仍存在不少问题，需要不断去完善。文物保护与修复的工作，也需要更加积极的宣传。

关键词：文物保护　文物修复　青铜器

文物保护与修复涉及很多学科，不仅需要用到先进的科学技术，对不同文物的修复技术也会不一样，其中有美学知识、历史知识、材料知识等。因此，实际开展文物保护工作时应当投入更多的资源，相关政府部门应当基于文物保护申请更多财政拨付款，不同行政部门也应加强对文物保护的重视，做好文物藏品的管理，对文物保护人员进行培训，加强文物保护宣传，为文物保护与修复创造有利的条件。

一、文物保护和修复对于博物馆的重要性

（一）文物保护和修复是博物馆工作中一项非常重要的任务

文物保护和修复一直以来都是博物馆工作中比较重要的一环。文物是社会文明发

---

[*] 田金兰（1980—　），内蒙古自治区鄂尔多斯市准格尔旗人，在职本科学历，鄂尔多斯市博物院文博馆员，研究方向：历史、文物、考古。

展的见证，为人们追寻历史提供了重要依据。党中央也明确提出了要求，要把文物保护与修复工作放在第一位，并且科学合理地利用这些文物。

（二）文物保护与修复是文明传承的重要见证

文物的价值不仅仅在于可以进行观赏，最重要的是可以提供重要的信息，为人类追本溯源提供重要的依据，各种各样的文物可以带来不同的信息，其中很多重要文物具有较高的历史价值和文化价值，记录了人类发展的历程。因此，保护文物也就相当于保护人类文明和优秀的传统文化，可以推动我国文明建设的发展。因此对于博物馆来说，尤其是市级、省级及国家级博物馆，相关人员在对文物进行保护工作时，应明确自身工作的重要性，提升文物保护及修复的水平，最大化保留文物的历史痕迹和文化底蕴[1]。

（三）创造经济效益

我国部分博物馆需要收费，人们去这些博物馆参观时要购买门票，博物馆可以通过这种方式创造经济效益，这也表明博物馆是具有文化和艺术价值的，所以才会有人买门票进去观赏。而大部分博物馆是免费开放的，如鄂尔多斯市博物院、鄂尔多斯博物馆、青铜器博物馆、图书馆等场馆都是可以免费参观的。这些场馆不仅丰富了鄂尔多斯市民的文化生活，同时也创造了极大的社会价值，推进了社会文明的建设。

二、文物保护与修复的策略

（一）采用科学的方法进行修复

对文物进行修复实际上也是对文物的二次伤害，所以在修复时必须采用科学的方法，避免破坏文物的价值，从根本上把文物的病害去除，修复破损的地方，尽可能地把文物恢复到原来的样子，延长文物的寿命。在修复时不能随意更改文物的形状、颜色、花纹等，要让文物的历史价值得以彰显，被世人所欣赏。

以青铜器的修复为例。我国历史悠久，青铜器的文化价值极高，这就对青铜器文物修复技术人员提出了较高的要求。对青铜器的修复和保护是博物馆每个工作者义不容辞的责任。鄂尔多斯市博物院修复的青铜器包括青铜刀、青铜斧、青铜铃、青铜短剑、青铜戈、青铜饰牌等。修复这些器物，博物馆工作人员首先要对文物进行清洗，

---

[1] 郜悦. 对文物保护与修复的认识与思考[J]. 文物鉴定与鉴赏，2020（1）：78-80.

利用超声波清洗机和蒸馏水。若文物受损比较严重，还要对文物进行取样检测，对文物粉状锈使用机械去除法。将文物恢复原状之后，要再调配一些矿物原料对用铜器修补的地方做旧，尽量保证青铜器物的整体感，最后还要对文物进行封护，这样整套修复流程才算完成。

在文物的修复过程中，我们秉承的原则是将文物恢复到原来的样子，而不是进行修饰，在修护过程中要一步一步来。现在对文物进行修复是采用传统与现代相结合的方法，在传统方法的基础上进行探索和创新，运用科学手段进行修复。如在青铜铃的修复过程中，我们无法用肉眼观察到有害锈的位置，这就需要运用科学仪器进行观察和检测，明确有害锈确切的位置后就可以进行处理了，节省了工作人员的时间，更是避免了其他不合适的方法对文物产生的损害。在修复文物之前首先要知道存放环境是怎样的，这样才能知道对文物造成损害的原因有哪些，才可以更科学地对文物进行处理。在对青铜结构进行分析时，可以选用电子显微镜、X射线衍射仪等仪器；对青铜器进行化学分析时，可以选用电子微探针、中子活化分析等方法。青铜器的结构分析对青铜器的修复至关重要，一定要选用合适的仪器和方法。一些专属的化学试剂和化学溶液可以与青铜器上的锈迹发生化学反应，可以较好地去除铜锈。也可以选择机械的方法，利用一些不同的工具，如竹刀、刻刀等，将铜锈去除。在选择方法时要根据青铜器的状态来决定，前提是减少对青铜器的破坏。一般情况下，选择的是机械的方法，虽然效率比较低，但是可以控制力度，减少对青铜器的损害；化学反应可控度比较低，一旦发生反应就不能停止，有可能对青铜器造成更大的损害。工作人员在青铜镜的修复过程中也用到了焊接的方法，焊接操作简单，慢流性好，熔点低，对锈色伤害小，常温下就可以凝固成块，但是时间久了也会出现脱焊的现象，所以对于一些薄胎青铜器一般选择粘接的办法。目前，青铜器修复主要使用环氧树脂。文物的修复一定要有步骤地进行，选用科学的方法。在对青铜器进行修复时，需要从以下几部分逐步开展[①]。

首先，充分借助超声波技术，辅助青铜器的修复工作。在实际操作中，需要利用该项技术，谨慎地将文物器具表面的杂物和腐蚀物进行清除，通过对青铜器的观察，了解青铜器内外的裂缝及其他破损状况，并进行加固处理，通常可以采用机械与化学相结合的处理方法，去除影响青铜器纹路的腐蚀物。在处理时，缓蚀封护后肉眼观察无玄光即可。

1. 机械去锈法：机械去锈方法主要借助一套精制的金属工具，如刀、钻、针、凿、小锤之类，通过剔、挑、剥、凿、捶震的方法来去掉金属较厚的锈层。为了去锈

---

① 刘萌. 我国文物保护与修复技术探究[J]. 赤子, 2019 (14): 125.

方便，以浸煤油来软化锈层。为了防止煤油挥发太快，往往将煤油加上石蜡调成糊状物，涂在器物表面，使其充分软化锈层，以利机械去锈操作。

2．试剂去锈：化学试剂的基本作用原理是与金属表面上不溶性的锈发生化学反应，形成可溶性物质溶解到溶液中去。化学试剂分为两大类：一类是能直接与器物接触的盐类或氯化物作用而形成可溶性盐类；另一类是以配位键形式与金属离子形成络合物而溶解。对试剂的要求是既能溶解锈蚀又不伤害金属本体。

锈蚀属于青铜文物常见的一种附着物，在实际修复过程当中应当对不同的锈蚀状况进行分析，把无害锈蚀和有害锈蚀的类别进行详细划分。针对无害锈蚀青铜器进行管理时，采用常规的保存方式，避免出现再次锈蚀的状况。因此，实际开展文物修复工作人员应当明确不同锈蚀对青铜器造成的影响，并且采用专业的处理技术降低其对青铜器的破坏。通常在对青铜器表面的锈蚀进行处理时，可以分以下几个步骤来完成：首先对青铜器进行小心清洗。其中对锈蚀处进行清洗或处理时，应当选择一些温和的清洗液，并且按照青铜器的纹理与结构进行全方位清洗。其次，去除氯离子。应当选择伤害较小的方式进行去除，保障青铜器根除氯离子，降低对青铜器的破坏。最后，除去锈蚀。在对表面有害锈蚀进行去除时，可以采用较为成熟的物理方法或者是化学方法，并且按照具体锈蚀状况采用综合的处理办法。

众所周知，青铜器是我国重要的历史文物，由于年代较为久远，长时间埋藏后容易出现变形或者破损的状况。因此青铜器文物修复人员需要了解不同青铜器的形制，并且进行整形和补配。常用方法有铸造法、捶打法和加热整形法。对于破损程度较低的青铜器文物，技术人员可以采用加热整形法或者捶打法；而对于材质比较坚硬、可塑性比较差的青铜器文物而言，在修复时可以采用铸造法。另外，部分青铜器需要进行焊接处理，对于严重的破损，需要在埋藏之处加大搜集力度并且采用精细的补焊方式还原青铜器造型，这也能够增加青铜器的稳固性。除此之外，由于青铜器在焊接时容易受焊接温度及焊口的影响出现损伤。因此，为了避免对青铜器造成二次损坏，需要减少焊接修复方法的使用。例如，对一些比较薄的碎片，可以适当采用粘结的方式进行修复。

完成青铜器修复工作之后，需要保障青铜器后期的保存环境，降低青铜器受到外界环境的影响而出现破坏的几率，因此在完成修复之后，需要在其表面涂刷一层保护膜。当前保护膜的主要材料是B72聚合物，该材料不仅能够降低环境对文物造成的影响，同时能够将一些有害物质与青铜器文物进行有效隔绝。另外，在对青铜器涂刷保护膜时，还可以尝试苯并三氮唑、氧化银以及表面封存保护等方式。

（二）加大资金投入

在文物的保护和修复过程中，政府不光要制定有关的政策，还要加大资金的投入，从实际上提高文物保护与修复的工作质量和效率。以往政府部门大多认为投入大量资金不能获得一定的收益，对其投入资金是一种浪费。之所以出现这种想法的，是因为文物修复工作中没办法进行预测，需要很长时间才能得到收获，所以政府并不注重资金的投入。要改变这种想法，因为文物带来的不光是物质上的利益，更是精神上的收益，这种收益是无形的，但尤为重要。

（三）做好文物藏品管理

博物馆工作人员在平时工作中也要及时对博物馆的一些设施进行更新，文物放置的地方要保障安全性。同时将文物信息统计清楚，时间越长，博物馆收纳的文物就越多，所以工作人员要及时对文物进行分类统计。为了提取文物可以更加方便，工作人员要做好文物登记工作，避免出现文物资料混乱的情况，所以博物馆要建立健全文物管理档案，方便文物的提取和检查。例如，因为青铜器极易出现锈蚀的情况，工作人员在保管时一定要注意控制温度和湿度[①]。

（四）培养文物保护人才

近年来，党和政府对传统文化的传承和文化遗产的保护非常重视，广大民众对文物保护的关注度也日益提高，对专业的文物保护人才的需求日益急迫。在培养修复师传承人的过程中，要求其充分掌握青铜器本身的器形纹饰特点、历史发展流变和制造工艺技术，在深研原器的基础上对所有工艺反复磨炼，全面掌握。在这种高标准、严要求的氛围中成长的修复师们，不仅会以完整的技艺传承为天职，更会以前辈们的钻研精神为楷模，力求改进完善每一个环节。

文物保护和修复工作质量的高低与博物馆文物保护人员有着密切的关系，文物保护人员的专业水平影响着文物的修复质量和文物管理。首先要加强文物保护人员工作素质，提高专业水平。文物保护人员要做好文物的保护与修复工作，就要了解文物的相关知识，并且能够运用科学技术完成文物修复。同时，还要提高文物保护人员对文物的仿制、识别等技术，让观赏文物的人可以更好地通过文物感受古代的生活习惯以及当时的文化，从而更好地促进社会文明的发展，传承优秀的中华民族文化。

---

① 黄滢，邢琳. 浅谈对文物保护工作的认知与思考——以江西省博物馆为例[J]. 文物鉴定与鉴赏，2019（23）：90-91.

（五）加强文物保护宣传

　　文物保护工作是一项复杂的工作，需要投入较多的人力资源和物质资源。为了能够最大化加强文物的保护，要注重文物保护重要性的宣传。虽然当前我国针对文物保护工作已经建立了相应的制度，也培养了较多的文物保护专业团队。但是由于相关制度的构建仍然处于不完善阶段，并且文物保护人员数量有限，使得文物保护工作开展得较为艰难。因此，为了提升文物保护工作的整体水平，相关部门应当加大对文物保护的宣传力度。在实际操作中，可以在社会人员较为聚集的广场或商场的广告牌中播放文物保护记录宣传片，让更多民众了解到加强文物保护工作对于还原历史事件的重要性。只有加大文物保护，才能让我国的文化屹立于世界文化之林，增强民族自豪感。通过加大宣传力度，让更多民众积极参与到文物保护工作当中。

　　博物馆也可以请专业的人士进行讲座，开展文物保护的宣讲活动，调动相应人员对文物保护及修复工作的主动性。

　　综合上文分析可知，文物保护工作对于我国文化事业的顺利开展意义重大，不仅能够帮助我们了解历史面貌，也能够让世界各国了解我国优秀历史文化及古代人民的智慧。因此在开展文物保护工作时，要加大宣传力度，做好文物修复工作，最大化地保护出土文物。政府也应当发挥职能，引导各个部门相互配合，通过构建完善的法律法规，加大执法力度，对一些不法分子进行惩处。这样才能够引起全社会的重视，让更多民众参与到文物保护工作当中。另外，在实际修复时，应当采用科学的修复方式，加大文物保护及修复的投入力度，组建优秀的文物保护及修复团队，提升我国文物保护及管理的整体水平。

博物馆陈列展览中展品摆放实践与思考

◨ 鄂尔多斯市博物院　王雪芬　萨日娜[*]

内容提要：陈列展览是博物馆的基础工作，是体现文物藏品价值最直接、最简单的手段和方法，也是博物馆沟通文物与公众之间最重要有效的方式，直接体现着一座博物馆的管理与服务水平。走进博物馆看展览，已成为当下人们旅游出行必备的一种生活方式。琳琅满目的展品，趣味盎然的陈列往往给观众带来穿越时空的观感。如何让观众在观展过程中获取知识，并获得视觉的愉悦和心灵的滋养，增加展览的可看性，陈列展览中展品的摆放形式是一门必修课。

关键词：博物馆　陈列展览　展品摆放

　　陈列展览是实现博物馆价值和功能的基本方式，也是博物馆提供公共文化服务的直接途径。陈列展览是馆藏文物与大众面对面的一种交流，是通过实物、文字、图片、场景、雕塑、多媒体等方式对文物主体的一种延展性展示。陈列展览的举办包括大纲内容编写、文物挑选组织、形式设计制作、展厅空间布置、安保清洁等程序。在具体布展过程中，要全面分析，综合考虑很多问题从整体来说，要考虑大纲内容的主题表达、展示空间的大小、展览的基础色调与整体风格、展厅展线走向等方面。局部细节处，要考虑展品和图板的具体量化分布、需要使用到的工具、展品与展台的匹配、展品的组合摆放、灯光照明等一系列具体问题。从面到点，每一个具体过程都需要认真地去考量斟酌，不断调整，力求完美，只有这样，才可以给公众交付一个合格的展览。

---

　　* 王雪芬（1984—　），内蒙古自治区鄂尔多斯市伊金霍洛旗人，大学本科学历，鄂尔多斯市博物院文博馆员，研究方向：历史、博物馆展览。
　　萨日娜（1982—　），内蒙古自治区鄂尔多斯市乌审旗人，大学本科学历，鄂尔多斯市博物院文博馆员，研究方向：民族文物、博物馆展览。

在此，就博物馆陈列展览中展品摆放的实践经验及发现问题与思考做一分享交流。

一、陈列展览中展品摆放形式的重要性

博物馆文物藏品的陈列不是一项简单的工作，无论是举办馆内基本陈列还是引进临展，都是一个综合收集资料、多元整合、多方考察分析不断实践的过程。博物馆展览离不开展品展示，展品摆放形式对一个展览的展示效果至关重要。文物展品展示只有通过精心的设计，合理的摆放，才能彰显文物本身的价值和内涵。使用良好的摆放造型，融入更多美学概念，才更能吸引眼球，增加观众的流动量与驻足时间，有效提升公众对文物的认知度。

众所周知，对一项事物的认识，一般都是先从感性感知开始，在感官上觉得美和舒适，比如整体简约素净，其次才会在理性上认识，比如制作工艺复杂精妙一类，最后再回到感性上的欣赏，产生情感共鸣[①]。博物馆陈列展览中的展品摆放应有一个"系统性"，让观众在参观的时候即使不懂具体的文物知识，也能感受到有种清晰的脉络，最起码在看完后能至少产生一种浅层的认识，比如："哦，原来这个展览是在展示从古至今的瓷器！"，进一步想想："原来瓷器还分为好多种类！"……凌乱无序，碎片化的展品摆放看似填满了空间，却没有让人产生视觉上的愉悦，就更谈不上进一步的认识了，这样的陈列展览让博物馆在发挥宣传历史文化、教育公众职能方面显然是大打折扣的。

博物馆精美有序的陈列展览汇集着人类历史发展与文明进步的成果，蕴含着丰富的信息，为公众提供了丰富的学习教育资源。观众可以通过参观博物馆丰富而精美的陈列展览，了解各地不同文化知识，获得精神上的愉悦与满足。博物馆陈列展览中展品的不同摆放形式会给观赏者带来不同的情绪体验，科学合理而又充满趣味的陈列方式不但可以增强展览的视觉效果，也能提高展览的整体质量（图一）。

二、展品摆放的具体实践与思考

好的陈列展示不仅可以保护文物藏品，还可以充分发挥出文物藏品的潜在价值，同时也能提高观众的审美观念和艺术修养，给观众带来不一样的精神体验。在具体的陈列展示工作中，博物馆需要对文物展品的类型、体积、重量、等级、完残、数量等多方面特性有详细了解，再根据场馆、展厅有效展示面积合理划分多个展区，设置相

---

① 唐亦丽. 博物馆系列之展品的陈列问题［J］. 罗湖法苑，2016（3）.

图一　一字排开的黑白风格——简约肃静的艺术美

应的展品保护措施。展品摆放需要相关人员能够结合展览空间与文物藏品本身的特点以及观众的视角进行整体把控、巧妙构思。

1. 尊重陈列展览中展品的文物属性

博物馆陈列展览中展示的展品多为馆藏文物，是具有时代特征、文化价值和历史价值的人类文明成果。在具体布展过程中，首先要确保展品是按照历史发展的正确顺序摆放的，体现展品的历史性、学术性，其次是地域、类别等其他属性。即使没有明确的时间顺序，也要总结并遵循一定的类别属性规律，体现出一种系统性，而不是简单的无序排列。

再者，博物馆陈列展览中的展品为历史遗留下来的不可再生的资源，大多都为定级文物，对待这些文物展品一定要规范化、科学化，确保其在布展过程中安全无损。因此，如何摆放才能防患于未然是必须要重点考虑到的。

2. 重视陈列展览中展品的摆放造型

展品的摆放形式有很多种，是放在墙柜展台上还是独立柜里？是需要壁挂、吊挂还是平铺？是一字排开还是高低错落？观众看着无感甚至疲劳还是会有种视觉冲击？……这一系列问题就涉及展览的观赏性和趣味性。美的感受能够对观众欣赏展览产生积极的作用，因此在陈列布展中展品的摆放需要发挥一些小技巧。

展品的摆放形式需根据文物展品的类型和展台特性综合考虑。运用几何形线条摆放展品，可以彰显简约精致，赋予有限空间流畅的动线，无形中增添了些许趣味，让展览释放出更多的情感和温度。

比如，针对一组体量较小、数量众多的文物展品，该如何摆放？通常我们会在摆放过程中采用多条直线、对角斜线、曲线、圆形、半圆形、三角形等简单几何线条来呈现一种造型。其中，直线、斜线给人以肯定、直率和整齐的形式美感，曲线的构图给人以活泼、流畅、富有韵律变化的动态感，将同一类的展品组合摆放成圆形、半圆形或扇形的构图形式，给人以充满活力的和谐美（图二），三角形构成则给人以安全和稳定中的动势感。

图二　半圆围坐摆放，给人以富有情景想象的空间美；黑色丝绒展台更显小件玉器的精致玲珑

展品与展品之间的摆放要留有足够的空间，切不可出现堆积、紧挨的情况。如果展品之间太靠近或太疏远的话，会降低展品对参观者的吸引，影响文物的展示效果，故展品摆放应做到合理布局，疏密有致，细微之处见品味。精心布置的陈列展览，会在每个细节处无声地牵引着人们的情绪。在有限的展示空间内，采用多角度、多视点的变化线条来摆放展品，布置在观众参观的最佳视域范围之内，会让展示的形式更加生动、美观，从而增强展品的感染力，拉近文物与观众的距离。

3. 改善陈列展览中展品的展示形象

现代博物馆陈列已经成为一种新型艺术，利用多媒体、高科技等多元化展示手段，进一步拓展文物展品信息的传达，可以让观众对文物展品的了解更全面深入。传统的陈列方式因单调而显枯燥乏味，已经远远不能满足今天人们的参观需求了，因此博物馆的陈列展览应将以人为本作为不断改进提升的出发点，以观众的感受为先。通过优化展览要素的整体组合来改善展品的展示形象，是一种行之有效的方式。

可以借助不同高度的展台或展架来进行展品的错落摆放，也可以视情况将展品在墙面上悬挂起来，凸显展品的立体感，便于观看，对于文物展品较多的展览而言，也可以节省一定的空间。

文物展品的各种巧妙组合也可以改善展品的展示形象。例如，采用单双层式、多层式、斜坡式、对称式等多种方式进行组合摆放，通过大小搭配、高矮搭配或混合搭配，营造出层次感；将同一系列同一风格的展品组合摆放在一起更显韵味；对于成双成对或成组的展品，摆放时将其不同面予以展示或以不同角度呈现，使观众更易做出对比，展品信息展示更加全面完整。

适当创新适合展品的展台、展架，丰富展台造型。可以根据实际情况，采用一些特别的展示道具，如旋转台、旋转架，让静态的展品转动起来，增加观看兴趣。还有诸如利用放大镜、反光镜、纱幔布艺等在细节处或小范围内进行点缀（图三），可以更好地传达展品的历史文化内涵，展现博物馆的独特陈列风格。

图三　纱幔垂挂，古韵格调油然而生

别出心裁的展品摆放造型，能产生丰富的美感，激发人们的观看欲望，让观众在观展过程中产生某种联想，加深对产品的印象，提升审美素养（图四）。展品摆放完后还应对说明牌等进行全面检查，确保文物展品的完整及标识的正确性，从而保证展览的整体效果。当然，还有展厅色调、展板分布、灯光照明、展厅卫生等具体因素也都影响着陈列展览的展示效果，在此不再赘述。

图四　沿展线走向迎着观众摆放，让参观更显流畅舒适

结　　语

充分发挥博物馆的公共文化服务功能，让更多的人走进博物馆，通过参观博物馆领略祖先创造出的灿烂文化，掌握历史知识，提高综合素质。通过丰富的展品、高品位的展览、完善的服务，使人们沉浸在历史文化的长河中，愉悦身心、陶冶情操，获得各类富有趣味性、激励性、参与性的精神享受，把博物馆真正办成群众学习知识的文化殿堂，办成满足人民群众文化生活需要的精神家园[1]。

---

[1] 李美婷. 基层博物馆公共文化服务建设的思考［J］. 文化研究，2016（9）.

博物馆通过丰富的陈列展览把人类智慧之果传递给一代又一代人，为人民群众获取各种历史文化知识提供了便捷，而精心布置的精美陈列展览更是让人类文明之花绽放在每一个参观者的心里。在坚持博物馆陈列展览的正确导向下，积极探索改善陈列展览的展示形象，不断提升陈列展览的实效性、通俗性、趣味性，以物为基础，以人为本，以文化人，做好陈列布展工作，主动为公共文化建设提供优质服务，在时代发展的新需求下不断创造新价值，是博物馆的社会责任和使命担当之所在。

博物馆文物管理中如何实施文物保护

■ 鄂尔多斯市博物院 王雅萱[*]

内容提要：我国作为历史文化大国，有着悠久的历史，留下了许多珍贵历史文物，彰显出我国源远流长的历史文化。博物馆文物管理工作的开展，不仅可以让世界对中华民族历史文化产生更为深刻的了解，还能够增强人民群众的爱国精神，提高人们的思想素质。为此，博物馆需要在文物管理过程中有效落实文物保护工作，使珍贵的历史文物得到有效保护，避免其出现损伤。本文针对博物馆文物管理中的文物保护进行分析，探讨文物保护的必要性，并提出具体的保护措施，希望能够为相关工作人员提供一些参考和借鉴。

关键词：博物馆 文物保护 文物管理

我国具有五千年的悠久历史文化，文物是祖先为我们留下的珍贵财富，其年代越久，越需要加大保护力度，从而发挥出其具有的文化、历史和艺术价值。随着时代的快速发展，人们对珍贵文化遗产的保护意识也在不断提升，同时也深刻认识到文物所具有的重要意义：其不仅可以对所属年代的社会背景以及生活习惯等进行充分反映，还可以体现出悠久的历史文化。博物馆是对文物进行收集、展示以及保护的重要机构，需要在开展文物管理的过程中全面加大文物保护力度，使后人可以更好地了解中华文化，促进我国文化事业的健康发展。

---

* 王雅萱（1985— ），内蒙古自治区鄂尔多斯市东胜区人，大学本科学历，鄂尔多斯市博物院文博馆员，研究方向：文博。

一、在博物馆文物管理中保护文物的必要性

我国历史悠久，通过文物可以对了解历史，明确古代人们的生活方式，对历史事件进行分析，从而有效学习和传承历史文化传统。文物可以向人民群众充分展现历史面貌，蕴藏着深厚的文化内涵，通过有效保护文物，可以更好地传承和发扬文化。文物往往包含了许多信息，由于我国的历史十分久远，有些事件的考证难度较大，这需要相关人员全面加大文物研究力度，从而对我国的发展历程进行了解，增强现代人对中华文化的自豪感和使命感[①]。

文物是祖先给我们留下的十分珍贵和重要的财富，具有重要的历史价值，承载着我国历史进程的信息。通过研究文物，可以了解古代的文化、经济以及人们的生活习惯等。为此，需要相关专业人员加强对文物的研究及保护工作，使历史面貌可以在世人面前重现。随着我国科学技术的快速发展，文化遗产保护工作方面也进入了新的发展阶段，不仅可以帮助我们了解古时候的知识，还可以通过学习，有效结合老一辈知识经验与现代科技，全面促进文化的繁荣发展。

二、博物馆文物管理中的文物保护措施

（一）政府要高度重视，加大资金和政策支持

博物馆是我国文化建设的重要阵地，肩负着文化保护和知识传播的重要使命。相关政府部门需要对博物馆加大资金扶持力度，使博物馆的硬件设施建设得到增强，全面促进文物保护工作的开展。博物馆作为公益性事业单位，主要依靠政府财政拨款进行运营，无额外收入来源，同时其涉及资金项目较多，包括管理费用、人员开销等。此外，博物馆开展文物保护工作时，需要由专业人才负责，如果聘用专业能力不足的员工，将会对文物保护产生不利影响，严重情况下甚至造成文物受损。因此，博物馆除了需要聘用专业人员外，还需要加强对工作人员的培训，从而保障文物保护工作的有效开展。相关政府部门需要对博物馆加大政策扶持力度，增加财政资金方面的投入，为其人才培养提供支持，从而提高博物馆的软实力，使博物馆的硬件、软件实力得到充分发挥，全面提升文物保护效果[②]。

---

① 袁晓梅. 博物馆文物管理中的文物保护措施分析[J]. 收藏与投资, 2021, 12（6）: 36-38.
② 杨蓓. 浅析博物馆文物管理中的文物保护措施[J]. 文物鉴定与鉴赏, 2018（2）: 96-97.

（二）建立健全管理规章制度

文物保护工作主要是对文物当中蕴含的历史价值以及艺术价值进行保护。对此，需要博物馆根据不同文物属性，合理制定相应的规章管理制度，并采取有效的文物保护措施，从而使各项制度得到落实，强化制度的执行效果，有效提升文物保护水平。针对珍贵藏品档案，需要在开展管理工作时严格坚持报备原则，避免出现档案遗失、缺漏等问题。与此同时，博物馆在开展运营工作时，需要充分结合自身实际情况，合理统筹和推进开馆、闭馆、检修以及维护等工作。除此之外，博物馆还需要建立起完善的责任制度，确保各项责任能够具体落实到个人，从而为相关管理工作的开展提供依据，避免互相推诿责任的行为出现。

（三）加强博物馆保护设施建设

博物馆的文物保护设施对保护效果具有直接影响，因此，需要有效建设文物保护设施。一方面，相关政府部门需要增加投资力度；另一方面，博物馆自身也应积极购买安全可靠的基础设施。博物馆在开展文物保护工作时，需要保持谨慎的态度，适当采用高科技技术，确保与时代发展要求相符合。为了提高博物馆的管理效率，需要及时购买先进管理软件，并对文物信息进行完善，从而建立起相应的文物保护信息管理系统。这样一来，博物馆就可采取信息化管理的方式来有效管理文物，全面提升博物馆的信息化建设水平。与此同时，博物馆通过应用信息化建设，还可以有效弥补人力管理中存在的不足，实现信息共享，使博物馆的管理工作效率得到有效提升。除此之外，博物馆还需要全面加强环保检测，及时掌握环境变化情况，采取针对性的保护措施，有效保护文物。部分文物对温度、湿度等因素具有较高要求，一旦参数设置不合理，将可能会造成文物损伤。博物馆需要有效运用信息化技术，确保能够依据环境变化采取相应的防护措施，避免文物出现损坏问题[①]。

（四）对文物进行分类保护

文物的种类十分多样，对于不同文物所采取的保护方式也存在一定差异。因此，为了使文物保护工作的效率和针对性得到有效提高，需要按照具体标准对文物进行科学划分，对于标准相同的文物，可采取相同或相近的保护措施。具体而言，相关管理人员首先需要文物的掌握科学划分，严格制定相关标准，再由具体类别的专业团队进行保护。同时，当文物被划分为不同类别后，需要采取有针对性的保护措施，从而提

---

① 杨晓娟. 浅谈博物馆文物管理中的文物保护措施［J］. 科技资讯，2021，19（6）：202-204.

高文物保护工作的有效性和针对性，全面提升文物保护水平。例如，在保护陶瓷文物时，需要合理制定保护措施。由于瓷器具有易磨损和易碎的特点，在开展保护工作时需要重点关注，做好防压、防摔、防震以及防撞击等保护措施，避免文物出现机械性损伤。而对于瓷器表面存在的污垢，工作人员可以使用洗涤剂进行清除。

（五）借助现代修复技术

通过应用现代信息技术，可以有效修复和保护文物。博物馆开展文物保护工作时，需要及时向信息化方向进行转变，从而为文物保护工作提供技术支持。通过对互联网技术的应用，博物馆文物可以得到整合和优化，文物的管理水平可以得到有效提升。与此同时，借助高新技术有效收集文物信息可以更好地保证相关文物信息的完整性，并及时对其进行更新。互联网技术还具有安全监管效能，可以防止文物信息出现丢失或损坏等问题。此外，采取瞳孔识别、指纹以及密码等技术来开展管理工作，可以提高库房安全性。信息技术在有效修复文物方面也大有可为[1]。

综上所述，在现代社会发展过程当中，博物馆是开展文物保护的重要场所，需要引进高素质的专业人员，采取先进的科学方法，合理采取保护措施，从而提高博物馆文物保护水平，更好地传承和发扬我国古老而优秀的历史文化。

---

[1] 陈菲. 博物馆文物管理中的文物保护措施初探［J］. 文化创新比较研究，2020，4（13）：173-174.

网络时代下馆藏文物保护的新发展

■ 鄂尔多斯市博物院 杨小兰*

内容提要：网络时代下，积极运用网络新技术，提高数字化信息建设水平已成为不可阻挡的时代发展趋势。而对于文博产业以及馆藏文物保护工作来说，网络技术的应用可以有效保护和利用馆藏文物。为此，本文对网络时代下馆藏文物保护的新发展进行研究，结合对文物保护影响因素的分析，提出了相应的措施，以提高保护效果。

关键词：网络时代　馆藏文物　文物保护

如今，互联网技术蓬勃发展，我们逐渐步入网络时代，各行业的生产及工作也都在网络技术的支持下逐渐焕发了新的活力。而在馆藏文物保护工作中，技术人员通过对网络技术的应用，不仅可以有效提高对文物的保护效果，还能进一步完善文物保护方案，有助于提高博物馆的文物保护效果。为此，相关人员应加强对网络技术的研究，实现馆藏文物保护的新发展。

一、网络时代给馆藏文物保护带来的优势

1. 有助于构建文物的电子信息库

如今，我国对文物保护工作非常重视，且针对文物保护工作制定了相应的规章制度①。但从实际效果来看，文物丢失及损坏现象仍然时有发生。在这种背景下，互联网

---

* 杨小兰（1977— ），内蒙古自治区鄂尔多斯市东胜区人，鄂尔多斯市博物院文博馆员，研究方向：文物藏品管理。

① 刘轩成. 浅析馆藏壁画修复的可再处理性［J］. 博物院，2020（6）：115-120.

技术的应用可以使保护部门对馆内文物进行全面的信息登记，构建电子信息库，使文物管理工作信息化。不但可以有效提高文物的管理效率，还能对文物的状态变化进行监控，从而使文物保护工作得以有效进行，保证文物的储藏安全。

2. 有助于虚拟展览工作的开展

随着文博行业的蓬勃发展，针对文物的展览活动数量逐渐增多。在展览活动中，人们不仅可以充分了解文物的价值，还能满足自身的精神需求。但是，过于频繁地开展展览活动也会导致文物在环境、闪光灯、温湿度等因素的影响下受到破坏，随着活动数量的增多，损坏程度也愈发剧烈[①]。在这种情况下，管理人员可通过计算机技术的应用，利用视频、动画等方式将文物的各项信息展现出来。同时，管理人员还可以针对文物的具体特征构建3D模型，通过虚拟展览的方式减少外界因素对文物的影响。在这种展览方式下，时间及空间的限制被打破，避免文物在实际展览过程中受到损坏，对文物保护工作的发展有着重要的促进作用。

3. 有助于文物摆脱地域限制

在开展文物保护工作的过程中，网络技术的应用不仅可以增强对文物的保护效果，还能使文物突破地域限制，切实提高对其的利用率[②]。例如，博物馆通过利用计算机技术，将文物的三维模型传输至网上，由各用户在网上对文物的信息、特点等进行参观。这可以弥补游客因自身因素无法前往实地观看文物的缺憾，使展览突破了时间及空间的限制。同时，管理人员也可以在网上为游客展示博物馆各区域的文物，在保护文物的基础上满足居民的精神需要[③]。如2015年举办的莫高窟虚拟展览，不仅避免对洞窟中的壁画及雕像等造成损害，还能使社会人员随时随地感受莫高窟壁画的独特美。

二、影响文物保护效果的因素

1. 温湿度因素

在文物保护工作中，管理人员必须加强对环境温湿度的控制，这是对文物保护工作影响最大也是最基本的因素。通常情况下，温度越高，化学反应的速度就越快，在南方夏季高温高湿的环境中，细菌、害虫等影响因素会加剧对文物的损害，不利于后

---

① 商鑫龙. 浅析馆藏文物的预防性保护［J］. 东方收藏，2020（23）：76-79.
② 温小兰. 博物馆馆藏文物的管理与保护研究［J］. 文物鉴定与鉴赏，2020（20）：124-125.
③ 吕建明. 博物馆馆藏文物的保护性修缮研究［J］. 文化产业，2020（30）：132-133.

续保护工作的开展；若湿度过低，文物内部的水分会逐渐丧失，自身材质的柔韧性逐渐降低，文物强度也逐渐下降，导致文物表面变脆、开裂等，对文物造成损坏。同时，温湿度的剧烈变化还会导致文物发生变形①。由此，在储存文物时，管理人员需做好对环境温湿度的把控，保证温湿度能够满足要求且维持稳定。一般情况下，博物馆内的库房温度要求在15—25℃间，相对湿度在45%—65%左右，对其波动的控制也有着较为严格的标准，需要管理人员定时巡查。

2. 光照

根据相关研究，太阳所辐射出的光按照波长不同主要分为紫外线、可见光及红外线三种。由于光具有波粒二象性，随着波长愈来愈短，其蕴含的能量也越来越大，对文物的损害程度也越大。研究表明，红外线对文物表面的照射会导致其表面温度不断升高，产生热效应②，但这种热效应不足以造成文物的老化。光辐射引发的文物老化现象主要是由紫外线引发的。对纸张类文物而言，紫外线的照射会导致其中的纤维素逐渐老化及裂解，进而使文物逐渐发黄、变脆。彩绘类文物的表面颜料也会因此而逐渐褪色、变色。在这种情况下，管理人员需做好对可见光及紫外线的防护，以降低光污染对文物造成的破坏。

3. 空气污染

空气中影响文物储存效果的污染物主要为大颗粒粉尘、二氧化硫、二氧化氮等物质。其中，大颗粒粉尘会覆盖在文物表面，不仅造成了表面污渍，影响文物外观，而且粉尘具有较强的粘附性，一旦在文物表面粘结就很难清除，在清理过程中还很容易对文物造成损坏。同时，粉尘表面往往还会携带微生物及其孢子等，随着空气流动不断扩大微生物污染的范围，直至对整个库房造成污染。此外，二氧化硫、硫化氢等气体还会与空气中的水蒸气发生反应引发酸雨等现象，对金属类文物造成腐蚀，也会与纸张中的纤维素发生反应，进而对纸质文物造成破坏。

4. 人为因素

人为因素对文物的影响主要在于工作人员操作不当，导致文物发生损坏。同时，安保人员对展厅管理不到位，也会致使游客对文物造成损伤。具体表现如下：一方面，馆内工作人员的专业水平较低，文物的登记入账制度存在缺失，导致文物保护工

---

① 吴宏瑜. 如何提升博物馆馆藏文物的文化传播能力［J］. 文化产业，2020（27）：142-143.
② 崔莉. 浅析县级博物馆馆藏文物的数字化保护与管理［J］. 今古文创，2020（34）：92-93.

作的效用无法充分发挥，常有文物入馆未及时登记的现象发生。同时，博物馆没有对工作人员进行培训，导致其对文物安全取放、打包等环节的工作要点掌握不足，不利于文物保护工作的实行。另一方面，场馆内库房及展厅的基础设施建设不足，各类消防设备的布置存在缺失，博物馆没有定期进行消防演练，对设备状态的检测也不积极，导致安防人员对突发事件的处理流程缺乏掌握。此外，博物馆没有安排专人在展厅等重要区域进行监管，导致突发事件发生时场地过于混乱，增大了文物丢失、损坏的可能性。

三、网络时代下馆藏文物的保护措施

1. 开发文化创意产品

通常情况下，馆藏文物的应用以展览这一方式为主，若想提高对馆藏文物的利用率，博物馆等机构就需要对自己的思路进行创新，通过虚拟展览等方式，将馆藏文物全面地展现给群众，使其能够全面感受到文物的魅力，并能从心底认同文物的地位，促使博物馆形成品牌效应。在此基础上，博物馆还可以根据文物的特点开展创意性设计与开发，制作相应的周边礼物在各平台上进行售卖，以吸引更多的消费者。在这种情况下，人们能够在足不出户的条件下，对文物的特点进行更深入的认识与体验，从而使馆藏文物的价值得以提高。

2. 构建文物信息数据库

在进行文物研究的过程中，由于文物本身价值较高，研究人员往往只能利用文物的信息、资料等展开研究，给研究工作的开展造成了一定的限制。为了解决这一问题，降低文物出现损坏的情况，技术人员可以应用互联网技术，根据过往的研究资料等构建相应的信息数据库，对各种文物的详细信息进行采集，再通过图像、图片等方式使文物的数据信息更加直观。随后再通过信息系统对数据进行统一。这样一来，研究人员在工作过程中就可以通过数据库获取更加全面、准确的信息，为后续研究工作的开展提供充足的数据支持。

3. 构建完善的监测系统

在传统的文物研究过程中，学者往往需要在工作时通过各种渠道、途径等对文物信息进行提取，并对提取结果进行观察与测量，容易对文物造成损坏。在互联网技术的支持下，研究人员可以将文物的各类信息记录在案，如文物来源、发现过程等，并通过图片、视频等方式对数据信息进行数字化存储，构建完善的信息数据库。这不但有助于文物的储存与传输，还能推动研究工作的有序开展。同时，数据库的建立能够辅助研究人员提高对信息的获取效率，简化研究过程，并能避免对文物造成二次伤害。另外，对于部分价值较高的文物，管理人员还需要构建完善的数字化监测系统，对文物所在环境的温湿度进行实时监测，并辅助工作人员及时根据需要对环境温湿度进行调整，以满足文物的存放需要。此外，针对部分因存放条件过于特殊而无法进行实际展览的文物，技术人员可利用数字化模型代替原件进行展览，为文物保护工作的有序进行提供保障。

4. 对文物的类别及描述进行整理

在开展文物研究的过程中，研究人员需要对文物的信息进行系统化处理，标明文物的类别，为研究工作的有序开展提供保障。当前博物馆虽然对文物进行了充分的普查工作，积累了大量的信息，但这些信息过于繁杂，未进行系统的分类整理，给研究人员的使用造成了一定的阻碍，各类文物资料信息的利用程度较低。为使文物的信息满足研究需要，技术人员在对其进行描述时无论在画面还是文字等方面均需进行细化。然而，当前部分数字博物馆在这方面的工作相对粗放，仅对其中的重要文物进行详细描述，无法满足研究者的需要。因此，在后续的处理过程中，技术人员需注重对工作的细节处理，为博物馆的数字化发展打下基础，相应的文物保护工作效果也能由此进一步提高，有助于推动我国文博行业的高效发展。

在当前的时代背景下，博物馆等机构需明确互联网技术的优势，加强对该技术的应用，以通过互联网技术对文物保护工作进行优化，减少文物损坏的概率。为此，本文对网络时代下馆藏文物保护的新发展进行研究，通过对影响文物保护效果的因素进行分析，提出了开发文化创意产品、构建文物信息数据库等措施，以提高文物保护效果。

基层博物馆社会教育工作发展方向思考
——以鄂尔多斯博物馆为例

■ 鄂尔多斯市博物院 孙 瑞*

内容提要： 随着博物馆事业的不断推进和发展，博物馆社会教育职能日益凸显，除了日常的讲解接待服务以外，组织开展形式多样、符合不同类型观众的社会教育活动也成为博物馆工作的主要内容之一。对于基层博物馆而言，总结过去，立足当下，展望未来，是继续深入开展社会教育工作的有效途径。

关键词： 基层博物馆 社会教育 发展方向

2021年5月11日，中央宣传部、国家发展改革委、教育部、科技部、民政部、财政部、人力资源社会保障部、文化和旅游部、国家文物局等9部委联合印发《关于推进博物馆改革发展的指导意见》（以下简称《指导意见》），其中第三部分第十二条专门提出了对博物馆发挥教育功能的指导意见："落实《新时代爱国主义教育实施纲要》《新时代公民道德建设实施纲要》要求，广泛深入开展博物馆里过传统节日、纪念日活动，加强对中华文明的研究阐发、教育普及和传承弘扬，加强爱国主义教育和革命传统教育，培育人民文化生活新风尚。制定博物馆教育服务标准，丰富博物馆教育课程体系，为大中小学生利用博物馆学习提供有力支撑，共建教育项目库，推动各类博物馆数字资源接入国家数字教育资源公共服务体系。支持博物馆参与学生研学实践活动，促使博物馆成为学生研学实践的重要载体。倡导博物馆设立教育专员，提升教育和讲解服务水平，鼓励省级以上博物馆面向公众提供专业研究人员的专家讲解服务。"

2021年5月25日上午，国新办举行博物馆改革发展《指导意见》新闻发布会。新

---

* 孙瑞（1984— ），内蒙古自治区鄂尔多斯市伊金霍洛旗人，大学本科学历，公共管理学硕士，鄂尔多斯市博物院文博馆员，研究方向：历史、文物。

华社记者提问："我们《指导意见》中提到要提升博物馆的教育功能，请问我们有哪些具体措施来保证群众尤其是年轻人能够因为求知欲走进博物馆，然后带着知识走出来呢？"国家文物局副局长关强回答："博物馆面向学校以及学生开展知识推广教育，这一直是我们博物馆一项重要的功能，我们每年社教量是很大的，每年搞活动都是20余万场次，有很多活动是针对学校的。做好这项工作，需要文物部门和教育部门的通力合作，当前京津冀、重庆、陕西等地'博物馆进校园'示范项目也都有很好的成效，博物馆专题讲解、流动展览、讲授课程、体验活动等教育活动，通过线上线下多种方式也走到中小学生的身边。在此基础上，博物馆将在改革发展过程中进一步加强'馆校共建'，深化馆校融合。我们前些日子，教育部和国家文化局专门发了《关于利用博物馆资源开展中小学教育教学的意见》，建立博物馆教育服务的标准，构建馆校合作的长效机制，共同开展教材内容编写，将博物馆文化资源以符合中小学生知识水平、教育教学需求方式，有机深入地融入在校学生的课程，丰富博物馆课程体系。现在全国581家中小学研学实践教育基地中，有203家是博物馆纪念馆，约占35%，基本形成了全国博物馆研学实践活动的阵地网络。下一步我们将在继续支持更多的博物馆参与学生研学实践活动的同时，通过制定博物馆研学规范和服务标准，建立博物馆教育资源地图，推介优秀博物馆研学课程等方式，进一步提升博物馆教育服务水平。"

2021年5月28日，十三届全国政协第50次双周协商座谈会在京召开，中共中央政治局常委、全国政协主席汪洋主持会议。他指出，我国现代化是物质文明和精神文明相协调的现代化，全面建设社会主义现代化国家必将为我国博物馆事业发展带来前所未有的机遇。要深入领会习近平总书记关于博物馆工作的重要论述，坚持以人民为中心，以深化供给侧结构性改革为主线，着力破除体制机制障碍，推进新时代博物馆事业高质量发展，更好满足人民群众日益增长的精神文化生活需要。35位委员在全国政协委员移动履职平台上发表意见。大家认为要"增强公共教育功能，推进博物馆与中小学教育相结合"。

综上所述，博物馆事业发展已受到了国家层面的高度重视和关注，并就具体的发展方向给予了明确的指导意见，尤其是对于博物馆的社会教育职能，也将其作为一项重点内容单独列出来，并由国家文物局副局长关强给出了具体化的指导意见。对于基层博物馆，受限于文物资源、人才资源、经费能力等多方面的因素，如何在有限的条件下开展好社会教育工作，值得认真思考和研究。

一、博物馆社会教育现状

1905年，"中国博物馆之父"张謇创办了中国第一家博物馆——南通博物苑。他把博物馆视为"教育救国"的一部分，以达到"富国图强"之目的。一百多年以来，中国博物馆所承担的社会教育之使命，一直未变。

2010年7月，在国际博协教育委员会筹备会议上，中国博物馆社会教育委员会明确提出要积极学习国际博物馆先进的教育理念和实践方法，围绕博物馆的使命和目标，打造以教育为主中心的博物馆形象，壮大博物馆宣教工作人员队伍，发掘博物馆教育潜能，更好地促进博物馆为中国社会发展服务。

以鄂尔多斯博物馆为例，目前社会教育职能的发挥主要体现在讲解接待和组织开展社会教育活动两个方面。

据统计，自2012年5月18日开馆至2020年底，鄂尔多斯博物馆共接待社会各界观众350万余人（次），接待团体6137个，开展社会教育活动320余场次，特色活动主要有"流动博物馆""我们的节日""小讲解员培训""宣教大课堂""志愿者活动"等，荣获"全国文化志愿服务工作优秀单位""内蒙古自治区第六批社会科学普及基地""内蒙古自治区科普示范基地""鄂尔多斯市爱国主义教育示范基地""全市优秀志愿服务组织""市健康文化示范单位""鄂尔多斯青少年社会实践教育基地""鄂尔多斯市社会科学普及基地"等多项荣誉。2019年5月18日，"走进蒙古包 学做草原客"博物馆青少年教育系列项目入选"全区博物馆青少年优秀案例"；2021年5月18日，"远古有豪宅——阳湾遗址"博物馆青少年教育系列项目入选"全区博物馆青少年优秀案例"。

（一）"流动博物馆"活动

"流动博物馆"项目于2012年启动，是鄂尔多斯博物馆推出的一项文化惠民活动。通过将具有代表性的历史文化、博物馆文化制作成宣传展板的形式，先后深入鄂尔多斯市伊金霍洛旗、东胜区、鄂托克旗、鄂托克前旗、乌审旗、杭锦旗、准格尔旗等地的学校、社区、养老院等地，"送文化"到百姓家门口。该项活动的推出，受到了广大基层群众的热烈欢迎，同时也受到了上级部门的充分肯定。2013年12月国家文化部授予鄂尔多斯博物馆"全国文化志愿服务工作优秀单位"。"流动博物馆基层行"项目被评为2013年"文化志愿者基层服务年"示范项目。截至2020年底，已累计开展"流动博物馆"活动近40场次。

（二）"我们的节日"活动

"我们的节日"活动主要是充分利用元旦、春节、元宵节、妇女节、劳动节、青年节、国际博物馆日、端午节、文化遗产日、中秋节、国庆节等节庆日开展紧扣节日主题的各项活动，以进一步增强广大观众的"爱国、爱家乡"情怀，营造祥和美好的社会氛围。截至2020年底，已累计开展"我们的节日"活动80余场次，主要有春节的

"彩绘吉羊"、元宵节的"创意花灯大比拼"、"三八"妇女节的"爱我鄂尔多斯，心中最美头饰创意制作"、"五四"青年节的"爱我鄂尔多斯，传民族精神，扬青春风采"、"六一"儿童节的"娜荷芽之家教育舞台剧"和"今天是你的生日——我的祖国"国庆节系列活动等。

（三）"小讲解员培训"活动

"小讲解员培训"活动是鄂尔多斯博物馆的又一品牌社教项目。该活动于2012年开始实施，利用每年的寒暑假期，举办"鄂尔多斯古生物知识培训班"和"鄂尔多斯蒙古族历史文化知识培训班"两个班级的培训，目前已形成完善的授课体系，并已编撰完成专门的授课教材。经小讲解员培训班培训结业后的学生，根据本人意愿可加入鄂尔多斯博物馆志愿者工作团队，利用空闲时间参与博物馆志愿服务。截至2020年底，已有1000余名小学生接受小讲解员培训并结业，小讲解员培训班已俨然成为康巴什地区乃至鄂尔多斯市中小学生优质的第二课堂。

（四）青少年社会教育项目

为进一步促进和发展"第二课堂"功能，为广大青少年朋友提供更为优秀的社会教育项目，鄂尔多斯博物馆制定了更多有益于青少年健康发展、弘扬爱国主义精神的社教活动。结合青少年的感受心理、审美趣味和认知特点，设计实施了一系列教育活动项目，如：探秘冷兵器系列活动（"金戈铁马""盘马弯弓""剑拔弩张""刀光剑影"）和"恐龙探秘""植物的竞争""化石与地层""阳湾大房遗址"等。初步形成了依托展览内容开发的25项具有固定课程体系的社会教育项目。

（五）"专家专题讲坛"活动

"专家专题讲坛"活动于2017年11月设计推出，以系列讲座的形式，进一步延伸博物馆的文化内涵，为广大观众了解地区历史文化和最新学术研究动态搭建一个交流平台。截至2020年底共举办讲座13场次，主要有：《一个民族民间交往的传说——图帖睦尔（元文宗）在海南》《新时代中国共产党宣言——习近平纪念马克思讲话系列讲座：马克思是个"90后"》《八百年不熄的神灯——成吉思汗祭祀文化概述》《从"古董"到"遗产"——博物馆与当代社会的几点思考》《文物保护，科学还是技术？》《文化遗产：范域、运作与活化》《习近平新时代中国特色社会主义思想与基本方略》《鄂尔多斯历史故事》《壁画知识专题讲座》《鄂尔多斯蒙古族历史文化》《内蒙古黄河文化遗产的特点与优势》等。通过国内外知名专家的解读，博物馆的展览、展品、文化内涵更加贴近群众，让观众听得懂、听得有兴趣，让博物馆"活起来"，专家专题讲座逐步向品牌化发展。

（六）志愿者服务

志愿者服务工作启动于2012年开馆之初，到目前已经初步成为常态化服务项目。志愿者服务人数先后共计600余人，目前提供常态化服务的志愿者有60余名，主要进行辅助开展社会教育活动、场馆引导、展厅讲解、博物馆宣传等方面的工作，志愿服务工作取得明显成效，2017年荣获全市"最佳志愿服务组织"，2018年3月，鄂尔多斯博物馆成为"鄂尔多斯市志愿服务示范站点"。

二、存 在 问 题

从鄂尔多斯博物馆社会教育工作运行状况来看，虽然取得了一些可喜的成绩，但同时也暴露出了一些不足：一是社教产品没有系统化。尽管社会教育活动项目丰富，但整体比较零散，未形成系统的、整体性的教育品牌。二是宣教队伍人员不足，流动性大，专业性不强。一般来说，宣教队伍人员均来自临时招聘，待遇较低，且机制不灵活，很难实现"多劳多得"的报酬，这就容易导致优秀人才留不住，留下来的人员则因为缺乏相应的激励机制而难以调动工作积极性。三是博物馆无收费权限，导致很多项目不能有效推进。以鄂尔多斯博物馆为例，作为鄂尔多斯市全额拨款事业单位，所有收支均由市财政局直接管理，自身无收费权限。因此，目前博物馆的讲解服务和开展的各类社会教育项目均为免费提供，讲解员和社会教育员的收入都是固定的，不会根据工作量的多少而有差异，导致了"干多干少一个样"、工作人员积极性不高的不良状态，也就很难推进社教工作的创新发展。

三、发 展 方 向

为进一步提升和发展基层博物馆社会教育服务水平，采取积极有效的措施改进目前工作现状显得尤为重要。

（一）改进提升讲解员管理体制

鉴于目前讲解员待遇为统一标准，无法根据实际工作情况区分"多劳多得"，在不改变原有待遇的情况下可以出台讲解员激励制度，可考虑从"免费开放"经费中划出一部分专门用于讲解员的实绩考核奖励，以此拉开讲解员的收入差距，激励讲解员以更加饱满的热情投入到工作中。

（二）申请实现博物馆社会教育项目收费权限

由于经费不足，基层博物馆用于开展社会教育活动的经费也非常有限。如果可以在讲解、研学、社会教育项目等方面实现收费许可，便可大大缓解经费不足的压力。据了解，目前国内各大博物馆均实行讲解收费制度。收费一方面可以不断加强讲解员培训，进一步提升讲解员的服务能力和水平，另一方面也可以调动讲解员的工作积极性，实现"多劳多得"的薪酬分配制度。同时，博物馆具备了收费许可后，可以推出研学教育项目。2021年5月国家文物局办公室印发了《国家文物局办公室关于请支持全国博物馆研学资源库建设和研学发展调研工作的函》，旨在全面掌握全国博物馆研学发展现状，加强研学资源库建设和推广应用。该资源库的建设和推广将会使得国内各博物馆的研学项目全面展现，有利于形成博物馆研学路线，可以带动基层博物馆积极参与到研学工作中。

（三）进一步提升讲解接待能力

讲解接待作为博物馆社会教育工作的基础性工作之一，是做好社会教育工作的根本。因此，提升讲解员的讲解能力和水平显得尤为重要。

1. 讲解人员角色转换。《指导意见》指出：倡导博物馆设立教育专员，提升教育和讲解服务水平，鼓励省级以上博物馆面向公众提供专业研究人员的专家讲解服务。因此，在讲解工作方面逐步向本单位副高级及以上研究人员倾斜，请他们承担一部分的讲解任务，不但可以带动临时招聘讲解员讲解水平的提升，还能解放出一部分工作人员更加专注地投入到社会教育项目活动中去。

2. 讲解词的编写改进。在充分了解展览的基础上，编写适合不同类型观众的讲解词，实现讲解词"分众化"[①]，在讲解的过程中"因人施讲"。

3. 加强讲解员的实践培训。每年进行不少于1次的讲解员专门培训，从礼仪规范、发音发声、专业知识以及讲解词撰写等多个方面进行培训，同时参与一些实践型的学习考察，全面提升讲解员的素质。

（四）创新开展社会教育活动

1. 根据陈列展览设计社教产品

依托博物馆基本陈列和临时展览，设计文化内涵丰富、互动性强、寓教于乐、适

---

① 朱雯文，沈嫣. 从"演讲稿"到"问题包"——博物馆讲解词的演变［J］. 中国博物馆，2021（1）：75-81.

合不同类型观众的社会教育产品。可以使展览内容通俗化，更易于让普通观众了解和学习；同时还能提升博物馆的亲和力，让观众真正融入到博物馆文化中，有获得感和成就感。

2. 设计组织开展研学活动

开展研学活动已成为国内各博物馆社会教育活动的主要项目。天津自然博物馆曾在2021年父亲节之际推出"'爸'气十足——天津自然博物馆一日研学营父亲节特别活动"；中国国家博物馆也在2021年6月25日发出了暑期"国博金牌营·小小讲解员""国博儿童历史百科绘本夏令营"两个夏令营活动的预告。开展研学活动，能够让未成年人深入了解博物馆文化，从博物馆中汲取学习养分，为更好地进行课堂学习奠定扎实基础。2020年10月19日，教育部、国家文物局联合印发《关于利用博物馆资源开展中小学教育教学的意见》，其中明确指出要"组织开展爱国主义、革命传统、中华优秀传统文化、生态文明、国家安全等主题的研学实践教育活动"。同时提出，"小学阶段要体现趣味性和故事性"，"初中阶段要体现实践性和体验性"，"高中阶段要体现探索性和研究性"[1]。

3. "流动博物馆"活动规范化

"流动博物馆"顾名思义，是让固定在博物馆里的文化"流动"起来，将其带到观众身边。因此，如何打造合适的"流动博物馆"是关键。目前来讲，有条件的博物馆会打造一辆"流动博物馆数字化"车，将馆藏文物制作成三维图像，让观众通过触摸屏全方位参观展品，效果良好，但是这种方式对于基层博物馆来讲，造价很高，一般很难承担。以鄂尔多斯博物馆为例，"流动博物馆"主要是通过制作图文并茂的展板搭配讲解员现场讲解的形式举办，受现代多媒体技术的冲击，这种形式的受众人数并不多，因此，进一步提升基层"流动博物馆"举办水平，使活动更加规范化和系统化显得尤为重要。可以尝试在一些具备条件的基层文化场所设置一间专门的陈列室，通过布置复制品和辅助展板的方式，将"流动博物馆"固定在基层，进一步扩大影响力和宣传力。

4. 志愿者活动常态化

随着博物馆事业的日益发展，基层博物馆普遍存在人才短缺的情况。建设一支志

---

[1] 陈雨蕉. 首都博物馆"读城"系列研学项目的策划与解读[J]. 中国博物馆, 2021（1）: 70-74.

愿者服务队伍很有必要。以鄂尔多斯博物馆为例，目前开展常态化服务的志愿者有66人，成为博物馆节假日服务观众的一股新兴力量。他们主要从事日常咨询服务、辅助开展社会教育活动以及展厅讲解等工作，有效缓解了博物馆人员不足的问题。目前，鄂尔多斯博物馆志愿者主要以在校大学生为主，稳定性不足，学生毕业后志愿服务也就终止了，不利于长期开展服务。在今后的志愿者工作中，要寻求招募相对稳定的群体，比如本地退休知识分子、文化工作爱好者等，既有大量的时间，同时具备较深的文化底蕴，有利于志愿服务工作的开展。

博物馆社教工作新探索
——以鄂尔多斯青铜器博物馆社教工作为例

■ 鄂尔多斯市博物院 王京琴[*]

内容提要：随着社会主义精神文明的不断发展，我国博物馆事业也得到了长足发展，其所具有的社会教育作用显得愈发重要。基于此，要想进一步推动博物馆事业的发展，就要对博物馆社教工作的改革创新给予高度重视和认真研究。本文以鄂尔多斯青铜器博物馆为例，列举了博物馆近年来社教工作的新探索，并进一步提出开辟博物馆社教工作的新途径和新方法。

关键词：博物馆 社会教育 新方法

2022年，在国际博物馆协会（ICOM）官网公布的博物馆的新定义中指出："博物馆以符合道德且专业的方式进行运营和交流，并在社区的参与下，为教育、欣赏、深思和知识共享提供多种体验。"可见，在新的表述中，"教育"已经调整到博物馆业务目的首位，表述语序的调整，反映了国际博物馆界近年来对博物馆社会责任和社会效益的关注。在日益"全球化""数字化"的今天，社会教育工作已经成为博物馆业务工作的重中之重，其重要性日益凸显。

鄂尔多斯青铜器博物馆历来重视社教工作，近年来做了不少有益尝试和新的探索，目前博物馆社教工作已自成体系，各项工作全面发展、成果丰硕。下文就博物馆近年来社教工作的新探索逐一进行介绍。

---

[*] 王京琴（1983— ），内蒙古自治区鄂尔多斯市东胜区人，大学本科学历，鄂尔多斯市博物院文博馆员，研究方向：博物馆藏品研究、博物馆社会教育策划与研究。

一、日常社教工作的新探索

（一）"行走中的博物馆"项目

鄂尔多斯青铜器博物馆积极打造"行走中的博物馆"项目，认真开展"六进"（进校园、进社区、进企业、进机关、进军营、进农村）活动。除常规宣讲之外，还以高清文物模型展示、视频、书籍音频、社会教育活动等多种方式，综合展示鄂尔多斯青铜器及青铜文化，为广大人民群众带去优质的文化资源。作为青少年教育的第二课堂，近年来"行走中的博物馆"走进市、旗区多所中学、小学、幼儿园，进一步普及了鄂尔多斯青铜文化，增强了青少年热爱家乡、热爱祖国的情怀。

（二）馆校共建

鄂尔多斯青铜器博物馆积极推进馆校共建活动。目前已与东胜区第十二小学签署了馆校共建协议。协议签署后，该校师生可以充分参与博物馆丰富的社教课程，博物馆则可以利用自身场馆资源、文化资源、教育资源、学术资源优势对青少年进行社会教育。2021年暑期博物馆开办了两期"小讲解员培训班"，均得到了学校的大力支持。通过学校的宣传推广，孩子们踊跃报名，积极参与到活动中来。内容丰富、形式多样的社教课程不仅深受孩子们的喜爱，也得到了家长和老师的一致认可。馆校共建的模式，使博物馆和学校获得了双赢：学校为学生提供了开展社会实践的基地，博物馆通过社教活动的开展也进一步提高了知名度和影响力。今后，鄂尔多斯青铜器博物馆的馆校共建工作还将积极推进下去。

（三）小讲解员培训班

"小讲解员培训班"作为博物馆社教工作的一个分支，在各大博物馆均有开设。特别是在学校教育与博物馆教育日益紧密结合的今天，"小讲解员培训班"也越来越受到广大家长和学生们的喜爱，成为孩子们锻炼讲解能力，提高综合素质的优质平台。鄂尔多斯青铜器博物馆的小讲解员课程，在近几年的实践中经过不断打磨，课程内容更加丰富，形式更加灵活多样，更加符合青少年年龄特点，在促进青少年综合素质提高方面极具优势。

2021年暑期，鄂尔多斯青铜器博物馆共开设了两期培训班。在原有形体激活、创意美术、展厅实践讲解等课程的基础上，增加了"探秘青铜""刘老师的手工作坊""文物修复""博物馆小讲台"及"国学讲堂"课程。课程开办之初，社教部教育员们根据自身优势设计了课程，之后又通过研讨对课程的具体实施细节进行了反复推敲和认真把关。

"探秘青铜"是向孩子们教授青铜器基本知识的课程。通过这门课程，孩子们了解了青铜器的分类、器型、特征、功用等，为进一步进行展厅讲解实践打下了良好的基础。

"刘老师的手工作坊"是一项基于博物馆文化和传统文化的创意美术课程，因能激发孩子们的动手动脑能力，提高美学素养而深受孩子们的喜欢。在这期课程中，推出了"纸盘青铜器"（图一）和"扎染"两项活动。在老师的指导下，孩子们制作的纸盘青铜器栩栩如生，俨然是一件件艺术品，加深了孩子们对鄂尔多斯青铜器的认知；"扎染"的制作过程，不仅让孩子们锻炼了动手能力，也让他们得到了美的熏陶。

图一　孩子们参与纸盘仿青铜器制作

"文物修复"课程（图二）对孩子们也很有吸引力。通过对碎陶片的粘接，孩子们成功复原了一件件陶罐、陶碗……体验到了文物修复的快乐，同时也对文物修复有了基本认识。

"博物馆小讲台"是一项锻炼孩子们演讲与口才能力的课程，它与展厅实践课程是

图二　孩子们参与文物修复课程

相辅相成的，旨在培养孩子们"说"的能力，同时也对提升孩子自信心很有帮助。

"国学讲堂"（图三）也是新开设的课程，在读经和了解中华传统故事的基础上，孩子们进一步提升了国学素养，增强了对中华传统文化的了解。

总之，2021年的"小讲解员培训班"在突破以往以"展厅实践讲解"为主要形式的基础上，注重对孩子多方面能力的培养，得到了家长和孩子们的一致认可。

（四）志愿者招募及服务

志愿者招募及服务，也是博物馆社教工作的一个重要分支，"应大力发展博物馆志愿者，拓宽社会教育渠道"[①]。以往，志愿者招募虽然是常规工作，但是知者寥寥，更不用说开展活动了。2022年，教育员们通过与开展过活动的中小学积极联络，成功招募了一批志愿者，他们整体素质较高，也很愿意参与志愿服务。经过入职培训和考核，志愿者们已经能够达到开展博物馆志愿服务的要求，在展厅中积极为游客讲解，成为博物馆一道靓丽的风景。在"小讲解员培训班"举办期间，志愿者们也主动承担工作，表现出色。

---

① 冯博平. 创新社教服务工作　强化博物馆社教功能 [J]. 文物鉴定与鉴赏，2019（3）：145.

图三　国学讲堂课程现场

另人欣喜的是，在今年小讲解员培训结束时，很多孩子都加入到博物馆志愿服务队伍中来，成为一名小志愿者（图四）。今后，鄂尔多斯青铜器博物馆社教部也将继续积极开展志愿者招募工作，培养稳定的志愿者队伍，使其在开展各类社教活动中发挥积极的作用。

鄂尔多斯青铜器博物馆社教部近几年的辛勤工作，为博物馆赢得了诸多殊荣：2018年，鄂尔多斯青铜器博物馆获评"东胜区研学旅行教育基地"；2019年，馆里开设的"中国北方少数民族服饰系列——匈奴鞋履"和"轻黏土变身青铜器系列活动"课程，获评"全区博物馆青少年教育优秀案例"；在2021年5·18国际博物馆日内蒙古主会场活动中，博物馆开设的"'指尖艺术'变身鄂尔多斯青铜器"课程再次获评"全区博物馆青少年教育优秀案例"。2021年6月，由鄂尔多斯青铜器博物馆和鄂尔多斯市机关工委共同设立的"全市青少年社会实践教育基地"在鄂尔多斯青铜器博物馆正式揭牌，标志着鄂尔多斯市青少年又有了一处进行社会实践的优质平台，对于促进全市青少年健康成长具有积极意义。

二、开辟博物馆社教工作的新途径和新方法

近年来，在全体职工的共同努力下，鄂尔多斯青铜器博物馆社教部扎实开展各项业务工作，力求创新，获得了社会各界的一致认可和好评。但应看到我们与其他地区

图四 小志愿者宣誓

博物馆在社教工作方面的差距，今后应开辟更多博物馆社会教育工作的新途径和新方法。具体来说，可以从以下三个方面来进行提升。

（一）因材施教，提升参与性

"圣贤施教，各因其材，小以小成，大以大成"是著名教育家朱熹关于教育的重要论述。博物馆教育也要"以人为本"[①]，根据不同年龄阶段青少年的特征来制定相应的讲解和社教活动方案。青少年是博物馆进行社会教育的主要对象，博物馆是青少年接受爱国主义教育和历史文化教育的重要阵地。要做好社教工作，就要加强博物馆对青少年教育的研究，了解掌握不同年龄段孩子的心理特点、兴趣爱好以及认知规律。

鄂尔多斯青铜器博物馆目前开展的许多社教活动，如"我们的节日"系列社教活动、手工系列活动、"小讲解员培训班"等，针对的主要对象都是青少年。这些社教课程，弥补了课堂教育的不足，对提升青少年综合素质大有裨益。

今后，鄂尔多斯青铜器博物馆将与市教育局、各中小学等部门协作联动，积极打

---

① 彭文娟. 创新博物馆社教模式，构建公众教育平台——论博物馆中社会教育活动的开展[J]. 文物鉴定与鉴赏，2021（4）：118.

造适合广大青少年的研学课程,使博物馆成为青少年学校教育的有力补充。

(二)因时制宜,打造"云端化"

"随着我国各地博物馆数字化建设的不断深入,观众接收信息的渠道愈来愈多样化。摆脱了时间与空间限制的新媒体,提高了博物馆教育的传播效率,同时也满足了新时代观众的需求"[①]。

社教活动不必拘泥于线下的活动形式,要同步推进线上模式[②],2020年新冠肺炎疫情期间,国内多家博物馆联手直播平台开展"博物馆云游",讲解员变身"主播",在线与网友交流历史文化知识。鄂尔多斯青铜器博物馆官方微博也参与了"文物系荆楚,祝福颂祖国"海报接力活动,以文博人特有的方式助力武汉抗疫,并推出了"云游博物馆——文物知多少"在线答题活动,鼓励粉丝积极参与线上答题,提高了公众对博物馆的关注度和参与度。

近年来,鄂尔多斯青铜器博物馆通过微信、微博等平台,积极发布博物馆动态,宣传文物知识,引导公众积极参与活动,建立了与公众沟通的新媒介。今后,鄂尔多斯青铜器博物馆也将继续利用数字资源,不断丰富完善展示内容,提供更优质的数字文化产品和服务,吸引更多观众,尤其是年轻人参观博物馆、了解博物馆。

(三)因势利导,塑造品牌化

现如今,社教活动已经成为博物馆对外宣传和发挥自身职能的主要载体。博物馆要想提升社教活动水平,就要逐步建立自己的特色化品牌,这样才能够将社会教育活动做精做细,提高博物馆社教活动的竞争力。因此,社教活动品牌化也是博物馆社会教育工作的未来发展趋势。

"要做到活动品牌化,首先要将博物馆社教活动体系化"[③]。目前,鄂尔多斯青铜器博物馆各项社教活动已渐成体系:"行走中的博物馆"、手工系列活动、小小讲解员培训、志愿者工作等都已成为日常社教工作的重要分支而有序进行。未来,鄂尔多斯青铜器博物馆社教部还应在社教活动体系化的基础上深入挖掘藏品文化内涵,同时结合地域特点充分发掘地方文化,开发富有地域特色的社教活动,使博物馆真正成为一个全民学习、终身学习、自主学习的场所。

---

① 彭文娟. 创新博物馆社教模式,构建公众教育平台——论博物馆中社会教育活动的开展[J]. 文物鉴定与鉴赏,2021(4):118.

② 许丹阳. 博物馆社教活动的几点实践[N]. 中国文物报,2020-07-07(7).

③ 彭文娟. 创新博物馆社教模式,构建公众教育平台——论博物馆中社会教育活动的开展[J]. 文物鉴定与鉴赏,2021(4):119.

新时代下提升博物馆公共文化服务质量的对策研究

鄂尔多斯市博物院 汪 琴[*]

内容提要：进入新的发展时期，随着人们对公共文化服务需求的不断提升，在公共文化服务体系中占据重要地位的博物馆所提供的公共文化服务越来越受到人们的青睐，这也使得博物馆获得了更多的资源流入，促进了公共文化服务与博物馆的和谐发展。就当前来看，尽管博物馆公共文化服务体系发展迅速，但其中仍然存在着一定的问题，遇到了一定的阻碍，博物馆提供公共文化服务的水平仍有待提升。有鉴于此，本文就博物馆公共文化服务质量提升对策进行深入分析。首先对博物馆公共文化服务的相关概念进行分析，其次对博物馆公共文化服务存在的问题进行探讨，最后，针对博物馆公共文化服务质量的提升提出对策，以期为推进博物馆公共文化建设起到一定的积极作用。

关键词：博物馆 公共文化服务 提升对策

随着人们对公共文化服务消费需求的不断提升，博物馆以其所具有的"书型盒"功能在公共文化服务中发挥着越来越显著的作用，并逐渐得到人们的青睐和重视。特别是当前我国社会进入新的发展时期，博物馆的数量不断增加，为推进公共文化服务发展作出的贡献愈发突出。同时，公立博物馆免门票制度的推出，促使博物馆的游客数量快速增长，对博物馆的公共文化服务形成了更大的压力，提出了更高的要求。这也致使各地博物馆在公共文化服务方面的问题不断凸显，阻碍了其公共服务功能的进一步发挥。在公众不断对博物馆的公共文化服务活动提出更多要求的背景下，建立更

---

* 汪琴（1982— ），内蒙古自治区鄂尔多斯市康巴什区人，在职研究生学历，鄂尔多斯市博物院文博馆员，研究方向：历史文化、文物与博物馆学。

加科学的博物馆管理体系，不断提升公共文化服务质量，是博物馆今后的重要发展方向。因此，深入研究如何提升博物馆公共服务质量，具备显著的时代性意义。

一、博物馆公共服务文化的相关概念

（一）博物馆的概念

2022年8月24日，在布拉格举行的第26届国际博物馆协会（ICOM）大会通过了博物馆的最新定义，即"博物馆是为社会服务的非营利性常设机构，它研究、收藏、保护、阐释和展示物质与非物质遗产。向公众开放，具有可及性和包容性，博物馆促进多样性和可持续性。博物馆以符合道德且专业的方式进行运营和交流，并在社区的参与下，为教育、欣赏、深思和知识共享提供多种体验"[1]。在此之前，博物馆的定义一直沿用2007年《国际博协章程》的解释："博物馆是一个为社会及其发展服务的非盈利的永久机构，并向大众开放。"[2]我国目前沿用的博物馆定义为：博物馆是文物和标本的主要收藏机构、宣传教育机构和科学研究机构，是社会主义科学文化事业的重要组成部分[3]。收藏、教育、研究概括了博物馆的基本功能，也反映出博物馆的主要业务工作内容。

（二）公共文化服务体系

公共文化服务与其相关管理机构的体系化建设从20世纪五六十年代才陆续开始，根本目标是满足人民基本文化需求，保障其文化权益，丰富群众精神文化生活。其是由可以提供公共文化服务的基础设施、机构、人员以及相应的政策、法律法规相互联系组合而成的，至少需要"三个支柱"，包括：基建设施，实体空间是公共文化服务体系的基础支撑，是公共文化服务的前沿阵地；软件支持，优质的展览及特色的文化体验活动等是公共文化服务体系质量的有力保证；人才队伍，充足的专业人才配备是公共文化服务体系最重要的巩固力量。

（三）博物馆公共文化服务

博物馆公共文化服务应是以馆藏文物、本地文化为基础，为社会公众提供具有公

---

[1] 国际博物馆协会公布博物馆的最新定义[J]. 客家文博，2022（3）：2.

[2] 参见《国际博物馆协会章程》，该章程于2007年8月在维也纳召开的国际博物馆协会第21届全体大会上通过。

[3] 王宏钧. 中国博物馆学基础[M]. 上海：上海古籍出版社，2001：40.

共性、公益性、公平性、便利性、可参与性的，可以主动进行终身学习、休闲娱乐的场所。博物馆的公共文化服务应尽可能地让受众在博物馆里获得愉悦感，从而把博物馆列为愿意经常来的场所。

（四）博物馆公共文化服务建设的必要性

在公共文化服务过程中，博物馆发挥着重要的作用，其所提供的公共文化服务，不仅为公众展示了先人们的各类生产生活器具，更展示着中国古代文明的灿烂辉煌。在提供公共文化服务的过程中，博物馆展示的文化内容十分丰富，而且都具有极高的历史和文化价值，在科学知识普及、开展学术研究、宣扬民族文化等方面发挥着重要的作用。

在当今时代发展背景之下，博物馆提供的公共文化服务是整个公共文化服务体系的重要组成部分。推进博物馆公共文化服务质量的提升，有助于拔高博物馆自身物质基础的建设水平，有助于推进公共文化服务相关政策的改进与完善，有利于实现公共文化服务内容和形式的多元化发展，更有利于实现公共文化服务体系持续性改善的时代发展目标。因此，提升博物馆公共文化服务质量，是推进公共服务体系现代化发展的重要抓手，加强博物馆公共文化服务建设的必要性十分突出。

二、新时代下影响博物馆公共文化服务质量的问题

（一）相关法律和制度有待完善

博物馆在提供公共文化服务的过程中，需要不断适应经济社会的飞速发展，遵守相关法律政策的规定。现阶段博物馆推出的文化产品，大多是以授权的方式进行，例如著作权、版权等，需要博物馆慎重考虑。而现阶段对于博物馆提供的公共文化服务产品，尚缺失明确而具体的法律政策规定，因而博物馆在推送公共文化服务产品时，大多凭借以往的经验来进行，但随着时代的不断变化，这些经验往往会变得不再适用，使得博物馆在提供公共文化服务产品时面临着很多法律风险，例如一些知识产权的侵权行为等，对博物馆的公共文化服务质量构成挑战和威胁。因此，尽快针对博物馆公共文化服务制定更加详细明确的法律政策规定，是当前博物馆相关工作的重中之重。

（二）资源利用率低

随着近年来考古工作成果的不断增加，博物馆数量不断增加，博物馆内的藏品数

量也在不断增加，但是博物馆推出的展览资源却十分有限，这就使得许多馆藏品被长期搁置在文物库房当中。这些被搁置的馆藏品中有很多起初不被重视，现在来看具有很高的历史价值和科研价值的文物，有待被有效利用和发现。这也是对公共文化服务资源的极大浪费。不仅如此，长期存放于库房之中的文物，其保存环境容易被忽视，存在着较大的氧化风险。而这些情况凸显了各博物馆之间合作展览机制的缺失，不利于博物馆公共文化服务质量的提升。

（三）服务模式单一，有待创新

在博物馆的参观群体当中，除很小一部分是单位组织的强制性参观之外，大部分参观人员均是自愿自主地走进博物馆。这就决定了博物馆的服务模式和形式对参观人员的吸引力有最直接、最重要的影响。对于大部分观众来讲，来到博物馆参观，除了增加知识之外，最大的目的是休闲娱乐，况且很多学习过程本身只有掺入一定程度的娱乐元素，才能达到更好的学习效果。因此，博物馆必须要采用更加多元化的服务模式。就当前来看，博物馆在开展公共文化服务的过程中，仍是以传统的阵地讲解、推出展览为主要模式，服务形式陈旧且相对单一，不利于参观者实现学习目标，也缺乏娱乐性和互动性，对于受众群体没有吸引力。

三、新时代下博物馆公共文化服务质量的提升对策

（一）完善相关法律制度

想要更好地提升博物馆公共服务质量，在法律层面（而不是相关条例、规定方面）不断完善法律制度是必不可少的一环。我国目前虽已出台《博物馆条例》，但是其立法层次比较低，应当针对博物馆制定《博物馆管理法》，并在其中对博物馆的公共文化服务责任如运营涉及的版权、所有权等进行明确而具体的规定，引导博物馆规范化开展业务工作，降低博物馆运营过程中的法律风险。通过法律文件的规定和科学性指导，加大政府支持力度，鼓励博物馆与高校、设计协会等社会组织深度合作，建立互利共赢的合作机制，促进博物馆文创产品的宣传推广，逐步解决版权开发、产品营销、销售渠道开拓、利益分配等问题，打通整个文化创意产业的产业链，让文化创意产品起到服务社会公众的作用，促进博物馆公共文化服务创新发展。

（二）集群发展，提升资源利用率

要想更好地发挥博物馆馆藏资源的价值，应当建立博物馆集群发展的模式，通过

各博物馆之间的联合协作来实现馆藏品的联合展出，提高其利用率。博物馆集群发展具有以下优势：第一，实现博物馆馆藏品之间的互通有无，让游客有足够的展品资源进行多次参观，防止一次性参观完造成的"审美疲劳"。第二，提升各博物馆馆藏品的资源利用率。可以让很多博物馆常年"不见天日"的馆藏品有更多机会对外展出，引起人们足够的重视，让人们有更多的机会发现其历史和研究价值。第三，有利于博物馆之间的互相促进、有序竞争、良性发展。如2020年9月，由鄂尔多斯博物馆牵头，联合内蒙古沿黄七盟市博物馆推出了《黄河从草原上流过——内蒙古黄河流域古代文明展》，对于整合黄河流域内蒙古段文物资源及后续文创新品的联合研发等具有重要的意义。此外，集群发展模式还能让各博物馆在形成合作机制的同时，形成有序的竞争模式，防止过度无序竞争，还能够实现博物馆之间的相互监督，为提升博物馆公共文化服务质量起到更加积极的推动作用。

（三）多元化创新服务模式

博物馆提供公共文化服务的对象就是参观者，而要想提升服务质量，就需要提升参观者的体验感，这就需要博物馆不断创新公共文化服务模式。例如，有效运用VR技术让展览中的展品呈现出立体感、活跃感，让冷冰冰的展品被活灵活现地展现出来。也可以利用虚拟游戏技术，让游客通过游戏操作尝试复原缺损文物，一方面可以让游戏者获得强大体验感和娱乐感，同时也能够让博物馆管理者集思广益，从众多的修复方案当中选取更加契合残品特征的复原方案，实现文物修复水平和公共文化服质量水平的双向提升。博物馆还可以运用数字化技术，推出非物质文化遗产的数字化藏品艺术展，让参观者获得震撼的视听感受，提升公共文化服务质量。

结　　论

博物馆是我国重要的公共文化服务机构和公共文化服务体系建设中的关键力量，肩负着保护文化遗产和传播中华民族文明的历史重任。随着经济社会的飞速发展，国家加大了对公共文化服务机构的扶持力度，博物馆也迎来了前所未有的发展机遇。博物馆要牢牢抓住这次重要的发展机遇，丰富自身公共文化服务的供给内容，提高服务能力，为地区乃至国家的精神文明建设贡献源源不竭的力量。

试论新时代下公众"去博物馆"意识的培养

◉ 鄂尔多斯市博物院 王雪芬[*]

内容提要：博物馆是人类文化遗产的宝库，是传承人类文明的殿堂，也是传播科学知识、树立正确价值观的重要场所。在中国特色社会主义新时代发展背景下，博物馆文化建设已被纳入社会主义文化建设体系当中，博物馆在传承历史文化，传播自然科学知识，对公众进行社会主义革命传统教育、爱国主义教育及科学文化教育，提高公众思想觉悟和文化素养方面发挥了不可替代的重要作用。因此，如何有效激发更多公众积极走进博物馆值得探讨。

关键词：公众 博物馆 意识

  一座博物馆守护一座城。每座博物馆都是所在城市的灵魂，从里到外，涵盖了人文历史、天文地理、自然科学、建筑艺术等各方面知识。去博物馆，不仅可以看展品增长见识，还能在感知博物馆和展览所蕴含的文化气息中陶冶情操。新时代下，博物馆不仅要做好陈列展览，还要不断创新服务，开展系列丰富多彩的宣教活动，持续满足公众多样化多层次的需求。随着高新技术的不断应用和观众需求品位的不断提升，博物馆的人文、科技光环日益凸显，吸引着越来越多的观众走进博物馆，但是依然有不少人不知去博物馆为所何，或认为去博物馆属阳春白雪之事，根本无意识、无意愿去博物馆。这就引出了我们接下来要探讨的话题：如何培养公众"去博物馆"的意识。

---

  * 王雪芬（1984— ），内蒙古自治区鄂尔多斯市伊金霍洛旗人，大学本科学历，鄂尔多斯市博物院文博馆员，研究方向：历史、博物馆展览。

一、重视家庭联动参与，提高公众认知度

博物馆承载着人类文明走过的岁月，是开展社会精神文明建设活动的重要场所。大量的人类文明足迹与历史都被物化在文物中，从历史到自然，从艺术到科学，从古典到现代，博物馆涵盖了人类各个时期各民族各领域的方方面面。观览文物的过程本身就是一个了解世界、感受文化的过程。

经常和孩子一起去博物馆参观展览，无论年龄大小，无论是走马观花地看热闹，还是认真地去观赏了解某一文物，让孩子在充满浓浓文化氛围的环境里观看，孩子必然在潜移默化中受到熏陶，眼界也会扩大，这也是孩子学习和领悟各种文化的一种重要而独特的途径。

重视家庭联动参与，对于提高公众对博物馆的认知与关注有积极的作用。现代博物馆已成为家庭出游与休闲放松的重要场所。随着博物馆的免费开放与文化教育功能的日益凸显，越来越多的家长认识到了参观博物馆里丰富的文化资源对孩子教育的重要性。博物馆应利用各种渠道和方式将社会家庭纳入博物馆公共文化服务建设范畴中，积极探索满足各类群众参观需求的新思路新方法，培养以家庭为单位的全民参观意识，让"去博物馆"深入人心。随着社会整体文化水平的不断提高，在博物馆创新思路、创新模式的引导下，相信越来越多的家庭会提高对博物馆的认知，会爱上博物馆，习惯走进博物馆，最终使"去博物馆"成为一种日常生活模式。

二、健全馆校合作机制，提高公众认可度

2020年10月，教育部、国家文物局联合印发《关于利用博物馆资源开展中小学教育教学的意见》，提出要大力推动博物馆资源的开发利用，加强博物馆与学校教育的有效衔接，进一步突出了发挥博物馆教育职能的重要性。

学校是国家培养人才的主要场所，肩负着民族的命运和国家的前途。博物馆作为社会文化教育事业的重要组成部分，在配合学校教育方面有着不可替代的独特优势和义不容辞的责任。据统计，我国各级各类学校学生人数约占总人口的五分之一，是我国博物馆最主要的受众群体。因此，博物馆需尽快适应时代做出变革，紧密联系学校，建立馆校合作长效机制，充分发挥博物馆在传播历史文化、科学艺术知识方面的优势，为全面提高广大青少年的综合素养作出积极贡献，为实现中华民族伟大复兴提供强大精神动力。

博物馆应积极主动接轨校园，健全馆校合作机制，促进博物馆资源融入教育体系。

据了解，很多发达国家博物馆都在开展馆校合作教育方面取得了很好的成效，比如：开发配套教案、课程手册、动画演示、创意实验等教学辅助教材；通过开展博物馆场景体验、专题讲座、视听欣赏、研学活动等独特服务，让学生在更加浓厚的学习氛围中，借助更为形象、直观、鲜明的实物资源，主动地去学习和探索知识[1]。国内一些大型博物馆也已经探索形成了一套完整的教育体系，如故宫博物院充分发挥馆藏资源优势，根据不同年龄段学生的心理特点、知识水平和接受能力，开发出了覆盖幼儿园到大学的12个学龄段馆校合作系列课程，内容涉及人文历史、自然科学等众多学科，对学生课外拓展学习有很大的帮助[2]。

博物馆里潜藏着丰富的教学资源，值得我们去深入挖掘和利用。博物馆里丰富的文物、展览、人才等资源是联结学校的重要桥梁。博物馆生动直观、丰富多彩的教学活动能让学生既知其然，又知其所以然，同时充满趣味的校外延伸性学习方式，也更容易为学生所接受，让知识记忆更加深刻，为活跃学校基础学科教学起到辅助作用。博物馆与学校教育的有机结合，最终都回归到了包括家长、学生在内的所有公众教育的基点上。学校是全民关注的焦点，博物馆是公众集体记忆的凝聚地，建立健全博物馆与各级各类学校合作机制，推动馆校合作多样化、深度化、常态化发展，能够在为广大青少年提高思想道德、文化素养和陶冶情操方面发挥重要作用，并以此加深公众对博物馆的了解与认同，不断提升博物馆价值，进而促进全民"去博物馆"意识的提高。

三、加强博物馆宣传工作，提高公众知晓率

加强博物馆宣传工作，是做好新时代意识形态工作的需求所在，也是博物馆扩大社会影响力，提高公众认知度与知晓率的重要环节。随着当下公众精神文化生活需求的日益提高，博物馆承担起了越来越多的社会公共服务功能。博物馆的宣传也不再仅仅停留在传统的行业内部层面，而是涵盖了国家大政方针、时政要闻、法律法规、社会热点等重要内容。博物馆宣传对于挖掘地域文化价值、激发城市活力、凝聚地区公众具有非常重要的作用，也为弘扬社会主义核心价值观和创建文明城市营造了浓厚的氛围。

随着新媒体时代的发展，传统宣传媒介和传播方式发生了巨大的变化。博物馆也要紧跟时代的步伐，不断探索宣传新思路、新途径，不仅要利用好传统宣传平台，如机场、车站、商场等人流密集之地，还要结合互联网、微信、微博等现代新媒体的传

---

[1] 曹燕. 博物馆的未来：寻找与公众的结合点[N]. 中国旅游报，2021-05-17（3）.
[2] 吕晓. 博物馆教育培养学生的重要性[J]. 博物馆研究，2019（3）.

播优势，针对博物馆重大展览或活动情况在社会各阶层开展广泛宣传，着力扩大博物馆宣传覆盖面和影响力，进一步加强博物馆与公众的沟通交流，深化公众对博物馆的了解与认同，助力博物馆立体、亲民社会形象的打造。博物馆要通过广泛而高效的宣传，进一步提升公众的知晓率、参与度，让更多的人对博物馆产生兴趣，从而有效推动公众对博物馆事业的持续关注，让"去博物馆"成为一种习惯。

结　语

新时代背景下，日益被科技赋能的博物馆不再只是传统意义上单一收藏、展示文物的文化场地，而是以"以人为本""让文物活起来"为价值导向，转变为公众探求知识、陶冶身心、开阔眼界、提升素养的休闲空间。如何让更多公众了解博物馆，走进博物馆，认可博物馆，与博物馆产生互动，是博物馆需要不断探寻的与公众联接的契合点所在。在不断增强综合实力的基础上，深入挖掘利用馆内文物、人才资源，积极探索博物馆发展的新方向、新模式，及时调整完善自身功能定位，切实从社会公众需求出发，创造更多社会价值，是博物馆培养公众"去博物馆"意识的行动指针，也是其与时俱进践行社会责任的必由之路。

浅议新时代博物馆旅游资源开发的意义
——以鄂尔多斯地区为例

◙ 鄂尔多斯市博物院　马海燕[*]

内容提要： 当前在文化和旅游融合的大背景下，博物馆作为城市旅游的重要组成部分，对传承优秀文化、普及科学知识、教育社会公众都有着不可替代的作用。博物馆旅游资源是依赖于博物馆事业的一项新型资源。本文归纳了博物馆旅游资源的内涵属性及优势分析了目前发展的局限性及其产生的原因，最后针对本地区实际情况就如何加快博物馆旅游和旅游产品的开发，更好地助力地方经济发展谈几点浅显的建议。

关键词： 博物馆　博物馆旅游资源　旅游开发　策略

　　新时代，新形势，新开局，人民对美好生活的要求越来越高。作为公共文化服务窗口单位，博物馆已经成为重要的文化传播和区域文化展示的阵地。目前游客在博物馆参观者中占比很高，尤其在一些大型博物馆或者地方特色明显的博物馆，比例远远超过了50%。从鄂尔多斯市博物院的参观人数亦可见一斑，每年旅游季参观人数约达到全年参观总数的75%，可见博物馆与旅游之间千丝万缕的联系。作为全国首个以城市景观命名，定位4A级旅游景区发展的地区，鄂尔多斯市康巴什区在全力打造自然景观和幸福宜居样板城市的同时，也借助人文环境下的文化旅游，大力推动着地方经济的发展。作为一名博物馆的工作人员，笔者在实际工作中，注意到了旅游者与博物馆的关系，在此谈一些自己的浅显看法，以期让博物馆成为更好的助力地方经济发展的新平台。

---

　　* 马海燕（1980—　），内蒙古自治区鄂尔多斯市东胜区人，在职研究生学历，鄂尔多斯市博物院文博馆员，研究方向：历史、博物馆、新时代党建。

一、博物馆旅游资源的内涵属性

作为大众喜欢的公共文化服务场馆,博物馆是搜集、保管、研究、陈列、展览有关历史、文化、艺术、自然科学及科学技术等方面的文物和标本,以反映某一方面事物发展历史或状态的场所[1]。博物馆承载着一个民族、一座城市的浓缩文化,这种高度的文化集中性使其在新时代具有很强的旅游吸引力,是很多游客必会打卡的地方,因此可以说博物馆是一种高品位的旅游资源,是一座城市的名片。

(一)博物馆旅游资源内涵

博物馆旅游是指以博物馆文化及其文化衍生物为对象,利用一定的资金、技术将博物馆资源优势转化为旅游产品优势,吸引游客以参观游览、假日休闲、学习、提高自身文化素质为目的的各种旅游活动的总称[2]。博物馆业已成为旅游爱好者的必到之处,其丰富的馆藏、突出的区域文化、新颖的展览展陈方式,都是城市旅游的重要组成部分。

(二)博物馆旅游资源的优势

1. 固定场馆优势和政策扶持。博物馆作为公共文化服务窗口单位,首先必须有固定的场馆和常设展览,使其不受季节和天气影响,且适合时间较长的游览,减少自然因素对旅游的影响。作为"向公众开放的非盈利性社会服务机构"[3],免费开放并有地方政策的扶持,不收门票或者门票较低,旅游人员花费很少,符合大众心理需要。

2. 丰富的文化内涵。博物馆旅游资源有丰富的历史沉淀和醇厚的文化底蕴为支撑,是吸引广大旅游者的核心要素,也是其持续发展的主要动因。大量丰富的文物展品,形式各异的展出风格,包罗万象的展出内容,不仅可以满足游客的求知和审美需要,还可以提升品味,无形中给游客的旅游增加了档次感。

3. 文化产业产品的助力。博物馆旅游带动下的文创产业发展,以特有的博物馆文物文化为基础,通过挖掘文化内涵和探究文物用途,将古老的文物转化为具有地方特色的文化元素,尽可能地融合到服饰、装饰、图书等实用物品中,以本地的文化为底蕴,博取广大旅游爱好者的眼球,起到传播文化和彰显区域属性的效果,推动地方旅游的发展。

---

[1] 戴昕,陆林,杨兴柱,等. 国外博物馆旅游研究进展及启示[J]. 旅游学刊,2007(3):84-89.
[2] 曾亚玲. 博物馆旅游与文化创意产业的融合发展[J]. 中国商贸,2012(4):189.
[3] 王保伦. 会展旅游发展模式之探讨[J]. 旅游学刊,2003(1):36.

（三）博物馆旅游资源现存问题及其成因

博物馆旅游资源的开发是建立在博物馆发展的基础上，依托博物馆的展览展陈、讲解服务、环境建设，人文环境的持续发展也是旅游资源的基本保障。目前全国大力推行文化建设，助力地方经济发展，博物馆旅游资源自身的局限也在发展中不断暴露出来。

一是受众面狭小。博物馆是一个区域文化的缩影，知识性、专业性较强，在参观和游览上有一定的知识层面的要求，这对博物馆旅游资源的开发有一定的影响。博物馆内的展品通常反映了特定历史时期的文化、生活、艺术、科技的发展状况，要想真正弄明白展品的内涵，需要具备某些方面的专业知识，或者大量听取文物的讲解，这就在一定程度上增加了普通游客的解读难度，容易引起游客产生匆匆一游，不去过多理解和探究的想法。

二是静态多，缺少动态吸引。多年前，博物馆因展览内容单一、表现形式陈旧、场馆建设老化、公共环境差强人意，成为大家只知其名、不见其身的地方，更谈不上旅游资源的开发。近年来，随着公共文化服务体系的建立，广大群众喜闻乐见的展览不断被推出，加之数字化建设的跟进，使得广大群众喜欢上了博物馆。但因观众的需求和喜好不同，且博物馆展品多为静态实物，缺少活力和变化，不易引起感官上的刺激，使不少游客参观博物馆时局限在没有目的的闲逛。

三是展出空间相对有限。博物馆的展出一般按照展陈大纲要求，将经过精心挑选的文物摆在展线上。游览者在很短的时间内就能欣赏到大量的精品文物，但视觉疲劳也会随之产生。琳琅满目的展品又因缺少详实的内容解释和丰富的表现形式，容易让大多数游客产生枯燥、乏味、无趣感，势必影响游客的回头率和满意度。

二、博物馆旅游资源开发策略

想要将博物馆变成广大旅游爱好者的必去之地，就要对博物馆旅游进行有针对性的分析，发挥博物馆的社教职能，延长游客在博物馆里停留的时间，激发游客来博物馆参观的兴趣，使其真正从心里把博物馆当成一个独特的旅游目的地。

（一）充分调动馆内资源，发挥创新力

文化的展示和传播是通过文物来表现的，而文物的内在含义只有通过大量研究和探讨才能得以揭示。每一个优秀的展览，都会用其特殊的表现手法来表达文物的真正内涵。一方面需要个人的能力理解，另一方面则可以通过精彩的讲解得以实现。博物

馆资源开发的一项重要环节就是博物馆展陈的讲解力。充分发挥每一位讲解员的优势，积极进行讲解词和讲解形式的探索，吸引绝大多数的游客驻足倾听，了解地方文化，展现地方魅力，从而真正爱上博物馆。而增加博物馆的参观时间和游览次数，就会推动博物馆旅游资源的发展，进而推动地方经济的发展。

（二）合作共赢，联营模式

顾名思义，博物馆旅游资源既和博物馆关联，又和旅游挂钩，在依托博物馆发展的同时，与旅游行业和服务行业联手，是一个不错的方向。旅行社是发展旅游业的主要支柱之一，是联系游客和旅游资源的纽带。积极推进博物馆与旅行社的合作，不仅可以更好地宣传博物馆事业及博物馆旅游资源的新形象，也可以为旅行社提供新的创收线路。还可以与各种培训服务机构联手进行研学活动的探索。博物馆的馆藏和环境建设、展览内容、人文环境等，都是开发研学的好资源。通过合作探索，将博物馆博大精深的文化细化到点点滴滴上，不管是儿童的探究研学还是成人的深化研学，都可以将博物馆推向大众视野，推动博物馆旅游资源的深化发展。

（三）加大开发地方特色旅游产品

每个博物馆都有其建设理念，而文化产业的开发则是将博物馆的文物、底蕴、影响力都包含在内。文创产品的开发和销售，可以将博物馆旅游资源带入更广阔的发展空间。开发与博物馆主题一致的特色文创产品、旅游纪念品、商品等，不仅可以增加商店的收入，更主要的是提高了游客的购物乐趣，使每一次博物馆文创产品的购买，都能成为其日后美好回忆的载体，提升了博物馆旅游资源的广度。

三、鄂尔多斯地区旅游资源开发的思考

鄂尔多斯市地处黄河几字弯处，三面被水环绕，既有大草原，又有高原，是有"天然氧吧"和"21°夏天"之称的避暑胜地。市政府所在地康巴什，更是被定位为4A级旅游城市，以旅游带动经济的和谐发展。而鄂尔多斯市博物院就坐落在美丽的康巴什区。

1. 增加宣传力度，促进旅游资源消费

鄂尔多斯市康巴什区2021年政府工作报告中指出，"坚定不移走以生态优先、绿色发展为导向的高质量发展新路子，经济社会保持平稳健康发展，城镇常住居民人均可

支配收入51909元，位居全市第三、自治区第八"[①]，其以骄人的成绩被评为中国最具幸福感的"幸福宜居之城"。除了保持原有的网络宣传手段外，充分运用新媒体如快手、抖音等平台，也是加速促进旅游资源消费的方式方法。还可以通过名人效应，扩大鄂尔多斯市的知名度，让游客从各个渠道获得鄂尔多斯市的信息，进而产生旅游打卡鄂尔多斯的愿望。鄂尔多斯市博物院是鄂尔多斯市文化惠民工程中的一个标志性建筑，已然成为游览鄂尔多斯的打卡点。

2. 重视专业团队的培养，实行人性化管理

在高速发展的21世纪，人才竞争是各项工作的核心，拥有一支高素质的人才队伍，是单位业务工作的制胜根本。文博行业应该对业务人员、管理人员等采取外出委培、进修、参观、学习等方式，提高其专业技能，促使他们进一步深挖展品的文化内涵，以满足游客的需求。同时博物馆长期归于行政部门主管，一直沿用政府模式，管理方式缺乏活力与变化。只有实行人性化管理，通过激励、关怀、公平竞争等方式充分调动员工的工作热情，才能使博物院提供更加人性化的服务，以最优质的服务吸引最广泛的游客。

3. 强化多方合作，大力发展文创产业

受文物职能主管部门影响，博物馆承担着众多职能，但非营利性质使得许多业务工作不能很好开展。今后，要主动寻求社会和公众的力量支持，扩大文物征集范围，出台鼓励主动捐赠文物的政策，加强与社会力量的合作。比如在研学活动、流动博物馆的宣传和讲解员的培养上，都可以与成型的培训机构长期合作。另外，博物馆旅游资源的发展需要政策支持，而政策支持下的博物馆旅游需要有能展现博物馆的文创产品作为支撑，文创产品的开发则需要经费的支援，所以加强多方合作，大力开发文创产品是博物馆与旅游融合的重点。

综上所述，博物馆旅游资源的开发，既需要政策支持和强有力的经济保障，更需要管理者改变单一的发展思路，具有超前思维。本文只是针对当前笔者所看到的一些情况的分析和阐述，更多的内容还需要进一步的探讨和研究。

---

① 康巴什区人民政府网. 2021年康巴什区政府工作报告［R/OL］.（2021-03-09）［2022-12-01］. http://www.kbs.gov.cn/zwgk/zfgzbg/202103/t20210310_2856804.html.

文创产品"跨圈开发"正当潮，博物馆"跨界联名"玩不停

——鄂尔多斯市博物院文创产品开发思路探析

 鄂尔多斯市博物院 庄 园 鄂尔多斯市文物考古研究院 平小娟*

内容提要：博物馆拥有着丰富、瑰丽的文化传承资源，利用市场背景将文化与文创产品形式相结合，引导更多的人关注文物蕴含的文化背景与历史，实现博物馆文物与市场热门产品的跨界联名，正在成为新的发展趋势，众多"新玩法"掀起全民"博物馆热"。本文以国内外流行的博物馆联名系列文创产品为研究对象，通过对其联名方向和开发内容的案例分析，浅析鄂尔多斯市博物院文创产品开发新思路。

关键词：博物馆 跨界联名 文创产品 跨圈开发

近年来，国内外多个博物馆兴起潮流"新玩法"，通过跨界联名、跨圈开发盘活文物资源，将传统文化变成爆款，把文创产品玩出新时尚、玩出新潮流、玩出新高度，闯出消费新天地、撞出消费新活力，同时也为各个消费领域注入新的文化氛围与活力，以文促创，以创彰文。例如故宫博物院推出的与毛戈平联名的绝美彩妆一经亮相便惊艳四座，敦煌博物馆与李宁联名的潮流服饰系列火爆全网，河南博物院与百度百科联名的考古盲盒上线即秒空，三星堆博物馆与吉利汽车联名的"星火计划"上演的"科技与文明的碰撞"吸睛无数，大英博物馆与晨光文具联名的异域风文具深受新生代文具控宠爱……①

---

* 庄园（1989— ），内蒙古自治区鄂尔多斯市东胜区人，大学本科学历，鄂尔多斯市博物院助理馆员，研究方向：鄂尔多斯历史文化、文物、文创、宣传。

平小娟（1983— ），内蒙古自治区鄂尔多斯市东胜区人，大学本科学历，鄂尔多斯市文物考古研究院文博馆员，研究方向：历史、文物、考古。

① 张景淇. 博物馆文创产业发展的新趋势［N］. 中国文化报，2021-05-27（8）：1-2.

博物馆跨界联名消费新思路，使传统文化与潮流文化激情碰撞，为文物活化提供了新的支点，为文创领域开辟了新的篇章。这股创意热潮，让历史文物更加生动、形象地"活了过来"。通过不断吸取多元化创意，结合现代文明的消费理念、技术手段，将文物所蕴含的形象、传统手工艺、文化底蕴统统创造性转化，实用又高端、质感又潮流、富有现代气息又蕴含时光密码的一件件文化创意产品席卷而来。高质量的文化创意产品被越来越多的群体认同，让各个领域的联名产品遍地开花，在竞争日益激烈的消费市场上走出一条成功的转型升级之路。在万物皆可联名的时代，鄂尔多斯市博物院文创产品怎么玩出彩，如何盘活文物资源，增强文化传播力，提高城市吸引力，"圈粉"年轻一代，跟上正在席卷文化消费市场的全民"博物馆热"，以文会友，以物交友，值得思考[①]。

一、博物馆"跨界联名"玩不停

博物馆跨界联名已然成了当下潮流，原本陈旧传统的"古物陈列所"愈加摩登与时尚。"跨界联名"极大地延展了博物馆功能，古代和现代的碰撞，东方和西方的结合，场景跨界、营销跨界，花样繁多，多元文化的融合驱使跨界联名的风潮愈演愈烈，"博物馆热"已不再仅仅是一股潮流，而是正在渗透社会生活中的各个领域，成为当下生活方式、审美趣味的新锐表现。文创产品的跨界联名，联的是调性、是文化、是故事，更是理念、是态度、是情怀。跨的是时空、是工艺、是共创，更是共赢、是思想、是文明。

作为城市的名片，博物馆虽然有着物理边界，但其文化边界正在消失，"无边界博物馆"逐渐成为共识。跨界的共创，无界的博物馆，所孕生的具有文化生命力的IP，正在努力成长。以文化为基，对"跨界"进行系统性谋划，更加关注消费者体验感与共鸣、居民参与感与荣誉，更加贴近生活的文创产品才是打造"无界"博物馆的创意理念，才是实现历史与现实对话，助力城市品牌文化形象树立的原动力。

1. 故宫很美，文化很深

故宫博物院与毛戈平联名的"气蕴东方"系列限量彩妆，凭借其高颜值惊艳四座，在消费市场吸睛无数。作为高端国货彩妆品牌创始人，毛戈平本身就是赫赫有名的IP，他在国内美妆领域有着深远持久的影响力和名气，而故宫的文创产品也是博物馆中的新晋"网红"，两大IP合作可谓强强联合。故宫文创和毛戈平合作以来，从2019

---

① 陈世涵. 文创应以文促创，以创彰文［N］. 人民日报，2022-04-15（12）：1.

年到2020年,先后推出了三季"气蕴东方"系列,分别汲取故宫代表性建筑特色、故宫"黑金描漆"的器物美学和紫禁大典为灵感来源,赋予现代美妆文化底蕴和艺术美感,刷新大众对国潮美妆的认知(图一)。故宫文创和毛戈平彩妆通过长线合作,不断广泛深入取材,将传统文化与现代的艺术、时尚融合,令美妆产品拥有故宫文化内涵,赋予了故宫文创IP新的时代意义。

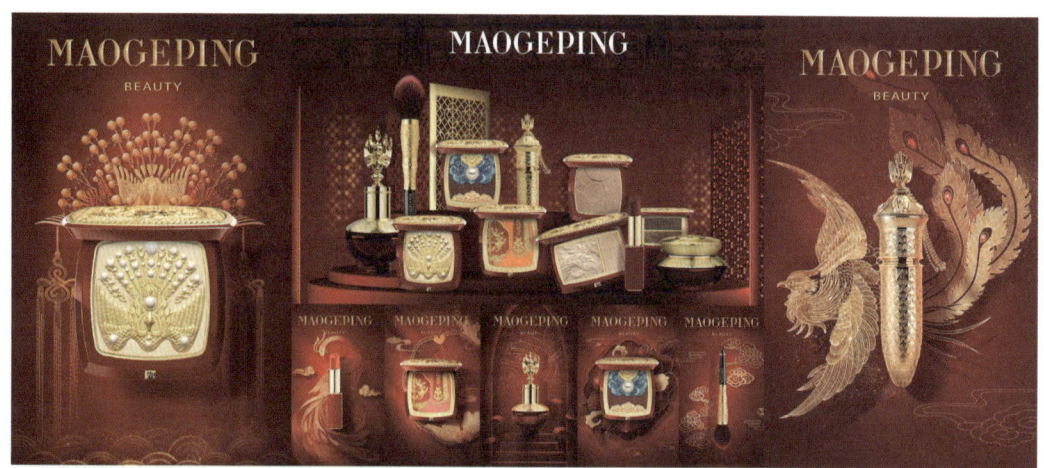

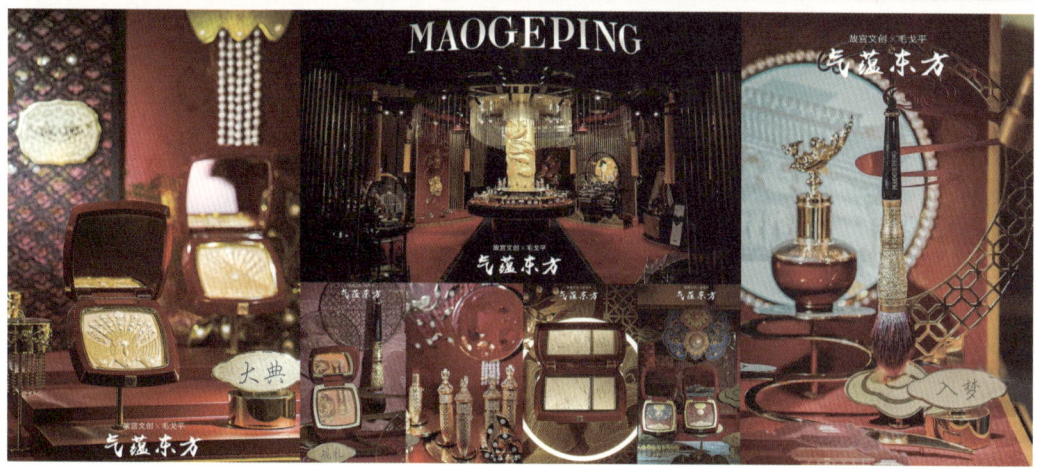

图一　故宫博物院与毛戈平联名的"气蕴东方"系列彩妆

故宫文物的独特魅力加持跨界联名的合作理念,吸引了更多关注或不曾关注文物与博物馆的群体,形成了别具一格的影响力。如故宫博物院与肯德基联名推出的K咖啡闪冲花神咖啡礼盒、与周大福联名的金饰、与农夫山泉联名的限量版"故宫瓶"、与网易游戏联名的古风手游等,在提升品牌文化高度的同时,树立了与时俱进的故宫时尚IP。

2. 敦煌很拼，神仙很忙

敦煌博物馆与李宁联名的潮流服饰系列可谓是火爆全网。2020年2月，该联名的开篇之作"敦煌·拓"系列以张骞几番出使西域，卫青霍去病兵戎西征，开拓丝绸之路雏形作为历史背景来展开，通过一双双有故事的鞋回溯丝绸之旅，探索散落在沿途的璀璨文明。"敦煌·拓"系列除了鞋之外，还囊括了服装和配件等单品，将时下户外技能的流行趋势与古代军事风相结合，利用了丹霞地貌的地形特点和低明度的自然色系，将大量的丝路元素融入到产品设计中，实用度和时尚感都经得起考验。2020年8月，李宁在敦煌雅丹魔鬼城联合天猫和敦煌博物馆打造了"李宁三十而立·丝路探行主题派对"。这场在沙漠中举办的时尚大秀分为"丝路探行""少年心气""融之新生"三个篇章，带给观众们超乎想象的沉浸式体验。繁盛深厚的敦煌文化底蕴，激发了李宁更多的跨界灵感，赋予产品更加醇厚的文化内涵，形成产品文化"潮"，充分展示了独特的中国风[①]。

敦煌博物馆联名的玩法可不止一个：与百雀羚联名的"悦色岩彩"系列彩妆，携手流量明星代言，将敦煌艺术神韵融入产品特质中，美观时尚又不失文化底蕴，不光制造了话题曝光，获得了粉丝青睐，还通过文化着色丰富了产品内涵，提升了品牌形象（图二）；与茶百道联名的"敦煌飞天觅茶"，用三款不同味道的茶饮将天衣飞扬、满壁风动的敦煌壁画面貌生动再现，让历经岁月的飞天壁画与手捧奶茶融为一体；与必胜客联名的《西餐厅里的敦煌艺术展》，在全国9个城市开展，用六大西方艺术演绎

图二　敦煌博物馆联名产品（图片源于网络）

---

① 吴素荣. 惊艳世界的设计：李宁×敦煌博物馆［J］. 课堂内外创新作文（初中版），2021（Z2）：34-35.

东方敦煌笔画，呈现出年轻人眼里不一样的敦煌艺术，古老的敦煌艺术在西餐厅里迎来全新的show time；与饿了么联名发布的主题宣传片《这是什么神仙外卖》，将敦煌的元素融入外卖当中，打造出神仙送外卖造型，配合魔性Rap和鬼畜画风，让神仙外卖火"出圈"……敦煌文化正在扑面而来，千年不过弹指。

3. 盲盒很火，剁手很快

河南博物院2020年底推出了"失传的宝物"系列盲盒，将仿制的"珍奇宝藏"埋藏其中，让体验者利用迷你版考古神器"洛阳铲"挖掘，感受考古工作者发现文物的惊喜瞬间[①]。相较于市面上普通的文创盲盒，这款考古盲盒不仅为玩家创造了沉浸式的玩法，还能帮助缺少专业知识的人解锁考古的基本姿势。如此有文化有内涵的盲盒，在社交媒体上引发了强烈讨论，一时间"洛阳纸贵"，全网断货。2021年5·18国际博物馆日，河南博物院与百度百科博物馆计划、百度国潮季共同推出联名款考古盲盒，并在当天发起直播，邀请知名主播与博物馆讲解员带观众云游河南博物院。此次推出的联名款考古盲盒，创造了直播带货7分钟售罄的记录，可谓是手慢则无。这样的盲盒玩法，与时俱进，彰显了河南博物院文物背后的匠人精神，满足了年轻群体多样化的需求，可谓是一举多得。

4. 青铜很酷，科技很炫

2021年6月，三星堆博物馆与吉利汽车联名的"星火计划"发布，联名"时空·星盒"也将陆续发布，现实主义车色计划等文创周边也在开发中，科技助力文明，让文物活起来。此次联合，是一种新突破，以更为多元化、科技化的手段，贴近大众，使文创产品生活化、大众化，将中华文明与智慧科技跨时空进行连接，隔空对话，向世界展现中华文明的魅力。7月，三星堆博物馆与新锐彩妆品牌原色波塔INSBAHA联名的"青铜秘宝"系列彩妆上线，同时原色波塔INSBAHA发布了一则惊艳TVC，短片以2150年为背景，讲述机械外壳下的人们寻找"真我本色"的故事。这波科技+未来风格的设计理念，不仅思想前卫，创意更是大胆，非常符合新时代个性化审美理念，赛博朋克和经典文物的新潮碰撞，使文物与产品的结合更加活泼形象（图三）。9月，三星堆博物馆与QQ飞车手游梦幻联动，打破次元壁，实现三星堆文化与游戏的融合，将三星堆文化知识以别样的方式在无形之中输送给广大游戏玩家。10月，三星堆博物馆与金典有机奶高能联动，宝藏文物灵动出圈，打造首场跨次元虚拟演唱会，更有联名限定包装牛奶和限量盲盒，惊喜重重。以新颖的方式焕活文物生命力，让三星堆文

---

① 任胜利. 焕新更精彩［N］. 人民日报海外版，2021-01-05（7）：1.

图三　三星堆博物馆的联名产品

化有机传承下去，让更多的人感受久远古蜀文化温度。11月，三星堆博物馆与钉钉跨界合作，以真实场景＋三维建模的创新形式，带来了一场地方特色十足、诙谐幽默的动画短片《寻友记》。厚重的文化底蕴与科技相结合带来的多重感官，再次提升了三星堆博物馆文化及文物知名度的传播力及影响力，也赋予了传统文物更为年轻化的形象认知。

5. 异域很广，神像很皮

大英博物馆与晨光文具联名的异域风文具将馆藏珍品融入到文具设计中，俘获新生代文具控的心灵。充满神秘色彩的埃及众神藏品化身可爱调皮形象印刻在纸张本册、书写工具之上，风趣十足，为使用者带来一场跨越时空与次元的旅程。而大英博物馆的联名远远不止于文具，从MITATA时尚美瞳，到安佳限量款礼盒；从完美日记彩妆，到美世达创意挂钟；从冰希黎的金字塔香水礼盒，到美的冰箱心鲜礼盒系列；从She's茜子的首饰，到秋水伊人的服装……大英博物馆跨界联名的广度与深度，迅速抢占博物馆文创"时尚圈"。

博物馆是收藏、保护、展示文物资源的重要阵地及城市文化形象的代言人。对博物馆而言，"跨界联名"意味着延长文物生命线，激发博物馆发展潜力，促进创新性产品开发，是一种全新文创理念与市场经济的碰撞结合。创新性提取和运用文物形象、匠人手艺、文化元素，结合现代手段，制作更具实用性、观赏性、纪念性的双赢产品。

二、文创产品"跨圈开发"正当潮

博物馆文创产品应通过各种途径来提高自身的趣味性、亲民性、可消费性，结合文化底蕴的特别审美与艺术感知，吸引更多的消费者。这其中，通过与其他领域的知名品牌及形象联名进行"跨圈开发"便是一种有效方式。不同的IP形象通过对历史文物元素的不同理解，用产品对话博物馆文明，在为公众提供更加多元化、多层次、差异化的文化产品服务的同时，也使文物蕴含的文化底蕴得以传承及传播。让博物馆走出高冷贴近大众与生活，将博物馆文化渗透到不同领域[①]。从美食饮品到服饰美妆，从盲盒手办到游戏皮肤，从户外走秀到别样展览，从嘻哈街舞到科技未来，消费新潮流里总能发现文创的新面孔（表一）。告别"高冷""陈旧"的标签，一件件意境传达式的与时俱进的文创产品、一个个饱含中国味道的创意品牌应运而生，自然令消费者感到惊喜与动心[②]。

表一　博物馆文创产品"跨圈开发"统计表

品类	联名双方	联名产品	时间
美妆	中国国家博物馆×欧莱雅	限量口红礼盒	2018年
	大都会艺术博物馆×完美日记	限定"小金钻"口红	2019年
	敦煌博物馆×百雀羚	"悦色岩彩"十二色眼影盘、绒雾唇膏	2019年
	大英博物馆×ZEESEA滋色	"神秘埃及"系列粉饼、16色眼影盘，"丘比特"系列气垫、高光粉饼	2019年
	故宫文创×毛戈平	"气韵东方"第一季、第二季、第三季系列彩妆（彩妆盘、化妆刷、唇膏、双色眉彩盘、高光粉膏、腮红、眼影、粉饼）	2019～2020年
	敦煌博物馆×卡姿兰	"色无忌惮 觉醒敦煌"主题系列彩妆（眼影、高光粉盘、唇釉、粉底液、眉笔）	2020年
	三星堆博物馆×原色波塔INSBAHA	"青铜秘宝"系列彩妆（青铜纵目眼影盘、扶桑若木眼影盘、鱼凫唇泥、太阳轮腮红）	2021年
服饰	梵高博物馆×范斯Vans	印有梵高名作图案的系列服装、鞋、帽和背包等产品	2018年
	敦煌博物馆×李宁	"敦煌·拓"系列服饰、配件、鞋	2020年
	卢浮宫博物馆×匹克	系列运动潮流服装、鞋	2020年
	苏州博物馆×FINELYCUP梵妳卡波	以非遗苏绣为灵感的家居服	2021年
	河南博物院×鸿星尔克	"星河璀璨"系列T恤	2021年
饮食	大英博物馆×小茗同学	官宣大电影、定制新款瓶身、限量联茗礼盒、系列周边（文化衫、文件夹、杯子和收纳袋）	2019年
	敦煌博物馆×茶百道	敦煌飞天觅茶系列	2020年

---

① 赵钊. 加快博物馆文创产业跨界融合发展［N］. 河北经济日报，2021-07-24（5）：1-2.
② 盛玉雷. 消费新潮流　发展新机遇［N］. 人民日报，2019-09-04（5）：1.

续表

品类	联名双方	联名产品	时间
饮食	故宫博物院×肯德基	限定新春金桶桶身、线下主题店1∶1复刻宫灯、线上朋友圈灯会H5、手机壁纸以及限定微信红包封面，K咖啡闪冲花神咖啡礼盒	2021年
	苏州博物馆×松鹤楼	"中秋对月"月饼礼盒	2021年
	三星堆博物馆×金典	跨次元虚拟演唱会短片、限定包装牛奶、牛奶摇滚乐队盲盒	2021年
游戏	敦煌博物馆×《梦幻西游》电脑版	"旖梦敦煌"主题联动	2019年
	苏州博物馆×天下	"戏游天下"系列文创（吴王夫差剑伞、杜邦纸帆布袋、画卷纸巾），手游版苏博主题家园	2020年
	重庆白鹤梁水下博物馆×王者荣耀	"大乔·白鹤梁神女"皮肤	2021年
其他	敦煌博物馆×饿了么	《这是什么神仙外卖》主题宣传片、海报	2020年
	洛阳博物馆×支付宝	《洛阳东风及时来》剧本杀	2021年
	三星堆博物馆×钉钉	《寻友记》短片、联名手办、表情包	2021年

注：以上为不完全统计

文创产品是无形的历史文化与现实碰撞产生的灵感产物。"气韵东方"系列彩妆上脸，一抹宋韵风雅婉约如画，一眼千年体验大宋风采；"敦煌·拓"系列服装上身，梦里身回云阙，雄姿英发西域使，不负少年壮志时，丝绸之路故事便重现眼前……文创产品持续进步与出圈，绝不是仅仅靠外观吸引眼球取胜，而是历史文化生活化、平民化的渗透与温暖的表达。用历史的魅力结合新时代的眼光，发现并挖掘更多双方对话的打开模式[①]。以传承文化遗产为本，为文化符号创新赋能，展示文创的多面性，用时代眼光对话生命美学。

三、鄂尔多斯市博物院文创产品开发思路

鄂尔多斯市博物院于2021年5月18日成立，由鄂尔多斯博物馆、鄂尔多斯青铜器博物馆和鄂尔多斯革命历史博物馆组成，汇聚了鄂尔多斯地区瑰丽璀璨的文化遗存和饱经风霜的历史积淀，是集鄂尔多斯地区历史与文化的收藏、陈列及研究于一体的综合性博物馆，是世界上收藏鄂尔多斯青铜器数量最多、品种最全、研究价值最高的博物馆，是拥有全内蒙唯一一座建立在盟行政公署旧址上的近现代革命历史博物馆的博物馆。

---

① 陈圆圆. 文创魅力，在个性更在底蕴[N]. 人民日报，2021-04-14（12）：1.

从联名的角度来说，如何挖掘鄂尔多斯市博物院文化资源，用优质文创展示城市文化魅力与自信，拓展文创产品开发新思路，可以从以下这几个方面入手：

（一）联名开发的方向

1. 与名人联名

名人，指具有一定粉丝基础或在某领域拥有专业度和知名度的人，如明星、设计师、KOL（意见领袖）等。与名人联名的具体方式有在文创产品上印上名人的签名、头像或邀请名人参与产品的设计制作过程等。与名人联名的优势是名人自带流量，可以充分利用粉丝推动之后的联名文创营销[①]。

2. 与IP联名

IP包括文化IP、动漫IP、游戏IP等。近几年，IP联名越来越热，毛戈平、李宁、王者荣耀等都是近来博物馆合作的大热IP，如故宫文创×毛戈平联名彩妆、敦煌博物馆×李宁联名服饰、白鹤梁水下博物馆×王者荣耀联名皮肤等。联名之后，会先有一定的热度基础，在这之上赋予文化的质感。

3. 与品牌联名

从具有网络热度的博物馆联名方式来看，大多数都是意想不到的跨界"联姻"，碰撞出的元素火花大放异彩，通过联名产品将双方的粉丝聚集起来，实现了互利共赢，比如三星堆博物馆×钉钉联名动画短片、河南博物院×鸿星尔克联名T恤、大英博物馆×晨光联名文具、大都会艺术博物馆×usmile联名电动牙刷等。

除了常见的双方联名方式，多方联名也席卷而来。联名涉及的品牌越多，原始受众面就越大，比如敦煌博物馆×迪丽热巴×百雀羚联名彩妆、湖南博物院×长沙银行×茶颜悦色联名信用卡、大英博物馆×Hello Kitty×橘朵联名彩妆等，更为精准地应对消费群体需求，通过合作打造爆款，实现共赢。

（二）联名设计的策略

1. 提炼文化元素，挖掘文化内涵

联名设计需要思考如何挖掘博物馆馆藏文物的文化元素，与现实市场建立关联性，由博物馆人与设计师共同把关，将博物馆文化有效地转化为贴合消费市场热点、满足

---

① 刘春雄，李阳. 聚焦新IP时代的万物联名[J]. 乳品与人类，2019（5）：60-64.

民众文化消费需求的创意产品。这就要求设计者在对文物形态、历史背景、工艺特点、文化价值等有一定了解的基础之上，继续深度挖掘其文化内涵，进行元素提炼，注重创新性转化，贴近民众生活化交流，塑造人文艺术情境，将无形的文化内涵通过有形的文创产品进行传递、延伸，以画龙点睛的方式实现联名文创的文化增值。

提炼文化元素尤其需要注重文物原型与文创产品的契合度，通过提取特点突出的平面元素增加文创产品的辨识度，展现博物馆文物的独有特色[①]。

2. 定位消费群体，引导品质消费

通过多种形式的跨界合作实现文创产品的"定制化"服务，注重文创产品的实用性、热点性，却又不盲从。在葆有文化元素的高雅与格调的同时，以更加亲民的姿态多元化地融入百姓生活，引起情感共鸣，增加受众群体，尤其是要通过不断推进文创品牌年轻化，吸引更多主导未来消费方向的年轻人参与进来，构建年轻人消费理念的乌托邦。以文物元素与联名设计的碰撞为群策力，以消费群体的需求为驱动力，以消费潮流为指引力，让联名文创精准定位，可持续发展。

3. 拉近情感距离，寻求价值共鸣

而今，越来越多优秀的联名文创产品出圈圈粉，在品牌前期累积的人气及热度的基础上，文创联名注入文化元素带来的艺术设计、人文设计、互动设计将文创产品更加感性地呈现在消费者面前，引发情感共鸣。从之前单一、传统的文化旅游纪念性文创产品改变为消费者更为认同和喜爱的、贴近生活的联名文创，用心传递人文价值观、历史观，增强博物馆在城市文化传播中的作用。通过文创产品产生情感、价值共鸣，让更多的人了解城市的风土人情、文化素养、人文气息，吸引更多的人关注、打卡。例如三星堆博物馆与钉钉联名短片《寻友记》的日常谐趣，让人在无比向往川蜀文化的同时想拿起钉钉进行打卡；敦煌博物馆与饿了么联名主题宣传片《这是什么神仙外卖》的"魔性鬼畜"，让人在欣赏律动的同时点一份来自敦煌的外卖；河南博物院与鸿星尔克联名"星河璀璨"系列T恤背后善良、动人的故事，让人热泪盈眶，激起爱国主义情怀，掀起了人们"野性消费"的爱国热潮。人们从喜欢一件联名文创开始，爱上一座城。

（三）联名开发的路径——授权

随着国家文物局在2019年5月发布《博物馆馆藏资源著作权、商标权和品牌授权

---

① 陈凌云. 博物馆文化创意产品开发研究［D］. 上海：上海大学，2018：130-131.

操作指引（试行）》（以下简称《指引》），博物馆资源如何进行"IP化、生活化、产业化、国际化"成为文博界关注焦点[①]。

就文创产品跨界开发、版权保护授权来说，《指引》可以为鄂尔多斯市博物院提供参考，其对授权内容界定、模式、流程、权利义务的阐述都很清晰，后面还附了合同样本。《指引》在制度层面和操作层面都规定得非常详细，是盘活文物资源、实现社会资源共享，为博物馆管理者和工作者保驾护航的重要文件。博物馆要依法建立健全博物馆文物信息资源和品牌资源的授权机制[②]。

四、结　　语

博物馆联名风潮的来袭，让浩瀚的历史文物在时代语境下焕发出新活力。它触发了文博界对"打破壁垒"的新思考，带来了文创界"海纳百川"的新风尚，寓意着"无边界博物馆"的开始，凝聚了"古往今来先贤后浪"的智慧，展现了"文化交融文明互鉴"的契合，蕴含了"美美与共，和而不同"的生命观、价值观、宇宙观，令人耳目一新。博物馆联名不光是博物馆与联名方文化之间互动的良好开端，也是双方艺术之间的交锋共鸣[③]，彰显了文化自信，弘扬了中华优秀传统文化。

博物馆文化活力值的不断提升，代表着所在城市的文化值、开放度和创造力也在不断提升。博物馆文创产品正在成为新一代的消费风口，它为人们提供了精神滋养和文化熏陶，传递了轻松有趣、积极向上的生活态度。文创的繁荣是人们精神世界丰富的物化表现，更是文化自信和文化软实力的重要体现。它打通了历史文化与消费场景之间的情感勾连、文化勾连，实现珠联璧合。它并不是历史的叙述句，而是情感的催化剂，故而受到消费者的青睐。

时代潮流浩浩荡荡，奔涌不息，文明对话朝朝暮暮，永不谢幕。新时代的博物馆，是古老的，更是时尚的。博物馆有幸遇见这样的时代，但时代更有幸遇见这样的博物馆！

---

① 国家文物局. 博物馆馆藏资源著作权、商标权和品牌授权操作指引［Z］. 北京：国家文物局，2019.

② 林晓平. 博物馆文创产品合作开发研究与实践［J］. 合作经济与科技，2022（9）：80-81.

③ 刘佳，张春晓. 文化联名品牌设计的融合与创新［J］. 美术大观，2020（3）：114-115.

馆校共建，推动教育与文化的有机融合
——鄂尔多斯博物馆"馆校共建"工作纪实

鄂尔多斯市博物院　王萍萍[*]

内容提要：博物馆是保护和传承人类文明的重要殿堂，是连接过去、现在、未来的桥梁，肩负以文育人、传播中华优秀传统文化的社会责任。为更好地弘扬与传承鄂尔多斯优秀历史文化，充分发挥博物馆社会教育职能，鄂尔多斯博物馆与多所学校开展了不同形式的馆校共建活动。本文将对鄂尔多斯博物馆2018年以来在馆校共建方面的做法和典型社会教育案例进行叙述。

关键词：鄂尔多斯博物馆　青少年　馆校共建　社会教育

清朝散文家刘开在《问说》中言道："理无专在，而学无止境也。"近代著名实业家、教育家张謇在1905年创办了南通博物苑，同时指出"盖有图书馆、博物院，以为学校之后盾"。可以说南通博物苑开启了馆校合作的优良传统。在青少年社会主义核心价值观教育中，引入馆校合作模式，可以将博物馆教育和学校教育的长处紧密融合，实现博物馆与学校教育、课外活动和社会实践的有机衔接，成为提高青少年综合素质的重要课堂。

党的十八大以来，以习近平同志为核心的党中央本着对国家、民族、子孙后代负责的态度，以高度的历史自觉和文化自信，站在新的历史方位，从留住文化根脉、守住民族之魂的战略高度弘扬中华优秀传统文化。通过让文物"活起来"，激活了历史文物资源的生命力，也成为了博物馆社教工作人员开展工作的原动力。为更好地弘扬与传承鄂尔多斯优秀历史文化，充分发挥博物馆社会教育职能，鄂尔多斯博物馆与多所

---

[*] 王萍萍（1982— ），内蒙古自治区鄂尔多斯市达拉特旗人，大学本科学历，鄂尔多斯市博物院文博馆员，研究方向：历史、文物、民俗、宣教。

学校开展了不同形式的馆校共建活动。

一、明确馆校共建任务目标

馆校共建工作的意义在于，通过鄂尔多斯博物馆与教育部门大、中、小学校馆校共建关系的建立，丰富博物馆的社会教育形式，确保最大限度发挥好博物馆青少年教育功能。

1. 开展爱国主义教育，向青少年普及鄂尔多斯优秀的地方历史、人文文化

博物馆作为民族文化文明成果的集中地，作为精神文明、物质文明传承的载体，可以让学生通过陈列展览，了解鄂尔多斯市的历史和辉煌成绩，并且以此作为激励，不断约束自己的行为，树立远大的人生目标与社会理想，从而为中华民族的伟大复兴而奋勇向前。

2. 培养青少年主动探索的精神品格

让学生通过文化展览及介绍，建立一种主动探求知识，渴求历史文化真相的精神取向。让作为文化精神助推器的博物馆，帮助人生观、价值观以及家国观念还未真正形成的青少年学生树立一种求索的精神品格，建构文化家园。

3. 拓展青少年学生的视野

学生在博物馆的观览过程是一种开拓视野、拥抱文化生活的过程。博物馆中的大部分展品都是经过历史积淀并由考古发掘所证实的珍宝，大量的历史知识和人类文明足迹都被印刻在文物之中。博物馆对文物的陈列能做到声情并茂、图文共现，并且以一种独特的形式展示，往往会让学生在观展后产生一种发自内心的对人类文明、民族历史积淀的崇拜感和自豪感。

二、深化馆校共建长效机制，确保馆校共建工作常态化开展

着力建立与深化馆校合作长效机制，部署博物馆、学校共同构建利用博物馆资源开展教育教学活动的常态化工作机制。

为了加强馆校共建科普教育工作的力度，提高教育的效果，进一步推进科普宣教的广度和深度。鄂尔多斯博物馆馆校共建工作由分管领导全面负责，宣教部全体干部、成员负责、执行相关工作。其中，宣教部主要责任人负责组织开展博物馆专题研究，

宣教部社会教育科、学校方共同负责馆校合作中所有活动的相关事宜，宣教部宣传科相关人员负责宣传、报道。

活动时间：每学期开展3—5场阵地教育活动。

活动地点：鄂尔多斯博物馆或馆校共建学校。

活动参与者：鄂尔多斯博物馆讲解员、馆校共建学校学生。

三、鄂尔多斯博物馆馆校共建基本情况

2018年以来，鄂尔多斯博物馆宣教部与鄂尔多斯市康巴什第五幼儿园、康巴什第一小学（东校区）、康巴什第五小学、康巴什北师大附中初中部、鄂尔多斯市一中伊旗校区、鄂尔多斯应用技术学院等学校联合建立"馆校共建"合作项目，截至2021年8月，已经联合开展馆校共建活动30余场次（图一、图二）。

鄂尔多斯博物馆馆校共建项目主要围绕"博物馆与学校共建体验课程""博物馆与

图一　馆校共建活动走进杭锦旗第四小学

学校教师联合教学""校本课程开发"三个主题，是针对鄂尔多斯地区中小学生群体弘扬鄂尔多斯地区优秀传统文化的的新探索，充分利用博物馆与学校教育资源，在"教"

馆校共建，推动教育与文化的有机融合　261

图二　鄂尔多斯博物馆馆校共建单位

与"学"方面进行深入的沟通、探索及融合。

1. "博物馆与学校共建体验课程"

鄂尔多斯博物馆自开馆以来，一直在立足本馆实际的基础上，积极探索和实践适合青少年身心发展规律的教育活动项目。青少年天性活泼，好奇心、体验和求知欲旺盛，为了让青少年走进博物馆，打造青少年的第二课堂，我们结合青少年的感受心理、审美趣味和认知特点，设计实施了一系列教育活动项目。项目内容以鄂尔多斯古生物展览、鄂尔多斯古代史陈列和鄂尔多斯蒙古族历史文化陈列三大展陈内容为设计来源，设计实施了"化石与地层""植物的竞争""恐龙探秘""阳湾大房遗址""探秘冷兵器""走进蒙古包，学做草原客"等一系列教育体验课程。这些课程作为馆校共建的基础课程被积极推荐到馆校合作学校进行教育课程实施。

鄂尔多斯博物馆根据青少年的不同年龄层次，采取不同的授课方式，科学地安排展览参观和课程讲解内容，使社会科学普及教育内容由浅入深，逐步深化。对于小学生，在授课讲解过程中注重趣味性、参与性，让他们在参与中获取知识，体验成长的快乐；对于中学生，在授课讲解过程中注重知识性、互动性，让他们结合书本知识，进一步提高认识、陶冶情操，增强爱国情感。这些措施提升了青少年参与社会教育的满意度，也显示出鄂尔多斯博物馆社会教育质量的提高。

2. "博物馆与学校教师联合教学"

鄂尔多斯博物馆"馆校共建"合作项目计划借鉴采用"双师制"教学，即博物馆教育人员与学校教师共同进行课程的联合教学。我们将与学校教师共同开发符合"教学对象"的博物馆体验课程。在项目开发阶段，我们将为老师提供不同课程内容的博物馆培训，拓展教师的专业知识，推动有品质博物馆资源在学校教育教学的开展。但由于目前馆校合作处于起步阶段，课程主题的研发教学主要由鄂尔多斯博物馆宣教部人员负责。后期主要致力于与各馆校共建单位优秀教师联合设计、制定、推广博物馆校本课程材料，并期望最终实现校本课程的开发。

四、"馆校共建"课堂优秀案例

（一）《走进蒙古包，学做草原客》——鄂尔多斯博物馆社会教育系列体验课程

本课程的设计理念来源于鄂尔多斯独具特色的蒙古族文化，依托我馆常规展览《鄂尔多斯蒙古族历史文化展》，推出了《走进蒙古包，学做草原客》系列教育课程。通过蒙古包做客体验、品尝制作传统蒙古族饮食、学说蒙古语等项目（图三）将鄂尔多斯蒙古族的衣、食、住、行、娱乐、礼仪知识融入到课程中，以此加深青少年对鄂尔多斯蒙古族文化的了解，让知识活化，贴近生活。课程以"体验"为主，强调动手与知识相结合，在愉快的氛围中达到教学目的。

《走进蒙古包，学做草原客》教育课程主要以小学1—6年级段的青少年为目标群体进行教学。课程的设计无论是场地布置还是道具选择，都充斥着浓浓的鄂尔多斯草原风情。蒙古包实景课堂让静态的博物馆展览与藏品在体验课程的过程中"活"起来，让参与者达到身临其境的做客体验，在博物馆与观众之间建立起了良好的互动关系，在寓教于乐的体验过程中，把展览的文化内涵传递给参与者。如今《走进蒙古包，学做草原客》青少年教育系列课程已作为鄂尔多斯博物馆馆校共建课程，被带入鄂尔多斯地区多所中小学中进行授课。

1. 亮点及创新点

《走进蒙古包，学做草原客》青少年教育系列课程是目前鄂尔多斯地区针对青少年开展的一个较为完善的民俗类社会教育项目。以鄂尔多斯地区传统蒙古族文化内容为

教学核心，对于鄂尔多斯蒙古族文化的传承和保护起到了积极的作用，使更多的青少年有机会从现代城市中接收到民族文化的信息。整体课程的创新点在于实景的课堂结合趣味性强的体验式教学法，有学、有玩、有吃、有看、有听、有互动，能够充分地调动参与者的兴趣。

2. 项目的推广价值

《走进蒙古包，学做草原客》青少年教育系列课程在培养青少年知识认知、观察动手能力及对民族文化的情感上进行了寓教于乐的诠释。在教育的过程中，我们对鄂尔多斯蒙古族文化的内容进行提炼，重点突出独具鄂尔多斯地区蒙古族文化特色的内容进行授课，形式活泼生动，贴近生活。项目可进行持续性的开展与开发，形成更为系统完整的教育系列课程及教学辅助材料。项目的广泛开展，对传承鄂尔多斯蒙古族历史文化可以起到积极的作用。

3. 项目的评价反馈

走进蒙古包的学生们各个激情澎湃，参与度极高，互动性极强，每位同学都将自己的表现力发挥到了极致。在动手环节上，更是受到老师同学家长的一致好评。在课程体验制作中，同学们不仅获得了知识，还可以将理论应用到实践中，充分发挥自己的想象力、创造力，制作出自己心目中的美丽头饰、服饰等，在实践体验的那一瞬间，孩子们都成了草原上最帅的"巴特儿"和草原上最美的姑娘（图三）。

2019年，鄂尔多斯博物馆《走进蒙古包，学做草原客》博物馆青少年教育系列项目入选"全区博物馆青少年教育优秀案例"。

（二）《远古有豪宅——阳湾遗址》——鄂尔多斯博物馆社会教育系列体验课程

1. 亮点及创新点

我们常说"安得广厦千万间，大庇天下寒士俱欢颜"，家是心灵的港湾，亦是人生的避风所。鄂尔多斯人最具代表性的"避风所"就是位于鄂尔多斯准格尔旗的阳湾遗址。

为弘扬中华民族精神，铸牢中华民族共同体意识，提高青少年思想认知，增强中华民族团结精神，鄂尔多斯博物馆策划《远古有豪宅——阳湾遗址》社会教育课程，旨在让更多的游客了解新石器时代的鄂尔多斯，了解6500年前鄂尔多斯人类的居住环境，了解鄂尔多斯悠久的历史文化。

图三 《走进蒙古包，学做草原客》项目之蒙古族礼仪体验教学

2. 项目的推广价值

自己亲自动手制作一所"豪宅"，在让学生发挥想象力与创造力的同时，在实践中学习获得建筑相关知识，并发展自主学习的能力（图四）。通过在实践中学习，可以使学生获得新知识，可以充分发挥学生的主观能动性和创造性，可以活跃学生的思想，锻炼学生的思维能力，可以检验知识的真伪。《远古有豪宅——阳湾遗址》青少年社会教育课程目前已经成为鄂尔多斯博物馆青少年教育资源课程项目之一，并成功引入鄂尔多斯博物馆小讲解员培训班特色课程与鄂尔多斯博物馆馆校共建课程，被带入了鄂尔多斯地区多所中小学进行授课。

3. 项目的评价反馈

参与《远古有豪宅——阳湾遗址》的学生们不仅对鄂尔多斯新石器建筑阳湾遗址有所了解，而且进一步掌握了当时主要生活用具陶器的作用，既丰富了课外知识，又增加了对当地历史文化的了解，并且提升了自己的创造力以及动手能力。

2021年鄂尔多斯博物馆《远古有豪宅——阳湾遗址》获评"全区博物馆青少年教育优秀案例"。

馆校共建，推动教育与文化的有机融合　265

图四　《远古有豪宅》项目活动中同学们亲手搭建的远古人类大房址

博物馆是征集、典藏、研究和陈列自然和人类文化遗产实物的场所，肩负着保护好、传承好、展示好中华优秀传统文化，赓续民族血脉，弘扬民族精神的光荣使命，在传承和发展中华优秀传统文化方面发挥着特殊的作用。社教人员作为博物馆的一线工作者，更是肩负着传承发展中华民族优秀传统文化的神圣历史使命和崇高现实责任。

青少年是国家和民族的未来，帮助他们树立正确的人生观与价值观，培养爱国主义情怀，是博物馆社会教育工作的重要职责。

鄂尔多斯博物馆通过馆校共建等社会教育活动，优化了宣传教育服务手段，提高了服务水平。多年来鄂尔多斯博物馆一直致力于将鄂尔多斯优秀的物质文化遗产、非物质文化遗产、历史、人文、自然等方面的科学文化知识通过馆校共建和校本课程的方式普及给鄂尔多斯地区的青少年和社会公众。馆校共建开拓了博物馆资源向学校、青少年传播的新途径，让共建学校的学生和教师最大化地获取和利用博物馆资源，从而让不同年龄阶层观众享受到内涵丰厚的"文化大餐"，接受更多的博物馆文化熏陶。

论河套地区博物馆文创产品的研发策略

◉ 内蒙古河套文化博物院　马　岳

内容提要：博物馆是内蒙古地区文化展示的重要组成部分，河套地区博物馆文创需承担宣传地区文化、弘扬时代主题的功能。本文主要结合河套的中心区域——巴彦淖尔地区博物馆文创产业发展状况、文创产品研发优势及品牌建设等方面的情况，提出河套地区博物馆文创产品开发策略，充分深度挖掘河套文化精髓，建立更为完备的文创产品研发体系，促进河套文化发展和文化产业的繁荣，为后续博物馆文创工作开展提供参考。

关键词：河套文化　博物馆文创　文创研发

河套是黄河流域的重要组成部分，而阴山河套广大地区，又是一个特殊的历史地理单元。以河套文化为特征的古代文明有着悠久的历史，早在先秦时期就已出现。随着农耕文明与游牧文明的汇集、碰撞与交流，河套文化越来越表现出鲜明的多元特征，是人类文化发展的典型代表之一。河套文化孕育和发展的过程表明，河套文化的发展历史是中华文明历史发展过程中的一个重要组成部分。

近年来，随着中国经济起飞和崛起，人民精神生活需求的不断提升，博物馆行业的发展也搭上这趟快车。博物馆承担着文物保护研究和文化继承发展的重要职责，而文化创意产品又是文化传播的重要内涵和载体，因此，博物馆文创产品的开发已成为文化继承和发展的一项十分重要的工作任务。本文将主要结合河套的中心区域——巴彦淖尔地区博物馆文创产业发展状况、文创产品研发优势及品牌建设等方面的情况，

---

* 马岳（1983—　），内蒙古自治区巴彦淖尔市人，大学本科学历，内蒙古河套文化博物院文博馆员，研究方向：文物、展览、博物馆文创。

提出文创产品开发策略，为后续文创事业繁荣发展提供参考。

一、河套地区博物馆研发文创产品的背景

从全国来看，近年来我国政府积极出台促进文化创意产业发展的各项政策，文化及相关产业增加值逐年提升，呈现出逐年稳步上升的态势。

河套地区地理环境复杂多样、文化资源丰富多彩。在人类历史上，这里曾先后生活过50多个民族。几千年来，农耕文化、草原文化、边塞文化和黄河文化在河套地区汇聚、融合、传承、积淀，从而形成了极具地域特色和民族特色，能够兼容并包的地方文化体系。这里有被列入《中国世界文化遗产预备名单》的阴山岩刻、极具民族特色的乌拉特文化、历史悠久的黄河文化、波澜壮阔的移民文化、沧海桑田的古生物文化等。

作为河套文化的核心区域，近年巴彦淖尔市的文博事业取得了长足发展，建成及正在建设的博物馆有20余座。博物馆门类齐全，各具特色，已初步形成了具有地方特色的博物馆网络体系。其中就包含本地区唯一的国家二级大型综合博物馆——内蒙古河套文化博物院。随着我国国民经济的不断增长，大众对公共文化服务内容有了更高的要求，具备较高的潜在消费需求。在此背景下，内蒙古河套文化博物院仅靠文物展陈和社教活动已经不能满足社会精神文化需求，相关文创产品的研究与开发已迫在眉睫，并成为内蒙古河套文化博物院文博事业走向繁荣发展的必经之路。特别是随着文化和旅游的高度融合，文创作为博物馆的一项重要的基础服务性功能、旅游功能也被日益凸显出来。

二、河套地区博物馆研究开发文创产品的优势

1. 近十年来，国家一系列政策法规出台，鼓励博物馆创意产业发展。2014年，国务院出台《关于推进文化创意和设计服务与相关产业融合发展的若干意见》，标志着文化创意和产业融合发展已经成为国家战略；2015年，《博物馆条例》的实施，明确了博物馆可以开展经营性活动，为博物馆发展文创产品提供了制度保障。2016年，《关于进一步加强文物工作的指导意见》和《关于推动文化文物单位文化创意产品开发的若干意见》等，均对博物馆文创工作的开展提出了政策性指导意见，指明了博物馆文创的发展方向。

2. 博物馆已经成为了解一个地区文化的地标、购买博物馆文创也已经成为观众了解文化的途径之一。

3. 河套地区丰富厚重而独具特色的文化遗产、自然遗产，是本地区博物馆研发文化创意产品的最大优势。

4. 博物馆作为河套文化宣传窗口，博物馆文创研发具有一定的近水楼台的资源便利。例如内蒙古河套文化博物院基本陈列，设置了7个主题展厅，内容上基本涵盖了整个河套文化，历史文献资料和文物实物资料都较为齐备。

5. 河套文创产品开发当前还处于初期阶段，虽文化题材丰富，但是文创产品没有进行全面的研发，具有极高的研究开发价值和巨大潜力。

三、河套地区博物馆文创产品的研发策略

1. 博物馆文创产品要以社会需求为前提，以河套文化为基础，并结合藏品文化属性进行研发。研发需充分考虑社会需求和馆藏文物间的关系：一方面，一件成功的文创产品，参观者是通过对文物知识的认可而产生文化共鸣的需求，另一方面则基于文创产品的实际属性所决定。研发博物馆文创产品，更多时候都是一个全方位元素提取的过程。比如阴山岩画题材图形元素的提取，必须结合其内容特性，才有可能让博物馆的参观者变成消费者（图一至图三）。元素的提取需要对岩画知识的全面掌握，结合文物自身特色进行深入剖析和设计。

2. 博物馆文创产品的研究方法

任何一种产品的开发都要经过大量的市场调查，博物馆文创产品也不例外，博物馆与合作企业可以对调查结果进行深入分析，以此作为文创产品设计和开发的重要依据。

首先要对博物馆参观的主要人群进行界定，以此来确定文创产品的主体设计方向，符合主要人群的实际需要，才能发挥出文创产品的最大功用；其次就是要将文创产品的开发思路拓展开来，不仅要保留其美观性，而且还要兼顾其功能性，满足不同人群的需要，尽量将其设计得简单而又不失内涵，方便文化的传承与发展；最后就是要体现博物馆的主题内涵和地方主要特色、民族特色，将文化因素和社会因素有机结合，开发出人民群众喜闻乐见的文创产品。

3. 博物馆文创团队建设

博物馆的文创产品可持续更新，必须要有专业、稳定的文创设计团队。设计团队人员需要对河套文化和藏品有深入了解，具备一定的审美素养，结合河套历史和现代技术，才有可能设计出符合当代人审美同时又蕴含丰富历史文化的文创产品。加强文创团队建设，是促进博物馆自身文创产品不断推陈出新、紧扣时代脉搏的必然要求。

4. 博物馆文创产品的功能性开发

文创产品的开发研究，不仅要着眼于观赏性，还要重视观赏性和实用性的有机结

论河套地区博物馆文创产品的研发策略

图一　阴山岩刻文创系列笔记本（针对阴山岩刻动物、骑者等形象内容，结合动物与人在古代生产生活中的关系进行二次创作）

图二　阴山岩刻文创系列鼠标垫

图三　阴山岩刻文创系列双面镜盒

合。消费者在选择购买文创产品时，如果产品本身华而不实，没有多少实用价值，消费者选择起来就会更加慎重，进而更倾向于购买兼备实用价值的产品。因此，文创产品的实用性是购买者的必要选项，也是设计师应当重点考量的范畴。根据调查，当前市场上销售量较高的文创产品主要是个人饰品、文化用品、日常生活用品等，这些产品的特点是：使用频率高、消耗量大、迭代次数快。相比而言，功能单一的装饰物品、文物复制品等在销量上就要落后不少。想要让文创产品充分融入人们的生活中，文创产品的使用功能就必须要具备且要合理。

5. 重视与当地产业及品牌的结合

随着文化创意产业规模的扩大，文创产品其深度融合性特征逐步显现，与传统产业逐渐形成"越界、渗透、提升、融合"的多样路径。以河套地区博物馆为例，博物馆文创产品的研发要充分利用巴彦淖尔农牧产品产地优势，更要与河套品牌进行深入的有机结合。与当地的产业融合，不仅仅只是将LOGO打印在器物包装身上就完事，而是对其产品进行解析重构、改良、再创造等，达到消费者对其价值的认同。文创产品可以根据"天赋河套"品牌中7大产业产品特色，以黄河文化、蒙古族元素为基础，设计与"天赋河套"品牌理念相统一的新的农牧业文创产品，最终形成新的文创IP品牌，让社会关注到文创品牌在河套品牌中的价值。

6. 博物馆文创产品与科学技术相融合

河套地区博物馆文创产品的核心是多样的河套文化，进一步推动博物馆文化传播并实现文化教育功能将是未来博物馆文创产品设计与新媒体技术融合发展的长期任务。怎么才能在这种背景下将河套文化与信息科技结合起来呢？第一，文创商品设计需要创意与创新的力量，从产品包装设计到产品功能改良，进一步给产品赋予新的科技元素，实现文创产品的创造性转化和创新性发展。第二，利用信息手段，讲好河套文化的故事，通过跨平台的信息传播，吸引更多人关注河套文化，了解河套文化的基因，从而达到传播、传承河套文化的目的。第三，当前在博物馆文创微博、微信、抖音不断迎合大众审美趣味的同时，也要始终保持对文物的敬意，努力做到流行但不媚俗。科技进步是新时代发展的动力基础，当今社会科技已渗透人类生活的各个角落，博物馆文创产品的研究与开发，同样需要文化与科技的有机结合与推动。

四、结束语

在当前日新月异的社会生活发展中，现代博物馆已经慢慢走进人们的日常生活，缩短了文化与人的距离，走进博物馆也成为当代青少年了解文化的另一种选择。其中那些有趣且有文化内涵的文创产品，更会让人更有探索、发现文化内在的动力。河套文化博物馆的文创产品研发，还有很长的路要走，只有充分深度挖掘河套文化精髓，建设更为完备的文创产品研发体系，才能促进河套文化发展和文化产业的繁荣。

发挥博物馆社会教育职能对策探究

■ 鄂尔多斯市博物院 田金兰*

内容提要： 随着我国社会主义精神文明建设进程的不断推进，博物馆作为地区文物资源所在地，在当下的重要性开始被更多的人所认知。而随着社会的不断发展，博物馆从传统单一的文物展览以及文物保护与修复职能开始拓展到社会教育职能。但在部分地区，受经济发展以及传统观念的影响，博物馆在发挥社会教育职能上还存在较大问题，需提出针对性的改进措施，真正发挥博物馆的社教功能。本文对博物馆社会教育的内涵进行分析，并指出目前博物馆在发挥社会教育职能中存在的问题，提出相应对策，以期为今后开展相关研究提供参考。

关键词： 博物馆　社会教育　职能　对策

我国具有几千年的发展历史，在此过程中形成了丰富多彩的文化，而在当下发展中，这些文化多以文物为载体来进行展示，并由博物馆进行保护与展览。博物馆积极开展社会教育工作，对于在新时期内传承与弘扬中华民族优秀传统文化可起到至关重要的作用。但由于博物馆的社会教育职能出现较晚，相关经验并不足，且不同的博物馆在资源上也较不均衡，使得部分博物馆在发挥社会教育职能上受到了较大制约。

一、博物馆社会教育职能概述

博物馆在文物展览与保护中发挥着无可替代的作用，随着我国大力推动精神文明

---

* 田金兰（1980— ），内蒙古自治区鄂尔多斯市准格尔旗人，在职本科学历，鄂尔多斯市博物院文博馆员，研究方向：历史、文物、考古。

建设进程，文化馆与博物馆作为精神文明建设的前沿阵地，开始不断推进免费开放进程，使得其参与人数不断扩大。博物馆作为文物资源的集中地，积极履行自身社会教育职能，不仅符合博物馆自身发展建设所需，更可以有效提升我国公共文化服务水平。从具体内容来看，首先，博物馆积极开展面向公众开放的社会教育活动，使得博物馆的参观人数不断增加，受众群体范围也有了较大程度的拓宽，对于促进博物馆建设水平的提升起到重要的作用。其次，博物馆开展社会教育工作，可有效拉近公众与博物馆中各类文化资源的距离，满足公众在当下对于文化资源的更高需求，实现公共关系的良性循环发展。最后，随着博物馆受重视程度的不断提升，博物馆开展社会教育的水平已经在当下成为评估博物馆发展水平的一项重要指标，这也表明了在新时期我国对于文化建设的重视程度[1]。

二、博物馆在发挥社会教育职能中存在的问题

随着博物馆受重视程度的不断上升，我国对于博物馆的投入也在不断增加，为保障社会教育的顺利开展起到至关重要的作用。但由于博物馆社会教育的出现时间较晚，在发展中仍旧存在较多不完善之处。从当下发展现状来看，这种不完善之处集中表现在以下几个方面。

（一）公众参与度较低

在博物馆开展社会教育是面向社会中各个群体进行，但由于在开展社会教育时缺乏与公众之间的互动，导致受众处于被动情况，只能被动地接受博物馆所提供的内容，尤其是在开展教育活动以及临时展览活动时，博物馆多是仅从自身的意愿出发，缺乏对于公众的调研，导致所举办的社会教育活动不符合公众需求，公众参与度不高。并且，没有针对老年群体以及成年群体设计活动内容，教育对象仅局限在青少年中，也导致公众参与积极性下降[2]。

（二）内容存在局限性

许多博物馆由于馆藏资源有限，展览内容较为单一，并且很少对展览内容进行创

---

[1] 杨焱，高珊珊. 从博物馆的临展举办谈博物馆社会教育职能的发挥［J］. 文化创新比较研究，2020，4（5）：179-180.

[2] 王毅. 浅谈文旅融合背景下博物馆社会教育职能在乡村振兴中的作用：以安徽博物院服务乡村振兴之长丰县杨庙镇马郢社区实践为例［J］. 各界，2020（20）：102-104.

新，这也使得公众参观积极性下降。另外，由于历史性是博物馆的重要特征，在举办活动时凸显这种历史性，才能更好地发挥博物馆自身的社教功能。但从当下许多博物馆社教内容来看，为提升公众参与积极性，在活动内容上开始引入较多其他类型的内容，缺失了博物馆的历史性[①]。

（三）形式较为单一

当下博物馆社教活动形式依旧较为单一，以传统的馆藏资源展示和举办讲座等为主，这种教育模式尽管在一定程度上使得公众更为了解馆藏文物资源，但从长远角度来看，总体较为枯燥，会降低社会教育的效果，对于知识传播也造成极大的消极影响[②]。

（四）缺乏教育反馈机制

在开展社会教育的过程中，完善的反馈机制可使博物馆及时了解社会教育效果，并根据公众反馈灵活调整教育内容以及教育形式，最大限度地提升博物馆社会教育效果。但部分博物馆在反馈机制上还存在不健全之处。受传统观念影响，部分博物馆在开展社会教育活动的过程中并未建立反馈机制，无法反映社会教育成效。部分博物馆尽管建立了反馈机制，但并没有针对公众所提出的意见和建议合理调整社会教育的内容，导致反馈机制流于形式。还有部分博物馆仅有针对博物馆服务质量的反馈机制，缺乏对于社会教育单独的反馈渠道，同样无法发挥社会教育反馈机制的积极作用[③]。

三、博物馆发挥社会教育职能对策

（一）激发公众参与度

社会教育是博物馆工作中的重要组成部分，需提升对其重视程度，加大投入力度，才能提升社会教育成效。针对在开展社会教育工作中公众参与度较低的情况，需在举办活动之前，做好公众调研工作，围绕公众兴趣爱好点来设计活动，使活动能够满足

[①] 丁燕飞. 浅谈国有中小型博物馆的社会教育工作——以重庆市江津博物馆为例[J]. 文物鉴定与鉴赏，2020（21）：124-126.

[②] 赵允茸. 浅谈小馆如何做活博物馆社会教育——以靖远县博物馆为例[J]. 文物鉴定与鉴赏，2020（2）：114-117.

[③] 刘璐. 以微信公众平台为载体的博物馆社会教育工作探析——以黄埔军校旧址纪念馆微信公众号为例[J]. 新媒体研究，2020（7）：34-35，43.

公众需求，激发其参与积极性。在开展调研的过程中，可利用问卷或者走访形式来对不同年龄层的公众进行调查，也可利用新媒体形式来开展调研，选择受关注度最高的内容来举办社会教育活动。在明确社会教育内容之后，还可征集志愿者，鼓励公众加入到博物馆讲解员队伍中，提升公众参与度。

（二）丰富社会教育内容

针对博物馆在社会教育活动内容较为单一的情况，需不断对内容进行创新，在凸显博物馆历史性的同时与其他方面的内容相结合，丰富社会教育内容。在具体的实施过程中，可与其他博物馆加大合作力度，实现馆藏文物的跨地区展览，提升文物资源的利用率，转变传统馆藏展览内容较为单一的局限性。还可在开展社会教育活动的过程中引入当地非物质文化遗产等内容，实现对文物资源与非物质文化遗产的共同传承，丰富博物馆社会教育内容。以鄂尔多斯青铜器博物馆为例，在开展社会教育活动中，可将国家级非物质文化遗产项目鄂尔多斯婚礼与青铜器的展览进行有机结合，凸显当地文化特色[①]。

（三）丰富社会教育形式

在过去，受经济发展水平以及技术水平的影响，博物馆开展的社会教育活动的形式极为单一，趣味性低，公众参与积极性不高。随着科学技术的不断发展，再加上我国不断加大对于博物馆的投入力度，博物馆开始不断引入多元化的社会教育形式，旨在激发公众参与积极性，提升社会教育成效。在鄂尔多斯青铜器博物馆中，可借鉴2016年故宫博物院展览成化年间御窑瓷器的方式，积极引入虚拟现实技术，借助相关设备，搭建仿真系统，丰富公众感官体验，给观众以沉浸式感受，让公众在参与的过程中更好地体验青铜器的制造场景，感受我国古代手工艺发展水平，激发公众的民族自信心和民族自豪感。

（四）完善教育反馈机制

针对博物馆在社会教育活动中缺乏反馈机制，导致活动流于形式的情况，博物馆需结合自身实际情况以及自身开展社会教育活动的内容，完善反馈机制，提升社会教育活动质量。可有机结合传统反馈形式以及新媒体反馈形式，利用问卷调查或者网上留言等方式来收集用户反馈信息。并在反馈机制中进行细化，对社会教育内容与博物

---

① 王莉鑫. 解说者与博物馆社会教育职能的直接承载者——当前博物馆讲解员的角色定位和发展方向［J］. 中华传奇, 2019（11）: 91, 93.

馆服务等内容进行区分，并实现反馈信息的数据化，便于博物馆更好地结合反馈意见来完善社会教育内容，提升社会教育的有效性[1]。

博物馆不仅承担着文物展示与文物保护的重要职责，更承担着社会教育的重要职责。在博物馆履行自身社会教育职能的过程中，受多种因素的影响，还存在着社会教育内容和形式较为单一，公众积极性不强以及缺乏反馈机制等问题，降低了博物馆社会教育功能的有效性。对此，需做好公众调研工作，丰富社会教育内容及形式，完善活动反馈机制，实现博物馆在新时期的长远可持续发展。

---

[1] 谢显纹．浅析博物馆社会教育——以江西省赣州市博物馆教育为例［J］．文物鉴定与鉴赏，2019（6）：124-125.

鄂尔多斯青铜器研究

从鄂尔多斯青铜器的造型分析其文化因素

鄂尔多斯市博物院　格日乐其木格　乌兰花[*]

内容提要：本文以鄂尔多斯青铜器博物馆馆藏青铜器为例，通过分析其造型简述鄂尔多斯青铜器所反映的经济文化及与其他青铜文化的联系。青铜时代，鄂尔多斯地区经济以游牧为主，兼营狩猎和农耕，反映了我国北方少数民族文化。鄂尔多斯青铜文化与中原青铜文化以及欧亚大陆青铜文化之间有着密切的联系。

关键词：鄂尔多斯青铜器　造型　动物纹饰　文化交流

在长城沿线地带出土，并以装饰动物纹为主要特征的青铜器及金银器等金属文物在学术界被称为"鄂尔多斯式青铜器"或"北方系青铜器"。在鄂尔多斯及周边地区发现的青铜文物无论是出土数量，还是造型及制作工艺，都独具特色。其年代可追溯到夏商至两汉，贯穿整个青铜时代。鄂尔多斯青铜器是我国古代北方少数民族游牧文化的代表性器物之一，文化内涵丰富，特征鲜明，延续时间较长，分布地域广。

一、鄂尔多斯青铜器的造型

鄂尔多斯青铜器按用途大致可分为兵器、生产工具、装饰品、车马器。饰件纹饰精美生动，兵器与生活用具造型简易、实用。鄂尔多斯青铜器大多是死者生前所用的实用器物，这与游牧民族逐水草而居的生产文化有着密切关系。

---

[*] 格日乐其木格（1980—　），内蒙古自治区通辽市奈曼旗人，大学本科学历，鄂尔多斯市博物院文博馆员，研究方向：历史、文物、考古。
乌兰花（1981—　），内蒙古自治区阿拉善盟阿拉善左旗人，研究生学历，鄂尔多斯市博物院文博副研究馆员，研究方向：民俗、文物。

1. 动物纹青铜饰牌

鄂尔多斯青铜饰牌多数是衣物、车马上的装饰品，小巧精致，便于携带，以动物纹长方形饰牌最具代表性（图一）。饰牌一般长6—14厘米、宽4—7厘米左右，长方形浮雕、镂雕饰牌及动物形饰牌较多。除青铜质地以外，还有少数金银饰牌，与青铜饰牌在同一个墓出土，在造型特征上与青铜饰牌大致相同，亦被学术界归为鄂尔多斯青铜器。另有一部分金、铜合成的鎏金青铜饰牌。青铜饰牌的纹饰以动物纹为主，多个动物相互嬉耍、咬斗的场景较常见，如虎噬羊纹青铜饰牌、虎熊咬斗纹青铜饰牌、双牛纹青铜饰牌等，几何纹、网格纹等抽象纹饰较少。联珠状、双珠兽头形饰件等小型饰件也是常见种类（图二）。

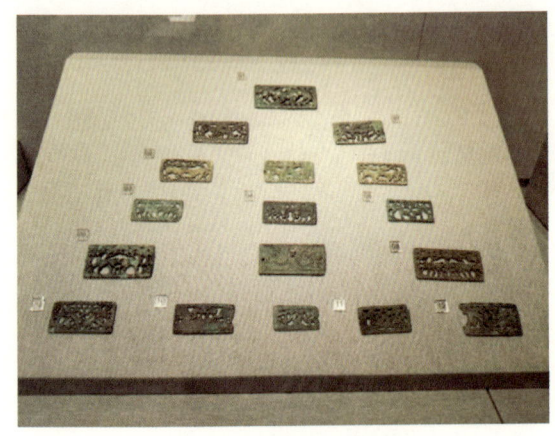

图一　动物纹青铜饰牌

图二　小型动物纹青铜饰件

在鄂尔多斯青铜饰件中，除牌形饰件外，还有立体动物形饰件占据相当大的比重，而且有着自己独有的文化特色，如卧式鹿、羚羊形饰件、盘角羊形饰件等。其中无角（雌性）卧式青铜鹿最为常见（图三），有角（雄性）卧式鹿饰件较少。在立体动物形饰件中，多见卧式动物，立式动物较少。

2. 青铜兵器

鄂尔多斯青铜器中的兵器包括短剑、刀、镞、戈、斧、矛、流星锤等多种兵器。其中青铜短剑和青铜刀数量最多、造型独特，是具有代表性的鄂尔多斯青铜器物之一。

青铜短剑的剑身一般长25—30厘米、宽2.5—3厘米（图四）。剑身扁平，横截面呈扁菱形，有些剑的剑身中部有圆柱状脊。直柄匕首短剑数量较多，曲柄匕首短剑少。直柄青铜短剑特点是柄首形式多样，以环首最为多见，柄部装饰各种动物纹及其他纹

图三　蹲踞式鹿形青铜饰件

饰，柄与剑衔接处两侧有突齿。鄂尔多斯青铜短剑制作精致，装饰纹样华而不奢，地方文化特色鲜明，剑刃锋利、剑柄厚重，实用性极强。

鄂尔多斯青铜刀大致长10—20厘米、宽1—2厘米。青铜刀比青铜短剑体积更小一些，这与各自在生活中的用途有关。青铜刀根据造型大致可分为弧形青铜刀和尖部上翘形青铜刀两大类（图五）。弧形刀的特征是刀身整体呈弧状，柄部厚重，有各种装饰纹柄和动物形柄；首部一般以环形较为多见，也有个别的动物造型首或无纹饰首；刀刃从柄部衔接处到锋部逐渐变细。尖部上翘形刀一般比弧形刀更小一些，多长10厘米左右；柄和刀刃宽度大体一致，到了尖部变细上翘；多为环首。

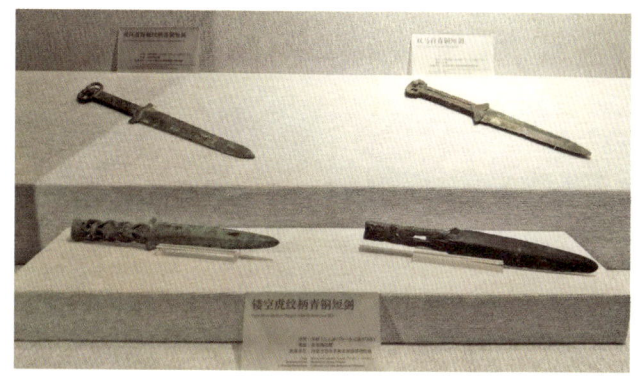
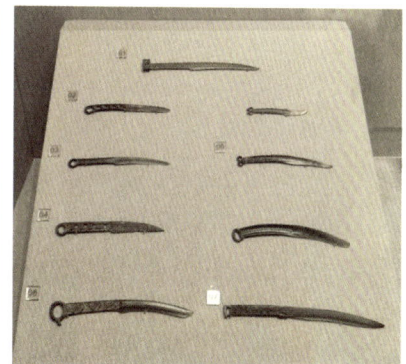

图四　青铜短剑　　　　　　　　　图五　青铜刀

3. 青铜生活用具

生活用具包括车马具，皮毛制衣所用的锥，农耕用具斧、凿，饮食器皿鍑、釜、罐、壶、豆以及交际往来所用信物画押等。鄂尔多斯青铜器中车马具数量大，种类也较多（图六）。在青铜时代，马在交通、生产、战争等多方面都发挥了重要作用。车马上所用的各种形状的饰件，如马面饰、衔、铃、车辖、节约等都是车马具常见类别，其中马面饰和铜铃较多。生产类工具中，加工皮毛、缝补制衣所用的青铜锥数量最多，锥首造型丰富，有铃形首、环形首及蕈形首。用于农耕的凿、斧类器物较少。日用器皿相比中原有自己的草原文化特色，镟、釜、壶体积轻巧、造型简易、实用性强。

图六　青铜车马具

二、鄂尔多斯青铜器的文化特点

鄂尔多斯青铜器属中国北方系青铜器，在世界青铜史上也被称为"欧亚草原青铜器"。从文化因素讲，鄂尔多斯青铜文化属"戎狄"文化，有别于"华夏"青铜文化，是中华青铜文明的重要组成部分。历史上"戎狄"是对除中原华夏民族以外北方少数民族的统称。鄂尔多斯青铜文化则是指在青铜器时代鄂尔多斯及周边地区从事生产活动的北方少数民族文化。

1. 游牧文化

鄂尔多斯青铜器的文化底蕴是北方少数民族的草原游牧文化。马、牛、羊、骆驼、驴等被驯服过的家畜是动物纹青铜饰牌的主角，有小驴围着母驴玩耍、两三个牛相互戏斗、双马咬斗、双驼食草等画面，如双驴纹青铜饰牌、双马咬斗纹青铜饰牌（图七）等。这些食草动物在广阔的草原上自由觅食、嬉耍、相斗，正是草原游牧生活场景的写照。

青铜短剑、青铜刀也反映了游牧生活特点。尤其是青铜刀，体积小、柄部厚重、

图七 双马咬斗纹青铜饰牌

刀刃细尖的造型是由其功能所定。青铜刀是宰杀家畜和加工肉食的主要工具,厚实的柄有利于手持刀的稳定性,锋利的细尖则便于皮与肉、肉与骨的分剥。因游牧生活的饮食习惯,在餐桌上会切割大块熟肉,小型青铜刀也能起到餐具的作用。鄂尔多斯青铜短剑造型之所以"短"与"小",一是因为在游牧生活中,刀剑体积短小便于携带。二是因为短剑不单是杀敌防身的武器,有时也当工具使用。游牧民族时常在人烟稀少、工具贫乏的野外生存,不定因素较多。在特殊情况下,剑也可用来捕杀猎物、宰杀家畜、加工肉食用。对于靠加工皮毛、肉食生活的北方游牧民族来说,刀剑类金属工业产品是稀罕物,所以一个工具多个用途是常有的事。

鄂尔多斯青铜器食用类器皿青铜镬、釜、壶的造型相较于中原器皿体积小、轻薄、纹饰简单,这一特点反映了游离不定的游牧文化特色。鄂尔多斯青铜器重实用性,轻礼仪性。使用这些器物的北方少数民族虽然也有了明确的社会等级、宗教、礼节,但是由于非定居式的游牧文化特性,比较注重金属器物的实用性。这也与当时这一地区的铜矿稀少、铸铜技术和匠人水平等多种因素有关。经常根据季节、气候、草场的变化搬家放牧的"逐水草而居"式游牧生活,自然注重器皿、工具的实用性和携带方便性(图八)。

2. 狩猎文化

在青铜器时代的鄂尔多斯地区,狩猎在人们的社会生产中占据重要地位。动物纹青铜饰牌中多见野生动物捕食、相互咬斗、嬉耍的生态场景,如虎噬鹿纹青铜饰牌、怪兽咬斗纹青铜饰牌、三鹿纹青铜饰牌、鸟噬鱼纹青铜饰牌等。虎噬鹿的"弱肉强食"式食物链是山林地带野生动物之间的自然形态。当时鄂尔多斯地区水草丰美,既有大面积的草原又有山林、湖泊的丘陵地貌,适合食物链高层的肉食动物生存。在鄂尔多

图八　青铜扁壶

斯青铜器中虎、豹、熊、鹿等野生动物纹饰和青铜棍棒头（图九）都很常见，说明用青铜做成的棍棒头主要用于捕猎野兽。饰牌中的人与野生动物相斗的纹饰内容也反映了捕猎生活（图十），说明狩猎是当时人们主要从事的生产活动，野生动物的皮毛、肉类是其生活物资的主要来源之一。

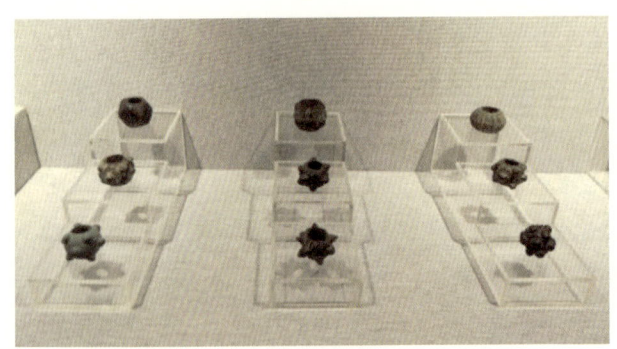 

图九　青铜棍棒头　　　　　　　　图十　人熊搏斗纹青铜饰牌

3. 农耕和手工业文化

鄂尔多斯青铜器体现的不仅仅是游牧和狩猎文化，还传递了青铜时代鄂尔多斯地区农耕和手工业繁荣发达的景象。在鄂尔多斯青铜器中有凿、斧类农耕工具（图十一）和水鸟嬉水、鸟噬鱼纹饰牌。从水鸟纹可以判断，当时该地区水源丰富，气候条件适合种地农耕。农具的出现则说明农业是当时社会生产的一部分。林沄先生曾指出："中国北方系青铜器出现的时期，并不是北方地区普遍被游牧人占据的时代。夏家店下层文化、大坨头文化、朱开沟文化都是农业定居者的文化。四坝文化也是既从事畜牧和狩猎又兼营农业的。"①朱开沟文化就在鄂尔多斯地区，是鄂尔多斯青铜器的出土地之一。

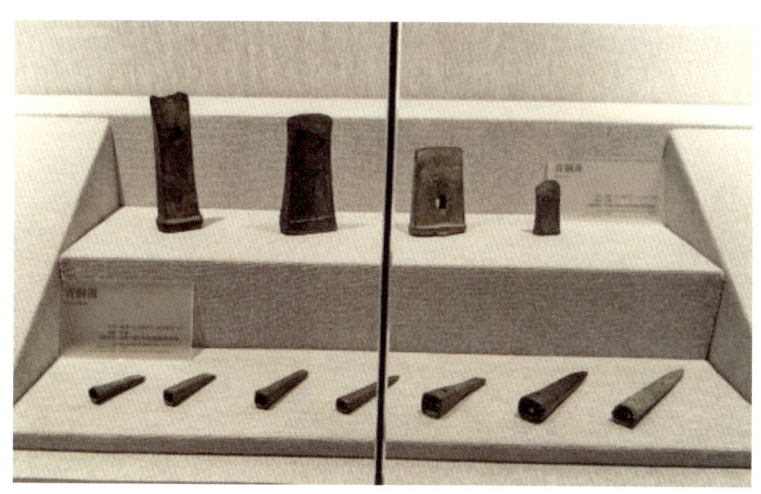

图十一　青铜斧和凿

铸造青铜器的石范、铜范都在鄂尔多斯地区有所发现。鄂尔多斯青铜器高水平的合金技术得到了学者们的认可。何堂坤先生在《鄂尔多斯青铜合金技术初步研究》一文中讲到："鄂尔多斯青铜合金技术约发明于朱开沟文化三、四段，五段便达到了较高水平。在这一时期内，在我国诸考古文化的合金技术中，是处于领先地位、先进行列的，较中原的二里头文化、二里岗文化青铜合金技术稍高。"②较高的合金技术和精美的动物纹造型艺术，反映了当时鄂尔多斯地区铸铜行业的发展水平。而大量造型不一的青铜锥（图十二）、衣冠上的装饰件等则说明当时皮革加工、服饰制造等手工业的发展水平。

三、鄂尔多斯青铜器的多种文化交流形态

鄂尔多斯青铜器的文化内涵丰富多彩，与其他地区的青铜文化也有着密切的联系，

---

① 林沄. 夏代的中国北方系青铜器［C］//教育部人文社会科学重点研究基地吉林大学边疆考古研究中心边疆考古研究：第一辑. 北京：科学出版社，2002.

② 何堂坤，王志浩，王佩琼. 鄂尔多斯青铜合金技术初步研究［C］//白云翔. 鄂尔多斯青铜器国际学术研讨会论文集. 北京：科学出版社，2009：517.

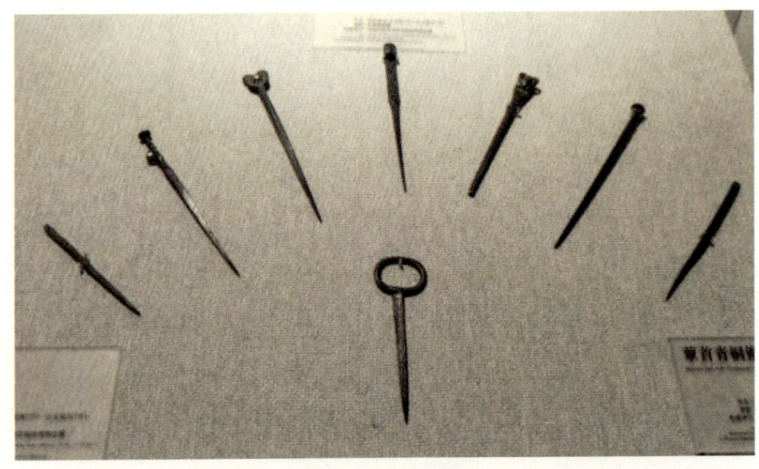

图十二　青铜锥

其从形成之时就与多种文化相互交流、互相影响。林沄先生指出："中国北方地区青铜器的共同性并不是单一起源的，而是不同起源的文化因素在这一自然环境相近的地带互相影响和交融的结果……这个地区的青铜时代诸文化是在这种本地的文化基础上，吸收北方和南方的双向文化影响而形成的。"①

鄂尔多斯青铜器中出现多种外来文化因素与鄂尔多斯地区的特殊地理位置有关。鄂尔多斯地区南离中原政治中心——咸阳（西安）只有五六百公里的距离，西邻通往"西域"的宁夏、甘肃地区，北面与北方各系少数民族的发源地——蒙古高原只隔着阴山山脉，东边沿长城地区大致都是鄂尔多斯青铜器出土地带。这种南临中原、北接戎狄、西靠西域的独特地理位置，使其成为历史上各个政治势力活动的要塞，经济往来的关卡和多种文化交流的驿站，为鄂尔多斯青铜文化添加了很多异域风情。

1. 与中原"华夏"文化的交流

鄂尔多斯青铜器与中原青铜器在铸造技术、装饰风格、造型艺术上有着千丝万缕的联系。鄂尔多斯青铜器中与中原青铜器造型相近的器物并不少见，尤其是车马具，青铜马衔和马面饰与中原同类器在器型上基本一致；带纹饰的小型青铜铃呈长方扁形，纹饰有花草图案或乳钉纹，这种器型和纹饰与中原地区出土的青铜铃很相似。鄂尔多斯青铜器受中原青铜文化的影响，在动物纹牌饰上也有所体现。如青铜饰牌上出现的双龙纹（图十三）和少部分似龙的抽象形怪兽纹饰。龙是典型的华夏文化象征，而鄂尔多斯青铜器自身特点是大部分怪兽纹更接近虎、豹类猛兽，因此鄂尔多斯青铜器中

---

① 林沄. 夏代的中国北方系青铜器[C]//教育部人文社会科学重点研究基地吉林大学边疆考古研究中心边疆考古研究：第一辑. 北京：科学出版社，2002.

图十三 双龙纹青铜饰牌

出现的类似龙纹是从中原传来的文化因素。

在刀、剑等青铜武器的造型上也能看到与中原青铜器的相互影响。鄂尔多斯青铜器博物馆所藏的一件羊首青铜刀与河北省青龙县抄道沟出土的鹿首青铜刀在整体造型上十分相似（图十四、图十五）。目前有关鄂尔多斯青铜器与中原青铜器联系的学术成果很多，对纹饰艺术、器物造型、铸造技术等各个方面均有详细的研究。如李建民先生提出："朱开沟遗址环首刀的型制与二里头遗址环首刀十分相似，而年代又晚于二里头遗址的环首刀，显系受中原青铜文化影响产生。"[①] "朱开沟遗址发掘展现的青铜武器资料清晰地表明了中原青铜武器与北方草原青铜武器的渊源关系。朱开沟遗址的青铜武器承袭中原青铜武器的文化因素，并融入北方草原文化的风格，而且又有所创造。"[②]

2. 与欧亚草原青铜文化的联系

鄂尔多斯青铜器与"西域"（新疆）和整个欧亚大陆草原青铜器之间都有密切联系。鄂尔多斯青铜器研究学者郭素新先生在有关鄂尔多斯式青铜器的渊源问题上提到："除鄂尔多斯及其邻近地区即朱开沟文化分布范围起源说之外还有黑海沿岸斯基泰文化起源说和西伯利亚卡拉索科（卡拉苏克）文化起源说。"[③] 鄂尔多斯青铜短剑从造型上看属"卡拉苏克式"短剑。卡拉苏克文化是欧亚大陆草原一支著名的青铜时代晚期文化，

---

① 李建民. 朱开沟遗址出土的青铜武器及相关问题［C］//白云翔. 鄂尔多斯青铜器国际学术研讨会论文集. 北京：科学出版社，2009：117.

② 李建民. 朱开沟遗址出土的青铜武器及相关问题［C］//白云翔. 鄂尔多斯青铜器国际学术研讨会论文集. 北京：科学出版社，2009：121.

③ 郭素新. 再论鄂尔多斯式青铜器的渊源［C］//王志浩. 鄂尔多斯文物考古文集：第二辑：上册. 呼和浩特：远方出版社，2004：165.

 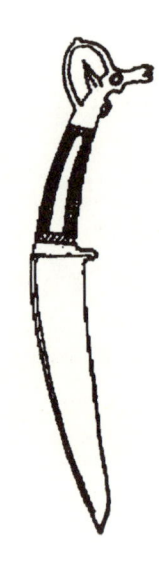

图十四　鄂尔多斯青铜器博物馆藏羊首青铜刀　图十五　河北青龙抄道沟出土鹿首青铜刀

主要分布在米努辛斯克盆地，在其南部的萨彦岭—阿尔泰地区也有分布。学者松本圭太先生在论文《卡拉苏克式短剑的形成和发展》中说道："通过分析青铜短剑的分布情况，发现两个存在很大差异的地域，即南西伯利亚地域和蒙古地域……含有典型的卡拉苏克式短剑的新的文化首先在南西伯利亚地域形成，并不断向东南方向扩展。"[①]因此鄂尔多斯青铜短剑与蒙古高原和西伯利亚地区的青铜短剑有着渊源关系。从这些观点、学术成果来看，鄂尔多斯青铜文化从形成之初就有着广泛的文化包容性。

图十六　鄂尔多斯青铜器博物馆藏格里芬青铜饰牌

青铜饰牌的动物纹饰也显示了鄂尔多斯青铜文化与欧亚大陆草原各地青铜文化之间的紧密联系。鄂尔多斯青铜饰牌的猛兽互相咬斗纹饰与俄罗斯、蒙古国地区出土青铜动物纹饰牌上的纹饰很接近（图十六、图十七）。

从青铜器造型上看，鄂尔多斯青铜鍑素面、形体较瘦高、直腹或球腹、尖圜底、细圈足的造型与新疆地区发现的

---

① 松本圭太. 卡拉苏克式短剑的形成和发展［C］//鄂尔多斯文物考古文集：第三辑：上册. 44，421.

图十七　俄罗斯、中国辽宁、蒙古国地区出土格里芬青铜饰牌

鍑十分相似（图十八）。《青铜鍑在欧亚大陆的初传》一文指出："其中Ａ系铜鍑分布最广，从整个中国北方一直到新疆、南西伯利亚、西伯利亚、卡马河流域、中亚和库班草原都有发现。"[①]这里的Ａ系青铜鍑是指北方系青铜鍑即鄂尔多斯青铜鍑（图十九），分布区域从整个中国北方地区一直到新疆地区。

结　　语

鄂尔多斯青铜器体现了北方少数民族浓厚的游牧文化特色，反映了青铜时代鄂尔多斯地区以游牧为

图十八　鄂尔多斯青铜器博物馆藏青铜鍑

---

① 郭物. 青铜鍑在欧亚大陆的初传［Ｃ］//佘太山，李锦绣. 欧亚学刊. 北京：中华书局，1999：112-150.

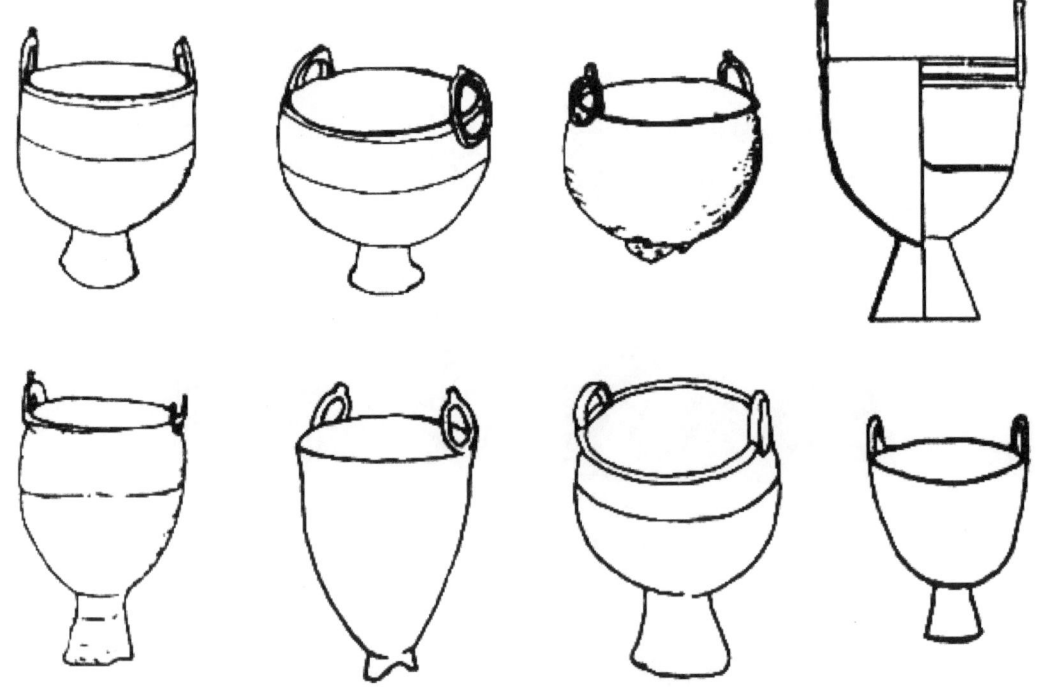

图十九　新疆地区出土青铜鍑

主，狩猎、农耕、手工业同时发展的多种经济形态。鄂尔多斯青铜文化反映出鄂尔多斯地区曾经是中原、北方、西域多地区文化相互交融地带，中华文明与世界文明接轨的纽带，草原丝绸之路上的驿站。从古至今这一地区活动着强悍的游牧民族，他们与其他地区人们之间的频繁接触以及生活的游动性为文化的相互传播提供了条件，最终创造了开放、多元、广泛的鄂尔多斯青铜文化。

鄂尔多斯动物纹青铜牌饰探究

■ 康巴什区文物保护所 武 岳*

内容提要： 鄂尔多斯青铜器是北方游牧民族的重要器物之一，考古发现分布地域广，具有丰富的历史文化内涵。鄂尔多斯青铜器以动物纹装饰为主，其中青铜牌饰的艺术内涵、纹饰特点又是对众多器物的集中体现。本文将从鄂尔多斯青铜牌饰的动物纹饰研究出发，解析纹饰背后蕴藏着的文化内涵。

关键词： 鄂尔多斯青铜器　牌饰　动物纹

中国古代青铜器制造技术高度发达，现存遗物种类繁多，造型丰富，工艺高超。青铜器的出土地点范围广阔，无论是中原还是边疆地区都发现有丰富的遗物。商周以来，北方草原地区各民族过着游牧、半游牧的生活，创造了独具特色的青铜文化，既与中原文化相互影响，也通过欧亚草原通道受到外来文化的影响。19世纪末开始，陆续发现了许多以动物纹饰为特点的青铜器，尤其在鄂尔多斯地区大量出土，由此被统称为"鄂尔多斯青铜器"。鄂尔多斯青铜器具有鲜明的特征，年代大概是春秋至西汉时期。鄂尔多斯青铜器既是匈奴等草原游牧民族的物质遗存，也是我国青铜器文化的重要组成部分。鄂尔多斯青铜器纹饰的总体特征是以动物纹为主，而青铜牌饰又是这种动物纹的集中体现。因此，鄂尔多斯青铜纹饰的研究重点就是对动物纹牌饰的研究。

---

* 武岳（1994— ），内蒙古自治区鄂尔多斯市达拉特旗人，大学本科学历，康巴什区文物保护所工作人员，研究方向：历史、文物、考古。

一、青铜牌饰

研究牌饰的纹饰，首先需要研究牌饰的用途。"饰牌"一词在历史资料中没有明确记载，是近代考古学界对牌状装饰物约定俗成的统称，且一般就是指游牧民族的牌状装饰物。学术界对此类器物命名不尽统一，有称之为"牌饰"的，还有按形状后面加"饰件"来命名的。由于游牧民族游移不定的生活特点不适合携带占大空间的器物，他们没有固定的聚集处所，也没有奢侈的建筑物。他们的一切奢侈只是表现在衣冠、首饰，以及驾具和马具上的附属物等方面。故而便于携带的扁小饰牌成为他们艺术表现的重要载体。由此可知，饰牌兼具装饰性和实用性，是当时游牧民族信仰、习俗及生活方式的集中体现。

目前考古发现的最早的匈奴文化遗存是年代相当于春秋晚期的桃红巴拉匈奴墓群[①]，位于内蒙古杭锦旗，该墓群出土了以各种动物纹为装饰特征的青铜牌饰（图一）。自20世纪50年代以来，我国发掘了大量先秦、两汉时期出土有青铜牌饰的墓葬，鄂尔多斯动物形牌饰的发现地点比较集中，从河套地区沿蒙古大草原中部的乌兰察布向东经过锡林郭勒、赤峰、通辽一直到呼伦贝尔草原，包括辽宁、吉林西部几乎都分布着与鄂尔多斯青铜牌饰相类似的遗物。这些地点出土的鄂尔多斯青铜器，有部分早到商或西周的，而大部属春秋到西汉时期。

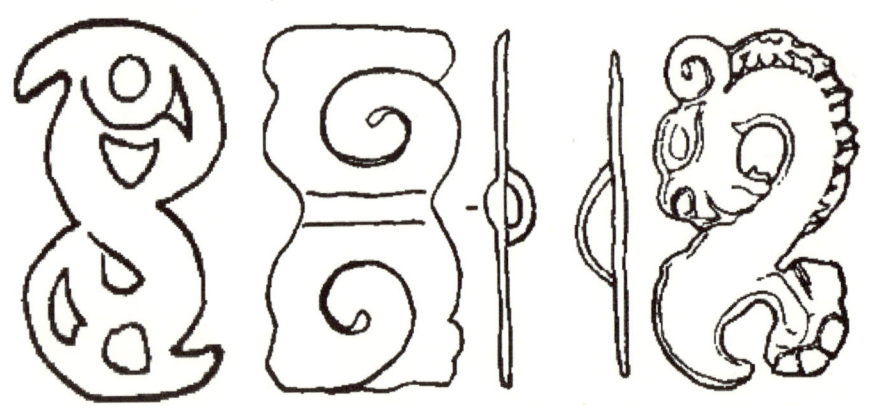

图一　桃红巴拉匈奴墓出土动物纹牌饰线图

据不完全统计，墓葬出土和民间征集的鄂尔多斯青铜牌饰，包括动物纹青铜牌饰和少量几何纹牌饰，其中动物纹造型包括单虎纹、群虎纹（牌面上1-5虎不等）、牝虎捕羊、虎驼搏斗（图二）、虎食山羊、虎食狼（图三，包括虎狼绞尾）、虎熊搏斗、豹纹、狼纹、虎食羊（图四）、马纹、双马双鸟纹、群马、单羊、群羊、鹿含仙草（图五）、双鹿、三

---

① 田广金. 桃红巴拉的匈奴墓[J]. 考古学报，1976（1）：131-144.

图二　虎驼搏斗牌饰线图

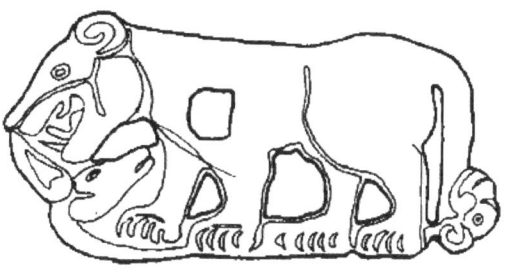
图三　虎食狼牌饰线图

图四　虎食羊牌饰线图

图五　卧鹿含仙草铜牌饰线图

鹿、兔纹、牛纹、双驼衔草、单驼、鹰马搏斗、鹰虎马搏斗（图六）、象马鸟（一物三象）、驼马鸭、蛇、二蛇擒蛙、蛙、群鸟首（图七）和鸟纹。几何纹有网状纹、角叶状纹、弧形纹、联珠纹、日光纹、方格纹，此外还有车骑人物纹饰牌（图八）。

图六　鹰虎马搏斗形铜牌饰线图

图七　鸟首圆牌饰线图

图八　武士车骑长方形铜牌饰线图

二、动物纹青铜牌饰

（一）动物纹青铜牌饰的分期

动物纹牌饰多以写实为主，造型生动，姿势有伫立式、蹲踞式、咬斗式、群兽式等。考古资料显示，鄂尔多斯青铜器的分期比较明显，主要分为青铜时代、早期铁器时代和铁器时代[①]。

青铜时代是从商代早期开始到春秋晚期结束。鄂尔多斯青铜器考古发现最早的器物是青铜短剑，牌饰比短剑出现的时间晚很多。春秋时期是鄂尔多斯青铜器的发展时期，大量的动物纹牌饰出现在这一时期。鄂尔多斯牌饰的雏形均在内蒙古西部地区有所发现。鄂尔多斯鸟纹在西周时出现，春秋晚期图案化的鸟纹是最为盛行的牌饰。呈"S"形的双鸟纹装饰，其眼睛呈环状，喙为钩形，身体已变成"S"形（图九）。虎咬鹿金牌饰、虎咬羊纹牌饰（图十）等出现于春秋晚期，其造型与中原地区同期虎纹有些相似，可能是受到中原的影响。

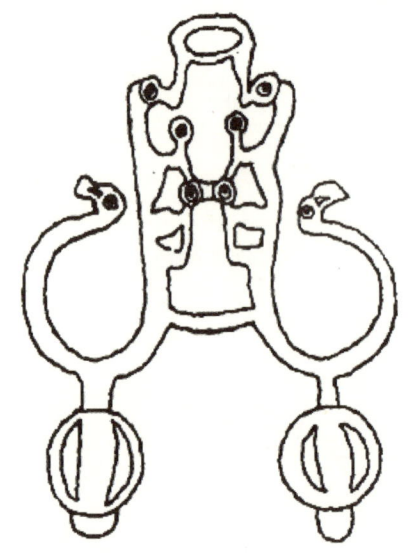

图九　S鸟纹

图十　虎咬羊纹牌饰线图

早期铁器时代主要是战国早期到战国晚期。这一时期鄂尔多斯青铜器具有承上启下的特点，继承了春秋晚期动物纹样。动物纹牌饰造型更加精致，出现蹲踞形动物圆

[①] 郭冬梅. 中国北方草原青铜饰牌构图艺术探析[J]. 内蒙古大学艺术学院学报, 2014 (4): 111-116.

雕，形制小巧传神。蹲踞形动物纹（图十一）中，虎纹和春秋晚期的半蹲踞兽纹相似，但虎爪呈圆圈状。另外，弯曲兽纹和群兽纹这一时期较流行，弯曲兽纹是因构图需要而设计的。

图十一　蹲踞形动物纹牌饰线图

铁器时代是从战国晚期开始的。这一时期大部分的青铜制品被铁制品所取代。战国晚期，动物纹从题材到造型都有很大的变化。鸟形和兽头形装饰的小件艺术品明显减少，大型动物纹牌饰和以圆雕手法雕塑的个体动物造型居于主导地位。长方形动物纹牌饰（图十二）在这一时期盛行，并一直延续到东汉或更晚时期[①]。

  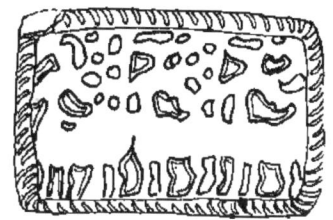

立虎形铜牌饰线图　　　双驼衔草式长方形铜牌饰线图　　　三鹿并列绳索纹长方形牌饰线图

图十二　长方形牌饰

综上所述，鄂尔多斯青铜牌饰的分期有着自身十分完善的系统，显示了当时冶炼技术的不断进步和民族审美情趣的变化。

（二）动物纹青铜牌饰的文化内涵

鄂尔多斯动物纹青铜牌饰中的动物种类众多，大体上可以分为野生动物和家畜两类。每一种纹饰都不是凭空产生，都是当时草原民族的社会经济生活以及所处自然环境的生动写照。从动物纹饰来看，野生动物占多数，这不仅仅是因为在当时野生动物多于家畜，而是对生产方式的体现。阐释了动物纹是以狩猎业为基础产生的艺术，而不是畜牧业的产物。只是到了战国晚期至两汉，畜牧业进入鼎盛时代，动物纹题材中的家畜以及人物形象才显著增多，尤其是用于骑乘的马和赖以生存的羊的形象明显增多。比如辽宁西丰岔沟出土的车夫驱车出行纹透雕铜牌饰，年代相当于西汉中晚期[②]。

---

① 谭嫄嫄. 匈奴饰牌的用途与制作工艺考述［J］. 文艺争鸣·艺术史，2010（16）：100-103.
② 田广金. 近年来内蒙古地区的匈奴考古［J］. 考古学报，1983（1）：7-24.

鄂尔多斯动物纹牌饰上哪种动物作题材数量多，可以反映当时的社会经济生活。

动物纹饰产生自草原民族的日常生活，从狩猎业为主开始到反映畜牧业比重的加大，都体现了草原的社会变迁。但一种纹饰的产生更易受到原始宗教和图腾信仰的影响。这些纹饰以食草动物的鹿、肉食动物的虎和飞翔的鸟最为常见，或许反映了当时人们的图腾崇拜，信仰鹿的灵动，虎的勇猛，鹰的自由。世界上所有民族在发展的早期阶段，都存在着非科学的，可以称之为宗教的某些信仰。他们相信世界上存在着一种无时不在、无所不在，凌驾于人类和一切自然规律之上的超自然力量。这种超自然力量今天看起来虽然是荒谬的，但是在生产力低下的当时，人类的力量在大自然面前是那么地脆弱，这种信仰给予人们无尽的力量与心灵的慰藉。宗教信仰的最初是泛灵信仰，原始人们认为他们如果能够与无法看见的"灵"联系沟通，就可以利用这种"灵"来支配或随着自己的意愿随意变化自己想要控制的事物。而动物身上的特性正是人们与神灵沟通的媒介。

无论是独立的虎纹、狼纹、马纹、羊纹、鹿纹，还是复合的虎吞马、虎噬羊、二虎相搏等动物咬斗纹，都反映了草原文化中特有而真实的生活场景。这些写实性的场景，与当时所见之生活情态有现实上的吻合，而与其他动物的咬斗纹饰亦反映了弱肉强食的自然现象。于青铜器上大量使用虎等凶猛的食肉类动物为纹饰图案，更多地是反映游牧民族崇尚力量，渴望强大，遵从物竞天择，追求勇猛而刚健性格的民族风尚。

三、结　语

牌饰是动物纹青铜器造型之冠。目前发现的动物纹牌饰形制有长方形、圆角长方形、近似半圆形几类，图案为镂空式。鄂尔多斯青铜牌饰上出现的动物有马、牛、羊、鹿、虎等，姿势有伫立式、蹲踞式、咬斗式、群兽式等。这些动物纹牌饰以写实为主，造型生动，风格奇特，不但反映了中国古代北方游牧民族的游牧经济特点，而且具有很高的艺术价值。研究鄂尔多斯青铜器动物纹饰所体现的北方游牧先民最为纯朴且富有生命气息的艺术创造力和审美特征，也为我们了解古代游牧民族的日常生活方式、社会习俗、图腾信仰提供了珍贵的资料。

装饰牛纹的鄂尔多斯青铜器

■ 鄂尔多斯市博物院 王京琴[*]

内容提要：牛是最早被人类驯服的家畜之一[①]，与人类的生产生活息息相关。本文从牛及牛文化出发，对装饰牛纹的鄂尔多斯青铜器进行了探究，可以看出，装饰牛纹的鄂尔多斯青铜器是我国早期北方先民崇牛意念和牛文化情结的体现。

关键词：牛文化　牛纹　鄂尔多斯青铜器

牛作为六畜之一，自古以来便是人类重要的衣食之源。因其力大无穷，也常被作为役力使用。牛的健壮体魄和吃苦耐劳精神，使其成为人类最崇拜的动物之一，上古时代被奉为信仰图腾，后在民间被奉为保护神，广受尊崇。有关牛的故事和成语也非常多，被广为传颂。

一、牛及牛文化

自古以来，牛与人类的生活就密不可分。人类驯养牛的历史可追溯至新石器时代早期，牛作为重要的生产资料，不仅是财富的象征，也是一种交换媒介。汉字中有不少字都属"牛"部，如"牵""牧""物""犁"等，都和驯养动物、农业耕作相关，可见牛在我国先民生产生活中有着举足轻重的作用。春秋战国时期牛与铁犁的结合是农业社会一次伟大的技术变革，社会生产力得到质的飞跃，奠定了中华农耕文明的基础。

---

[*] 王京琴（1983—　），内蒙古自治区鄂尔多斯市东胜区人，大学本科学历，鄂尔多斯市博物院文博馆员，研究方向：博物馆藏品研究、博物馆社会教育策划与研究。

[①] 张琼. 宝鸡出土的牛文物（上）[N]. 宝鸡日报，2021-01-29（5）.

我国先民对牛的崇拜古已有之，在神话传说中，神农氏就是"牛首人身"的形象；大禹治水后，为了镇水，把铸铁制作的牛放进水里。这些神话传说，体现了我国古代先民对牛的崇拜和信仰。我国许多少数民族如苗、壮、藏、羌等都以牛作为图腾或始祖崇拜的对象，牛王庙、牛神庙较为多见。

牛崇拜也广泛体现在人们的日常生活中，在传说故事、风俗礼仪、民间艺术等方面均有表现。从古到今，崇牛敬牛的习俗广泛存在，无论是农耕民族，还是游牧民族，都是如此。不少民族设立牛王节、牛王诞、牛王会、浴牛节、颂牛节等以牛为主题的节日。在各地也有不少与牛相关的古老节俗。如"鞭春牛"和浙江金华与云贵地区苗族、侗族的斗牛习俗。在民间艺术方面，陕西、山西有民间舞蹈"牛斗虎"，皖西大别山区有山歌"慢赶牛"[1]。

在中国传统文化中，牛具有丰富的象征意义，人们以牛喻物，以牛喻人，以牛明志。不论是诗词歌赋、绘画雕塑，还是音乐舞蹈、戏剧等，都是先民非凡创造力和想象力的体现。"随着时代变迁和社会发展，牛也从单纯的生产生活资料逐步影响到人们的精神生活领域，折射出人们的思维方式、审美取向等"[2]。

二、装饰牛纹的鄂尔多斯青铜器

鄂尔多斯青铜器以大量动物造型作为装饰题材，其中常见以牛为纹饰的器物，主要表现在一些饰牌和带扣上，下面逐一举例说明。

各类饰牌是鄂尔多斯青铜器中最具特征，最能反映早期北方游牧民族自身文化、艺术特征以及与欧亚草原文化交融信息的物质载体。既有单个动物形象，也有多个动物互相缠绕或搏斗的场景。长方形饰牌四周有较为明显的边框，在框内布局图案，多采用浮雕、镂空、锤揲等手法，装饰写实或抽象化的动物图案，所饰动物或凝眸静立，或互相嬉戏，或拼死厮杀，少数为几何纹和人物造型等，均取材于北方民族的现实生活。

这件西汉双牛纹青铜饰牌（图一），长10.9厘米，宽5厘米，厚0.5厘米，是鄂尔多斯青铜器中的精品。饰牌正面透雕左右对称的双牛，牛头为正面形象，目视前方，四肢直立，牛尾背卷，边框饰竹节纹。整件器物构图巧妙、富于美感，牛的形象栩栩如生。

带扣是早期北方民族特有的一种带具，是钩挂、束系腰带的构件，主要作用是将腰带的两端扣合到一起。这件西汉牛头纹青铜带扣（图二），长8.9厘米，宽6.2厘米，厚1.2厘米。整体呈长方形，正面饰镂空牛头形象，局部用内凹的树叶纹装饰，上方

---

[1] 何亚女. 浅析中国牛文化［J］. 襄阳职业技术学院学报，2019，18（5）：113-114.
[2] 孙佳. 牛年漫话牛文化［N］. 中国民族报，2021-02-05（6）.

图一 西汉双牛纹青铜饰牌

外缘有一钩形小凸起。相较鄂尔多斯青铜器中较为多见的鸟形带扣，这件器物形制独特，亦是带扣中的精品。

除单体牛的造型外，在鄂尔多斯青铜器中还有一些表现动物与牛搏噬及人牛关系的饰牌。这件战国虎咬牛纹金饰牌（图三），长12厘米，宽7厘米，所表现的正是虎牛相搏的场面。饰牌中央浮雕卧式牛，四肢平伸，上下两侧各有两只猛虎头部相对，噬咬牛颈部、腰部等处。牛虽遭猛虎伏击，但仍拼死抵抗，用尖角将两侧虎耳刺穿。虽然此饰牌表现的是大草原上虎牛相争的场面，但应该另有一番深意。《史记·天官书》载："昴，

图二 西汉牛头纹青铜带扣

胡星耶。"这里的"胡"，即指以狄—匈奴民族为代表的早期北方民族。因此我们可以推断，天象中的昴星团应为狄—匈奴民族的族星。又据《说文》："昴，白虎之中星。"昴星，便是人们常说的白虎星。这件饰牌中的虎，应寓意天上的昴星团，反映了早期北方民族对天象的研究。

在鄂尔多斯青铜器博物馆中还藏有一件西汉力士搏牛纹青铜鎏金饰牌（图四）。这件饰牌长6.4厘米，宽4.2厘米，厚1厘米，整体呈长方形，背面为双钮。边框饰双层绳索纹，内部镂雕一力士与牛搏斗图案：力士戴尖帽，双目圆睁，呈半蹲状，左手拿一条绳索，右手抓牛后腿；牛背部隆起，牛头抵地，呈跪卧状。此件饰牌生动地再现了人牛搏斗的场景。

图三 战国虎咬牛纹金饰牌

图四 西汉力士搏牛纹青铜鎏金饰牌

综上所述，鄂尔多斯青铜器的兴起与兴盛，既反映了当时人们的社会生产、生活状态，也反映了早期北方民族的智慧、思想和艺术成就，与早期北方民族社会经济形态的形成和发展有着密切的关系。装饰牛纹的鄂尔多斯青铜器，反映了牛这种动物对于我国早期北方民族的重要性，即作为"六畜"之一的牛，较早地被北方先民饲养、驯化，成为重要的劳动力和衣食来源。同时"牛"力大无穷、吃苦耐劳的品质，也深受北方先民的喜爱与崇敬，所以牛纹在鄂尔多斯青铜器中较为多见也就不足为怪了。装饰牛纹的鄂尔多斯青铜器，还蕴含着祈盼家族人丁兴旺、生活蒸蒸日上的美好寓意，是以狄—匈奴为代表的早期北方民族崇牛意念和牛文化情结的体现。

鄂尔多斯青铜器中的羊首青铜刀

 鄂尔多斯市博物院 杨彩艳[*]

内容提要：青铜，即古代文献中所称的"金"，是人类冶金史上最早生成的合金。考古学上把人类使用青铜器制品的时代叫做"青铜时代"。鄂尔多斯青铜器是活动在北方长城沿线地带、以狄——匈奴为代表的我国北方地区早期畜牧——游牧民族的物质文化遗存，种类繁多、形式多样，按用途大体可分为兵器、生产工具和生活用具、装饰品以及车马器三大类，以大量的动物造型为装饰题材是其最大特征。青铜刀就是鄂尔多斯青铜器中最具特色的器物之一，它既是武器也是人们日常生产生活中使用最频繁的工具之一，这也是鄂尔多斯青铜器中发现铜刀最多的根本原因。

关键词：青铜时代 鄂尔多斯青铜器 青铜刀

商代晚期，中华大地上青铜器发展正处于鼎盛繁荣的时期，出现了一批包括镇国之宝"后母戊大方鼎""四羊方尊"在内的青铜器精品，无论是青铜器的体量，还是铸造工艺等方面，都堪称精美绝伦。这一时期，鄂尔多斯地区在甲骨文中被称作"鬼方"，史书记载活动在该地区的多数是"猃狁"族。有一把青铜刀从那个时候一直保存到现在，我们根据外形和质地给它起了个新名字"羊首青铜刀"[①]（图一）。

羊首青铜刀出土于鄂尔多斯地区，时代大约为商代晚期，长29.5厘米，宽4.1厘米。刀身呈圆弧形，宛如一轮新月，柄与刀身有界阑。刀柄首部雕成类似羊首形状，

---

[*] 杨彩艳（1981— ），内蒙古自治区鄂尔多斯市达拉特旗人，大学本科学历，鄂尔多斯市博物院文博馆员，研究方向：文博、历史、文物。

[①] 鄂尔多斯博物馆. 农耕 游牧·碰撞 交融：鄂尔多斯通史陈列［M］. 北京：文物出版社，2013：105.

图一　鄂尔多斯地区出土羊首青铜刀

脸颊略窄，两只菱形耳朵尖尖的，加上长长的嘴巴，圆圆的眼睛和鼻孔，整体刻画得比较形象。首下有一大一小两环，环上隐约可见铸造时的纹路，环顶部磨损较大，较为光亮润滑。柄部饰绕线纹，也有明显磨损的痕迹。从造型风格看，这把青铜刀属于鄂尔多斯青铜器。

举世闻名的鄂尔多斯青铜器起源于商代，在春秋至战国时期发展到鼎盛。19世纪末开始，在我国北方长城沿线地带陆续出土了大量装饰各式各样动物纹、具有浓郁的草原游牧文化特征的青铜及金、银制品。因在鄂尔多斯地区发现的数量最多、分布也最集中且最具有特征而被学术界称为"鄂尔多斯青铜器"[1]。

众所周知，游牧民族的生活资源主要来源于自己放牧的牛马羊和打猎得到的猎物，由于这些生活资源从宰杀、切割、食用到皮革的加工、使用等，都离不开锋利的带刃工具，便于携带、使用的各式铜刀，理所当然地成了当时人们日常生活中使用最频繁的工具之一，这也是鄂尔多斯青铜器中铜刀数量最多的根本原因。鄂尔多斯青铜器中的青铜刀，大小不一，形状各异。其中形体较大、刀身较直者应多用于动物的宰杀、切割等，刀身较短的则可能用于日常生活及劳作，而刀身呈圆弧形的则应是主要用于皮革加工等。各式各样的青铜刀不仅数量众多，而且柄部的造型和纹饰也非常有特点。

---

[1] 高毅，王志浩，杨泽蒙. 鄂尔多斯史海钩沉[M]. 北京：文物出版社，2018：111-112，119-120.

有的在刀的柄首部位圆雕伫立的马、羊首等动物形象，大多数青铜刀则做成便于人们佩挂的环状或装饰圆形或三角形镂孔，表现出人们对它的一种器重与偏爱之情[①]。龙首、蛇首、鹿首匕形器是鄂尔多斯青铜器中非常有特色的一种器类，造型别致，制作精美。由于其刃部并不锋利，有的还很钝笨，显然不适用于日常生活中的切割、穿刺，再综合其精美的造型、华丽的装饰等分析，这类器物应该是在特殊场合下使用的，类似于匙、叉类功用的器具。《汉书·匈奴传·下》中记载："刑白马，单于以径路刀、金留犁挠酒。"这里所言的"径路刀"和"金留犁"有可能就是柄部装饰豪华、造型精美的青铜刀和青铜龙首、鹿首或蛇首的匕形器，这些造型精美、纹饰多样的青铜刀剑同样也是身份的象征。

鄂尔多斯青铜器当时也像中原地区一样有了娴熟的铸造技术，采用双模合范的铸造方法，铜器形制规整、合范严谨、纹路清晰，工艺精湛。这把羊首铜刀，和妇好墓出土的羊首铜刀形制相似，有异曲同工之妙。

那时候人们拿这把羊首铜刀干什么用呢？时至今日，刀仍是人们生活的必需品，日常生活中离不开各种各样的刀。刀的起源可以追溯到石器时代，大量石刀的考古发现证明石器时代人们就开始用刀了。随着青铜时代的到来，刀的质地也变成青铜，这是很大的进步，青铜刀比起石刀具有更锋利、耐用等优点，成为是使用频率最高的工具之一。它大小不一，形状各异、功用也不同，备受人们的喜爱。刀在古代可以用于生产活动，如刀耕火种、庖丁解牛，也许刀主人也是有着一份使刀的工作；也许就是家庭日常使用，如小试牛刀、刀削面、水果刀；也可能作为兵器在战争中使用，如鸿刀、大汉环首刀、大唐陌刀等历代著名战刀。相信人们用这把刀主要用于生活，宰猪杀羊、割肉切菜之用。

当然刀作为利器，遇到危险时也会被用来防身自卫。在那个时代，鄂尔多斯地区游牧民族和中原民族经常发生大规模战争。据史料记载，商王武丁伐鬼方，战争持续了三年之久，是商代史上最大规模的战争。这把羊首铜刀是否参与过这场战争我们不得而知，但它能保存至今，留给我们先人代代相传的精神，值得我们珍视。

考古发现了很多上古时期的青铜器，当时生产力很落后，但是人们用他们的汗水和智慧实现自己的理想，这种精神可以称之为"匠心营造"，是古人用双手留给后人的启示。在一件件文物中，我们看到的是古人百折不挠、坚持理想信念的精神。中华民族大家庭也正是通过无数次民族之间的碰撞和融合才最终形成，且生生不息。但我们得到的文献记载和文物证据确实少之又少，无法还原一个完整的古代世界，因此我们在肩负保护文物责任的同时，还要解开一个又一个未解之谜，还原它们的真相。

---

① 高毅，王志浩，杨泽蒙. 鄂尔多斯史海钩沉 [M]. 北京：文物出版社，2018：111-112，119-120.

鄂尔多斯地区出土的虎猪咬斗纹金饰牌和四虎咬牛纹金饰牌

■ 鄂尔多斯市博物院 奥东慧*

内容提要：鄂尔多斯青铜器以动物纹饰为主要特征之一，在鄂尔多斯地区的发现最为集中，享有盛誉。青铜饰牌是鄂尔多斯青铜器艺术中的"亮点"，也是装饰虎纹最为主要的器物。本文对鄂尔多斯地区出土的虎猪咬斗纹金饰牌和四虎咬牛纹金饰牌这两件比较典型的饰牌的形制、制作工艺及所蕴含的美学艺术、文化含义等进行研究，尝试对其所反映出的审美观念、宗教信仰、社会现实等进行探讨和分析。

关键词：鄂尔多斯青铜器 金饰牌 青铜文化 虎纹

  虎，哺乳纲大型猫科动物，毛色呈浅黄或棕黄色，有黑色横纹，性情凶猛，力气大，被称为百兽之王。在源远流长的中华历史文化中，虎一直是我国先民图腾崇拜的对象之一，也是趋吉避凶的祥瑞之物，在古代文献中，虎还被称为"山君""寅客"等。《风俗通义》记载："虎者阳物，百兽之长也，能执博挫锐，噬食鬼魅。"虎因勇猛威武、雄壮有力，古往今来多被用于形容军人的勇敢和坚毅，如虎将、虎臣、虎士等。中国古代对于虎的崇拜还延伸到了军事领域，古代调兵遣将的兵符上用黄金刻一只老虎，被称为"虎符"。在语言、文学、雕塑、绘画、戏曲、民俗，以及更为广泛的民间神话传说、儿歌故事等传统文化的各个领域中，虎的形象无处不在，成为中华文明不可或缺的一部分。

  在中国北方鄂尔多斯地区出土的独具特色的鄂尔多斯青铜器中，包含着大量装饰有虎纹的青铜器，包括兵器、车马器、装饰物中的饰牌、带扣、项饰等。饰牌是装饰

---

  * 奥东慧（1987— ），内蒙古自治区鄂尔多斯市东胜区人，本科学历，鄂尔多斯市博物院文博馆员，研究方向：鄂尔多斯历史文化。

有虎纹的最主要的器物,约占虎纹青铜器的80%[①]。鄂尔多斯青铜饰牌是北方游牧民族佩戴在腰间、马具等处的装饰物,是鄂尔多斯青铜器中最具特征的器物,富于变化,栩栩如生,引人关注。青铜饰牌按照形制可分为两大类:一类平面呈长方形或近似长方形,饰牌四周有鲜明的边框,纹饰有绳索纹、连续的几何纹、网纹等,框内布局图案,图案常常采用浮雕、透雕、锤揲、阴刻等工艺,展现具象或抽象的动物造型。另一类饰牌则平面略呈长方形,但整体没有固定的边框,饰牌的动物造型头端略宽,尾端略窄,习惯上也把它们称为"P"形或"B"形饰牌[②]。大多数饰牌均为成对出土,虽然有着相同的图案,但是方向却是相反的。古人在佩戴饰牌时,将其一左一右地饰于腰带的前部,还有一些饰牌其中一件的边缘处有类似于带扣环面上的鸟喙状凸起,应当同时具有带扣的功用[③]。

虎纹是鄂尔多斯青铜器动物纹中最具代表性的一种纹样,上至商代,下到两汉时期,时代延续性强。虎纹的造型主要分为四种:一是只表现虎首的造型,如阿鲁柴登墓葬出土的银虎头、金虎头,铸造手法均为圆雕。二是单体虎的造型,呈静态的卧姿或是立姿,如阿鲁柴登墓葬出土的鹰形金冠的带饰和卧虎金缀饰,为模铸或模压制成。三是群兽咬斗的造型,如西沟畔匈奴2号墓葬出土的虎猪咬斗纹金饰牌和阿鲁柴登墓葬出土的四虎咬牛纹金饰牌。四是写实性与图案化相结合的造型,如阿鲁柴登墓葬出土的嵌宝石虎鸟纹金饰牌,以写实的虎形象占主体,被猎食的鹰以图案化的方式排列于虎的周围,该饰牌通过浮雕和镶嵌的手法将写实和图案化有机地结合了起来[④]。在战国晚期,虎纹饰牌十分盛行[⑤]。

一、虎猪咬斗纹金饰牌、四虎咬牛纹金饰牌的形制和工艺

(一)虎猪咬斗纹金饰牌的形制和工艺

1979年,虎猪咬斗纹金饰牌在鄂尔多斯市准格尔旗布尔陶亥乡西沟畔匈奴2号墓葬出土,现藏于鄂尔多斯市博物院。饰牌为一副2件,通体由黄金铸成,大小一致,长13厘米,宽10厘米,是国家一级文物。其中一件一端有孔,为使用穿绳时留下的孔隙,重

[①] 杜志东. 北方草原虎纹青铜纹饰研究[D]. 北京:中央民族大学,2011:31.
[②] 陆刚. 农牧文明对抗下的艺术演变:战国晚期至两汉时期鄂尔多斯式青铜饰牌造型演变研究[J]. 美术大观,2019(12):133.
[③] 鄂尔多斯博物馆"农耕 畜牧·碰撞 交融——鄂尔多斯通史陈列".
[④] 赵爱军. 试论匈奴民族的金银器[J]. 北方文物,2002(4):18.
[⑤] 陆刚. 农牧文明对抗下的艺术演变:战国晚期至两汉时期鄂尔多斯式青铜饰牌造型演变研究[J]. 美术大观,2019(12):133.

291.4克,另一件重330克①。饰牌呈长方形,边框饰以绳索纹,上下两部分分别由猛虎和野猪构成饰牌的主题图案。猛虎右前腿卧地,左前腿向上按住野猪的左后腿,张开大口狠狠咬住野猪的右后腿,将其凌空架起,猛虎的后肢翻转朝天蹬踏野猪,虎尾下垂经裆部向前弯卷至背部②;而野猪虽然处于下风,却奋力咬住猛虎的左后腿,并将虎右后腿按住。工匠在方寸之间运用浅浮雕的手法将猛虎与野猪咬斗的激烈场景生动地刻画出来。有趣的是,饰牌在展现猛虎和野猪凶猛咬斗场面的同时,对于细节的处理也很到位,猛虎和野猪的皮毛使用了不同的手法进行表现,猛虎的须毛刻画精细,皮毛上的条纹用柔美的弧线来表现,野猪的毛发则用短而硬的直线来表现,虎与野猪形象均逼真写实③。饰牌的背面有钮,边缘处竖向直行刻有"一斤五两四朱少半""一斤二两廿朱少半""故寺豕虎三"的文字,并有用失蜡法制模时留下的粗麻布印痕(图一)。

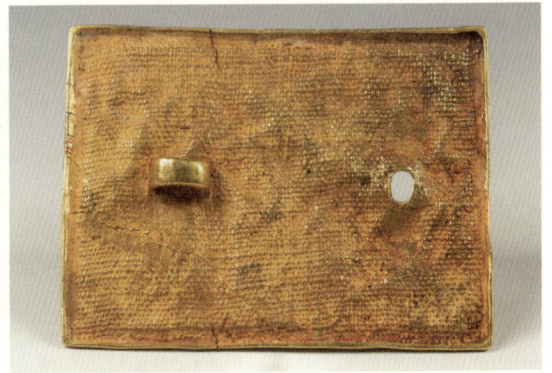

图一 虎猪咬斗纹金饰牌

(二)四虎咬牛纹金饰牌的形制和工艺

1972年,四虎咬牛纹金饰牌在鄂尔多斯市杭锦旗阿鲁柴登墓葬出土,共出土4件,左右对称,成对使用。其中2件完整,分别藏于中国国家博物馆和内蒙古博物院,大小和造型、花纹完全一致,四角都有圆形的缀孔,背面两端各有桥形钮④,稍有不同的是,内蒙古博物院收藏的饰牌在牛首的部位有一个扣孔,方便穿系。饰牌为黄金模铸,平

---

① 伊克昭盟文物工作站,内蒙古文物工作队. 西沟畔匈奴墓[J]. 文物, 1980(7): 2.

② 杨泽蒙. 早期北方草原民族文化瑰宝:鄂尔多斯青铜器之最[C]//内蒙古自治区文物考古研究所鄂尔多斯文化遗产. 北京:文物出版社, 2013: 164.

③ 刘媛. 鄂尔多斯青铜器的艺术特征和发展规律[C]//内蒙古社会科学院. 中国·内蒙古第三届草原文化研讨会论文集. 呼和浩特:内蒙古社会科学院, 2006: 322.

④ 田广金,郭素新. 内蒙古阿鲁柴登发现的匈奴遗物[J]. 考古, 1980(4): 334.

面呈长方形,边框饰以绳索纹,框内以俯视的角度,采用浮雕的手法刻画了一幅四虎与牛咬斗的画面。牛平卧于饰牌的中央,四肢伸展,四只猛虎在其左右两两相对,狠狠咬住牛的颈部和腰部[①]。令人惊奇的是,牛虽然处于被捕食的弱势处境,却依然表现出强烈的抗争精神,在与猛虎的斗争中拼命挣扎,奋力用锋利的双角将靠近牛头的两只猛虎的耳朵刺穿(图二)。

图二 四虎咬牛纹金饰牌

二、虎猪咬斗纹金饰牌、四虎咬牛纹金饰牌所体现的美学艺术

虎猪咬斗纹金饰牌时代为战国时期[②],战国晚期动物咬斗纹造型日臻成熟,达到极为精致的程度,后肢反转动物纹、动物搏噬纹和怪兽纹,代表了这一时期鄂尔多斯式青铜器动物纹造型艺术的精华[③]。虎猪咬斗纹金饰牌打破了饰牌一般采用的对称构图,运用极具特点的后肢反转动物纹,让猛虎和野猪咬斗的瞬间定格下来,展现出一种互

---

① 杨泽蒙. 由鄂尔多斯青铜器动物纹中的虎造型看中华生肖观的起源[C]//鄂尔多斯文化研究. 2012:72.
② 郭素新,田广金. 西沟畔匈奴墓[J]. 文物,1980(7):10.
③ 钱白. 大漠草原的守护神纹——鄂尔多斯式青铜器审美造型浅析[J]. 内蒙古艺术,2017(1):83-85.

相缠绕又扭曲的动态美，而凹陷的背景也将猛虎和野猪的立体感凸显了出来。整个饰牌不但构图充满了美感，还将动物撕咬搏斗的生动场景刻画得淋漓尽致，一种狂野鲜活的气息扑面而来，极具浪漫主义风格，是游牧文化的经典作品之一。

四虎咬牛纹金饰牌纹样夸张变形，猛虎眼睛圆瞪，虎头以下为变形曲线循环而成，猛虎的腿和爪子被刻意夸大，极大地表现出山中之王的强大气势和力量。饰牌的布局均衡对称，画面线条流畅，刻画的动物形态静中有动，让整个场景充满了紧张的气氛，一幅惊心动魄的咬斗场面被生动地展现出来。由于对称的动物图案能够稳定平衡画面和增强静止性，营造和谐的氛围，一般多用于食草动物纹，而不对称的构图大多用来表现争斗场面，像四虎咬牛纹金饰牌这样以对称图案表现动态的咬斗场景的饰牌是非常少见的。四虎咬牛纹金饰牌是鄂尔多斯青铜饰牌中的艺术佳作，体现了北方游牧民族丰富的艺术想象力和精湛的艺术表现力。

三、虎猪咬斗纹金饰牌、四虎咬牛纹金饰牌所体现的文化含义

小物件，大乾坤。饰牌虽小，却蕴含着中国北方游牧民族自身的文化、艺术特征以及与欧亚游牧文化交融等诸多信息。任何一个民族的文化艺术都可以理解为历史的产物，其特性取决于各民族的社会环境和地理环境[1]。艺术源于生活，像虎猪咬斗纹金饰牌、四虎咬牛纹金饰牌这样以动物撕咬搏斗为题材的饰牌，在鄂尔多斯青铜器中出现极多，是匈奴民族生活实践的结晶，也是他们在长期生产斗争中创造的一种实用的艺术[2]。匈奴民族有着以草原文化为底蕴的经济方式，他们逐水而居，以畜牧业为主，衣食住行都与动物有着密切的关系。在日常生活中，匈奴人经常看到动物捕食、撕咬、搏斗等场景，通过长期的观察，掌握了它们的形态，并通过高超的技艺将草原上特有的弱肉强食的现实场景以饰牌的方式记录和表达出来，形成了鄂尔多斯青铜器的地域性和民族性的典型图像。

萨满教是北方游牧民族的原始宗教，其理论根基是万物有灵论，这让人们形成了独特的思维方式。张光直先生认为："在原始民族的萨满教里，动物是通天的一个非常重要的手段，这也可以从中国古代祭祀活动中的牺牲身上体现出来。这里有两种表现：一是动物本身作牺牲，它的魂灵就是巫的助手，往来于天地之间；另一是青铜器上面

---

[1] 方李莉，李修建. 艺术人类学[M]. 北京：生活·读书·新知三联书店，2013：123.
[2] 乌恩. 我国北方古代动物纹饰[J]. 考古学报，1981（1）：60.

的动物，巫师希望以动物来排除通天过程中的障得"①。这也表明，虎纹不单单是具有装饰的功能，可能还被赋予了超自然力量，具有和活体动物一样的往来天地、沟通万物的职能。

《史记》记载："昴曰髦头，胡星也。"②这里的"胡"指的便是匈奴。我国古代天文学家将天空中能看到的星体分为28组，称之为二十八星宿，按方位分为东、南、西、北四宫，每宫七宿。昴宿，属西宫白虎七宿的第四宿，由七颗星组成，也称昴星团。司马迁认为，匈奴将昴宿作为自己的祖星。有专家认为四虎咬牛纹金饰牌还可能有着更加深远的含义：饰牌中的虎，应取意于天上的昴星团，牛则取意于黄道十二宫的金牛宫，由于昴星团位于金牛宫中，应当表达了匈奴单于称雄草原、独步天庭的宏伟愿望③。

虎纹还体现出匈奴民族对于自然界适者生存本能的认同以及视强者为英雄的崇敬之情。虎拥有极强的生存能力、适应能力和力量，匈奴民族将其视为崇拜的对象，并通过艺术的形式对其进行赞扬。更进一步说，将鹰虎等凶禽猛兽的图像佩戴于腰间的做法，与其说是对这些动物的崇拜，不如说是对自身力量的一种象征。将这些性格特征归入自身主要的审美范畴，通过类比的方式来肯定人类自身的本质力量④。在战国晚期流行的写实性的虎纹咬斗纹，如虎牛咬斗纹、虎豕咬斗纹、虎噬鹿纹、虎噬羊纹、虎噬马纹等，反映出当时人们对自然界物种竞争、"适者生存"理念的认同，还有对强者的敬畏与赞颂。同时，这也应该是以匈奴为代表的骠悍尚武的北方游牧民族，在势头凶猛、独步风云上升时期的意识形态，与当时的社会进程和发展有所关联。

四、虎猪咬斗纹金饰牌、四虎咬牛纹金饰牌佩戴者的身份地位

出土虎猪咬斗纹金饰牌的西沟畔匈奴2号墓葬，出土遗物多是比较精致的金银器，墓主人是一位男性，根据专家推测其应该是一位匈奴的部落酋长⑤，《战国策·赵策》记载："赵武灵王赐周绍胡服衣冠，具带，黄金师比。""具带者，黄金具带之略。黄金师比者，具带之钩。亦本胡名。"据专家们研究分析，这里所说的"黄金师比"，指的可

---

① 张光直．中国青铜时代[M]．北京：生活·读书·新知三联书店，1999：478．
② 司马迁．史记：卷27：天官书[M]．北京：中华书局，1982．
③ 杨泽蒙．由鄂尔多斯青铜器动物纹中的虎造型看中华生肖观的起源[C]//鄂尔多斯文化研究．2012：72．
④ 杜志东．北方草原虎纹青铜纹饰研究[D]．北京：中央民族大学，2011：59．
⑤ 田广金，郭素新．西沟畔匈奴墓反映的诸问题[J]．文物，1980（7）：17．

能就是类似虎猪咬斗纹金饰牌这样具有带扣功能的长方形金饰牌,而"黄金师比"只有王或者侯才能佩用,这一点与墓葬出土随葬品反映出的墓主人的身份、地位也是相符的。

《史记》记载:"其送死,有棺椁金银衣裘,而无封树丧服。"[1]指的就是匈奴首领的丧葬习俗。而考古发掘出土材料表明,牌饰不仅起着与带扣相同的扎系衣服的作用,还是匈奴人社会地位的重要象征[2]。田广金先生也指出:"凡是出土成对青铜动物纹饰牌的,均是有较高身份的贵族墓;凡出土成对金饰牌的,身份更高,可能是部落酋长或王的墓。"[3]由此可知,能够佩戴虎纹青铜器物的墓主,一定具有极高的身份。虎纹成为了区分身份和地位的标志,并具有地位和等级的认同功能。

虎猪咬斗纹金饰牌和四虎咬牛纹金饰牌这两件凝聚着游牧文化和农耕文化基因的金饰牌,虽然历经千年,却依然能从不同的层面折射出意蕴深沉的光芒和美的风范,熠熠生辉,在鄂尔多斯青铜文化中占有极其重要的地位。

---

[1] 司马迁. 史记:卷110:匈奴列传[M]. 北京:中华书局,1982.
[2] 单月英,芦岩. 匈奴腰饰牌及相关问题研究[J]. 故宫博物院院刊,2008(2):152.
[3] 田广金,郭素新. 鄂尔多斯式青铜器[M]. 北京:文物出版社,1986:103.

鄂尔多斯青铜器中的铜鍑研究

◉ 鄂尔多斯市博物院　王雅萱*

内容提要：青铜器是在早期文明进程中产生的，不同类型的青铜文化中器物在种类、功能等方面不同，其展示的文化内涵也不同。鄂尔多斯青铜器中的铜鍑大多为北方系东区鍑，从春秋战国到北魏时期一共分为三型，其形制演变脉络为研究鄂尔多斯地区游牧民族生活习惯的改变及民族文化成分的变迁提供了重要依据。

关键词：鄂尔多斯　青铜器　铜鍑

鍑是游牧民族的生活用具之一，在中国的草原地带分布较为广泛，数量比较多。因为鍑器底基本上都存在烟炱痕迹，所以通常被认为是炊具，也有部分学者认为可以用作祭祀用具[1]。本文就鄂尔多斯青铜器中的铜鍑展开研究。

一、鄂尔多斯铜鍑的概念与界定

春秋战国时期，以匈奴为代表的草原畜牧—游牧民族生活在鄂尔多斯高原上，广阔的高原培养了游牧人民宽大的胸怀以及创造力，举世瞩目的鄂尔多斯青铜器就在这段时期快速发展着。青铜鍑也在草原青铜文化高度发达的契机下被大量生产、使用。此时期鍑的造型精致、制作规整，充分体现了青铜发达的时代特点，鍑高圈足、双耳等形态表现，也体现出了游牧人民的风情，比如双耳是为了方便携带以及烧烤的时候

---

* 王雅萱（1985— ），内蒙古自治区鄂尔多斯市东胜区人，大学本科学历，鄂尔多斯市博物院文博馆员，研究方向：文博。

[1] 罗世平. 鄂尔多斯式青铜器［J］. 中华文化画报，2013（7）：28-35.

可以提挂，高圈足则适合就地生火，防止热量消失过快。大约到了汉魏时期，北方民族与中原民族的结合进一步增强，受到中原罐形器等平底器的影响，鄂尔多斯铜鍑也逐渐发展成为平底。而且在这段时期中，各个民族都开始以农耕与定居为主要的生活方式。

鄂尔多斯青铜器因其独特的造型，从出土的那天起就备受人们关注。其中比较具有代表性的青铜器就是鍑。关于北方系东区鍑的定名，学界目前有很多争议：顾志界先生沿用20世纪30年代日本人的称谓，将其命名为"鄂尔多斯式鍑"；冯恩学先生觉得鄂尔多斯区域鍑形器的出土数量并没有其他地区多，也没有相关资料表明这种鍑起源于鄂尔多斯，所以也可以将其命名为"北方系东区鍑"；李朝远先生将上海博物馆所藏的几件青铜鍑定名为"秦式青铜鍑"。其中，顾、冯两位先生所指的鍑的分布范围大体相当，即甘肃秦安以东、吉林榆树以西、河南、陕西以北这一区域内，李先生所说的秦式鍑则重点指甘肃与陕西地区出土的鍑。器物的定名，是对其来源、属性以及功用等多个方面的反映，因此要在对器物进行性质判别后再定名。鍑和釜，在古文中是通用的，不过凡见"釜"者，首先表现出的应该是产于中原的汉式釜，即敛口、广肩、浅腹、圜底、无足、肩部有双耳的釜，这是长期受到约定俗成的影响所导致的。而北方广见的游牧民族用鍑，特征是双立耳、直筒形腹、高圈足[1]。鍑和釜的功能在本质上可以说是相同的，但是由于形制的差别，可以分开运用，因而北方系鍑可以用"鍑"来命名。

二、型式划分及分期

鄂尔多斯博物馆现藏鍑16件，其中包括铜鍑12件，铁鍑4件，生产时代为春秋战国到北魏时期，双立耳是其主要的特征。按照有无圈足以及器腹的不同特征，可以分为三种类型[2]。

A型鍑为高圈足、椭方形浅腹鍑。主要特点是双环形立耳，耳上有小乳突，方唇，直口，微束颈，圜底，高圈足；圈足上有两个对称的小三角形镂孔，腹中部有一道弦纹，双耳下可见范线，当为双范合铸。属于这种类型的鍑，共有4件，都是青铜材质，大小不一，其中3件的高度大约在20厘米，1件体形比较矮，仅有7.5厘米。这几件器物虽不是很高，但因体呈椭方，容量可观，且制作规整，铜质精良，锈色自然，堪称馆藏青铜鍑中的精品。器物时代集中在春秋战国时期。标本：方形鍑，口长22.5、口宽

---

[1] 乌兰托娅，孔群. 鄂尔多斯式青铜器[J]. 内蒙古画报：蒙汉文版，2007（2）：42-45.
[2] 田广金，郭素新. 鄂尔多斯式青铜器的渊源[J]. 考古学报，1988（3）：257-275.

12、底径10.8、高22.5厘米，重1598克。

B型鍑为高圈足、筒形深腹鍑。主要特点是双环形或方形立耳，耳上小乳突少见，直口，微束颈，直筒形或鼓腹筒形腹，圜底，高圈足，腹部前后可见范线，通体素面。共8件，其中铜质的有7件，铁质的仅有1件。喇叭形高圈足上的镂孔形制不同，可以看作是时代划分的标准之一。例如战国时期常见小三角形镂孔，而汉代和北魏器则是4个梯形大镂孔，且器物腹部很深。标本：青铜鍑，双环耳上有小乳突，下腹部圆鼓，高圈足上有2个三角形小孔，口径15.9、底径11.7、腹径20、高26厘米，重达1823克。

C型鍑是无圈足鍑。共4件，2件为铜质，2件为铁质（其中补洞沟汉墓1件残损严重，但可辨器形），时代在汉魏时期，是馆藏鍑中时代最晚的一组。此型鍑吸收同化了许多中原炊器的特征，比如下腹斜收、敞口等，这也是鍑形器走向消亡的原因之一。此型鍑大致可以分为平底直筒形深腹鍑和圜底鼓腹形鍑两种。

结合上述分析，可以大体看出鄂尔多斯高原地区铜鍑的形制演变路程。主要表现在：器腹由浅变深，器形向高瘦方向改变，耳突从有到无，耳形由环形向方形鞍具形转变，底部从具有高喇叭形圈足到无圈足，镂孔由小三角形双孔发展到三孔直至4个大梯形孔[①]。青铜鍑的这些变化，所体现出的正是民族文化的变迁以及生活习惯的转变。以器物形态的逐渐改变，感受到历史文化的变迁，这也是文物研究的重要意义之一。

---

① 郭素新. 内蒙古发现的鄂尔多斯式青铜器概述 [J]. 草原文物，1992（Z1）：34-38.

简述鄂尔多斯青铜器中青铜镤的审美特征

■ 鄂尔多斯市博物院 刘 瑶[*]

内容提要：从春秋战国时期开始，北方草原上的游牧部族便形成了逐水草而居的生活习惯。依此习惯，他们创造出了独特的、便于携带的炊具——镤。其中，鄂尔多斯地区出土的青铜镤独具特色，有着独特的形制审美、器纹审美和自然崇拜审美，影响了中原地区乃至草原丝绸之路上西伯利亚地区的器物审美，具有十分重要的意义。

关键词：青铜镤 形制审美 器纹审美 自然崇拜审美

春秋战国时期，鄂尔多斯广袤草原上活动着狄—匈奴等游牧部族，《山海经·海内北经》记载："鬼国在贰负之尸北。"即指今河套周边地区。这些部族创造了众多以装饰动物纹为特征、具有浓郁的游牧民族文化特征的青铜及金、银制品。而逐水草迁徙、随游牧转移的独特民族特性，令他们创造出一种独特的高圈足深腹有耳青铜器，这种器具分布广泛，数量众多，因出土时腹底有烟炱，多被认为是一种便于携带的炊具，称为"镤"。

《说文解字》："镤，釜大口者。从复声。鍑，同镤。"《扬子·方言》："釜，自关而西或谓之镤。"由于镤具有易于携带的特征，流行时间较长，从西周早期至北魏时期，我国黑龙江、内蒙古、河北、山西、陕西、新疆一直到草原丝绸之路上的西伯利亚地区，均出现有镤的身影。鄂尔多斯式青铜镤作为早期青铜镤的代表，有着独特的审美

---

[*] 刘瑶（1991— ），内蒙古自治区鄂尔多斯市杭锦旗人，大学本科学历，鄂尔多斯市博物院工作人员，研究方向：文学、文物。

特征及深远的影响。

一、鄂尔多斯式青铜鍑的形制审美

早期青铜鍑根据形制特征可分为三式。

Ⅰ式：深腹，腹壁较直，圈足不大或无圈足，立耳顶端有乳钉状突起。

Ⅱ式：明器，形似簋。

Ⅲ式：形似豆器，器身多为半球形，高圈足，立耳无乳钉突起。

鄂尔多斯式青铜鍑多为Ⅰ式和Ⅲ式。其中Ⅰ式以器耳顶端的乳钉状突起罕见于中原地区，成为此式鍑最显著的特征。乳钉状突起形制后传播至斯基泰文化地区，乳钉数量有所增加，有的青铜鍑双耳有1～3枚突起，有些装饰已演变为在双耳加鸟兽形纹饰[1]。由此发展可见，随着部族人群审美进步，乳钉状突起可能只作为器具装饰，用于增加美感，但结合游牧族群生活习性，作为炊具，鍑上的立耳有凸点或纹饰，可增加提抬时的摩擦力，避免器具脱手，更有助于在佩挂或悬挂时起固定作用，利于游牧民族随身携带。现鄂尔多斯青铜器博物馆馆藏青铜器中，即有青铜鍑为典型的Ⅰ式形制。

Ⅲ式鼓腹，外形与豆形器十分相似，区别在于青铜鍑底多有烟炱，可直接放于火上进行烹饪。1984年内蒙古准格尔旗宝亥社出土的青铜器中，就有一件被简报称为青铜豆形器者[2]，后有学者认为此件器具属于青铜鍑。

鄂尔多斯式青铜鍑Ⅰ式和Ⅲ式的器形变化遵循同一规律，均为口由大敞口向敛口乃至小口发展，腹部由筒状腹向鼓腹、球形腹发展，器底由圜底向平底发展。这样的发展规律说明，青铜鍑不仅仅可用作炊器，还可作为盛食器。以鍑代簋，也符合游牧民族游牧而居的生活习惯。

伴随游牧民族的不断迁徙、传播，在与其他民族文化融合碰撞的过程中，鄂尔多斯式青铜鍑对其他游牧族群鍑的形制产生了深远影响。如南西伯利亚式青铜鍑与早期鄂尔多斯式青铜鍑有许多相似之处，多为Ⅰ式形制，但双耳顶端突起更加发达，器表纹饰也更具地方特色。这种鍑主要出现于塔加尔文化第三期，流行于第四期，年代是公元前四至前一世纪，相当于战国时期。这样的相似应该与狄人的北迁有关。

---

[1] 刘莉. 铜鍑考［J］. 考古与文物，1987（3）.
[2] 伊克昭盟文物工作站. 内蒙古准格尔旗宝亥社发现青铜器［J］. 文物，1987（12）.

二、鄂尔多斯式青铜鍑的器纹审美

1984年内蒙古准格尔旗宝亥社出土的青铜鍑腹部以"S"形云雷纹衬地,上饰一周变体窃曲纹,中部饰一周凸弦纹。云雷纹作为典型的几何形纹样,主要结构特点是方圆回旋、连续组合,给人以严谨、神秘的美感,反映了早期游牧民族追求简单、无限的审美倾向。现鄂尔多斯青铜器博物馆馆藏舞蹈纹立耳青铜鍑(图一),腹身刻一圈栩栩如生的人形舞蹈纹饰,线条圆润简洁,是对人类社会行为的一种直观表现。陕西凤翔东社采集鍑器,腹刻双头兽纹,是较为典型的春秋早期秦器。斯基泰文化青铜鍑影响鄂尔多斯式青铜鍑,以动物铸像装饰口沿,器腹饰曲折纹、菱格纹以及同心纹、草叶纹等。

图一　鄂尔多斯青铜鍑

器纹的变化显现了先民早期审美思想的变化,从对自然之物的直白描摹到后期加工演化,逐渐彰显人本审美意识,体现出寻求自我族群特征的审美追求。这样的审美追求变化也是游牧文化与农耕文化融合的历史必然结果,即从由天地中获取灵感发展为由人类社会行为中获取灵感,游牧时期的广袤无限期冀转变为对定居时期稳定权势的渴望。

三、鄂尔多斯式青铜鍑的自然崇拜审美

鄂尔多斯式青铜鍑多出土于墓葬,其作为炊器的用途已不言而喻,但随墓葬埋葬,一方面反映出先民"事死如事生"的朴素生死价值理念,希望死后同样有饮食保障;另一方面也反映出先民早期对自然的崇拜之意。

早期游牧民族多信奉萨满教,崇拜天、地、山、川,崇拜火,崇拜祖先及造物主,这从鍑身上的纹饰也可窥得一二。如:云雷纹作为常见纹饰,不论是早期作为主要纹饰出现,还是后期作为辅助装饰出现,其方圆结合、回旋连续、无限延展的线条感,是对当时天圆地方、云卷雷直的认知崇拜体现,一定程度也表现出先民对于无限、轮回的渴望;动物纹饰的出现一方面包含先民对造物主慷慨给予食物的感谢,另一方面,

镀作为炊器，大小不一，可用于烹饪不同形体的祭祀动物[①]，加上动物纹饰，更显示出祭祀的诚意；鄂尔多斯青铜器博物馆馆藏舞蹈纹青铜镀的舞蹈纹饰本身就是一种对祭祀活动的展示，舞蹈起源于远古人类求生存求发展的劳动生活及图腾崇拜、巫术宗教祭祀活动，人们多用舞蹈颂扬祖先和造物主的功绩，祈求祖先和造物主的庇佑。

可见，作为游牧民族重要的生活用具，鄂尔多斯式青铜镀不仅是游牧或军旅生活所用的便携炊具，更是游牧民族表现自然崇拜、祭祀文化的重要器物。鄂尔多斯式青铜镀的出现发展，对了解游牧民族的迁移、演变、融合以及游牧文化传播具有窗口作用，由鄂尔多斯式青铜镀，既能看到更北的北方族群从未停下脚步，又可回望中原大地朝代更迭变化，镀中有历史，镀中有文明。

---

① 王博. 亚欧草原所见青铜镀及其研究［C］//鄂尔多斯文物考古文集：第三辑. 呼和浩特：远方出版社.

战国双环首兽纹柄青铜短剑

■ 鄂尔多斯市博物院　赵　婷*

内容提要：在我国北方草原，与牧猎生活相适应，以匈奴族文化系统为主的北方系青铜器的器物种类主要有四类，即兵器、工具、车马具和装饰品，具有鲜明的北方游牧生活特色。这其中，兵器因为北方游牧民族的生活环境及尚武的习性而尤为多见，不乏精美之作。青铜短剑为我国古代北方地区盛行的一种短兵器，形制丰富多样，具有浓厚的区域特点，是我国北方青铜文化的代表器型之一。

关键词：鄂尔多斯　青铜器　短剑　龙纹

一、器物介绍

战国双环首兽纹柄青铜短剑，现收藏于鄂尔多斯市博物院。为青铜制品，整体保存较好，表面覆有绿锈。短剑呈"一"字形长条状，扁体构造，由剑柄、剑格、剑身三部分组成（图一）。剑柄首部为双环形，向外圆凸，内交处有一竖隔。柄首表面装饰连续的圆形小凹点，竖隔下方可见有圆形狭面的兽面纹装饰。整体观之，环首应是由两条长蛇缠绕组合而成，婉转外弧的蛇身构成两个圆环，缠绕的蛇身形成竖隔，竖隔下外露蛇首。柄身宽扁，边缘圆弧，内有凹槽，通体饰两个"S"形双首龙纹，双龙龙首反转，龙身连为一体，构思巧妙，造型优美。剑格与剑身为一体结构，略宽于剑柄、剑身，其形制与"W"略似，表面饰对称的凹线，整体造型应表现得是兽面。剑身通体修长且扁薄，中部起脊，刃部锋利，锋部因长期使用而略显弧钝。

---

* 赵婷（1985—　），内蒙古自治区鄂尔多斯市东胜区人，鄂尔多斯市博物院文博馆员，研究方向：历史、文物。

图一　鄂尔多斯市博物院藏战国双环首兽纹柄青铜短剑

短剑通长29.93、宽3.77、厚1.03，剑身长18.49、宽2.83厘米。

二、历史考证及意义

在我国北方草原，与牧猎生活相适应，以匈奴族文化系统为主的北方系青铜器的器物种类主要分为四类，即兵器、工具、车马器和装饰物，暂未曾发现农具和礼器。这与中原青铜器物类型是完全不同的，具有鲜明的北方游牧生活特色。其中，兵器因为北方游牧民族的生活环境及尚武的习性而尤为多见，不乏精美之作。

青铜短剑是我国古代北方地区盛行的一种短兵器。其形制极其多样，富有区域特点，是我国北方青铜文化的重要器型之一。《史记·匈奴列传》记载匈奴"其俗宽则随畜，因射猎禽兽为生业，急则人习战攻以侵伐"。受区域特点及生产、生活风俗的影响，大到攻城拔地，小到游猎放牧，剑和刀皆是先民们牧猎生活中不可或缺的重要武器及生产工具。其中短剑既是马上近距离攻击利器，也是贴身搏斗和护身的武器，同时，还具有对短剑主人勇士身份和受神灵庇护的双重象征，故其作为成年男子必备之物而倍加重视。因此，北方游牧民族对短剑的制造尤为注重也在情理之中。而正是因为青铜短剑与他们的生产、生活息息相关，因而在铸剑流程中特意把时代及区域的审美倾向和对美好生活的祈愿融入到短剑的装饰之中，在剑柄以动物来进行装饰，将动物的形象特点和短剑的实用造型完美地结合，使之既是一件无坚不摧的精良武器，也不失为一件美轮美奂的工艺品。纵览北方系青铜短剑的装饰图案，可以得出绝大多为各类动物或由动物纹变化而成的几何图案。

该藏品制作精良，纹饰简约大气，属于北方草原直刃剑系青铜短剑。双环柄首，身柄合铸，可直接握持，属极具代表性的北方游牧民族青铜短剑系列。根据以上特征，对比北方地区出土同类型短剑，可判断其时代为战国早期至中期[①]。从该藏品的制作工

---

① 刘建华. 论北方青铜短剑所反映的若干民族文化问题[C]//内蒙古社会科学（文史哲版），1993（2）：74-84.

艺可以看出，北方游牧民族在器物制作上为了适应本民族的审美心理与生活方式，创造了属于自己的艺术形式。小巧，但不小气；简约，但不简陋；粗犷，但不粗糙；古朴，但又不失精美。北方青铜器物以其独特而厚重的文化内涵彰显出北方游牧民族的大气磅礴之美。

春秋至两汉为北方草原民族青铜文化走向璀璨光辉的时代。北方先民把与自己生活紧密联系的动物形象或是心中崇拜的神灵、图腾等作为艺术题材装饰在各种生活器具之上，是这一时期装饰艺术普遍存在的现象。与此同时，牧猎习俗使游牧民族能够精准地观察到动物形象及其特点，从而能够将其充满艺术性地呈现在各类器物之上，使北方青铜器在实用功能与外观装饰的结合上达到了炉火纯青的境界。对于大多数实用器具来说，实用造型是首要的，纹样只是起到装饰或某种象征作用，如果将纹饰去掉，其可能会失去文化内涵的一部分，但实用性可能不会受到太大的影响。然而，从北方系青铜器的器物造型与动物纹的关系来看，并没有谁从属谁的关系，更没有主次之分，它们相互依存，不仅共同塑造了器物的造型，更一起缔造了北方系青铜器的审美特征与文化内涵。在北方青铜器中，很大一部分动物形纹饰在铸造过程中成为了实用部位的一部分，它并不是无足轻重的装饰，而是在整个铸造工艺中充当着举足轻重的组成部分，是北方民族将一些动物的神圣感与器物的实用性完美融合后创造的兼收并蓄、浑然一体的艺术。功用性与美观性的融合是北方青铜器最突出的特点，能够映射出一段历史时期内先民们的物质文明与艺术文明发展的程度。因此，它兼具物质生产和艺术生产的属性。以各类动物为装饰主题的器物，是北方系青铜器中最具典型性、代表性特点的艺术品，其以丰富的内涵、多变的题材、粗犷豪放的造型、灵动简约的艺术魅力和独树一帜的艺术风格闻名内外，是功用性与艺术性完美相结合的铸造典范。

该铜剑身柄合铸，柄首、剑柄、剑格造型优美，剑柄通体饰两个双首龙纹，龙首反转，龙身浑然一体，造型精美，反映出铸造者别具一格的设计构思。

北方游牧民族青铜短剑剑柄上装饰的各类动物，从一开始就被人们寄托了超越自然的力量，而锐利的剑刃，又蕴藏了坚不可摧、所向无敌的期许，以求仰仗先祖、神祇的护佑。大部分青铜短剑应当是具有实用攻击性的武器，仅在发展后期阶段，有逐步向礼仪化发展的趋势，一部分铜剑极有可能与镜形器、铜铃等一同成为举行宗教活动使用的法具。根据文献记载并结合北方草原青铜短剑的发展与研究情况，北方游牧民族在举行部落或联盟间的重要盟约仪式时，搅和血酒使用的"径路刀"，就应该是那些柄部装饰精美的青铜短剑[①]。如《汉书·匈奴传下》记载，匈奴单于结盟所饮血酒即

---

① 杨泽蒙. 鄂尔多斯青铜器之再认识［C］//齐朝鲁. 鄂尔多斯学研究成果丛书：历史类. 呼和浩特：内蒙古人民出版社，2012：161-171.

以"径路刀"搅和。

  龙,自古以来就作为超越自然的象征而被中华民族加以膜拜。用龙作为装饰大致有两种含义:一是被看作水做的灵物。《左传·昭公二十九年》有云:"龙,水物也。"即将龙视为水神进行祈雨,盼望风调雨顺。另一种则是作为天象的符号。由于北方游牧民族逐水而居的生活特性,水草丰美的地方才能使整个部族发展壮大。因此,水对游牧民族而言,是生存发展的重要支柱。龙纹装饰,可能寓意着希望得到神灵的庇护而风调雨顺。而天象正是古代北方游牧民族中萨满等地位崇高的神职人员所要解答的问题。

  由此可见,我们介绍的这件藏品很有可能为主持仪式的萨满手中所持法器,也有可能是一件勇士攻伐之利器,剑柄的龙形纹饰昭示着短剑蕴含的神奇威力,庇佑主人在战事或狩猎中大胜而归。先民们铸造的这件精美的青铜短剑,不仅为我们反映了当时劳动人民的聪明智慧和高超的技术水平,同时还反映了当时北方游牧民族的文化特性,可以帮助我们正确认识其代表的文化内涵及文化历程,从而更加精准地探索早期北方民族的发展进程以及其在中华文明共同体发展融合中所作出的贡献和所处的地位。

  青铜短剑最早被发现后延续使用了800年之久,至西汉初期,青铜短剑伴随着铁器文明的发展而逐渐淡出历史舞台。作为青铜文化的宝贵历史文物,同时也是高超传统工艺技术的代表,青铜短剑虽然退出了历史舞台,但这并不表明它们及它们所属人群文化的消失,而是表明了在历史车轮的前进过程中,北方民族文化发展到了一个新的高度,社会生产力也得到进一步的发展,随之而来的是我们的先民们创造出的一个又一个的璀璨文明。即使之后生产力高度发展,甚至直至今天,青铜短剑还是深受人们喜爱,这标志着它所代表的文化的延绵,更表达了今人对其所象征的古代文明的认可和仰慕。

革命文物研究

桃力民地区的红色财政简述

 鄂尔多斯市博物院 郭俊成[*]

内容提要：在中国共产党的领导下，桃力民地区发展至桃力民抗日根据地，最终实现了新生。红色财政在该区域抗日、解放战争，以及解放初期地区的过渡性发展中发挥了积极的保障作用。桃力民地区的形成，是蒙旗封建王公腐败，国民党大汉族主义者恃强豪夺的结果，它的取消及最终妥善合理地划归原来旗县管理，反映了中国共产党民族政策选择的伟大与英明，代表了历史前进的正确方向。

关键词：桃力民地区　红色财政

桃力民地区，是中国共产党领导内蒙古中西部地区革命力量进行抗日战争、解放战争的重要根据地。抗日战争期间，桃力民地区抗战氛围甚浓，党的统一战线和民族政策发挥着巨大的作用。在共产党的领导下，桃力民地区的各界人士齐心协力一致抗日，即使到国民党反动派日益加强对伊克昭盟的战略要地争夺时，仍有一些开明人士积极地暗中保护着党的秘密组织。经过艰苦卓绝的斗争，红色财政支撑下的桃力民地区最终走向解放，实现新生。

一、桃力民地区的形成

桃力民，蒙名查汗桃日莫，是鄂托克旗东部与杭锦旗交界处的一个自然村。明末清初，鄂托克旗王爷葛勒藏罗勒玛旺吉勒扎木苏经常去榆林、神木等地游逛玩乐，到

---

* 郭俊成（1978— ），内蒙古自治区鄂尔多斯市东胜区人，在职研究生学历，鄂尔多斯市博物院副院长、文博副研究馆员，研究方向：文物保护与修复、博物馆、内蒙古历史文化研究。

榆林时住在李仲卿家，到神木时住在王四间家，时间久了，欠这两家地主的银两一时付不清，故于1924年起分批划出桃力民一带土地顶债。后两户地主向鄂旗官员行贿，把有期租地契约写成"永久租种"，再转租以收取租子。与此同时，杭锦旗王府把与鄂旗毗连地区、黄河沿岸和格炭哈那等地放垦、收租；札萨克旗王府把乌块哈达北面方圆40里的牧场放垦、收租。且都不断向租赁地外扩展。这样一来，这一地区的常住农业人口逐年增加。由于放地，鄂托克旗、杭锦旗先后增加了很多农户，后来逐渐形成东至杭锦旗亚斯图苏木的李六则圪旦、阿曼加汗和杭锦旗阿尔斯楞图苏木的呼日嘎其古、查汉乃，西至鄂托克旗巴彦淖乡的公盖加汗、小湖，南至鄂托克旗木凯淖乡的旧庙湾、额克尔梁和杭锦旗四十里乡的甲克乌素及杭锦旗胜利乡的高启祥村，北至鄂托克旗早稍乡的四眼井和杭锦旗亚斯图苏木的脑高岱，东西三、四十公里，南北四、五十公里[①]，面积约2000平方公里的一片区域，即后来所称的"桃力民地区"。

桃力民地区形成的原因主要有：

1. 庚子赔款。伊盟人民除负担全国性的赔款外，还要负担地方性的赔教款，洋教盛行时，在当时死了一个洋人，赔银一万两；死一个"二洋人"（教徒），赔银一千两。各旗除缴纳白银外，不足部分以牧畜、土地作抵。桃力民地区虽不是赔教地，但与因赔教造成的经济困难及不良后果有关。

2. 移民实边。庚子赔款以后，清政府财政经济陷入困境，为了维持其摇摇欲坠的统治，决定实行以练兵筹饷为主要内容的新政。对于蒙地，清政府把移民实边、开垦蒙荒、收刮押荒银作为新政的第一要务。伊盟的王公，为了上取清廷之宠，下获地利之肥，便大肆放垦，大批的牧场便这样转为农田。

3. 蒙旗王公挥霍无度，划地抵债。清廷卖官鬻爵，王公们为了加官进爵，便大量捐输驼马、银两，兼之边商的巧取豪夺，致使蒙旗债台高筑，无力偿还，只好沿袭前例，卖地抵债。卖地时并无精确数量，马鞭一指，一大片土地便划了出去。

4. 专用地出租。伊盟的召庙星罗棋布，每座召庙都有指定的膳召地，原规定不准开荒种地，但当喇嘛们的生活有了困难时，便利用和上层的关系，经多方奔走，得到王爷点头，就可招来佃户耕种，坐收地租。一庙破例，千庙效尤，天长日久，佃户便成了固定的农业户。此外，还有户口地。蒙族人家都有户口地，有权自己支配，可以招佃户，也可以完全租给汉民，坐收租子。内地的汉民生活无着，大量地"走西口、上草地"，这就导致了口里农户大量北迁进入鄂尔多斯。

5. 临时户变为长期户。内地的各种匠人进入蒙地做工，由于蒙地的需要或者与蒙

---

① 张增明. 桃力民和桃力民地区[G]//杭锦旗革命老区促进会. 杭锦旗革命斗争史资料辑佚. 2010.

旗搞好了关系，便长期居住下来。还有一部分内地的农户，以跑青牛犋的形式进入蒙旗种地，春来秋回，时间长了，有的嫌"远田不养人"，便定居下来。

6. 驿站地放垦。清廷在伊盟设有6个驿站地，用于传递上下间的文函。清廷不拨给活动经费，只划拨一定数量的草地，允许站丁养牧。驿站的费用由站丁支付，慢慢入不敷出，驿站便将牧场租赁给内地的农户耕种，以弥补经费之不足。

汉户大量聚集以后，由于"蒙不归汉，汉不属旗"，盟旗在汉区不设置政权，这一带成为三不管地区。直至1938年中共桃力民工作委员会成立，同年11月22日中共伊盟工委成立，以桃力民为根据地，领导伊盟人民开展抗日斗争时，才有了桃力民地区的概念。1941年，国民党在该地区成立桃力民办事处，桃力民地区遂告形成[1]。

二、桃力民地区红色财政开展情况

从1929年开始，中共中央逐步就加强蒙古族工作、武装斗争、建立与统一蒙古族运动工作等做了具体的部署，开展了大量的工作，并陆续派遣共产党员来伊克昭盟开展革命工作，地区红色财政也得到了逐步的发展。1935年5月，地下共产党员杨子华借当地大户聘其为教书先生之便利，将私塾改造成为桃力民小学校并任校长，在宣传民族民主革命思想的同时争取各大户的支持，以便开辟新的红色区，之后韩是今以货郎的身份走村串户来到桃力民地区开展地下工作，为桃力民地区后来红色财政的发展奠定了基础[2]。

1937年春，中共少数民族工委派人深入桃力民地区发展力量。随着第二次国共合作，八路军驻桃力民工作团公开，在共产党的领导下，桃力民地区展开了轰轰烈烈的抗日救亡活动，组织了抗日动员委员会，总会设在桃力民地区。1939年3月，国民党政治工作人员突然提出"桃力民抗日动员委员会"是共产党组建的，必须改组。中共伊盟工委从团结抗日的大局出发，配合国民党政工人员的要求，邀请新三师政治部领导人员乌兰夫和纪松龄（赛兴嘎）出面，将桃力民动委会改为桃力民蒙汉联合抗敌委员会。抗敌委员会为支援前线、筹备粮食做了大量工作。杭锦旗从沿河到梁外均建立了统一战线和具有半政权性质的抗敌后援会，有总会、分会和各自然村基层后援会等抗日组织，在桃力民工委的领导下，本着"有钱出钱，有力出力"的原则，在物质供

---

[1] 张增明. 桃力民和桃力民地区［G］//杭锦旗革命老区促进会. 杭锦旗革命斗争史资料辑佚. 2010.

[2] 郝崇理. 鄂尔多斯革命老区［M］. 鄂尔多斯：鄂尔多斯日报社，2003.

应等方面为红色财政的发展作出了很大的贡献[1]。

桃力民自卫军是饱受兵燹灾祸的桃力民人民为保卫家乡、抗日而积极筹建的，在共产党的影响下做了不少对抗日有益的工作[2]。当时，日伪军以杭锦旗王府为据点，经常出动汽车、骑兵骚扰桃力民地区，桃力民自卫军与国民党孟文仲部共同出击，在阿木尔龙贵一战，将日伪军赶出了杭锦旗。自卫队队员自给自助的方式是当时抗日财政"有钱出钱，有力出力"下的一种积极的民族自觉及实践。

1938年5月，绥蒙工作委员会成立，绥蒙工委机关从张家畔迁至桃力民，绥蒙工委与八路军绥蒙游击司令部进驻桃力民地区。绥蒙工委从边区出发时，中央和边区党委给了四万白洋，作为开辟伊盟的工作经费。当时人吃的粮食、马吃的饲料等全是用白洋按等价交换原则买来的[3]。1938年6月，绥蒙工作委员会创建了桃力民抗日根据地，组建了桃力民工委，以加强该地区的工作。在桃力民工委的领导下，以抗日动委会的名义，广泛地进行抗日救亡宣传，发动群众组建青年会、妇女救国会，发展地下党员，筹备武装力量。

妇救会干部以拜姊妹的方式，发动联络并组织广大妇女为八路军缝衣做鞋，广大妇女冲破家庭束缚，识了字，放了脚，解放了思想，走出家务圈子，踊跃为抗日前线送炒米、送粮草。

抗日动员委员会在宣传抗日、侦察敌情、带领群众给八路军供应粮草、缉私和发展经济等方面，发挥了积极作用。桃力民合作社是抗日动员委员会设立的，主要是为了解决桃力民地区群众买货难问题，使其不受边商的高利剥削而成立的。日寇占领包头后，宁夏奸商来来往往贩卖日货，趁机发国难财，桃力民工委缉私站开展对过往客商的检查，展开没收日货、国货征税等项工作，并把没收回来的日货交给桃力民合作社拍卖。既解决了群众买货难的问题，又筹措了活动资金；既支援了前线，又丰富了统战形式。抗日动员委员会还发动群众为支援前线抗日筹备了大量的粮草和募捐款，买进了许多枪支弹药、马匹，武装了骑兵营。当时流传着这样一首小快板，即："桃力民，木花梢，抗日情绪实在高。东西桃楞脑高岱，这些地方尽老财。宣传队，跑得快，一天动员几口袋（粮食）。动员得多，拿不动，牛车拉来马车送，骆驼日夜驮不尽，支

---

[1] 冯春生. 桃力民纪事［C］//政协杭锦旗委员会文史资料委员会. 杭锦旗文史资料：第十三辑. 2015.

[2] 张增明. 桃力民和桃力民地区［G］//杭锦旗革命老区促进会. 杭锦旗革命斗争史资料辑佚. 2010.

[3] 中共伊盟盟委党史资料征集办公室. 伊盟革命回忆录：第六辑［G］. 1983.

援前线打日本！打日本！"生动地展现了广大群众积极支援抗战的热情[①]。

国民革命军新编第三师（简称新三师）属于国民党编制的武装力量，是我党西蒙工委帮助建立起来的一支蒙古族抗日部队。新三师不拿群众一针一线，为解决军民供需，杜绝边商重利盘剥，开办了供销合作社、毛纺厂，毛纺厂编织毛衣毛裤、羊毛毯子。新三师领导人乌兰夫考虑到新三师二千多官兵的生活及马匹饲草料问题，跟杭锦旗王爷府商议放垦古城梁及周边的土地，又组织人们在格炭合那与古城梁交界处打出了12眼井来；现在这个地方还叫新井渠。在乌兰夫的倡导下，砍伐附近的野生沙柳，请当地农民作施工指导，动员全体官兵自己动手建造营房。新三师所到之处宣传抗日救国的重要意义，受到当地老百姓的欢迎。尽管当时战乱频繁，百姓生活在水深火热之中，因新三师是抗日队伍，百姓还是节衣缩食，全力支援新三师的粮食草料供应。

1941年，国民党掀起反共高潮，大批军队进驻桃力民，之后伊盟工委和桃力民工委随之撤出该地区，不久，国民党在该区成立了桃力民办公室，1943年成立了桃力民办事处。面对新的斗争情况，共产党决定派一部分优秀党员打入国民党内部，一些同志装扮成皮毛匠，成年累月背着装有钩、刀、铲的褡裢走村串户开展工作，直至绥远省"九一九"起义，桃力民地区解放。

1950年，桃力民中心区人民政府成立，接管了桃力民办事处，宣布了新的政策，布置了新的任务。在共产党领导下，很快就建立了贸易公司、粮站，各种商品逐步齐全，随之职工干部的生活也逐步改善。买白面，可到粮站；买副食品及其他用品，可到贸易公司，在调剂生活方面方便多了。工资伙食等方面，从旧解放区跟着王得胜书记来的同志是供给制；旧职起义人员是发工资；办公用品诸如像油印机、钢笔、蘸笔、日记本、帐页纸、信纸等，都能买到。

1950年3月18日，桃力民中心区人民政府开始办公。4月1日，启用伊克昭盟桃力民中心区人民政府公章。当时群众基础和干部条件等尚不成熟，决定在桃力民暂设中心区，作为合并过渡机构（见接交委员会1951年5月26日《对桃力民中心区划归鄂托克旗、杭锦旗工作总结报告》）。桃力民中心区人民政府设财政科，内设科长（魏世文）、副科长（魏振业）及科员（于乘云、任家骏、胡大宾、刘世杰），专门负责具体财政工作开展事宜。

3月23日，中心区人民政府发出通知，内称：

1. 顷奉绥远省政府命令，桃力民划归伊盟政府领导，并在桃力民建立桃力民中心区人民政府。

[①] 冯春生. 桃力民纪事[C]//政协杭锦旗委员会文史资料委员会. 杭锦旗文史资料：第十三辑. 2015.

2. 前办事处已遵命，于3月15日结束，现正办理移交手续中。
3. 本桃力民中心区人民政府，于本月18日开始办公。
4. 今后各乡行政工作，均应遵照人民政府命令实施。
5. 仰即遵照，并广为宣传为要。

接收完伪办事处，紧接着开始接收伪办事处下属各乡。5月4日，将各乡接收完毕。1950年12月26日，中心区人民政府接到盟府12月13日民政字第221号通知，内称："前奉内务部民字第61号令，规定县以下区的名称均数字排列"，遂通知各区公所，将民兴、民立、隆兴、民乐、民泰依次改为一、二、三、四、五、六区。

解放初，百废待举，吃饭问题是头等大事。为了征收更多的粮食，争取粮食的主动权，1949年12月8日，伊盟组成了"伊克昭盟自治区粮食分库"，各旗县设粮食代转库。1950年杭锦旗成立了购粮委员会，由50人组成，同时在木花梢设立了木花梢代转库（后改设在锡尼镇，为锡尼镇代转库）。购粮的办法是村乡派购（征购），对卖户自由。在桃力民征收公粮数如下：公粮完成8.3万斤，马料完成1.4万斤。

1950年废除了苛捐杂税，政府对农业税重新作了规定，实行"以实计征，依率行征"，即农户每人所得平均数为八斗以下者不征，八斗以上者计征3%（三十斤为一斗）。具体办法如下。

1. 所得数：12斗、16斗、20斗、24斗、28斗、32斗……

计征数：4升、5升、6升、7升、8升、9升……每户个人所得超过八十五斗，以35%计征，不再累进。

2. 军属、蒙古族自耕农一律以一石二斗为起征点，佃耕户及贫困户可减征税额的30%，喇嘛参与农业劳动一年内有三个月以上者，计入农业人口。蒙古族之大地主，凡自愿交出土地由旗代管，可不计征公粮。对企图分散土地，降低成分，减低税率，逃避负担者，一律计征农业税。货币在当时的市场上流通不大，在粮食交易上多以白洋、洋布、烟等日杂货物交换，1950年桃力民地区可以一匹白洋布（四十尺）换糜子五石二斗五升。1951年前，粮食代转库在财务上不是核算单位，只是分别在旬、月、年向所在地区的财政单位报账结算。如一位军政人员下乡，路过某地在农民家里吃饭喂马，只要具名开一张条子，写明食用粮食几斤，喂饲料几斤，农民就可以凭这张条子顶应交纳的公粮公草数，与代转库结算。代转库持条向粮食分库结算，分库汇总后，报财政处核算。这是最早的较分散的供给制形式。这种办法延续到1952年，随着交通的发展，以及贸易公司、消费合作社网点的成立，农村才逐渐有了人民币的流通，打条子报账的形式便消失了[①]。

---

① 《杭锦记忆》编委会. 杭锦记忆[M]. 呼和浩特：远方出版社，2014.

1951年5月14日，伊克昭盟自治区人民政府通知桃力民中心区、鄂托克旗和杭锦旗人民政府，决定取消桃力民中心区人民政府。5月19日，鄂、杭、桃接交委员会召开第一次会议，研究、酝酿了有关接交的各项问题，向伊克昭盟自治区人民政府打了报告，详述了划界及干部分配具体方案。后来，经过盟府批准，就照此方案办理。

　　1．划界问题。东起昌汗吉林、西至东胜恒的桃力民中心区所属的原鄂、杭地区，按原界划开。居民所属，以地为准。其行政领导，原桃力民中心区所属的一、二区，由鄂托克旗领导；四、五、六区由杭锦旗领导。桃一区所属的杭旗部分，划给原桃四区领导，原桃三区所属的杭旗部分，除以赤劳图—公卡汉为中心，编一个行政村，暂归杭旗政府直接领导外，其余靠近杭旗七区之少数牧业户，为了便于领导，划归杭旗七区领导。各区原属小学，仍归各区领导，唯三区小学，仍需杭旗学生继续入学读书。关于财政方面，各区之公债，农牧贷款、公粮尾欠等经济手续，由中心区二科结清，一面报盟，一面交各区清理。

　　2．干部问题，此处不再赘述。

　　5月26日，召开中心区全体干部和各区区长联席会议，正式宣布接交完毕。6月1日，桃力民中心区人民政府宣告取消，由鄂、杭两旗分别领导各区，财政工作亦然①。

三、小　　结

　　抗日战争开始后，国民党大汉族主义者为了掠夺蒙民的土地，直接压榨勒索桃力民地区这块土地上的人民，并以组训民众对日抗战为名，设立了办事处，从鄂杭两旗蒙民手里夺了领导权。继之，又以陈长捷、何文鼎等武力强迫开垦，大量移民，使蒙民牧场日益缩小，汉农的负担也日益加重。在特务、官员结合当地土匪的挑拨离间下，蒙汉矛盾、民族纠纷不断发生，国民党大汉族主义者把桃力民变成蒙汉人民的火坑、反共的堡垒和伊西民族矛盾的集中点。中国共产党则积极开辟这一地区的革命工作，一切财政工作围绕革命工作的需要展开，为该地区的革命工作发展提供了强大的助推力。

　　解放后，盟委、盟府根据中国共产党民族平等、团结互助的政策，为了解决国民党遗留下的蒙汉分治历史问题，便考虑并最终解决了桃力民原划归鄂托克、杭锦两旗领导的问题。

　　桃力民地区自1950年3月正式获得解放，改为中心区，到中心区取消，为时一年零两个月。在这短短的14个月当中，桃力民中心区在共产党和人民政府的正确领导下，全体工作同志的努力下，群众的积极支持下，经过政权合并，财政工作卓有成效，在

---

　　① 马步萧．桃力民的兴衰［G］//杭锦旗革命老区促进会．杭锦旗革命斗争史资料辑佚．2010．

支援剿匪，废保建政，解散反动团队，救济难民，铲除大烟，恢复、发展农牧业生产，恢复、建立小学教育，举办短期干部训练，完成秋征任务及抗美援朝、减租反霸、剿匪肃特等各项运动中发挥了积极的支撑和保障作用。至此，该区域社会趋于安定，人民的阶级觉悟大大提高，农牧业生产迅速发展，蒙汉人民的关系逐渐趋于融洽。

桃力民地区的形成，是蒙旗封建王公腐败，国民党大汉族主义者恃强豪夺的结果，其的取消及最终妥善合理地划归原来旗县管理，反映了中国共产党民族政策选择的伟大与英明，代表了历史前进的正确方向。

传承红色基因，讲好革命故事
——记革命历史人物浩帆

■ 鄂尔多斯市博物院　李　勇*

内容提要：鄂尔多斯是中国共产党在少数民族地区最早开展革命斗争和成功探索民族区域自治的重要地区之一。在鄂尔多斯革命历史斗争史中，诞生了许多革命人物。土默特人也曾为鄂尔多斯这片热土洒下过热血和汗水，与鄂尔多斯有着割不断的历史情结，为鄂尔多斯的革命历史作出过重要贡献。其中之一就是土默特左旗革命前辈浩帆。本文从浩帆抗日救亡、参加革命、学习生活及工作等方面阐述了他参加革命的非凡一生。

关键词：浩帆　革命故事　传承

　　鄂尔多斯由于独特的地理位置，在抗日战争时期所处的战略地位十分重要，是陕甘宁边区的北方门户和连接陕甘宁边区与大青山、晋西北抗日根据地的重要通道，是我党在少数民族地区最早开展革命斗争和成功探索民族区域自治的重要地区之一。在波澜壮阔的鄂尔多斯革命斗争史中，涌现了许多革命人物，他们在鄂尔多斯这片热土上洒下了热血和汗水，为鄂尔多斯的革命历史作出了重要贡献，与鄂尔多斯有着割不断的历史情结。革命前辈浩帆就是其中之一（图一）。

　　浩帆，蒙古族，曾用名李培德，1918年出生于内蒙古土默特左旗把什村。在中国共产党的指引下，他从一个穷苦的蒙古族青年走上了革命道路，历经战火考验，奔赴革命圣地延安，进入刚刚创立的延安民族学院，通过学习成长为一名长期从事民族教育管理及民族理论研究的干部和知名学者。中华人民共和国成立后，先后担任中央民族学院党委常委，内蒙古自治区党委副秘书长、代秘书长，内蒙古工学院副院长，内

---

* 李勇（1968—　），内蒙古自治区呼和浩特市土默特左旗人，大专学历，原鄂尔多斯革命历史博物馆馆长、文博馆员，研究方向：博物馆研究、红色文化研究。

图一　浩帆

蒙古社会科学院第一任院长、党组书记。1993年10月，浩帆因病在呼和浩特去世，享年75岁。

浩帆的家乡把什村位于大青山山脉的狮子山下，是蒙古族、汉族杂居的大村子，也是土默特平川地区较早有村办学校的村庄。"把什"是蒙古语"巴克西板申"的简称，意为"先生的房子"。抗日战争爆发前，有300多户人家共计1000多口人的把什村只有两所小学，一所汉族小学和一所蒙古族小学。其中蒙古族小学是土默特旗的官办学校，称为"土默特把什小学"。除了这两所小学外，村里还有人办私塾。由于把什村的读书人比较多，文化氛围浓厚，早年参加革命的人也比较多。

1. 参加抗日救亡活动

浩帆出生在土默特旗把什村一个贫苦的蒙古族农民家庭，幼年时进入本村私塾学习，后来考入归绥（今呼和浩特市）土默特高等小学校。"七七"事变后，在绥远抗日救亡会的领导下，已就读绥远蒙旗师范学校的浩帆与同学们积极参加学生爱国运动。他们手举红旗，唱着救亡歌曲，到处宣扬抗日并进行募捐活动，以支持绥东前线的抗战部队。早在青年学生时期，浩帆就向往民主进步，接受党的抗日救国的革命思想，积极投身革命活动。

1937年10月，日军占领归绥，绥远省机关和学校大多被遣散或撤离，绥远蒙旗师范学校的学生也被遣散返乡。于是浩帆回到家乡，开始在土默特把什小学教书。期间，他受进步思想影响，在师生中教唱爱国主义歌曲以宣传爱国主义，积极参与抗日救亡活动。在浩帆的回忆录中曾讲述过这样一件事："当时我所在的这所学校的校长是我的一个同学，他家在呼和浩特，经常不在学校，所以学校的事情就委托我代他办理。我一方面教书，一方面替他管理学校。日本人占领归绥、包头以后，我们村里的一些人因为害怕日本军队和伪蒙古军进村欺侮老百姓，就把一面日本国旗升在了学校的旗杆上。我当时住在家里，第二天去学校一看，咳，怎么旗杆上升起了日本膏药旗！当时我非常气愤，便开口骂人了：膏药旗究竟是谁升的？谁升太阳旗谁就是亡国奴，是日本鬼子的走狗！我一面骂，一面把膏药旗降下来。这事立刻轰动了全村，群众对此事也议论纷纷。有的群众说：啊呀，好大胆呀！谁敢把日本旗降下来。不过当时日伪军刚刚侵占了归绥、包头一个月，村里边还没有建立起伪政权，所以村里对降下日本膏药旗这件事也没人过问，慢慢地也就过去了。对我个人讲，不愿当亡国奴的气也出了，心里非常高兴。后来这件事还受到当时大青山地下党组织的赞许。"

1938年秋天，浩帆考入北京蒙藏学校。当时的日伪政权对市里各类学校控制得很严，但对蒙藏学校的监管还比较松，因而在蒙藏学校可以读到许多革命书籍，比如艾思奇的《大众哲学》和鲁迅、郭沫若、胡绳、成仿吾等人的著作，在学校图书馆里还可以看到抗战前地下党所办的刊物，如《新生活》《大众知识》等。此外，蒙藏学校里的同学还可以唱一些爱国歌曲，如《黄河大合唱》《义勇军进行曲》《凤阳歌》等；当然，大家也只是在宿舍里唱。后来，浩帆成为出综合性墙报的大胆发起人，墙报题材有散文、诗歌、评论等，内容多为爱国进步思想的展现。每期墙报内容虽未公开喊出抗日，但都渗透着抗日的精神，由此带动了校内其他年级、班级相继办起了墙报。这事逐渐引起了校方的注意——训导主任把所有的墙报看了以后，声称要查处办墙报的人，并严令以后不准再办墙报。因此，墙报不得不停办了。在蒙藏学校读书期间，浩帆因为家里贫穷，没有回家的路费，所以暑假、寒假就都是在学校度过的。假期里，他常到北京图书馆读书，增长了不少知识，也接受了更多、更深的革命思想，这为他日后参加革命奠定了思想基础。

2. 奔赴延安，参加革命

1940年秋，浩帆自蒙藏学校毕业，在大青山党组织的资助下，从北平返回故乡。当年10月，他便与几个亲友相约，一起投奔革命圣地延安。他们先是来到新三师驻地，找到寒峰和云蔚（他们当时都是中共地下党员）说明来意。当时新三师的地下党与大青山的地下党断了联系，难以安排他们前往延安，所以要求他们一行先返回大青山，帮助他们与大青山的党组织重新建立起联系。浩帆接受了这一任务，带上对方给大青山党组织领导人于占彪、李维中、贾力更三人的三封信，一路涉险闯关，最终将信件安全送达。1940年冬，中共土默特工委书记贾力更指示浩帆说："现在就交给你一个重要任务，动员咱们村的学生去延安参加革命。你有很多同学，要动员他们和你一样，参加抗日斗争。你的家庭很穷，也很进步，你虽然没有直接接受党的领导，但也一直是搞革命活动的，所以你就在土默特参加革命吧，不要再回新三师了。以后有机会，咱们从土默特再去延安。"自此，浩帆正式参加了革命工作。

1940年底，党组织正式通知浩帆做好去延安的准备。1941年初，绥远地区处于最困难的时期，日本帝国主义在这个地区进行残酷的扫荡、蚕食。为了保存干部，中共西北局和党中央决定暂时撤离大青山游击根据地，让民族干部去延安学习。1941年5

月16日，浩帆等人在部队的掩护下，闯过敌人一道道封锁线，历经千辛万苦到达了延安。浩帆刚到延安，西工委民族工作部就把他安排到陕北公学民族部学习，当时王铎同志任民族部副主任。1941年秋，延安民族学院正式成立，浩帆等少数民族学员就被集中到了延安民族学院，一直到1944年5月。

3. 延安民族学院的生活片段

随着抗日游击根据地的发展，加之日寇和伪蒙政权与我党争夺青年的斗争也日趋尖锐，党对干部的需求越来越多，尤其是蒙古族干部，更为缺乏。由于游击根据地没有办学条件，集中训练培养大批青年干部有困难，只能采取往延安输送青年，学习一个时期再回来工作的培养办法。在选拔蒙、汉青年到延安学习时，并不过分强调阶级成分，不论蒙古族、回族和汉族，只要抗日，愿意到延安学习，就可以参加选派。这样，不少进步青年去了延安，既培养了我们的干部，又发展了统战工作。延安民族学院成立以后，人就更多了，当时一共分了六个班，分别是一、二、三、四、五班和研究班。后来又增设了六班，是专为从伊盟去的战士设立的。浩帆当时在第一班学习，开设有语文、政治和政治经济学三门主课，另外还有一门蒙文课。延安民族学院（图二）的成立充分显示了党的民族政策的优越性，在培养民族干部方面发挥了巨大的作用。

图二　延安民族学院旧址

1941年正是国民党对陕甘宁边区实行经济封锁和军事进攻的时期，目的是把陕甘宁边区、党中央及八路军总部所在地政府各机关的干部和人民困死、饿死。党中央和毛主席针对这一情况，及时发起了"自己动手，丰衣足食"的大生产运动。延安民族学院的同学们在学习以外，也积极参加了大生产运动。他们住的窑洞要自己打，取暖用的木炭要自己烧，还要参加更繁重开荒种地劳动。除了这些以外，大家还要纺棉线、纺毛线、上山砍柴。这样一来，延安学习生活锻炼出来的人的本事都是多方面的，不仅会种地、做饭、打窑洞，还会烧木炭、砍柴，同时在战争年代又学会了打仗，可谓"能文能武"。浩帆曾在回忆录中写道："延安的生活，在我的一生中是很重要的。在此期间，使我解决了走什么路、跟谁走的问题，它像一个革命的大熔炉一样，锻炼了成百、成千、成万的革命中坚，我也由一个向往革命、向往抗日救国、向往祖国自由解放的青年，逐渐成长为一个有革命目标、革命理想的党的民族干部了。"

浩帆到延安后，先后担任延安民族学院生产干事和秘书等职。他还经常在报刊上发表文章，被称为青年人中的"笔杆子"。1945年，根据党组织安排，浩帆来到伊盟，担任《伊盟报》（前身是《蒙古报》）的编辑，负责从采访到写稿的全部编辑工作，后来升任社长。1948年春，因浩帆工作调整关系，报纸停办。《伊盟报》作为党的宣传工具，其成长过程伴随伊盟革命斗争之始终。因《伊盟报》报道了战况，宣传了党的各项方针政策，特别是党的民族政策，故而成为党的喉舌，人民的耳目，在党中央开辟伊盟工作和伊盟革命斗争的史册中留下了光辉的一页。

1947年，鉴于革命形势发展和工作的需要，浩帆先后担任伊东工作团团长、准噶尔旗步兵一团政委、准达工委宣传部长、伊克昭盟盟委宣传部副部长等职。

4. 新中国成立后的工作

中华人民共和国成立后，浩帆被党组织选送到中央马列学院学习三年，历任中央民族学院（现中央民族大学）预科班总支书记、主任，政治系和历史系总支书记、系副主任，中央民族学院党委常委。

1965年9月，因工作需要，浩帆调回内蒙古工作，先后担任内蒙古自治区党委副秘书长、代秘书长、代常委。

1976年粉碎"四人帮"后，浩帆出任内蒙古工学院副院长。

1979年11月，浩帆牵头组建成立了内蒙古社会科学院，并担任第一任院长、党组书记。

浩帆离休后，开始投入民族思想理论的研究工作，探讨全国各民族团结进步、共同繁荣的规律性。他认真研究中国不同时期的民族问题和民族工作，先后发表了总计数十万字的论文和专著，主要有《社会主义社会民族问题研究》《内蒙古蒙古民族的社会主义过渡》等。

浅谈鄂尔多斯先贤们为伊克昭盟革命事业作出的贡献

■ 鄂尔多斯市博物馆　娜仁高娃*

内容提要：中国共产党成立后带领全国各族人民为解放中国不懈努力，艰苦而英勇地奋斗。全国各族人民都参与到中华民族的解放事业中，奉献出自己的一份力量。鄂尔多斯的先贤们也响应革命斗争，积极带领农牧民支持和参加革命工作，为伊克昭盟革命事业的发展作出了重要贡献。

关键词：伊克昭盟　鄂尔多斯先贤　革命　战马

鄂尔多斯市（原伊克昭盟）位于内蒙古自治区西南部，东与呼和浩特、山西省忻州市为邻；西与乌海市、阿拉善盟、宁夏回族自治区接壤；北连巴音淖尔市、包头市。当时伊克昭盟所处的战略位置十分重要，是陕甘宁边区的北方门户，又是阻止日本侵略者西进南下的屏障，同时也是国民党军队大量驻扎的地区之一，成为国、共、日三方激烈争夺之地。

十月革命的炮响给中国送来了马克思主义，1921年中国共产党成立后，伊盟人民革命斗争进入了一个新的阶段。中国共产党对民族地区的解放事业极为关怀，早在党的创建和大革命时期，就有中共党员到伊盟活动，在乌审旗掌高图建立伊盟第一个党支部，同年中共乌审旗工委成立。中国共产党在伊克昭盟的革命斗争中，执行了正确的民族政策，在吸引广大蒙古族青年投入革命的同时，还吸引了不少民族上层投入革命[①]。

---

* 娜仁高娃（1968—　），内蒙古自治区鄂尔多斯市乌审旗人，大学本科学历，鄂尔多斯市博物院文博研究馆员，研究方向：历史、民俗、宗教。

① 内蒙古老区建设促进会. 内蒙古革命老区：伊克昭盟的革命老区［M］. 呼和浩特：内蒙古人民出版社，2000：196，304-380.

一、奇子俊参加革命

奇子俊（拉布丹）就是其中投入革命的一位，他是鄂尔多斯左翼中旗——准格尔旗协理那森达赖的次子（二少爷），贵族出身。1923年他游走他乡，去归绥，上京津，下南京，还到外蒙古和苏联参观。他在北京第一会见了鄂尔多斯"独贵龙"运动领袖席尼喇嘛。之后他们一起去蒙古，受到过乔巴山的接见。他接受革命教育后，1926年回到家乡招兵买马，被称为"二少爷招兵"，组建了革命军队，成立学校，与封建制度进行斗争，产生了广泛影响并为伊克昭盟革命事业作出了贡献。

二、"成陵"西迁

在"独贵龙"运动和共产党陕甘宁边区的宣传教育工作等的影响下，面对当时国内外极为复杂的形势，内蒙古王公贵族也逐渐两极化，有的思想进步，像奇子俊一样投入到革命事业中去，而有的则继续为维护自己的封建统治地位与革命者顽强地对抗。对鄂尔多斯右翼前末旗（札萨克旗）第九代王爷沙克都尔扎布（沙王）来说，保家卫国比什么都重要。他是成吉思汗第30代孙，当时的伊克昭盟盟长，为保护成陵和反对开垦蒙地，反对国民党压迫人民，抗日等方面作出了重要的贡献。

1937年7月7日，卢沟桥事件发生，标志着抗日战争全面爆发。随后，察哈尔省、绥远省沦陷。同年10月16日，日军侵占萨拉齐县城。17日，日军乘火车进入现在的包头东站，傅作义部队撤离，日军驻军包头，兵锋直指伊克昭盟（现鄂尔多斯）。与此同时，日本侵略者在"欲征服中国，必先征服满蒙"政策的驱使下，决定搞一个类似于伪满州国的蒙古自治政府出来。此时，锡林郭勒盟盟长、苏尼特右旗亲王德穆楚克栋鲁普（德王）主张日蒙亲善，投靠了日本。同年10月，在日本的授意下，第二次蒙古大会在归绥的厚和豪特（今呼和浩特）召开。伊克昭盟盟长、成吉思汗陵济农、札萨克旗王爷沙克都尔札布以及伊克昭盟其他各旗王爷均参加了这次会议。沙王抵达会场后才明白，要宣布成立"蒙古联盟自治政府"，日本方面拟让他出任副主席。面对日本拉拢，沙王果断拒绝。会议指定云端旺楚克（乌兰察布盟盟长，称为云王，未到会）为自治政府主席，德王为副主席，日本人金井章二为最高顾问。蒙古联盟自治政府成立后，金井章二要求德王迅速开展蒙疆自治工作。德王明白沙王是伊克昭盟盟长，也是成吉思汗陵济农，要想征服他，只能将圣祖成吉思汗陵移出伊克昭盟，迁至日本侵略者控制的地域范围内。于是1937年冬，金井章二派特务内田勇四郎来伊克昭盟召集各旗王公见面，要求他们支持德王的伪政权，并在会上提出，要把成吉思汗陵搬迁到日占区。沙王担心不迁成吉思汗陵会引来日本人侵略伊克昭盟，但也不能答应日本人要求。

经过这一事件，伊克昭盟各旗王爷均认为成吉思汗陵在札萨克旗供奉是绝对不安全了，必须迁移。但往哪迁移，形成了两派不同的意见。一派是伊克昭盟盟长沙王的意见，迁往青海；另一派是伊克昭盟副盟长、杭锦旗王爷阿勒坦鄂齐尔（阿王）的意见，迁往德王指定的区域。会议决定，待沙王前往重庆，面见国民政府后再决定。1938年夏天，沙王去重庆向蒙藏委员会递交了迁移成陵申请书，并通过蒙藏委员会委员会与蒋介石见面。蒋介石对此事高度重视，立即批准迁陵事宜，并委任沙王与当时国民党绥远省政府主席傅作义、晋陕绥边区总司令邓宝珊等为起灵致祭官，奉移经费从国库中拨发。沙王立即折返伊克昭盟，途经延安时，还特意去拜会了毛泽东。毛泽东对成陵西迁计划也表示极大支持。沙王回到伊克昭盟后，立即开会讨论迁陵事宜，计划马上西迁。1939年4月24日，蒋介石电令天水行营（行营设于西安）主任程潜全权办理移陵事宜。在国共两党的共同努力和支持下，1939年6月13日，千里移陵正式开始。

6月18日，移陵队伍进入中国共产党领导下的国民革命军第八路军防区陕北米脂时，中共中央代表谢觉哉、八路军代表滕代远代表延安各界来到了米脂县城。举行祭奠仪式后队伍继续前行，21日到达延安并举行了盛大祭典。中共陕甘宁边区委和政府、八路军留守兵团以及毛泽东敬献了花圈。7月1日，迁至甘肃省兴隆山。1949年8月中旬，再迁青海省塔尔寺。这次成吉思汗灵柩的迁移，历史上称为"成吉思汗陵西迁"。在沙王的努力和国共两党的大力支持下，成陵顺利西迁，摧毁了日本侵略者同德王的阴谋，保护了成陵。成陵成功西迁和"3·26伊盟事变"是沙王一生当中所做的两件大事。1943年3月26日，沙王领导的札萨克旗保安队与牧民群众发动了震惊全国的"3·26伊盟事变"。此次反对国民党武装开垦的运动遭到了国民党伊克昭盟守备司令陈长捷的残酷镇压[①]。中国共产党对"伊盟事变"十分关注，沙王领导的这次武装起义是伊克昭盟历史上乃至国共两党史上重要的一章，为保护草原，保卫伊克昭盟，维护国家统一，建立民族统一战线，团结一致共同抗日作出了重大贡献。

三、奇金山发动武装起义

当时扎萨克旗武装起义得到了伊克昭盟鄂托克旗、乌审旗保安队等各旗各界人士和人民的响应。鄂托克旗保安队在阿拉庙一带伺机行动。4月15日，乌审旗保安队部分官兵和群众在大队长奇金山的领导下发起了武装起义。奇金山的蒙古语名字叫哈诺

---

① 伊克昭盟政协文史资料委员会. 伊克昭盟文史资料（蒙古文）：第四辑［M］. 鄂尔多斯：鄂尔多斯日报社，1987：13-28，59-126.

墨拉，乌审旗的沙尔利格大圜圙台吉（贵族）出身，是奇国贤的堂兄。他虽然是乌审旗军界的中级人士，但由于受席尼喇嘛革命思想的影响，对王公贵族的特权极为不满，逐渐有了反抗压迫和解放蒙古民族同胞的革命愿望。

1935年12月20日，毛泽东代表中华苏维埃人民共和国中央政府发表了著名的《对内蒙古人民宣言》，宣布了中国共产党团结少数民族进行抗日斗争的统一战线政策。中国共产党员赵通儒、曹动之、田万生等奉派到乌审旗开辟工作。为了便于广大蒙古族同胞理解和领会中国共产党对民族地区的政策，他们把《宣言》译成蒙文，进行散发和宣传。这对奇金山来说，是进一步了解共产党的民族政策和革命主张的极好的机会，他的思想认识渐渐提高。1936年秋天，已和共产党建立联系的乌审旗保安队副官奇国贤带领奇金山到掌高图，介绍他与从事蒙古民族工作的共产党员曹动之等会面，并结拜为安达（生死兄弟）。从此以后，奇金山在艰难而复杂的社会环境中担起历史责任，配合中共乌审旗工委做了很多不可替代的工作。1943年4月6日，奇金山在与敌人斗争的关键时刻挺身而出，率领西乌审保安队和保安队部分官兵发动起义，投奔共产党，起义军改为乌审旗骑兵团。从此，东、西乌审形成了对峙局面。1944年10月，党组织安排奇金山赴延安学习，学习回来之后，他对部队进行了整顿，部队的军政素质逐渐提高，增强了整体战斗力。他还积极参与群众抗日团体——蒙汉抗敌联合会的领导工作。奇金山及其所属部队为了巩固西乌审根据地，坚持乌审旗西部地区的斗争，为加强根据地蒙汉民族间的团结作出了不可磨灭的贡献[①]。1945年2月16日（农历正月初四）奇金山被害，为革命事业献出了宝贵的生命，牺牲时年仅51岁。奇金山为乌审旗和伊克昭盟的解放事业作出了重大贡献，乌兰夫称他为"抗战民主运动的英雄"，并在延安《解放日报》上发表悼念文章，赞誉奇金山是"西乌审坚决抗战，有民主思想，深得人民爱戴的一位进步将领"。

四、奇国贤的英勇事迹

乌审旗保安队副官奇国贤，同样是乌审旗沙尔利格大圜圙台吉出身（图一），且很早就与陕北的共产党组织有密切联系。奇国贤蒙古名叫道布庆道尔吉，历任笔帖式（文书）、保安队副官、西官府副协理和协理等职。受"独贵龙"运动的影响，奇国贤从年轻时代就开始了对黑暗社会势力的反抗和斗争，对"独贵龙"运动抱着同情和支持的态度。封建复辟势力断送了席尼喇嘛领导的"独贵龙"革命成果后，迫害同情和参与革命的群众，奇国贤也多次遭到摧残，逐渐从同情革命转变为追求革命。抗日战争初

---

① 乌审旗文物局. 乌审旗文物志[M]. 鄂尔多斯：乌审旗文物局，2012：180-196.

图一　奇国贤家族故居遗址（大圐圙遗址）

期，他接受中国共产党抗日民族统一战线的主张，投身于民族解放事业[①]。

乌审旗是陕甘宁边区的北方门户，备受各方政治势力瞩目。旗府所在地设有国民党部，驻有中统特务组织，这给中共乌审旗工委的工作带来了困难。在此情况下，工委的许多工作都得到了奇国贤的鼎力相助。他在西乌审从事革命活动期间与中国共产党多名高级干部结为"安达"，并曾多次到延安受到毛泽东、朱德等中共中央领导人的接见。奇国贤衷心拥护党的政策，协助工委开展宣传联络工作。在他的影响下，他家族的多名同志投身到了革命工作当中。他还向有进步思想的旗保安团军官们宣传中共的民族政策和抗日统一战线纲领，争取他们投身抗日和民族解放事业。1942年11月13日，奇国贤在东胜国民党陈长捷的刑场壮烈牺牲，时年33岁。像他一样为伊克昭盟革命事业和中华民族解放事业牺牲的草原儿女还有很多很多⋯⋯

由于当时乌审旗成为陕甘宁边区的北方门户，又是以牧业为主的一个旗区，补充战马成为乌审旗支援革命事业的一项重要工作。乌审旗上层贵族台吉等蒙古族代表们在赴延安领会革命精神的同时，向中共中央毛泽东等领导同志及陕甘宁边区赠送战马以支援革命事业，为夺取抗日战争和解放战争的胜利作出了重要贡献。据历史博士、

---

① 乌审旗文物局. 乌审旗文物志［M］. 鄂尔多斯：乌审旗文物局，2012：180-196.

蒙古马研究专家孛儿只斤·旺楚克教授研究考证，毛泽东主席在陕北骑的小黄马就是乌审旗上层贵族赠送的乌审马之一，马腔上的烙印被认定属于西乌审旗有名的富裕人家那顺巴图安班家的巴图朝鲁。乌审马虽然体格矮小，但是一种耐力型良种马。这匹马跟随毛泽东主席为中国革命付出十多年，在解放后被送到北京动物园寄养。1962年这匹马在北京老死之后被做成标本，从1964年开始在延安革命纪念馆展览至今[①]。

2021年是中国共产党成立一百周年，习近平总书记指出："一个有希望的民族不能没有英雄"，还多次强调"要铭记一切为中华民族和中国人民作出贡献的英雄们，崇尚英雄、捍卫英雄、学习英雄、关爱英雄"。缅怀为中国革命事业作出贡献的无数革命烈士们，向他们的英灵致敬！正是有他们的奋斗和付出才有我们的今天。伊克昭盟的蒙汉族同胞们在中国共产党的领导下团结一致，从黑暗中走出来得到解放，其中鄂尔多斯先贤们为伊克昭盟革命事业作出了重要贡献。他们的英雄事迹将被永远铭记在历史篇章中，他们的红色基因将被我们永远传承下去，他们的革命精神值得我们永远学习。"把革命先烈流血牺牲打下的红色江山守护好、建设好"，是我们的责任和使命。

---

① 孛儿只斤·旺楚克. 在陕北这匹马陪伴毛主席十余载［N］. 内蒙古日报（蒙文报），2019-01-17.

试析席尼喇嘛从自发的牧民领袖成长为无产阶级革命家的原因

■ 鄂尔多斯市博物院　林金瑞[*]

内容提要：席尼喇嘛从自发的牧民领袖成长为民族民主革命家，内因是出生于贫苦牧民家庭，本身具有坚决的革命性，在任笔帖式（相当于文字秘书）期间，逐渐看清封建上层的腐朽统治，认识到敢于斗争才能改变劳苦大众的命运。出身和认识是他发展的根据和动力，决定了他发展的方向。而晚清的腐朽统治所导致的内忧外患、社会动荡、民不聊生，以及义和团运动、五四运动的影响，共产党的宣传，赴蒙古国学习马列主义理论和领导反封建反洋教堂斗争的经历等外因则反作用于正直向上、富有革命性的席尼喇嘛，使他自觉成长为一名无产阶级革命家。

关键词：席尼喇嘛　牧民领袖　无产阶级革命家

一、内因是事物发展的根据

（一）出生于贫苦牧民家庭，具有坚决的革命性

　　席尼喇嘛原名乌力吉吉日嘎拉，出生于乌审旗札拉根柴登（今属陕西省榆林市壕莱图乡）贫苦牧民敖其尔家里。席尼喇嘛由于家境贫寒，刚满7岁就给富人放牧，17岁时被征到乌审旗王府服杂役。此时正是清廷日益腐朽没落，帝国主义侵略瓜分中国时期，社会动荡不安，内忧外患，生灵涂炭。丧权辱国的《辛丑条约》签订后，赔款中的45500两白银被分摊在了乌审旗百姓的头上。当时奉命督办蒙旗垦务的大臣贻谷又

---

[*] 林金瑞（1980—　），内蒙古自治区巴彦淖尔市五原县人，大学本科学历，鄂尔多斯市博物院文博馆员，研究方向：历史、文物。

强行开垦鄂尔多斯土地，不仅掠夺大量的"押荒银"，还破坏牧民赖以生存的牧场，再加上官府的穷奢极欲，乌审旗人民灾难深重，无法生存。身为受压迫受剥削极为严重的千万牧民之一的席尼喇嘛，面对强大狡猾的封建统治阶级、洋教士，毫不畏惧，积极地思考探索改变自己和同胞的命运之路。在斗争中敌人用尽所有方法进行镇压、利诱，他都信念坚定，不为所动，勇敢睿智地发动牧民群众展开独贵龙运动，是一名具有坚决革命性的无产阶级战士。

（二）逐渐看清封建上层的腐朽统治，认识到敢于斗争才能改变劳苦大众的命运

席尼喇嘛性格刚强，聪明好学，在乌审旗王府服差役的五年中，他刻苦自学，常以柳枝为笔在沙丘上练字，功夫不负有心人，逐渐能够写些短文和诗歌。1887年，他被提升为旗衙门笔帖式（相当于文字秘书），逐渐可以参政。面对腐朽的旗政，正直的他多次建议王爷改善旗政，反而遭到疑忌和排斥。1901年，他作为慈禧太后随从人员之一自西安到北京，耳闻目览了统治阶级的黑暗腐化和对外摧眉折腰的态度。在北京的数年间，英勇反帝的义和团的斗争，使其眼界拓宽，见识增长。这段经历对席尼喇嘛的思想冲击是巨大的，他认识到依靠清廷和乌审旗王府改良政策是不可能的，他们为满足骄奢淫逸的生活，对百姓的欺压、剥削只能是有增无减。1905年回到乌审旗后，他毅然辞去笔帖式，参加了独贵龙运动。这引起乌审旗王爷的惊恐，他先采取利诱手段，赏席尼喇嘛梅林衔，遭到拒绝后又施加高压，要没收其财产，将他全家贬为奴隶。为了不连累家人，席尼喇嘛利用宗教人士不能承担任何官职这条规矩，削发当了喇嘛，并为自己起了"扎木森"的僧名，自称为新喇嘛。乌审旗札萨克察格都尔斯仁对此极为不满，并以种种恐吓的手段，多次捉拿席尼喇嘛，席尼喇嘛英勇无畏，反而更加坚定了自己的斗争信念[①]。

二、外因是事物发展变化的条件，外因通过内因起作用

（一）不断探索，追求真理，接受五四运动的新思想和中国共产党的宣传

1920年秋季，伊盟盟长派玛西德力格尔率领官吏、士兵300多人来乌审旗嘎鲁图庙会盟，"独贵龙"运动遭到残酷镇压，席尼喇嘛等60多名"独贵龙"成员被捕。席

---

① 杨森宽，傅万有. 鄂尔多斯知识大辞典［M］. 呼和浩特：内蒙古人民出版社，2006.

尼喇嘛多次被吊在大榆树上严刑拷打，后又被戴上80斤重的大铁链，在全旗挨家挨户示众监禁几个月，直至冬天才被营救出狱，暂时到外地隐蔽。然而，失败和痛苦并未吓倒席尼喇嘛，他仍在继续探索，追求真理。1921年上半年，席尼喇嘛到达北京，住在雍和宫，常与内蒙古的革命者和进步青年来往。在北京的四年间，通过和旺丹尼玛、李大钊等人的来往接触，席尼喇嘛接受了共产党的宣传，了解了革命形势和苏联十月革命的情况。席尼喇嘛还经常与第三国际联络员雷卡嘎尔夫和冯玉祥等人来往。经过长期的实践、探索，他逐渐懂得了不少革命道理，改变了过去只反对具体的乌审旗贪官污吏的狭隘想法，认识到推翻整个封建主义和反对外国列强侵略才是彻底解放受苦大众的根本出路。1924年8月，席尼喇嘛回到乌审旗，他秘密邀集结义弟兄商议，准备去蒙古人民共和国学习探索革命道理。他的主张得到了弟兄们的支持和赞同。同年冬天，席尼喇嘛带领16人来到蒙古乌兰巴托，蒙古人民革命党领袖乔巴山热情地接待他，并将他安排到蒙古国立图书馆学习工作。在此期间，他认真攻读了马列主义的理论书籍，亲眼看到在无产阶级领导下的蒙古人民过着自由、平等、民主、幸福的生活，更加深刻地认识到了十月革命的意义和谋求人民解放的正确道路。这一时期，他加入了蒙古人民革命党，撰写了《鄂尔多斯乌审旗升起革命的曙光》等文章，还整理了十几种蒙古文献[①]。

（二）斗争中成长，从自发的牧民领袖发展成为自觉的革命战士

席尼喇嘛受到当时孙中山领导的民主革命的影响，决定重建独贵龙组织。他组织动员群众起来斗争，捕捉了王府管家额尔德尼仓，游斗并处死了残暴殃民的福晋娜仁格日勒，赶走了王爷察格都尔斯仁，撼动了封建王公的统治。

封建上层并不甘心失败，相互勾结，疯狂反扑，席尼喇嘛领导的独贵龙运动危险重重。席尼喇嘛总结了过去成功的经验和失败的教训，采用凡参加"独贵龙"组织的人，签名开会都以圆形排列的新方法，这样既不易暴露领导者，又体现了成员之间平等的关系，增强了组织纪律性，利用蒙古民族"安达"兄弟的深厚情谊加强了领导核心的团结。

随着革命斗争的扩大和深入，席尼喇嘛不断总结经验和教训，从自发的斗争发展成为有组织、有纪律的武装斗争。斗争更为成熟，有了明确的政治目的和斗争目标，有了严密的纪律和规章制度，制定了惩办泄密者的条款，建立了民主的"公会"，发展了武装组织，建立了军事学校。

1925年秋，席尼喇嘛从乌兰巴托返回张家口，参加了内蒙古人民革命党第一次代

---

① 郝崇理. 鄂尔多斯革命与建设［M］. 呼和浩特：远方出版社，2007.

表大会，当选为中央执行委员，被任命为内蒙古人民革命军的一名连长。

1926年2月，席尼喇嘛回到乌审旗。不久，席尼喇嘛在嘎鲁图召集了有2000名牧民参加的大会，向牧民们介绍了蒙古人民革命党领导人的革命情况，宣传了内蒙古人民革命党的宣言。后发展党员，建立党支部。3月13日在嘎鲁图庙召开支部成员大会，第一次选举产生了内蒙古人民革命党乌审旗委员会。由于集会遭到袭击，席尼喇嘛带领一部分人到包头避难，后在包头建起一所训练、传授革命道理和军事知识的蒙古族青年学校。从乌审、鄂托克、札萨克旗招来300多名优秀青年，组建了内蒙古人民革命军，任十二团团长。

1926年秋，席尼喇嘛在乌审旗召开由内蒙古人民革命党中央代表、人民群众、王公三方参加的特别会议，在会上代表内蒙古人民革命党正式宣布：推翻乌审旗王公政权，组建"旗党委""旗府""革命军""公会"等组织，主持本旗一切事务；解散王府骑兵，乌审王公不得违抗工会及其支部的一切规定，任何人不许阻挠、插手群众参加革命活动。12月12日，在芒哈图庙召开了全旗17个支部的代表会议，正式组建"内蒙古人民革命乌审旗委员会"。自此，乌审旗的革命工作开启了一个新阶段。

席尼喇嘛是独贵龙运动著名的领导人之一。他以嘎鲁图庙为根据地，发动广大牧民群众组织队伍，开展了轰轰烈烈的反封建王公的武装斗争，影响深远。席尼喇嘛的一生是与封建王公制度、洋教堂和军阀勇敢战斗的一生。他由旧民主主义革命时期领导和组织反对乌审旗封建王公的腐朽统治的牧民领袖，经过新民主主义革命时期不断地探索、追求真理，接受"五四运动"的新思想和共产党人的宣传，在乌审旗出色地宣传革命思想，组织武装斗争，建立了人民政权，逐渐成长为一名卓越的无产阶级革命家[1]。

---

[1] 乌审旗文物局. 乌审旗文物志［M］. 鄂尔多斯：乌审旗文物局，2012.

民俗研究

壶　说

◉ 白银宝*

内容提要：鼻烟自明末传入中国以来，一直深受帝王的喜爱并迅速传播，受到各个阶层人们的推崇。本文基于相关史料记载，结合鼻烟壶实物，从鼻烟壶的使用、各类鼻烟壶的流行以及壶体器形、功能及使用范围的演变等方面对鼻烟壶的传播与发展进行了阐述。

关键词：鼻烟壶　发展　演变

在十七世纪的欧洲，嗅服鼻烟较为流行。明末，鼻烟传入中国，最初的盛装之器是和鼻烟一起输入的金属盒或玻璃瓶，一般贮烟四两至斤许，携带取用不便，故而国人改用旧时的瓷质小药瓶分而贮之。有清一代，因帝王的喜爱与推崇，吸闻鼻烟之风日盛，专门用于盛放鼻烟的鼻烟壶便应运而生。真正意义上的中国鼻烟壶是在模仿借鉴西方的鼻烟盒、鼻烟瓶和国人惯用的小药瓶和各种瓶、壶、尊、罐等器物的基础上，加以缩小和变形后创制而成。之后，鼻烟壶经过不断发展，由宫廷走向民间；由皇室专用扩大至达官贵胄群体并最终演变为社会各阶层普遍流行的用品；由取便适用的盛烟之器逐渐成为独树一帜的艺术奇葩（图一）。

图一　清·影子玛瑙卧驼图鼻烟壶

---

* 白银宝（1963— ），内蒙古自治区鄂尔多斯市准格尔旗人，在职本科学历，鄂尔多斯市政协机关退休干部、历史文化爱好者。

宫廷好之，先声夺人

清康熙、雍正、乾隆三代皇帝，不仅嗜闻鼻烟，对鼻烟壶的制作和赏玩更是情有独钟，从下旨建厂到选工用匠，从选材用料到题款定样，从御用品鉴到赏赐内臣外宦，都要御批钦定。据《大清会典事例》卷一一七三载，康熙三十五年（1696），内务府奉旨设立玻璃厂，隶属于养心殿造办处，设兼管司员一人①，开始烧制宫廷御用玻璃器皿，从此也开始了专用鼻烟壶的制作和生产，开中国鼻烟壶制作生产的风气之先。

图二　清·明料素面开光鼻烟壶

曾任康熙时期刑部尚书的王士祯在其所著的《香祖笔记》卷七中称鼻烟"以玻璃为瓶贮之。瓶之形象，种种不一，颜色亦具红紫黄白黑绿诸色，白如水晶，红如火齐，极可爱玩。以象齿为匙，就鼻嗅之，还纳于瓶。皆内府制造，民间亦或仿而为之，终不及"。这是目前准确记载和描述康熙朝玻璃鼻烟壶的最早的可靠资料，由此我们似乎可以看到当时鼻烟壶发展的一个大致情形。玻璃俗称料器，虽然在今天已应用得十分广泛，但在清代即使对于宫廷而言也是可与珠宝比肩的奢侈品，这也是玻璃鼻烟壶的珍贵之处（图二）。

清宫内务府活计档案记载，至雍正、乾隆时期，制作鼻烟壶的作坊除玻璃厂外，还有珐琅作、玉作、牙雕作、铜作、镶嵌作等，配合鼻烟壶制作的作坊有簪花作、鎏金作、木作、漆作、杂活作等，除北京本地作坊外，还包括在外地的官作②。制作鼻烟壶，除玻璃外，还大量使用珍珠、玉石、玛瑙、瓷质、金属等材质。清代著名书画篆刻家赵之谦在同治八年（1869）所著关于鼻烟和鼻烟壶的专论《勇庐闲诘》中指出："康熙中所制，浑朴简古、光艳照烂如异宝。乾隆以来，巧匠刻划，远过詹成，矩凿所至，细如毫发，扪之有棱。龙凤盘螭，鱼雁花草，山川彝鼎，千名百种，渊乎清妙。"由此可见，到乾隆年间鼻烟壶的制作生产已发展到了很高的水平。现在世界各大博物馆、私人收藏和拍卖会上能够见到的名贵鼻烟壶，大多是这一

---

① 秦皇岛市玻璃博物馆. 近代民族实业家对我国玻璃工业的探索［EB/OL］.（2018-07-31）［2023-04-14］. https://m.glass.com.cn/glassnews/newsinfo_212407.html.

② 陈晓启. 中国鼻烟壶收藏与鉴赏全书［M］. 天津：天津古籍出版社，2008.

时期的官作产品。

清代帝王除了自己把玩外，还把鼻烟壶作为国礼大量赏赐给朝臣和外藩。《勇庐闲诘》载乾隆时"圣德广大，不宝远物。自诸王贝勒大臣以下，预赐宴赐寿，蒙恩赉者，不可胜纪。幽格神明，远及外藩，咸应殊赏"。一开始鼻烟壶的赏赐还是因人、因时、因事而宜，至嘉庆以后"遂为常制"。可以说，中国鼻烟壶从一开始就是权力和地位的产物，也由此成为中国艺术的又一座高峰。

士族礼之，蔚然成风

上有所好，下必甚焉。皇帝对鼻烟壶的雅好和推崇，使得诸王贝勒、王公大臣纷纷效仿，文人雅士和士大夫阶层更是趋之若鹜，尚壶、玩壶成为一时的风尚和潮流。《勇庐闲诘》称："兹事至微，要亦一时风会之所系也。"

嘉庆年间成书的《青烟录·食烟考》载："贵介风雅之士，争以美玉、玛瑙、紫瑛、发晶、玻璃等物，琢小瓶器贮之……饮酒高会，各出所携交让之以为礼。"交际聚会中无壶不礼，这大概是当时约定俗成的规矩。直到今天，蒙古族仍然保留着敬鼻烟壶的传统礼仪。但清代鼻烟壶作为"高会"之"礼"，除用作交际的礼仪外，攀比炫耀的成分也不少，无不以奇绝为贵、精巧为荣，暗含着地位的高低、等级的高下。久而久之，鼻烟壶盛放鼻烟的功能渐退其次，以其显贵明身、夸富斗有、礼敬赏玩成为了时尚和主流（图三）。

图三　清·玉带缠腰玛瑙鼻烟壶

由于鼻烟壶成为"一时风会之所系"，对其的需求和消费与日俱增，极大地促进了其制作工艺的发展。宫廷生产的鼻烟壶，一般分为御用烟壶和年节烟壶两类，皆为依旨而作，数量有限，主要为皇室所用。只有地方生产的鼻烟壶才能为地方官吏、风雅之士和普通百姓使用。同时，鼻烟壶既是称臣纳贡的常备贡品，也是同僚盘结、士族相赠的重要礼物。这些都促使鼻烟壶的制作和生产由宫廷发展至民间。清代北京、广州、扬州、苏州、博山、景德镇、宜兴以及内蒙古、西藏一些地区都有制作鼻烟壶的民间作坊。制作材料也逐渐由以玻璃为宗改为以珍宝为上，《勇庐闲诘》称："习见达官巨商，竞以羊脂翡翠为尚，而不知制壶之始，仅有玻璃，余皆后起也。"以至于"凡珍奇异宝可能制为烟壶者无不用之"。鼻烟壶的器形和艺术表现形式也由开始的单色瓶壶式不断创制发展出仿生壶、随形壶、连体壶、套装壶、套料壶、内画壶、影子壶等不同类型，集雕、绘等技艺于一身的艺术形制，具有极高工艺水准和浓郁的地方特色（图四）。

能够代表清代鼻烟壶制作最高水准的，当然非清宫造办处产品莫属。与此同时，民间也涌现出了一大批制壶的名堂、名斋、名作坊。《勇庐闲诘》称："凡所造作，或称曰皮，最箸者曰辛家皮、勒家皮、袁家皮，别有古月轩。"这大概是当时几处名扬京城的鼻烟壶制作堂斋。此外，广州十三行制作的外销鼻烟壶、扬州和苏州的玉石玛瑙鼻烟壶、博山的料器鼻烟壶、景德镇的瓷质鼻烟壶、宜兴的紫砂鼻烟壶等，亦是当时的名品鼻烟壶。更有以周乐元、马少宣、叶仲三为代表的一批晚清内画大师，经过不懈努力，精心创制出内画鼻烟壶，使得本已渐入颓势的鼻烟壶制作峰回路转、再放异彩，成就了清代工艺美术史上最后的名篇。

由于民间作坊的加入，特别是一些名堂、名斋和名人、名匠的参与，清代鼻烟壶的制作呈现出官民并举、异彩纷呈的局面，开创了鼻烟壶制作生产无与伦比的中国气象。

图四　清·翡翠雕双狮鼻烟壶

小民乐之，遍及市井

清中叶以后，吸闻鼻烟、玩壶取乐在京城内外、朝野上下得到了广泛的普及，大街小巷随处可见三五成群的市井小民相互递送、吸闻鼻烟，玩壶取乐，盛况空前。

《勇庐闲诘》载："沈豫《秋阴杂记》曰，鼻烟壶起于本朝。其始止行八旗并士大夫，近日贩夫牧竖无不握此。"沈豫是道光朝诸生，可见在清中叶以后，不仅"八旗并士大夫"这些"贵介风雅之士"以壶为礼，小商小贩与牵牛赶马的"贩夫牧竖"也以壶为乐。晚清民国收藏鉴赏家赵汝珍在《古玩指南》中称："在清代三百年间，北京人士有一种特别嗜好，为全球其他各地所无者。嗜之极为普遍，无论贫富贵贱无不好之，视之极为重要，有类于饮食睡眠，不可一日缺其事，为何？曰：闻鼻烟是也。"足以说明吸闻鼻烟、玩壶取乐在当时是多么的重要。

事实上，在清代早期，远泊重洋而来的欧洲鼻烟，不仅数量有限，而且价格十分昂贵，吸闻鼻烟和赏玩鼻烟壶在一开始仅仅是清宫上下与富商巨贾的生活品味，普通百姓则是在"自制"鼻烟大量生产之后才开始享用的。《勇庐闲诘》载："李调元《南越笔记》曰，鼻烟，制烟为末，研极细，色红。入鼻孔中，气倍辛辣，贮以秘色瓷器、及玻璃水玉瓶盒。其价换轻重，与银相等，来自番舶。今粤中亦造之，足以馈送。"李调元是乾隆二十八年（1763）进士，清代文学家。该条记载表明，早期的鼻烟是由海外入境的船舶运来，与当时的银两是等值的。

至少在乾隆年间，国内的鼻烟生产已经达到了一定的规模，为普通民众的消费提供了基础条件。赵汝珍在《古玩指南》中也称："盖所谓鼻烟者原有两种：一种系由欧洲运来者，一种系中国自制者。欧洲运来者其原料及制法吾人无法知其详情，中国制者系用烟叶碾制者，视之与欧洲制者同，惟颜色及味不相同耳。现在一般所用之鼻烟乃中国制者，价值极贱，与卷烟不相上下，故一般人尚能用之。"也正是在"自制"鼻烟的推动下，"贩夫牧竖"们才能够加入时尚的行列。一时间，上至帝王、下至贫民，吸闻鼻烟、玩壶取乐成为"无论贫富贵贱无不好之"的时代风俗，贯穿了整个王朝的兴衰。

回望烟壶，历久弥新

随着机制卷烟的兴起，鼻烟最终退出了历史的舞台，但鼻烟壶作为一种文化印记和艺术品格仍在传承着那段历史。

《勇庐闲诘》称："鼻烟来自大西洋意大里亚国。万历九年，利玛窦泛海入广东，旋至京师。献方物，始通中国。"西方人以鼻烟"献方物"来"始通中国"，绝不仅仅是为了满足封建帝王和宫廷贵族追求时尚的雅兴或是以其"避疫之功"治病救人，更主要的目的是输出产品，扩张贸易，聚掠财富，铺平对外贸易的道路，赚取国人的真金白银。但谁也未曾想到，它却催生出了一朵东方艺术奇葩。

这就是鼻烟壶，或得金、玉、料、瓷等奇珍异宝为一体，或融雕、绘、烧、嵌多种工艺为一器，一材一质、一器一形、一纹一饰，国人用匠心和智慧，制作出了千种万式、精妙奇绝的掌中珍玩。方寸之间别有洞天，盈手可握却又承载着历史的厚重。集中西方文化艺术之大成，浓缩了明清朝野上下三百年来的万种风情[1]。鼻烟壶所占据的历史地位、蕴含的文化品质、创造的艺术成就，至今令人回味无穷。它是一个王朝的缩影，一段历史的底色，一方国民的情怀。世事沧桑，但清风明月似乎还在壶中（图五）。

---

[1] 任丽娜. 指尖上的鼻烟壶 方寸之间浓缩万般风景［EB/OL］.（2022-03-31）［2023-04-14］. https://share.gmw.cn/reader/2022-03/31/content_35624660.htm.

图五　清·玛瑙雕四方鼻烟壶

闲来无事，便生壶趣，偶得一壶，不禁慨然。此壶为水晶质地，扁方形体，凹口、端肩、直颈、椭圆形圈足，素面开光，小器大形，典雅端庄，形神俱足。但口嘴残破、身有二裂。初看不俗，审之又审，鉴之又鉴，更觉此壶虽残尤珍。其形制完全仿作欧洲鼻烟进入本土时"大金花"玻璃瓶造型；其工艺刀法洗练，打磨精致，掏膛干净，线条匀称；其皮壳使用痕迹明显，自然老化特征突出，包浆醇厚，味道十足。可谓是一只开门的老壶了。既有宝石莹润的质感，又具玻璃透亮的效果，无不显露着当年的贵气。虽然无名无款，但也可看出是出自名匠之手，至少是当年"贵介风雅之士"在"饮酒高会"时的"为礼"之物。可想当时的主人是怎样得视若珍宝，又是何等得荣华富贵。而其在退出那个能够体现主人身份和地位的历史舞台后，流落民间，历经坎坷，饱受沧桑，落得口嘴残破、玉身开裂的下场，也着实令人叹惋。虽说是命运多舛，却也虽残尤珍。

今天，人们依然把鼻烟壶作为艺术品来收藏和鉴赏，一个重要的原因就是从中可以品味到岁月的沉淀和历史的浮沉，尤以此壶凸显得淋漓尽致，更令人感叹和联想。真可谓世事如壶，一壶洞天，囊括着乾坤万象；人生如壶，方寸之间尽显风流跌宕。

鄂尔多斯东部地区敖包浅谈

> 鄂尔多斯市文物考古研究院　古日扎布[*]

内容提要：2012年，笔者参与了由鄂尔多斯青铜器博物馆组织实施的"鄂尔多斯敖包寺庙调查"项目对准格尔旗、达拉特旗的实地考察工作，在对实地考察资料进行整理和查阅相关文献资料的基础上，就鄂尔多斯东部地区的敖包谈一些粗浅的看法。

关键词：鄂尔多斯　敖包　变迁　祭祀形式

一、敖包概述

敖包在北方地区随处可见，是游牧民族传统文化中一个不可或缺的符号和象征。蒙古族几乎所有杰出的诗人和作家的作品以及民歌里，都有关于敖包的描述，字里行间对敖包的感情和敬仰都达到了极致。可见，敖包已成为蒙古人生活中必不可少的一部分，是蒙古族文化重要的组成部分。

敖包是蒙古人在高处用石头、木头、柳条、草皮等堆起来的堆子，包括有祭祀和没有祭祀两类。有祭祀的敖包又大体可分为由整个族群共同祭祀的敖包和由各个部落、家族或家庭分别祭祀的敖包。作为识别地形地界以及方向的标志的敖包，大多数为没有祭祀的敖包。此外，随着喇嘛教寺庙的强势发展，各地出现了很多寺庙敖包，一般都是由寺庙的喇嘛们自行建造并祭祀。寺庙敖包中又可分为寺庙敖包和葛根敖包（葛根即活佛，即由活佛祭祀的敖包）。

鄂尔多斯地区敖包的祭祀时间依建造和祭祀者的规定而有所不同，一年中不同的

---

[*] 古日扎布（1973—　），内蒙古自治区鄂尔多斯市鄂托克前旗人，鄂尔多斯市文物考古研究院文博馆员，研究方向：民族文物、考古。

时间内都有祭祀活动，但大多在阴历五月十三日进行。敖包祭祀根据敖包的不同性质，祭祀者的意愿有着不同的表达，其中蕴含了丰富的内容。除了传统的祭祀内容之外，还有许多禁忌。比如：重要敖包周围要设立禁区，不得在禁区内行猎、放牧及进行一切生产活动；行人不得骑马从敖包旁边经过，要下马向敖包叩首膜拜，并要添上一些石块或树枝；有些敖包妇女不得靠近；祭祀敖包时要保持祭品和容器的洁净，祭祀者穿戴要整洁；敖包附近河湖内不得游泳、钓鱼；敖包周围要保待卫生，不得大小便，不许乱扔垃圾、动物骨头等①。

敖包建筑形式主要有圆形、方形和塔形，其中圆锥形较多；材质有自然石块、石混水泥、砖混水泥、沙丘、沙柳、沙嵩、草皮、发皮草、榆木、松木等；构成单元主要有1、3、5、7、13、14座，除此之外，还有祭坛等。近来年，随着经济的发展，人民群众生活水平的提高，对原有敖包的建设也在不断改善，不仅建设有院落、台阶，周围还建有附属建筑，进行了绿化②。

二、东部地区的敖包

目前在准格尔旗境内考察到的敖包有近60座，其中，约半数仍从事祭祀活动；另一半则被彻底遗弃，仅存敖包遗迹，不仅没有祭祀活动，其名称、性质等也无从考证。由于历史和自然条件等因素，鄂尔多斯东部准格尔旗的蒙古人在20世纪上半叶已经基本汉化，蒙汉杂居区汉化的蒙古人和汉人一同祭祀敖包，成为这一地区有别于蒙古人传统敖包祭祀（在鄂尔多斯的西部旗里，汉人是不祭敖包的）的特殊现象。那日松木顿苏莫（松王庙）的"查干敖包"祭祀等便是典型的例子（图一）。

那日松木顿苏莫（松王庙）、油松王与查干敖包由南向北一字排列，查干敖包坐落在油松王正北。此敖包是个敖包群，包括主敖包在内共有13个敖包由南向北以主次顺序排列。每年农历七月十三日举行敖包祭奠。由于这里蒙汉寺庙、敖包并存，所以每逢祭敖包的日子，蒙古人以自己的传统方式祭祀敖包，汉人则以祭祀龙王庙的习俗来祭祀查干敖包。另外，在准格尔旗布尔陶亥乡境内有一个德日森敖包，据说是苏木敖包，每逢农历七月十三日，蒙、汉人民同时来到这里，以各自的习俗进行祭祀。类似这样的敖包还有龙口镇双敖包、拉白山敖包等。不同族群的人祭祀同一个崇拜物（即敖包），求同存异，互不干涉，这样的场景在其他旗里似乎找不到。

准格尔旗现存的寺庙敖包除了上述的查干敖包以外，还有准格尔召三兄弟敖包以

---

① 鄂尔多斯青铜器博物馆. 鄂尔多斯的敖包[M]. 北京：文物出版社，2019：15.
② 鄂尔多斯青铜器博物馆. 鄂尔多斯的敖包[M]. 北京：文物出版社，2019：14.

图一　查干敖包

及传说中的巴润布日都敖包、达日登敖包、特格敖包等。其中，分别从西、北、南三面环绕准格尔召的黑茅日因敖包（准格尔召西北）、鄂迪因敖包（准格尔召正北）、毕立格因敖包（准格尔召正南），俗称"兄弟三敖包"。3座敖包的祭祀在同一天进行，但以北、南、西的顺序，依次选择不同时间段进行祭奠，农历七月十三日有大祭，农历五月十三日有小祭。3座敖包的祭祀仪式均保留了传统的方式（图二）。

巴润布日都敖包位于准格尔旗十二连城乡境内，属努图格敖包，用沙蒿堆积而成（图三）。祭祀时间：农历腊月二十三日、农历正月初一日、农历五月十三日。

达日登敖包位于准格尔旗沙圪堵镇境内，属努图格敖包。达日登敖包由南北2个大敖包以及小庙、祭祀台、祭祀用房和11个守护敖包组成（图四）。敖包为砖混水泥建筑，包顶插沙柳树枝。农历五月十三日祭祀[①]。

特格敖包位于准格尔旗大路镇境内，属镇邪敖包。特格敖包由敖包和一座小庙组成（图五）。敖包为四层塔式石头建筑，包顶插苏勒德。农历五月十三日祭祀。

翁衮敖包位于达拉特旗展旦召苏木境内，属镇邪敖包。翁衮敖包由主敖包、供台、禄马风旗祭祀台、香炉和13个守护敖包组成。主敖包为八层石混水泥塔式建筑，包顶插苏勒德；守护敖包为石头堆（图六）。农历七月二十三日祭祀。

热希丹增敖包位于达拉特旗王爱召镇境内，属庙敖包。热希丹增敖包由敖包、祭

---

① 鄂尔多斯青铜器博物馆. 鄂尔多斯的敖包[M]. 北京：文物出版社，2019：41.

图二 "兄弟三敖包"之一（查干敖包）

图三 巴润布日都敖包

祀台和祭祀用房组成。敖包为砖混水泥建筑，中间插都格和沙柳树枝（图七）。

祭祀时间：伊克昭盟成立时在王爱召庙举行会盟，所以当时每年有三次祭祀。鄂尔多斯历查于月初七日（农历正月初七日）由王爱召庙主持祭祀；

图四　达日登敖包

图五　特格敖包

图六　翁衮敖包

图七　热希丹增敖包

鄂尔多斯历七月初七日（农历四月初七日）由郡王旗札萨克主持祭祀；鄂尔多斯历八月初七日（农历五月初七日）由左翼后旗札萨克主持祭祀。[①]

有趣的是，还有由汉人在蒙古人原敖包遗址上重新建造并祭祀的敖包，位于准格

---

① 鄂尔多斯青铜器博物馆. 鄂尔多斯的敖包[M]. 北京：文物出版社，2019：69.

尔旗准格尔召镇乌兰哈达村内的财敖包就属于这类情况。据祭祀该敖包的当地村民说，在准格尔旗凡是原先的名称被遗忘的敖包都叫财敖包。该村民于2007年在这个不知名的原敖包遗址上，重新建造了这个敖包，恢复了祭祀活动，并用红色涂料染红了整个敖包（图八）。

图八　财敖包

如上所述，准格尔旗的敖包受历史和现实的因素影响产生了一个明显特点，蒙、汉人同时依各自习俗进行祭祀的居多，这在鄂尔多斯西部地区是没有的现象。

三、结　　语

根据史料记载和蒙古萨满教习俗可知，敖包是用来祭祀长生天和大自然等崇拜物的祭坛，也是蒙古历史中具有重大意义的事件和人物的见证物，比如现在位于蒙古国克鲁伦河畔巴彦乌兰山顶上的浩林道楞敖包，便是1206年为了纪念铁木真27岁时被推举为成吉思汗而建立的。喇嘛教传入蒙古族地区之前的敖包祭祀，都是以萨满教的礼仪来进行的。喇嘛教传入后，敖包祭祀的内容更加丰富。喇嘛教虽然在很大程度上排挤甚至消灭了很多萨满，但在成吉思汗祭奠和敖包祭祀等世俗与宗教融为一体的信仰性习俗上，却更多的是以融合为主，使其以相互依存的形式被保留并传承下来。另外，由于敖包的种类不同，喇嘛教对敖包祭祀的影响也不一样。在喇嘛教传入之后，开始有了为敖包献哈达的习俗。

敖包作为蒙古族历史文化的一个载体，承载了该民族众多的期许。"从祭祀仪式和颂词来看，早期颂词一般为祈求愿望和需求，如祈求多赐猎物、祈求克敌制胜和汗权永固等，后来发展为颂词中祈求神灵保护、民族安康、草原兴旺、五畜肥壮为主要内容，最后祈求有个风调雨顺、人畜兴旺的好年景等。"它不仅是蒙古族人民精神行为的象征，更体现了草原人民崇拜天地、敬畏自然、保护环境、呵护草原、"崇尚自然、天人合一"的理念和不忘祖先、敬重父母、崇拜英雄、鄙视邪恶、尊重劳动、和睦邻里、遵法守纪、恪守信义等人文精神和传统美德。敖包已经成为内涵丰富、功能多样的社会化行为象征，是多元文化交汇融合的集中表现，是一种完全社会化、全民化的意识形态，是一种集体表象。敖包祭祀活动，早已成为草原人民的一个重要的传统节日。

达尔扈特人的年俗调查
——以鄂尔多斯市伊金霍洛镇为例

 鄂尔多斯市博物院　乌兰花*

内容提要：本次调查以鄂尔多斯市伊金霍洛旗伊金霍洛镇达尔扈特人为研究个案，通过深度访谈，并辅以观察、收集材料等方式，阐述了伊金霍洛镇达尔扈特人年俗历史和现状。达尔扈特人的年俗文化，承载着丰富的历史文化信息，保护和活态传承年俗对于弘扬优秀传统文化，保护历史文化遗产来说是非常有必要的。

关键词：伊金霍洛镇　达尔扈特人　年俗调查

一、概念界定、研究方法

1. 概念界定：本文所讲的达尔扈特人年俗主要是指鄂尔多斯市伊金霍洛旗伊金霍洛镇范围内的达尔扈特蒙古人年俗。

2. 研究方法：通过深度访谈，并辅以观察、收集材料等方式对伊金霍洛镇的达尔扈特人年俗进行了调查。

二、调查目的、时间、地点

1. 调查目的：党的十八大以来，习近平总书记在地方考察中多次调研传统文化的

---

* 乌兰花（1981—　），内蒙古自治区阿拉善盟阿拉善左旗人，研究生学历，鄂尔多斯市博物院文博副研究馆员，研究方向：民俗、文物。

［项目］2021年度"伊金霍洛　非遗小镇"项目调查研究类项目"达尔扈特人的年俗调查——以鄂尔多斯市伊金霍洛镇为例"（2021）。

保护传承，阐述弘扬优秀传统文化、保护历史文化遗产、坚定文化自信的重要性。优秀的传统文化是中华民族的精神命脉，是最深厚的文化软实力。为了响应保护与传承传统文化的号召，"非遗小镇　伊金霍洛"专题调查组对鄂尔多斯市伊金霍洛旗伊金霍洛镇民俗文化传承、保护、利用等方面进行了调查、采访，并做了详细的记录、录音和录像。

2. 调查时间：2021年（8月6—30日）

3. 调查地点：伊金霍洛旗伊金霍洛镇（图一）

图一　伊金霍洛镇嘎查村分布图

4. 采访对象：额尔德尼宋布尔、那楚格、巴音青格勒（图二—图四）

5. 调查采访人：乌兰花、乌云

三、年俗与禁忌

2021年8月6日至30日期间，专题调查组一行赴鄂尔多斯市伊金霍洛旗伊金霍洛镇布拉格嘎查，调查采访了几十位达尔扈特人（守护成吉思汗陵的人）的文化生活现状。其中一项内容为达尔扈特人传统年俗。

年俗不仅是中华民族的传统节日，也是鄂尔多斯蒙古族的传统节日。其中，达尔

图二　采访额尔德尼宋布尔

图三　采访巴音青格勒

扈特人的年俗与鄂尔多斯其他蒙古人的年俗有很大不同。

达尔扈特人称过年为"查干萨日"。其中,"查干"是白色的意思,"萨日"指月。白色是蒙古人最崇尚的颜色之一,它象征着纯洁。《马可波罗纪行》记载:"蒙古人每逢元

图四 采访那楚格、乌云

旦（新年），依照古老的习俗，蒙古大汗及一切蒙古臣民正月初一开始'服白衣'；'皆白袍'，互相馈赠白色之物"，以"白色为吉服"，因此，把一年之首的正月称之为"白月"①。

达尔扈特人年俗涉及小年、除夕、大年、拜年、待客、初七祭拜北斗七星、正月十五点灯敬佛等内容。

（一）祭火（小年）

每年腊月二十三（也有在腊月二十四祭火的家庭）日，蒙古人会全面清扫庭院，锅碗瓢盆都要重新洗净，整理归位后在灶火上炖一锅准备冬储肉时已经宰杀好的膘情好的羊胸叉肉（胸叉必须带一小块羊皮，以视整羊）和肉灌肥肠等，也有一部分人家会加入肩胛骨、前后腿、肋骨肉一同煮②。肉熟后将其完整地捞出，根据家庭成员数量和需要在肉汤锅里下大米和糜米、红枣、奶酪、红糖等（根据自己的口味也可放

---

① 马可波罗. 马可波罗行纪[M]. 北京：东方出版社，2007.
② 巴音孟克. 达尔扈特民俗[M]. 呼和浩特：内蒙古教育出版社，2019：40-42.

图五 祭火饭（二十三饭）

葡萄干等其他美食，但不加咸盐和葱）煮熟收汁便可。这就是大家所说的"二十三饭"（图五），其做法与焖米饭相似。

鄂尔多斯达尔扈特人祭火时，妇人负责煮肉、煮饭[①]，男主人负责从胸叉骨尖部开始剔肉（切记勿剔掉带皮的那一块肉），剔到胸软骨后要用刀顺着胸肋将腹膜切成圆圈状，再把腹膜圈折挂于胸叉骨尖部，将捻好的羝羊毛线从胸骨尖处按顺时针方向绕3圈；再将线引向胸肋处，用软肋头卡住毛线，毛线绕胸肋3圈；再将毛线引向另外一侧胸肋，用软肋头卡住毛线，毛线绕胸肋3圈；最后把毛线卡在胸骨尖部，形成一个船型小容器（切记线不能打结）。之后，把干净的彩色（除黑色以外）绸缎布头、白草、针茅、胸叉肉、香烛、炒米、柏叶、红枣、奶食品等放进去，上面盖一条哈达（图六）。在灶台上的四角堆放干净的细沙，点上4个酥油灯，全家人跪在提前铺好的白毡子上，由男主人点火，待火旺后高举准备好的胸叉，其他人依次辅助扶着，将其敬献给"火神"，并诵《火桑经》，叩首膜拜9次。为了让火更旺，还要给火神敬献白酒、酥油或"点剂"（肉汤油）等。之后端起"二十三饭"顺时针打圈，以示招财纳福，表达对火的尊重、感恩之心和对全家人的祈福。祭火、敬佛后全家人才能吃炖肉和"二十三饭"（饭准备得较多，基本可以吃到除夕），喝茶饮酒，并给主人敬酒，很是隆重，但是不能将招财纳福过的食物分享给外人食用[②]。全家人从祭火之日起准备服饰、美食、礼品等各种过年所需物品，家庭中充满着一种新年新气象。

---

① 巴音孟克. 达尔扈特民俗［M］. 呼和浩特：内蒙古教育出版社，2019：41.
② 巴音孟克. 达尔扈特民俗［M］. 呼和浩特：内蒙古教育出版社，2019：54.

图六　祭火用品

（二）备年货

过年是每个人都会参与的盛大节日。为了迎接这一天的到来，从穿戴、饮食开始，全家人各司其职。穿戴方面，条件允许的家庭每个成员从头到脚换新；生活条件差一点的家庭也会洗涮干净，开开心心地过大年。食物方面，无论是自己食用，还是招待客人，都会荤素搭配，准备手把肉、包子、馅饼等各种肉食，也有奶食品（酸奶、奶皮、奶酪、酥油）、糖果等，其中包括达西玛格，这是鄂尔多斯蒙古族以鲜奶加工而成的看起来类似奶油的特制美食。现代的蒙古族也会和其他民族一样准备各种水果、干果以及拜年所需酒水、礼品等。除此之外，清账还物、打扫庭院、洗洗涮涮及清扫周边环境和牛羊圈的工作也非常重要。

（三）除夕夜

除夕要装扮"禄马风旗"，换上新开光的五色彩旗（黄、绿、红、蓝、白五种颜色的旗子）和缨穗，擦净旗杆、三叉铁矛（图七）。晚上在"禄马风旗"杆子的东南处点着提前捡回来的一小部分柴火，待火烧败后取其火种放在"禄马风旗"杆子之间的祭台上点桑，祭红枣等食物，并祈福来年平安吉祥、五畜兴旺。同时在庭院里挂一盏灯笼，彻夜不熄（忌讳黑灯瞎地过除夕）。需要注意的是，不论何时，去蒙古族牧民家做客非常忌讳骑着马或坐着车从家门口与"禄马风旗"之间穿过。

除夕这天达尔扈特人会在所有房屋、庭院门窗及圈舍门楣上贴一小块红纸避

图七　禄马风旗

邪。还有一个非常重要的环节是黄昏时分祭祖。祭祖要准备无印饼子、炒米等各种食品及烟酒，找一个干净的地方点火，待火烧败后在其火种上祭撒各种食品、点烟、敬撒白酒，之后按顺时针方向四面八方磕头祭拜。返回时不能回头，回来后与家人分享剩余的祭祖食品。同时要准备"查础里"（祭撒品），在大盘子里放炒米，分别摆放9个无印饼子、9个空壳饼、9个饺子、9枚枣子及一只全羊头（上下颚不能分开），将羊眼睛、鼻子、耳朵等有孔的地方用煮熟的红枣堵住，还要准备荞面小米肉汤饭（这是钟声敲响或凌晨4点后向西北方向祭撒时用的一种汤饭，部分人会在其中煮羊骰骨）。除全羊头要放到大年初三由家族里德高望重的长辈将下颚拆开、分享外，其他食品都可以品尝。到了初三，主人要重新在盘子里备6—8个有印的饼子及各种食品待客。

现代人欢度除夕还要围坐在一起看春晚。到了午夜时分，全家人会围坐在一起吃饺子。当然饺子里会提前包一些奶食、砖茶、咸盐、钱币，吃到钱币象征财源滚滚。需要注意的是，辞旧迎新必须吃饱，同时要用美食喂饱猫狗等家畜，忌讳人畜饿着肚子过夜。即使是在吃喝缺乏的年代，也不例外。待钟声敲响或凌晨4点后向西北方向祭撒完荞面小米肉汤饭，就算是过了除夕，不用再准备其他饭菜了。

另外，除夕夜还有很多禁忌。比如，忌讳打骂猫狗；不吃药；衣服不能晾晒在外面过夜；家私不能空着，应该翻扣或在里面放东西；除了孩子以外，其他人都不能睡觉（当代人则是敲响新年钟声后就睡了）。

（四）大年初一

大年初一天亮之前，全家人穿好新装，男主人用火镰打着提前捡回来放在"禄马风旗"东南角处的柴火，待篝火着旺，取火点桑、点天灯（一般把365或360根一尺长的干净芨芨草用棉花从下往上缠绕3层，形成下粗上细的形状，安装一个3米长的柳木杆子，用融化的酥油和羊腰子油或蒙肚油沾透缠了干净棉花的芨芨并点燃）。

据额尔德尼宋布尔、那楚格老师回忆，使用芨芨的数量取决于其寓意。有人认为365或360天代表着一年，一天1个灯，所以在这个基础上加上其家庭成员数量或年龄便是天灯芨芨的数量；还有人会在此基础上把自家的牛、羊、马、猫、狗的数量也加进去，再按已成家的兄弟姐妹家庭数量分开。无论天灯使用的芨芨数量是多少，每一个芨芨都代表着一个家庭成员（或牲畜），寓意人手一盏灯[①]。

点天灯之前要事先摆放好供桌，摆上"查础里"（祭撒品）等供品，全家人面向祭台、天灯跪在提前铺好的白毡子上。男主人用点桑的火种点燃天灯，其他成员按辈

---

① 2021年8月，采访额尔德尼宋布尔，那楚格笔录。

分大小依次做出搀扶动作，待天灯燃烧一半后插进提前放在"禄马风旗"正中央前装好干净沙子的石臼里，在"禄马风旗"祭台上献祭，吹响3次白螺便开始诵《伊金颂》《苏力德颂》《黑幕日颂》。同时，其他家庭成员要顺时针围绕"禄马风旗"边走边向四面八方献撒81次由葡萄干、酥油、炒米面等掺在一起的食物和掺有红糖、荞面的奶茶，之后顺时针向四面八方叩首膜拜，举起招福盘子等按顺时针方向打圈，祈福来年风调雨顺、人畜兴旺，至此结束天灯祭祀。

天灯也叫"马灯"，其插进石臼里的期限一般为一周。点完天灯后，男主人会把桑火引给女主人。女主人要用蒙古袍下摆捧着新火种，将其请到家，点燃家里的灶火，祭灶火、祭天地、祭祖敬神后，熬茶，喝新年早茶。

新年早茶前，长辈要从大到小依次就坐中央，晚辈要给长辈跪拜、敬献哈达（哈达竖着对折后口子对准长辈）、交换哈达、鼻烟壶（夫妇之间除外），长辈要逐个赐晚辈长命百岁、财源滚滚等祝福词。这时候媳妇、孩子按照辈分大小依次给长辈品尝"查干伊德"（奶酪、酸奶等白食）。桌子上摆满各种好吃的，喝茶之前要出外面向四面八方献撒奶茶及食品。新年茶都必须倒满，预示新的一年圆圆满满。

喝完新年茶要敬酒，吃新年饭。新年饭一般是饺子或羊肉面。除此之外，还要为牛羊祈福，将酥油抹在羝羊头或鼻子上，喂他们糖果、红枣等食品，并顺时针围绕羊圈献撒祭品，之后按提前看好的吉利的出行方向放牧。

每到新年，蒙古人都会按各自的属相、生相，让喇嘛僧人为自己看新年出行的吉利方向。在大年初一会按这个吉利的方向出门走出一小段路，并点桑，向四面八方叩首膜拜，祈福，然后按顺时针方向围绕住房、庭院，祈求诸神保佑人畜安康、一切顺利，并按要求的路线返回家中。

（五）拜年

拜年前，男女青年着装打扮后带上哈达、鼻烟壶、烟酒、美食，骑马（现在一般都是驱车拜年或团拜）前去长辈家。到了长辈家首先要叩拜行礼，向长辈问候"阿木日（平安）！"或"新年好！"（不叩拜会被人笑话穿了木头裤子，没礼貌，没家教）等，这时长辈回答"好好，你们全家过年好！"，之后如同大年初一家庭内部互敬哈达、交换鼻烟壶一样行礼。待客人坐下，主家要让客人品尝"查干伊德"（白食、奶食），再倒上奶茶（忌讳空碗倒茶，一定要放少量炒米）。客人喝茶前要问主家要盘子，将自带的枣饼（一般为6—8个，各旗区不同）摆放在盘子里，最上面放两颗红枣，还要把其他礼物摆放在主人面前，请主人品尝"查干伊德"（白食、奶食）。主人将"查干伊德"（白食、奶食）返还客人的时候，客人要对主人说："新年德吉（上品）"，同时向主人叩头跪拜。之后主人接过礼物祭天地，自己也会象征性地品尝后放回。接着，主人重新倒一次茶，依次为客人斟酒，吃新年饭。最后，也就是第三次倒茶，表示拜年的程序要结束了①。

（六）待客

待客与拜年的程序基本一样。家里来客人时忌讳桌上空空如也，必须在盘中摆放6至8个枣饼，上面摆放奶食品及双数的红枣，还有手把肉、酥油、奶皮、炒米、白糖等（图八）。如果来客为晚辈，必须得给他们绸缎、糖果、饼等"份额"（当代人都会给小孩压岁钱）；如果是嫁出去的女儿，还要给"包份额"，也就是胸叉肉、饼子等食品。

图八　过年食物摆放图

客人离开时会依次与主家每一个成员交换哈达和鼻烟壶，邀请全家人去他家做客。主人会送客人上马，直到离开。

（七）祭拜北斗七星

鄂尔多斯蒙古人认为大年初七是不吉利的日子，所以忌讳出门，但打猎者除外。

待晚上群星漫天的时候，在"禄马风旗"东北或蒙古包东北平坦干净的地方，按照北斗七星的形状堆起7个小台子，在其前面铺好白毡子，摆好桌子，准备供放7个饼子和一颗羊头以及奶酪、酥油、糖果、红枣等食物的盘子，招福德吉，招福桶，祭撒用的新茶水和酒品，然后穿戴盛装，点着提前备好的柴火，待火烧败后将无烟的火种分别放在7个小台子上点桑、烧香，吹响白螺，同时分别在7个小台子旁边点一个酥油灯，每个人点两根香，跪在白毡子上，主人对着北斗七星说明祭祀的用意及缘由。接着每个人把自己点燃的香分别插在7个小台子上，祭撒供品并叩拜3次。主人及家庭其他成员用双手端起招福德吉、招福桶及供品盘子顺时针打圈，绕着7个小台子转9圈，并向北斗七星献撒备好的茶水，之后继续用双手端着招福桶和供品盘子等顺时针打圈，以祈福八方聚财、五畜兴旺。返回家后每个人品尝招福食品，并食用放有7个包子的

---

① 阿日宾巴雅尔. 鄂尔多斯蒙古族社会民俗［M］. 呼伦贝尔：内蒙古文化出版社，2005.

饭，长辈还会给孩子们讲7个老头的故事。

除上述习俗外，鄂尔多斯达尔扈特人还有很多具体的年俗内容，如初一还要端一盘饼子和奶食、红枣到水井旁点火、点桑、烧香给诸神献祭，并将两颗红枣丢进水井里，井口四角供放奶食；如果自家有敖包的人家初三要祭敖包；正月十五每家每户都要供灯敬佛，团团圆圆，其乐融融。总而言之，鄂尔多斯达尔扈特蒙古人正月里基本上没有闲暇时间。

另外，还有诸多禁忌，如不能用烟袋或手指指人；进家门时不能踩门槛；哈达不可以直接搭在别人的脖子上，只有长才辈可以将之搭在晚辈的脖子上等。诸如此类的禁忌还有很多，这里就不再一一举例说明了。

四、小　　结

通过与额尔德尼宋布尔等达尔扈特人的访谈，发现达尔扈特蒙古人过年不但与其他蒙古人有区别每一户达尔扈特人之间的年俗都各有不同之处，结合历史文献记载，对本次调查成果总结如下。

（一）从民俗学角度看，达尔扈特人年俗属于生活民俗类。蒙古人忌讳用刀、锥等利器拨火，不能把咸盐撒入火等禁忌，实际上都是出于安全考虑。民间认为，烧葱、蒜皮等脏东西会导致五畜眼瞎，这实际上是出于保护环境而说的。医学证明，葱蒜等皮屑燃烧后会产生有毒气体，污染环境，牧民不可能因此轻易损失财产。

（二）前文所讲"查础里"（祭撒品），从数量和堵眼、无印饼的要求来看，它与我们日常生活习俗有很大的区别。只有祭祖、祈福才会有如此特殊的习俗。这一点不仅与其他地区蒙古人习俗有所区别，而且与鄂尔多斯其他区域蒙古人的习俗也有很大的区别。

（三）不论是汉族还是蒙族，年俗中涉及到的烧香拜佛都是对美好生活的一种向往、寄托和祈福。春季，对于游牧人民来说是非常艰难的季节，"黑色"的季节，为了辟邪将其称作"白月"。祭天灯、祭北斗七星也不例外，达尔扈特人不辞辛苦，举行如此复杂的祭天灯、北斗七星活动是一种对文化的传承和保护，也是一种对美好生活的向往和心灵寄托。他们忌讳天灯燃不尽或中途熄灭的现象，认为这种情况很不吉利，所以过年逢人必问酥油灯的燃烧情况是否顺利。

（四）值得一提的是，达尔扈特人所说的正月、二月等历法与其他地区的历法有很大不同。鄂尔多斯地区延续下来的蒙古历法是其他蒙古族地区所没有的，而且鄂尔多斯市各旗区蒙古族之间的历法也有一些区别（见附表）。

在调查访谈中还发现，达尔扈特人年俗随着社会飞速发展，已经有了现代气息，尤其是随着生活节奏的加快，一部分年轻人对于看起来和做起来都比较复杂、耗时、不太符合快节奏生活的传统文化抱有丢弃的态度，这不利于传统文化的传承和保护，会加快文化走向衰败、走向边缘化的速度。虽然这已经是社会发展的必然趋势，但是传统文化所承载的丰富的文化信息和情节，一旦消失将难以恢复。达尔扈特人传统年俗具有物质、精神和社会价值，既丰富了人们的生活，又增加了民族凝聚力。我们应该以科学的态度对待历史与现代的民俗现象，通过调查、收集、整理、描述、对比分析和论证，探究其特点、社会功能，揭示其产生、发展、传承、演变的规律，为文化发展服务。

希望本次年俗调查记录工作及分析论证能为传统文化的保护与传承作出一丝贡献。如有不妥，请批评指正。

附件（附表）

附表　鄂尔多斯历法蒙汉对照表

鄂尔多斯历法	农历
查干萨日（白月）	正月
塔温萨日（五月）	二月
朱日干萨日（六月）	三月
道劳干萨日（七月）	四月
奈曼萨日（八月）	五月
伊孙萨日（九月）	六月
阿日温萨日（十月）	七月
特润（前）和鲁尔萨日	八月
苏勒音（后）和鲁尔萨日	九月
呼毕萨日	十月
哈日呼吉尔萨日	十一月
斡勒金萨日	腊月

浅析新时代民俗文化存在的意义

鄂尔多斯市博物院 乌兰花 格日乐其木格[*]

内容提要：本文主要从民俗文化中的禁忌民俗、生活陋习出发，浅析其对社会起到的积极作用和消极作用，从而总结出民俗文化的保护与传承理应遵循"去其糟粕，取其精华"的原则，达到弘扬中华优秀传统文化的目的。

关键词：民俗文化 禁忌民俗 社会意义

一、民俗文化的形成背景

民俗文化是人们在长期的生产生活中总结出的经验和智慧的结晶，种类繁多，涉及人、物、事，衣、食、住、行等生活的方方面面。其中，禁忌民俗是对人类言行举止做出的一种约定俗成的精神范畴和规范。虽然很难探究其起源，也没有确切的文献予以佐证，但它一定是人类生产能力低下的背景下产生和发展，同时与人类物质活动有直接关系。人类在与大自然斗争的过程中，对大自然的各种现象有了初步的认识，发现大自然不但能带给人们温饱和光明，同时也会带来威胁和死亡。他们不了解各种自然现象，认识不到位，久而久之形成自然崇拜、图腾崇拜等观念，以适应、服从自然来求得生存，面对可怕的自然灾害只能采取躲避的方法去应对，随之产生了各类禁忌。这些禁忌主要来自于生活经验，也是对美好生活的一种愿望和寄托。

---

[*] 乌兰花（1981— ），内蒙古自治区阿拉善盟阿拉善左旗人，研究生学历，鄂尔多斯市博物院文博副研究馆员，研究方向：民俗、文物。

格日乐其木格（1980— ），内蒙古自治区通辽市奈曼旗人，大学本科学历，鄂尔多斯市博物院文博馆员，研究方向：历史、文物、考古。

二、民俗文化的社会意义

民俗文化在各民族百姓的生活中都有不同的体现，它涉及人类生活的方方面面。这里主要从生态环境保护方面阐述民俗的积极作用，分析其历史和现实意义；从历史进程中存在过的陋习阐述其消极的作用。

（一）积极作用

在法律尚未形成和完善之前，人们的一部分言行需要通过禁忌民俗的约束和限制来完成。从禁忌民俗对言行举止的限制来看，它起到了一种法律的制约作用。而人类社会发展到一定阶段的时候，法律法规也会基于部分禁忌民俗形成和发展。所以说，法律法规与禁忌民俗之间有着密切的联系。但是禁忌民俗大多属于约定俗成，它对人们的约束力并不是很强，只是尽量让人们顺应自然，调整人与人、人与自然之间的某种关系，有些人并不一定被约束。蒙古先民认为大自然的一切都有生命，有灵魂，它们也和人一样有脉络，如果破坏了"地脉"，大地将会"发怒"或"死去"。例如，古代蒙古民族拔出拴马桩后会及时掩埋其留下的孔；不在河水里面倒脏水，洗东西，吐口水；不会随便砍伐树木；在野外烧火取暖后，为了避免发生火灾要掩埋火种；采集对人有用的资源时要有限度，对野生动物的猎取也有季节性和严格的规定（尤其不会猎取有身孕和带幼仔的动物）。

大自然是人类生存的源泉，人与自然和谐相处才是双方长期共存、共赢的基本。有人比喻人与自然是母子关系，如同孩子离开母亲很难存活，人类若离开大自然便会失去生活来源，很难生存。这是古人一种很朴素的"天人合一"的哲学观。人类虽然是高级动物，但一切发展依然基于大自然。在很长一段时间内，人类单纯地认为大自然的资源是取之不尽、用之不竭的，后来才慢慢发现，过度地开发利用对于未来人类社会发展很不利。大自然具有强大的力量，它有自身发展规律，如果肆无忌惮地违背其发展规律，过度开发利用，那么给人类留下的会是什么呢？

以上谈到的禁忌民俗充分说明先民们会合理利用资源，注重可持续发展，不会赶尽杀绝，而是会为自己和后人留下可用之源。在这种道德的约束之下，任何一个游牧民族的人民都不会有征服自然的想法，而是崇敬、顺应、保护大自然，同时也认为违背自然规律会受到大自然的报复。这种思想意识在很大程度上起到了保护大自然、保护生态环境的积极作用。

早在1206年颁布的《成吉思汗法典》中就已有最严厉的保护草原的法律。比如，《成吉思汗法典》的第五十六条写道："草绿后随意挖坑致使草原被损坏，失火致使草原被烧的，对其全家处以死刑。"这条法规对于直接或间接破坏草原的行为起到了积极的制止作用，保护了自然生态。再加上第二十一条"狩猎结束后，要对伤残的、幼小的和雌性的猎物进行放生"，第五十七条"保护马匹。春天的时候，战争一停止就将战马放到好的草场上，不得骑乘，不得使马乱跑。打马的头和眼部的，处死刑"，第五十八条"保护水源。不得在河流中洗手，不得溺于水中"等禁忌条款的制定，久而久之就促使人们形成了保护生态环境的一种自觉行动、规范人们言行的指导思想，为生态环境保护提供了坚实的保障。部分禁忌习俗至今还保留在人们的生活中，依然传承和延续着[1]。

众所周知，水草是游牧民族生存的基础资源。在长期的放牧和捕猎生活中，逐水草而居的蒙古先民逐渐总结出了一些独特的经验。为了平衡资源，采取了倒场放牧的措施，也就是在自己的夏场和冬场之间迁徙，立夏后从冬场倒在夏场放牧，立冬后从夏场倒在冬场过冬。这种由敬畏产生的禁忌民俗，实际是一种轮牧休牧的过程。现今的轮牧休牧的方针政策也属于古代禁忌民俗在当今社会的一种具体体现，也是生态环境可持续发展的延续。

（二）消极作用

由于禁忌民俗是一种思想产物，对社会起到一种约束、警示的作用，某种意义上来说具有禁闭性、凝固性、强迫性。虽然有些禁忌民俗随着人们看待事物观念的改变已经逐渐走向消亡，但会在很长一段时期内影响着人们的思想和生活。比如，"三寸金莲"就是一种对古代妇女伤害极大的陋习。古代妇女忌讳有一双大脚，大脚女孩很难嫁出，故而从小时候开始就必须缠成小脚，不能让其自然生长，即便是皇室的公主也不例外。民间对妇女们的脚的大小还分出了不同等级，长度约为三寸的是"金莲"，是标准、最美的脚（图一）。而缠成"笋"形的"三寸金莲"几乎是不能走路的一双废脚。这是古代人工营造出的一种所谓的"女性之美"，源于"女子以小脚为美"的观念，后来广泛流行。好在到解放前人们认识到这是一种陋习，及时废除，之后就逐渐消失了，这是值得我们赞扬的做法[2]。

又比如束腰习俗。古代欧洲女子为了美，为了凸显苗条的身材，主动在腰上紧紧裹一层布，裹腰布会用铁丝或是其他坚硬的东西做支撑（图二）。虽说这样看起来可以突出女性的蛮腰，但束腰时间过长身上会勒出深深的疤痕，导致内脏异位，给妇女带来很大的伤害。束腰盛行时期，甚至有很多女性为了美而束腰致死。直到20世纪初，

---

[1] 内蒙古典章法学与社会学研究所.《成吉思汗法典》及原论[M].北京：商务印书馆，2007.
[2] 杨超.中国民俗[M].长春：时代文艺出版社，2009.

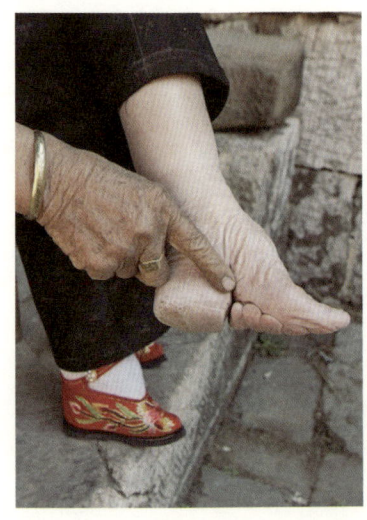

图一 "三寸金莲"

图二 束腰的贵妇

人们才慢慢意识到这种爱美的方式过于残忍，最终这种陋习被废除[①]。

又如日本女性流行的黑色牙齿，是一种非常奇葩的陋习（图三）。日本明治维新之前，有一段时期贵族中非常流行黑齿，婚后妇女会剃掉眉毛，把牙齿涂黑。黑牙配上当时日本人喜欢的白脸，看上去十分吓人，但是当时却以此为美。

以上三种不同时代、不同国度的所谓的"女性之美"的习俗，已经随着人类文明的进程被废除，但还有部分反人道的习俗，比如长颈圈还没有被废除。缅甸、泰国等国家有以长颈为美的习俗。为了美，女性会从五六岁开始每年在脖子上加戴一个颈圈，直到30岁左右（图四）。颈圈一般是铜制，很重，有可能让人抬不起头；夏天时会发热，很容易烫伤皮肤。由于外地人很好奇这种以伤害女性身体为代价的陋习，同时又可以为

---

① 杨锋. 世界民风民俗大全［M］. 广州：广东科技出版社，2009.

图三　日本女性流行的黑色牙齿

当地带来经济利益，这种奇特的习俗至今还未被破除。

随着社会发展，大多数延续了很长时间的陋习已被废除，这是一种人类文化上的进步和选择。人类文明的进程就是对固有的尤其是糟粕性文化扬弃的过程。凡是危害人们身心健康的习俗和束缚人们进步的生活生产方式，不管在当时的社会意义和经济效益有多大，都应该随着社会的发展被破除。

凡事都有两面性，民俗文化也不例外。某一个特定的习俗在不同阶段

图四　长颈圈

有不同的存在价值，我们需要有一双慧眼去辨别其利弊。保护和传承民俗文化一定要遵循"去其糟粕，取其精华"的原则，废除、丢弃一些糟粕的、迷信的东西，从而更好地达到弘扬优秀的传统文化的目的。

漫谈内蒙古民俗文化的传承与发展

鄂尔多斯市博物院 红 晶*

内容提要：内蒙古民俗文化是我国传统文化的重要构成部分，做好民俗文化传承和发展工作，不仅可以实现民间技艺、居住方式、语言文化等物质和非物质文化遗产的继承和弘扬，还能依托民俗文化来加深民族感情和巩固民族关系，推动内蒙古地区获得更好发展。本文结合民俗文化内涵，对传承与发展内蒙古民俗文化的重要意义加以阐述，并从把握民俗文化内容、加强政府引导扶持、开展标准化建设、创新传承保护方式、构建人才队伍等方面入手，提出几点行之有效的民俗文化传承与发展策略，希望可以提供参考。

关键词：内蒙古 民俗文化 传承与发展策略

在社会经济不断发展的背景下，各地区间的沟通交流日趋频繁，少数民族民俗文化赖以生存的环境发生了极大改变，甚至出现大量民俗文化被淹没和遗失的情况，不利于优秀民俗文化的继承和弘扬，加强民俗文化传承与发展的研究就显得十分有必要。内蒙古作为蒙古族重要栖息地，在长时间的发展中形成了丰富多样的民俗文化，积极采取有效措施对这些文化内容进行传承和发展，可以为蒙古族不断繁衍和前行奠定根基，并带动内蒙古地区经济获得进一步发展①。鉴于此，下面对内蒙古民俗文化的传承与发展展开分析和探讨。

---

* 红晶（1986— ），内蒙古自治区鄂尔多斯市鄂托克旗人，鄂尔多斯市博物院文博馆员，研究方向：民族民俗文物。
① 澈丽木格. 浅谈内蒙古蒙古族民俗文化的传承和保护［J］. 当代旅游，2018（19）：175.

一、民俗文化内涵

民俗文化,即在一定区域内人们开展生产生活活动所形成的风俗习惯,其中蕴含着十分丰富的物质财富和精神财富,前者包含历史文物、历史古迹等内容,后者包含语言文字、民族服饰、传统习俗等内容。在一个地区长久发展的过程中,民俗文化发挥着至关重要的作用,除了被所在区域民众广泛认可和遵循以外,其所蕴含的丰富精神内涵和优秀民间艺术,也能够对人们审美、道德等进行教育和引导[①]。

二、内蒙古民俗文化传承与发展的重要意义

新时期背景下,传承与发展内蒙古民俗文化,其重要意义主要表现为:

(1)民俗文化传承与发展是内蒙古根的延续。内蒙古民俗文化不仅是蒙古族人民生产生活的一种沉淀,还在整个蒙古族文化形成和发展中发挥着举足轻重的作用,甚至蒙古族的思维方式、价值观念、民族信仰等,都与形成的民俗文化息息相关。做好内蒙古民俗文化传承与发展工作,不仅可以团结蒙古族群众力量,还能够实现蒙古族根的保护,推动蒙古族不断繁荣和发展。

(2)民俗文化传承与发展可以实现对美的继承。内蒙古民俗文化的美,主要通过信仰图腾(图一)、民间舞蹈、劳动方式、民族语言、民间技艺等展现出来,这些内容不仅可以为内蒙古群众带来精神上美的享受,还能够在潜移默化中教育引导大众文化审美。加强内蒙古民俗文化传承与发展,就可以对这些特色文化进行发扬光大,并让更多人在了解和体验以后深切体会到民俗文化的美好。

(3)民俗文化传承与发展可以促进情的传递。内蒙古人民在长期游牧生活中,不仅依靠血缘来确定关系,还会依托民俗文化来巩固关系和加深感情,特别是骑马驰骋、住蒙古包、弹马头琴、跳民族舞蹈等,已经成为内蒙古人民无法割舍的情怀。注重民俗文化传承与发展,可以更好地维

图一 内蒙古民俗文化中的信仰图腾

---

① 浪腾. 文化传承视觉下的内蒙古民俗文化研究[J]. 山西青年,2020(3):243,245.

系这种稳定关系，推动内蒙古地区发展和蒙古族延续[①]、[②]。

三、内蒙古民俗文化传承与发展有效策略分析

（一）把握民俗文化内容

内蒙古地区人民在悠久的历史长河中形成了独树一帜的民俗文化，主要包含民族特色文化、特色生活习惯等内容，如烤全羊、马奶酒、蒙古包（图二）、蒙古袍等。在传承与发展内蒙古民俗文化之前，对这些特色文化内容进行细致梳理，可以为后期开展文化保护与传承工作奠定良好基础。实践中，可以从内蒙古特色文化体现出的民族文化发展脉络和规律入手，对内蒙古游牧民族历史进行深入探究，并将蒙古族独特生活方式与草原文化紧密结合起来，对其体现出的独具个性的文化标签进行细致摸索，然后借助多样化传承保护方法，使这些特色文化得以延续，并在继承和创新中获得更好发展。如针对游牧民族体现出的住蒙古包、吃烤全羊、穿蒙古袍等民俗文化，在准确把握这些文化内容以后，可以采用加大文化宣传、发展草原旅游、开展文化体验活动等方法对其进行继承和弘扬。

图二　内蒙古地区的蒙古包

---

① 浪腾. 文化传承视觉下的内蒙古民俗文化研究［J］. 山西青年，2020（3）：243，245.
② 蒙瑞萍. 内蒙古西部方言与莜面饮食民俗文化［J］. 包头职业技术学院学报，2013，14（1）：15-17.

（二）加强政府引导扶持

在传承和发展内蒙古民俗文化过程中，需要政府给予指导和扶持，以确保该项工作更加顺利地推进。具体措施有：①加大经费投入。一些优秀的民俗文化如古老村落、历史古迹等，长期受到风吹雨打，有的已经出现破损，再加上当地人们民俗文化保护意识不够，使得这些民俗文化无法得以长久保存与发展。这就需要政府部门发挥作用，对所在地区存在的优秀民俗文化进行准确把握，并加大资金投入力度，对古村落、历史古迹等进行维修和保护，为民俗文化传承与发展提供肥沃土壤。②开展宣传工作。传承与发展内蒙古民俗文化，需要全体内蒙古人民参与其中。要积极开展宣传教育活动，帮助内蒙古人民充分认识到加强民俗文化传承与发展的重要意义，然后将思想认识转化为实际行动，推动民俗文化传承与发展工作更加高效高质展开。实践中，可以依托新旧媒体，扩大民俗文化保护传承宣传范围，让更多人积极主动参与进来。③完善基础设施。政府要对图书馆、文化馆、博物馆等基础文化设施进行建设和完善，为民俗文化传承与发展提供有力支撑。其他各地人们也能通过这些文化设施，更好地关注和了解蒙古族传统民俗文化，进而营造良好民俗文化保护和传承氛围（图三）[1]。

图三　民俗文物展一角

---

[1]　蒙瑞萍. 内蒙古西部方言与莜面饮食民俗文化［J］. 包头职业技术学院学报，2013，14（1）：15-17.

(三) 开展标准化建设

考虑到内蒙古民俗文化发展历史悠久，涉及内容非常多，在传承与发展过程中，若缺乏统一标准，就极容易出现混乱情况。特别是在产业化和市场化影响下，随意对特色民俗文化进行转移嫁接，不仅会引发市场低俗化、庸俗化问题，还会使蒙古族民俗文化精髓尽失。与此同时，在现实生活中，还存在民俗文化不规范利用情况，即便是一种无意识行为，也会对民族间情感造成伤害。积极开展民俗文化标准化建设工作，对民族服饰、民俗礼仪、餐饮文化等内容的定义、分类和工艺特点等进行明确制定，可以为民俗文化的弘扬、传承、创新和发展提供有力依据。

(四) 创新传承保护方式

新时期，开展内蒙古民俗文化传承与发展工作，需要不断转变观念，对传承保护方式进行创新。实践中，可以将民俗文化与市场紧密联系起来，在有效把握民俗文化精髓的同时，生产出更多融合现代人文要素的艺术品，在受到消费者追捧和喜爱的同时，实现优秀民俗文化的传承发展。同时，对内蒙古地区民俗文化资源进行统筹分析，如草原景观、那达慕大会、敖包祭祀（图四）、蒙古包习俗、婚嫁习俗等，因地制宜地发展旅游观光业，将独具特色的内蒙古民俗文化融入其中，不仅可以吸引更多人驻足观赏，还能够为内蒙古创造更多经济收益，实现民俗文化传承和地区经济协同发展[1]。此外，可以围绕婚嫁习俗、蒙古族服饰、草原民歌等特色民俗文化，开展丰富多彩的活动，让人们在参与体验中，感受到内蒙古民俗文化的魅力，并通过这一窗口，实现民俗文化大范围传播。

(五) 构建人才队伍

对内蒙古民俗文化进行传承和发展，还需要更多专业人员从旁提供支持。然而，从实际来看，民俗文化传承人存在良莠不齐情况，再加上缺乏科学规划和系统管理，导致一部分民俗文化传承与发展后继无人。为妥善解决这一问题，就要高度重视人才队伍构建。实践中，除了可以通过民间师徒、父子等传承方式对优秀民俗文化进行继承和弘扬以外，还可以加强与院校机构的沟通联系，通过开设专门课程，培养更多优秀民俗文化继承人。在系统性理论指导和技艺培训下，民俗文化传承人无论是专业技

---

[1] 郝建平. 内蒙古历史文化遗产保护与利用的意义及研究状况概述 [J]. 阴山学刊（社会科学版），2012，25（6）：66-71.

图四 敖包祭祀活动

能，还是职业素养，都会得到极大提高，进而为民俗文化传承与发展提供重要人力保障。

结　　语

内蒙古地区经过长时间发展，形成了独具特色的民俗文化，并且在我国传统文化中占据着十分重要的地位。新时期注重对内蒙古民俗文化进行传承与发展，不仅可以有效稳定民族根基，还能够为地区发展注入更多新鲜活力，实现民俗文化和地区经济协调发展。然而要取得这一理想效果，就要对内蒙古民俗文化传承发展有一个深刻的认识，并结合地区实际，对现存优秀民俗文化进行细致梳理，然后通过做好政府引导扶持、加强标准化建设、创新保护继承方式、培养更多专业人才等工作，促使民俗文化传承发展工作更加顺利进行，让内蒙古民俗文化精髓得以保留和发扬。

鄂尔多斯博物馆

鄂尔多斯青铜器博物馆

鄂尔多斯革命历史博物馆

鄂尔多斯市博物院于2021年5月18日成立，由鄂尔多斯博物馆、鄂尔多斯青铜器博物馆、鄂尔多斯革命历史博物馆组成，简称"一院三馆"。

后　　记

《滴水集——鄂尔多斯文博论丛》作为鄂尔多斯市博物院的院刊，在上级部门、各级领导的关怀和指导下，在兄弟单位和各位同仁的支持和帮助下，历经两年时间，通过鄂尔多斯市博物院和科学出版社三审三校流程，正值鄂尔多斯市博物院成立两周年和鄂尔多斯革命历史展览、鄂尔多斯通史陈列即将开展之际，《滴水集——鄂尔多斯文博论丛》（第一辑）创刊号公开出版发行。

鄂尔多斯市博物院于2021年5月18日成立，由鄂尔多斯博物馆、鄂尔多斯青铜器博物馆、鄂尔多斯革命历史博物馆组成，简称"一院三馆"。新时代，鄂尔多斯市博物院站在全新起点，积极主动，开拓创新，勇担文博重任，确定了"两个文化，三个品牌"的科研发展规划，"两个文化"即"黄河文化""长城文化"，"三个品牌"即"鄂尔多斯青铜器文化""古代壁画文化""红色革命文化"。

多年来，鄂尔多斯市博物院致力于学术研究工作，陆续出版了几十本专著，在国家级、自治区级、市级期刊上发表各类业务研究文章近千篇。秉承"科研型博物馆"的学术理念，先后承担国家级、自治区级、地市级等各级涉及社会科学、历史、文物、考古、博物馆等众多领域的学术研究课题和项目。随着学术研究成果的不断涌现，鄂尔多斯市博物院正在成为真正的"思想库"，发挥出理论研究、传播知识、弘扬主旋律、践行社会主义核心价值观、铸牢中华民族共同体意识的重要作用。

《滴水集——鄂尔多斯文博论丛》是众多科研成果中的重要内容之一，也是鄂尔多斯市乃至内蒙古文博行业培养青年人才、建设人才队伍的摇篮，是文化、学术交流的平台。汇聚了各位同仁的智慧和汗水。凝聚了文博工作者、研究者、兴趣爱好者们的奉献与期望。期待文博从业者和爱好者为《滴水集——鄂尔多斯文博论丛》后续刊物投递、提交更好的稿件和作品。

由于本刊收集的论文、文章门类差别大，研究水平参差不齐，加之出版时间紧、任务重等诸多客观原因，难免有遗憾之处，恳请社会各界批评指正。

编者
2023年3月